2025 — 7·9급 출관직 | 7급 외영직

김중일
국제법
객관식 1000제

마이패스 북스

머리말

국제법은 다양한 분과로 되어있어 한 흐름으로 이해하는 것에 한계가 있다는 것에 있습니다. 즉, 각 파트에 맞게 다양한 문제를 원하는 수험생의 니즈에 얼마나 시중에 있는 문제집이 이를 충족시켜 줄 수 있는지에 대한 고민이 있었고 국제법 1000제라는 이름으로 출간하게 된 이유입니다.

교재는 해당 파트에 문제를 기본, 심화, 조문 응용으로 난이도별로 세분하여 실었습니다. 시험 출제 가능성이 높은 부분은 당연히 더 많은 비중을 두었습니다. 긴 시간의 고민과 짧은 시간의 문제구성은 일부 문제의 허술함이 필연적일 수밖에 없습니다만 양적인 문제의 접근이 질적인 실력의 향상으로 이어지리라는 기대와 위로를 삼고 출간의 변을 대신하겠습니다. 모쪼록 국제법을 공부하시는 수험생 여러분에게 노력하신 대로 꼭 성과를 내시길 바랍니다.

짧은 시간에 좋은 편집을 해 주신 마이패스 류진욱대표님과 편집자분들에게 감사 인사드립니다.

2025년 3월
편저자 씀

목차

01	국제법 사상	/ 006
02	국제법 연원	/ 016
03	국제법과 국내법	/ 039
04	국제법 주체	/ 064
05	국제법의 기본원칙	/ 074
06	국가 및 정부 승인	/ 091
07	조약법	/ 104
08	관할권	/ 166
09	국가면제	/ 178
10	외교면제	/ 192
11	국가책임	/ 205
12	외교보호	/ 224
13	국 적	/ 240
14	인권법	/ 248
15	난민법	/ 289
16	영토의 취득	/ 299
17	국가승계	/ 310
18	해양법	/ 325
19	영공법	/ 355
20	우주법	/ 369
21	환경법	/ 387
22	국제연합	/ 408
23	국제분쟁의 평화적 해결	/ 430
24	국가의 무력사용	/ 446
25	국제사법재판소	/ 456
26	국제형사재판소	/ 469
27	국제경제법	/ 490

INTERNATIONAL LAW

김중일 국제법
객관식 1000제

01	국제법 사상	15	난민법
02	국제법 연원	16	영토의 취득
03	국제법과 국내법	17	국가승계
04	국제법 주체	18	해양법
05	국제법의 기본원칙	19	영공법
06	국가 및 정부승인	20	우주법
07	조약법	21	환경법
08	관할권	22	국제연합
09	국가면제	23	국제분쟁의 평화적 해결
10	외교면제	24	국가의 무력사용
11	국가책임	25	국제사법재판소
12	외교보호	26	국제형사재판소
13	국 적	27	국제경제법
14	인권법		

01 | 국제법 사상

0001
다음 중 국제법의 역사에 대한 설명으로 옳지 않은 것은?

① 16세기 Francisco de Vitoria가 라틴어 jus inter gentes를 사용한 것에서 유래한다.
② 1650년 영국의 Richard Zouche가 jus inter gentes를 다시 사용하였다.
③ 18세기 초 프랑스의 재상 다게소(d'Aguessau)는 jus inter gentes를 프랑스어로 droit entre les nations 로 번역했다.
④ 1780년 영국의 벤담(J. Bentham)이 「도덕과 입법원리의 입문」에서 국내법과 구별되는 law of nations 라는 표현을 사용한 이후 보편화했다.

정답 ④

해설 1780년 영국의 J. Bentham이 「도덕과 입법원리의 입문」(An Introduction to the Principles of Moral and Legislation)에서 국내법과 구별되는 International law라는 표현을 사용한 이후 보편화했다.
* international law 계통

0002

다음 중 국제법의 역사에 대한 설명으로 옳지 않은 것은?

① international law은 로마법의 jus gentium에서 유래되었다.
② jus civile가 로마시민에 적용되는데 대하여 jus gentium은 로마 시민과 외국인 간, 이민족 상호간에 관계를 적용하는 법으로 사용되었다.
③ 7세기 Isidorus de Sevilla는 국제법적인 사실관계(전쟁, 포로, 동맹, 평화조약, 휴전, 외교사절)와 일정한 국내법적인 사실관계(노예제도, 외국인과의 결혼금지, 구속석방시 복권 등)를 jus gentium에 포함했다.
④ 12세기 Gratianus 칙령에서 근세에 이르는 동안 현재와 같은 국제법을 의미하는 용어로 사용했다.

> **정답** ①
>
> **해설** law of nations은 로마법의 jus gentium에서 유래되었다.
> * law of nations 계통
> * 의미상의 차이
> international law와 law of nations은 의미상의 차이는 없으며 다만 영미계통은 international law를 보통 사용하고, 독일은 Völkerrecht를 더 즐겨 쓰는 경향이 있다.

0003

다음 중 국제법의 역사에 대해 옳지 않게 기술한 것은?

① Thomas Hobbes는 절대적·항구적 권력을 주장하였는데, 1576년 「국가에 관한 여섯 개의 저서」에 의하면 주권은 국가의 절대적·항구적 권력으로 왕권신수설에 기초하여 민족국가의 중앙집권적 통일국가 형성을 합리화시켰다.
② Thomas Hobbes는 「Leviathan」에서 주권(sovereignty)이란 군주가 이미 자연상태에서 지고 있던 무한한 권한이며 시민들은 사회계약을 통해 주권을 군주에게 포기한 것이 아니라 군주에 대한 저항권을 포기한 것이며 주권에는 제한이 없으며 무엇이나 할 수 있고 또한 분리할 수도 없다고 하였다.
③ Francisco Vitoria는 jus gentium이라는 말을 로마법에서 차용하였다.
④ Francisco Suáraez는 신학 문제에 관련하여 국제법이론을 전개하였다.

> **정답** ①
>
> **해설** Jean Bodin은 절대적·항구적 권력을 주장하였는데, 1576년 「국가에 관한 여섯 개의 저서」에 의하면 주권은 국가의 절대적·항구적 권력으로 Jean Bodin은 왕권신수설에 기초하여 민족국가의 중앙집권적 통일국가 형성을 합리화시켰다.

0004

국제법학자에 대한 설명으로 옳지 않은 것은?

① Alberico Gentili는 국제법학은 신학·윤리학으로부터 분리·확립한 최초의 학자로 지적되고 있는데, 국가의 독립을 상대적으로 생각하며 외국권력의 배제나 연대성에서 많은 국제법규칙 을 이끌어 낸다.

② Hugo Grotius는 Netherlands 법학자로서 Stoa학파의 Cicero의 이론의 영향을 받아 인간이성의 규칙인 3가지 기본공리를 전제로 하는데, pacta sunt servanda와 남의 재산은 해하지 말고 부당한 이익은 돌려주어야 한다는 것, 자신의 잘못으로 인한 손해는 배상해 주어야 한다는 등이다.

③ Richard Zouche는 국제법은 이성과 조화되는 관습에 의해서 대다수의 국가가 수락한 법이라고 하여 국제법의 원천을 각국의 관습에 구하는 동시에 국제법을 평시국제법과 전시국제법으로 나누어, 평화로운 상태를 평상 상태라 보고 전쟁을 각국 간의 이상 상태로 취급하였고, 자연법학파의 시조로 국제법의 제2의 건설자였다.

④ Samuel von Pufendorf는 조약이나 관습을 기초로 한 법칙의 유효성을 전면적으로 부정하고 자연법만이 국가간의 행위기준을 이룬다고 주장하여 이성으로서의 자연법을 제창한 Grotius의 학설을 지양하였다.

정답 ③

해설 Richard Zouche는 국제법은 이성과 조화되는 관습에 의해서 대다수의 국가가 수락한 법이라고 하여 국제법의 원천을 각국의 관습에 구하는 동시에 국제법을 평시국제법과 전시국제법으로 나누는 방법론을 택하여 평화로운 상태를 평상상태라 보고 전쟁을 각국간의 이상 상태로 취급하였다. **실정법학파(positivist school)의 시조**로 국제법의 제2의 건설자였다.

0005

국제법학자인 휴고 그로티우스의 사상에 대한 틀린 설명은?

① 스토아 학파의 키케로의 이론의 영향을 받아 인간이성의 규칙인 3가지 기본공리를 전제로 한다.
② 전쟁법은 「전쟁과 평화의 법」 2권에서 설명하고 전쟁을 부당한 전쟁으로 규정해 배타적인 인식을 가지고 있다.
③ 포획법(De jure praedae)의 「자유해론」(Mare liberum)을 통해 해양의 자유를 법적으로 논증하였다.
④ 자연법의 본질상 자연법에 관한 이념을 토대로 한 법리학적으로 상세히 표현하고 있다.

정답 ②

해설 전쟁법은 1625년 「전쟁과 평화의 법」 2권에서 설명하고 **전쟁을 정당한 전쟁과 부당한 전쟁으로 나누었다.**

- 정당한 전쟁(bellum justum)
  전쟁을 수행할 합법적 이유가 있는 전쟁으로 방어전쟁, 법적인 청구권을 수행하기 위한 전쟁 및 불법을 응징하기 위한 전쟁은 정당한 전쟁이다.
- 부당한 전쟁(bellum injustum)
  정당한 전쟁을 제외한 모든 전쟁은 부당한 전쟁이다.

  가) 바다는 유동적이어서 인간이 정착할 수 없으므로 소유의 대상이 될 수 없다.
  나) 육지의 경제적 손실이 인간의 적극적 노동에 달려있는 것과는 달리 바다의 경제적 수익은 인간의 노동과 관계없이 물고기의 자연적 번식에 기초하고 있기 때문에 바다는 소유의 대상이 될 수 없고 국가주권을 설정할 필요도 없다.
  다) 국제통상은 자연법규에서 인정된 원리인데 해양교통은 그 필수적 수단이므로 해양의 자유는 자연법규에서 유래되는 원칙이다.

0006

다음 중 국제법학자에 대한 설명으로 옳지 않은 것은?

① Cornelius van Bynkershoek는 Grotius의 자연법과 의사법 중 자연법만을 다루며, 국제법의 원천으로서 이성을 중요시했으나, 사상은 조약과 국제관행에서 볼 수 있는 관습에 의존한 자연법학파다.

② Christian Wolff는 자연법학파와 실증법학파를 조화한 절충적 학파로 근대 국가주의 철학을 주장하고 국가는 자진해서 동의한 의무가 아닌 것을 어떤 국제적의무로도 인정되지 않는다고 역설하였고, 국제법을 자연법과 의사법으로 구성하고자 했으며 특히 여러나라의 총체는 구성국들의 상위에 있는 세계국가를 형성한다는 개념을 국제법에 도입하려 했다.

③ Emerich de Vattel은 국가를 독자의 이해력과 의사를 가진 단체적 인격자로 인정하였는데, 국가는 국제의무를 수행함에 있어 스스로 판단할 뿐이며, 국가 간의 관계도 개인에서와 마찬가지로 자연법규가 적용되는데 자연법규의 실질적 연원은 인간본성이고 자신에 대한 애착으로 보았으며, 자연법규가 국가 간의 관계에 적용됨에 있어서는 의사적 국제법에 의해 수정된다고 보았다.

④ Johannes Jakob Moser는 독일의 실증주의학파로서 자연법을 배제하고 조약과 관습을 실증적으로 파악했고, 「현실국제법의 원칙」(principes du droit des gens actuel)에서 자기는 자연법에 기초를 둔 국제법도 아니고 역사와 인간본성에 기초를 둔 인간 국제법도 아닌 실제로 주권국가들이 준수해 나가는 현실적국제법을 쓴다고 하였다.

정답 ①

해설 Cornelius van Bynkershoek는 저서로서 「공법상의 문제」(Quaestionum Juris Publice Libri Duo)와 「해양영유론」(De Dominio Maris)이 있는데, Grotius의 자연법과 의사법 중 **의사법**만을 다루며, 국제법의 원천으로서 이성을 중요시했으나 조약과 국제관행에서 볼 수 있는 관습에 의존한 **실정법학파**다.

0007

다음 중 현대국제법학자의 의견으로 틀린 것은?

① Georg Jellinek는 독일의 법학자로서 신 Kant 학파의 입장에서 실증주의법학에 반대하고 철학적·비교법학적·사회학적 기초위에 종합하였다. 국가양면설과 자기제한설을 주장하였다.
② Heinrich Triepel은 독일의 법학자로서 국제법·국내법이원론, 공동의사설을 주장하였다.
③ John Austin은 영국의 법학자, 군인, 변호사, 교수로서 분석법학의 선구자로서 법과 도덕을 준별하여 법은 주권자의 명령이라 하면서 국제법은 실정도덕에 불과하다고 하여 국제법의 법적 성질을 부인하였다.
④ Hans Kelsen은 오스트리아의 법학자로서 순수법학의 창시자로서 빈학파를 주도한 신실증주의 법학파로서 법단계설과 국내법우위론을 주장하였다.

정답 ④

해설 Hans Kelsen은 오스트리아의 법학자로서 순수법학의 창시자로서 Wien학파를 주도한 신실증주의 법학파로서 법단계설과 **국제법우위론**을 주장하였다.

0008

다음 중 국제법학자의 이론으로 틀린 것은?

① Alfred Verdross는 오스트리아의 국제법학자로서 Wien학파로서 방법론상 자연법이론을 인정하여 Kelsen과는 다른 입장을 취하였는데, 국제법우위론을 지지하였다.
② Hugo Krabbe는 네덜란드 공법학자로서 법사회학파로서 인격주권설(Lehre von der Rechtssouveränität) 및 도덕적 확신설을 주장하였다.
③ Léon Duguit는 프랑스의 공법학자로서 사회법학파로서 권력적인 독일의 법이론과 개인적인 프랑스의 법이론을 비판하였고 사회연대성 이론과 법적 확신설을 주장하였다.
④ Antonio Sánchez de Bustamante y Sirvén는 쿠바의 변호사·교육자·정치가·국제법학자로서 국제사법에 관한 부스타만테 법을 기초했고 1908년에 헤이그 소재 상설중재재판소의 일원 및 1921년에는 국제연맹 상설국제사법재판소의 법관이 되었다.

정답 ②

해설 Hugo Krabbe는 네덜란드 공법학자로서 법사회학파로서 **법주권설**(Lehre von der Rechtssouveränität) 및 **법적 확신설**을 주장하였다.

0009

다음 중 국제법 사상에 영향을 준 칸트의 이론에 대한 설명 중 틀린 것은?

① 영구평화론은 칸트는 「법률학의 형이상학적 기본원리」나 「영구평화론」(Zum Ewigen Frieden)에서 6개 예비조항과 3개 확정조항을 표현하였다.
② 6개 예비조항(적극적 조건)은 장래전을 비밀리에 유보하고 있는 강화조약의 무효, 상속·교환·매매·증여에 의한 독립국 이양의 금지, 관료제의 폐지, 암살·독살 등 비인도적 해적수단의 금지, 전쟁유발 가능성 있는 국채발행금지, 타국의 국내문제 불간섭 등이다.
③ 3개 확정조항(소극적 조건)은 공화제적인 국가구성, 자유로운 연방을 기초로 한 국제법, 세계시민으로서의 인권존중 등이다.
④ 칸트의 도덕론에 의하면 전쟁은 악이며 영구평화야말로 인류가 도달해야 할 의무였는데 이는 전쟁이 인격의 품위를 파괴하고 자유를 손상시키기 때문이다.

정답 ②

해설 6개 예비조항(적극적 조건)은 장래전을 비밀리에 유보하고 있는 강화조약의 무효, 상속·교환·매매·증여에 의한 독립국 이양의 금지, **상비군의 폐지**, 암살·독살 등 비인도적 해적수단의 금지, 전쟁유발 가능성 있는 국채발행금지, 타국의 국내문제 불간섭 등이다.

0010

다음 중 국제법 역사에 대한 설명으로 옳지 않은 것은?

① 16세기 Francisco de Vitoria가 라틴어 jus inter gentes를 사용한데서 유래되었고, 1650년 영국의 Richard Zouche가 다시 사용하였다.
② jus civile(시민법)가 로마 시민들에게 적용되는 법이라면 jus gentium(만민법)은 외국 인들과의 관계나 외국인들 상호간에 적용되는 법이다.
③ jus civile는 jus gentium에 비하여 훨씬 더 간명하고 합리적이고 보편적이어서 나중에 국제법으로 발전하였다.
④ Hugo Grotius는 인간이성의 규칙인 3가지 기본공리를 전제로 한다고 주장하였다.

정답 ③

해설 jus gentium은 jus civile에 비하여 훨씬 더 간명하고 합리적이고 보편적이어서 나중에 국제법으로 발전하였다.

0011

다음 중 국제법학자의 주장으로 옳지 않은 것은?

① Francisco Vitoria는 jus gentium이라는 말을 로마법에서 차용하였다.
② Hugo Grotius는 인간이성의 규칙인 3가지 기본공리를 전제로 한다고 주장하였다.
③ Richard Zouche는 국제법은 이성과 조화되는 관습에 의해서 대다수의 국가가 수락한 법이라고 하여 국제법의 원천을 각국의 관습에 구하는 동시에 국제법을 평시국제법과 전시국제법으로 나누는 방법론을 택하여 평화로운 상태를 평상상태라 보고 전쟁을 각국간의 이상상태로 취급하였다.
④ Richard Zouche는 자연법학파의 시조로 국제법의 제2의 건설자로 불리운다.

정답 ④

해설 Richard Zouche는 실정법학파(positivist school)의 시조로 국제법의 제2의 건설자로 불리운다.

0012

국제법 초창기 사상가의 특징으로 틀린 것은?

① Samuel von Pufendorf는 조약이나 관습을 기초로 한 법칙의 유효성을 전면적으로 부정하고 자연법만이 국가간의 행위기준을 이룬다고 주장하여 이성으로서의 자연법을 제창한 Grotius의 학설을 지양하였다.
② Cornelius van Bynkershoek는 Grotius의 자연법과 의사법중 자연법만을 중요시했다.
③ Christian Wolff는 자연법학파와 실증법학파를 조화한 절충적 학파였다.
④ Emerich de Vattel은 국가를 독자의 이해력과 의사를 가진 단체적 인격자로 인정하였고 국가는 국제의무를 수행함에 있어 스스로 판단할 뿐이다.

정답 ②

해설 Cornelius van Bynkershoek는 Grotius의 자연법과 의사법중 **의사법만을 중요시** 했다.

0013

국제법학자의 주장으로 옳지 않은 것은?

① Pufendorf는 자연법의 주요원칙으로 상해행위를 하지 않는 자를 상해하지 말 것, 개인의 재산소유를 허용할 것, 약속을 성실하게 이행할 것, 특정의무에 있어서도 가능한 타인의 이익을 증진할 것을 들었다.
② Bynkershoek는 국제법의 원천으로서 이성을 중요시했기 때문에 조약과 국제관행에서 볼 수 있는 관습을 초월한 자연법학파다.
③ Wolff는 근대 국가주의철학을 주장하고 국가는 자진해서 동의한 의무가 아닌 것을 어떤 국제적 의무로도 인정되지 않는다고 역설하였다.
④ Vattel은 국가간의 관계도 개인에서와 마찬가지로 자연법규가 적용되는데 자연법규의 실질적 연원은 인간본성이고 자신에 대한 애착이다. 자연법규가 국가간의 관계에 적용됨에 있어서는 의사적 국제법에 의해 수정된다고 하였다.

정답 ②
해설 Bynkershoek는 국제법의 원천으로서 이성을 중요시했으나 조약과 국제관행에서 볼 수 있는 관습에 의존한 **실정법학파**다.

0014

다음 중 국제법학자의 주장으로 틀린 것은?

① Bynkershoek는 중립국과 교전국간의 해상통상에 관한 국제법을 비판적이고도 조직적인 입장에서 연구하여 관습의 변화는 국제법의 변화를 초래한다고 했다.
② Wolff는 국제법을 자연법과 의사법으로 구성하고자 했으며 특히 여러나라의 총체는 구성국들의 상위에 있는 세계국가를 형성한다는 개념을 국제법에 도입하려 했다.
③ Johannes Jakob Moser는 독일의 실증주의학파로서 자연법을 배제하고 조약과 관습을 실증으로 파악했다.
④ Martens은 자연법에 해결할 수 없는 문제를 실정법에 의지했다.

정답 ④
해설 Martens은 자연법의 존재를 부인하지 않고 실정법에 해결할 수 없는 문제를 **자연법에 의지했다**.

0015

국제법학자의 주장으로 옳지 않은 것은?

① Bynkershoek는 착탄거리설(무기의 힘이 끝나는 곳에서 영토의 권력도 끝난다.(terrae potestas finitur ubi finitur armorum vis)을 주장하였다.
② Vattel은 자연법은 국제관계에 타당한 필요적 국제법(droit des gens nécessaires)이라 하고 국가의 합의에 입각한 국제법을 의사국제법(droit des gens volontaire, 임의국제법), 협정국제법(droit des gens conventionnel, 약정법), 관습국제법(droit des gens coutumier, 관습법)이라 분류하였다.
③ Moser는 자연법에 기초를 둔 국제법을 중시하고 현실적 국제법을 배제한다고 주장했다.
④ Martens은 역사적으로 국제법은 관습국제법과 조약의 형식으로 생성한다고 주장했다.

> **정답** ③
>
> **해설** Moser는 자기는 자연법에 기초를 둔 국제법도 아니고 역사와 인간본성에 기초를 둔 인간 국제법도 아닌 실제로 주권국가들이 준수해 나가는 현실적 국제법을 쓴다고 하였다.
> Georges Friedrich von Martens은 1788년 「조약과 관습에 기초한 유럽 현대국제법개요」(Précis du droit des gens moderne de l'Europe fondé sur le traités et l'usage)에서 실증주의 내용을 서술하였다.

02 | 국제법 연원

0016

국제법 이론 중 의사주의에 대한 설명으로 타당하지 않은 것은?

① 국제법의 타당한 기초는 국가의사에 의해 결정된다.
② 국제법의 주체는 국가로서 국제공동체의 존재를 부정한다.
③ 국제관습법의 본질은 묵시적 합의이다.
④ 국제법과 국내법 관계에서 국제법 상위 통일설을 근거로 한다.

[정답] ④

[해설] 국제법의 법적 성질 및 구속력을 인정하더라도 그 구속력의 근거, 즉 주권국가가 무엇 때문에 강제적 구속을 받는가에 대해서는 다양한 학설이 존재한다. 이에 관한 학설은 크게 의사주의와 객관주의로 분류할 수 있다. 의사주의는 법이란 **법제정기관의 의사표현**이라고 보는 입장이고, 객관주의는 법 강제력의 근거를 법제정기관의 의사보다 상위에 있는 '어떤 요소'에서 찾으려는 입장이다.

> **참고**
>
> - 의사주의
>   - 국제법의 타당기초 : 국가의사
>   - 국제법의 주체 : 국가(능동적 주체), 국게공동체의 존재 부정, 국제법 = 국가간의 법
>   - 국제관습법의 본질 : 묵시적 합의
>   - 집요한 불복국가 : 예외적 긍정
>   - 강행규범의 본질 : 국가의사 및 합의
>   - 강행규범의 제3자효 : 부정
>   - 입법부적 조약 : 부정
>   - 국제법과 국내법 관계 : 이원론(대립설)
>   - 국가승인의 본질 : 창설적
> - 객관주의
>   - 국제법의 타당기초 : 자연법
>   - 국제법의 주체 : 국가 외 국제법 주체 인정, 국제공동체 존재 전제, 국제법 = 국제사회의 법
>   - 국제관습법의 본질 : 자발적 형성 규범
>   - 집요한 불복국가 : 부정
>   - 강행규범의 본질 : 자연법
>   - 강행규범의 제3자효 : 인정
>   - 입법부적 조약 : 인정
>   - 국제법과 국내법 관계 : 국제법 상위 통일설
>   - 국가승인의 본질 : 선언적

0017

국제사법재판소(ICJ) 규정 제38조에 대한 설명으로 옳지 않은 것은?

① 분쟁국에 의하여 명백히 인정된 규칙을 확립하고 있는 일반적인 또는 특별한 국제협약
② 법으로 수락된 일반관행의 증거로서의 국내관습법
③ 문명국에 의하여 인정된 법의 일반원칙으로 보충적 연원에 해당
④ 법칙결정의 보조수단으로서의 사법판결 및 제국의 가장 우수한 국제법 학자의 학설

[정답] ②
[해설] 국제사법재판소 규정 제38조는 법의 연원을 명시한 조문으로 b호에 법으로 수락된 일반관행의 증거로서의 국제관습을 제시하고 있다.

0018

다음 중 국제사법재판소 상의 국제법의 연원으로 잘못 예시된 것은?

① 국제협약을 의미하는데, 조약이라고도 한다.
② 국제관습법을 제시하고 있다.
③ 일반원칙으로 보충적 수단과 학설은 보조적 수단이 있다.
④ 재판소가 직권으로 형평과 선에 의한 재판을 할 수 있다.

[정답] ④
[해설] 형평과 선은 제38조 2항에서 재판소의 직권이 아닌 재판 당사자 간 합의하는 경우에 한하여 법원으로 삼을 수 있다.

0019

다음 중 국제법의 연원에 대한 설명이 잘못된 것은?

① ICJ 규정 제38조는 국제법의 연원에 대해 예시조항이다
② 법칙결정의 보조수단으로서의 사법판결은 제59조의 규정에 따를 것을 조건으로 한다.
③ 조약과 국제관습법 상호간 위계가 없다.
④ 국제기구의 결의는 국제법의 형식적 연원이다.

[정답] ④

[해설] 국제법의 형식적 연원으로 조약, 관습국제법, 법의 일반원칙 등이 있다.
ICJ 규정 제38조는 국제법의 연원에 대해 예시조항으로, 조약과 국제관습법 상호간 위계가 없다. 강행규범은 UN헌장보다 우월하며 UN헌장은 조약보다 앞선다. 조약은 관습법과 대등하지만 일반원칙(보충적)에 우선한다.

> **참고**
>
> **학설(보조적), 형평과 선(합의)**
> 국제기구의 결의는 국제법의 형식적 연원이 아니다. 법칙결정의 보조수단으로서의 사법 판결은 제59조의 규정에 따를 것을 조건으로 한다. 법의 일반원칙은 재판소의 직권으로 사안에 적용할 수 있지만 형평과 선은 당사국의 합의에 의한다.

0020

다음 중 신사협정에 대한 설명으로 타당하지 않은 것은?

① 신사협정은 국제적 합의를 의미한다.
② 신사협정은 조약과 달리 법적 구속력이 없다.
③ 신사협정은 조약과 마찬가지로 문서화되고 공식적으로 발표된다.
④ 신사협정은 상황에 따라 유연하게 해석될 수 있는데, 이는 명확한 규정이 없기 때문에, 당사자들이 상황에 맞게 상호 간에 조정하고 협의할 수 있는 여지가 많다는 것을 의미한다.

[정답] ③

[해설] 신사협정이란, 서로 간의 신뢰와 존중을 바탕으로 맺어진 약속이나 합의를 의미한다. 이 용어는 흔히 **법적 구속력이 없는 비공식적인 합의나 규범을** 가리키는데 사용된다. 신사협정은 문서화되거나 공식적으로 발표되지 않지만 그 내용을 준수하는 것이 당사자 간의 신뢰를 유지하는 데 중요하다고 여겨진다.

0021

국제법의 연원에 대한 설명으로 옳지 않은 것은?

① 국가계약은 신사협정이나 조약이 국가 상호간에 주로 체결되는 것과 달리 국가계약은 국가와 사인 상호간에 체결되는 합의를 의미한다.
② 정식조약과 약식조약상 국내법적 효력상 차이는 개별 국가의 헌법에 따라 다르게 규정될 수 있다.
③ 입법부적 조약은 대세효(제3자효)를 예정하는 조약으로서 인정 여부에 대해 학설대립이 있다.
④ 계약적 조약은 정방향의 성질을 가진 조약으로 특별조약의 형태. 영토할양조약(양도, 양수)이 이에 해당한다.

[정답] ④

[해설] 계약조약은 역방향의 성질을 가진 조약으로 특별조약의 형태. 영토할양조약(양도, 양수)이 이에 해당한다.

0022

국제관습법에 대한 설명으로 타당하지 않은 것은?

① 국제관습법의 성립 요건상 학설의 대립이 있는데, 일요소설은 관행설 등으로 구별되며, 이요소설은 일반 관행과 법적 확신을 갖춰야 한다는 주장이다.
② 법적 확신은 객관적 요건으로 어떤 행위를 행하여야 하는 것 또는 하지 않아야 한다는 것이 법적 의무라는 국가들의 내심의 의사라고 정의하였다.
③ 법의 속성이 법적 구속력과 강제력을 본질로 한다는 점에서 법적 확신이 필요하며, 이는 로터스호 사건에서와 같이 판례에서도 인정되었다.
④ 국제관습법이 설립되면 원칙적으로 모든 국가에게 효력이 미치게 된다.

[정답] ②

[해설] 법적 확신(주관적 요건)은 어떤 행위를 행하여야 하는 것 또는 하지 않아야 한다는 것이 법적 의무라는 국가들의 내심의 의사라고 정의하였다.

0023

국제관습법의 효력에 대한 설명으로 옳지 않은 것은?

① ICJ는 북해대륙붕사건에서 국제관습법은 성질상 국제사회 모든 구성원들에게 동일한 효력을 가져야 하며 특정 국가에 의해 일방적으로 배제될 수 없는 것이 원칙임을 밝힌 바 있다.
② 국제관습법은 그 성립 이후 출현하는 신생국에 대해서도 효력을 미치게 되며, 국제관습법을 성문화한 조약 규정은 유보의 대상이 될 수 없다는 것이 판례와 통설의 입장이다.
③ 국제관습의 형성과정 중에 그에 관해 일관되고 명백하게 반대의 의사표시를 한 국가에 대해서는 법적 효력이 인정되지 않는다는 국제관습의 일반적 효력에 대해 인정되는 예외이다.
④ 영국·노르웨이 어업사건에서 재판부는 직선기선의 관습법성은 부정되었으며, 만의 10해리 규칙의 관습법성 여부는 인정했다.

정답 ④
해설 영국·노르웨이 어업사건에서 직선기선의 관습법성 인정했지만, 만의 10해리 규칙의 관습법성 여부는 부정했다.

0024

국제법상 구두조약의 구속력을 인정한 판례는?

① 동부 그린란드 사건
② 프레아비헤아 사건
③ 상부사보이–젝스 자유지대 사건
④ 스코티아호 사건

정답 ①
해설
- 동부 그린란드 사건 : 구두조약, 일방적 선언 인정
- 프레비헤아 사건 : 착오, 묵인에 관한 판례이다.
- 상부사보이–젝스 자유지대 사건 : 스위스에 동 조약이 효력을 미치지 아니한다.
- 스코티아호 사건 : 신구관습법 상호관계를 규율하는 판례이다.

0025

다음 중 국제관습법에 대한 설명으로 틀린 것은?

① 객관적 요소로 관습법이 성립하기 위해서는 관행이 있어야 한다.
② 완강한 반대국가이론에서 반대는 반드시 공개적이고 명시적일 필요는 없다.
③ 하나의 사안에 대해 두 개 이상의 관행이 상반되게 이루어지면, 그 어느 것도 일반 관행으로 인정되지 아니한다.
④ 관행의 계속성으로 ICJ는 관행이 광범위하고 동일하다면 단기간에도 국제관습법이 성립될 수 있음을 인정한다.

[정답] ②

[해설] 반대는 공개적이고 명시적이어야 하며, 반복되어야 한다. 즉, 단순한 침묵이나 무위는 반대가 아니라 묵인으로 간주되며, 반대는 구두 항의 정도는 드러내야 한다.

0026

국제법의 연원에 대한 설명으로 틀린 것은?

① 1989년 소련은 6개 인권조약의 ICJ 강제관할권 규정 수락했는데, 이는 냉전기간 내내 반대해오던 인권규범의 전향적으로 수락했다는 의미이다.
② 연성법은 구속력이 미약하기 때문에 응고과정의 법으로 칭하며, 형식면에서는 국제기구 결의, 내용상 완화된 조약의 성격이다.
③ 입법조약은 모든 당사국에게 동일한 의무 부과하는 것으로 입법부적 조약과는 의미가 다르다.
④ 비처분적 조약은 영토의 사용과 관련된 조약으로, 국경선 획정조약, 비무장지대조약, 영토의 통과권, 어업권, 항구시설이용권 규정 등이 있다.

[정답] ④

[해설] 처분적 조약의 성격, 비처분적 조약은 일신 전속적 조약으로 국가의 계약적 권리·의무를 규정

0027

입법부적 조약에 대한 설명으로 타당하지 않은 것은?

① 1978년 조약에 대한 국가승계에 관한 비엔나 협약에서 '객관적 체제를 창설하는 조약'의 존재를 인정하였다.
② 후임국으로의 승계를 규정하여 처분적 조약의 입법부적 효력을 인정할 의무는 없다.
③ 1959년 남극조약, 1888년 콘스탄티노플조약, 1901년 헤이-폰스포르테조약처럼 이른바 전지구적 문제를 규율하는 조약 등과 관련하여 거론된다.
④ 국제기구 설립조약의 개정과 관련하여 다수의 국제기구들이 이같이 '입법부적 원칙'을 채택하고 있다.

정답 ②

해설 후임국으로의 승계를 규정하여 처분적 조약의 **입법부적 효력을 인정**하였다.
1959 남극조약, 1888 영국, 프랑스 등 10여개국이 체결한 콘스탄티노플조약 (수에즈운하 통항체제) 혹은 1901년 헤이-폰스포르테조약(파나마운하 통항체제)처럼 이른바 전지구적 문제를 규율하는 조약 등과 관련하여 거론된다.

0028

국제법의 연원에 대한 설명으로 옳은 것은?

① 국제관습법은 특수성과 일관성의 특징을 가지고 있다.
② 국제관습법 상 관행은 일정기간 동안 지속적으로 반복됨으로써 그 내용이 명확해지고 특히 특별한 이해관계국이 반응할 기회가 제공된다.
③ 국제관습법상 관행은 오랜기간 동안 아무 반응을 하지 않으면 묵인으로 인정되지 아니한다.
④ 국제관습법상 관행은 설사 모순되는 실행이 있다면 아무리 다수 국가에 의해 기존 관행이 다시 복원된다 해도 계속성은 인정되지 아니한다.

정답 ②

해설 국제관습법 상 관행은 일정기간 동안 지속적으로 반복됨으로써 그 내용이 명확해지고 특히 특별한 이해관계국이 반응할 기회가 제공된다. 단 오랜 기간 동안 아무 반응을 하지 않으면 최소한 묵인의 의사로 해석될 수 있다.
① 국제관습법은 **일반성과 일관성의 특징**을 가지고 있다.
③ 국제관습법 상 관행은 오랜기간 동안 아무 반응을 하지 않으면 최소한 **묵인의 의사로 해석**될 수 있다.
④ 국제관습법 상 관행은 설사 모순되는 실행이 있어도 곧바로 **다수 국가에 의해 기존 관행이 다시 복원된다면 계속성은 재확인**되고 강화된다.

0029

국제법 연원 중 국제관습법에 대한 설명으로 타당하지 않은 것은?

① 법적 확신 여부에 대해 국가간 첨예한 대립이 있다면 법적 확신의 불성립을 의미한다.
② 국제재판소는 일반국제법을 알고 있다고 간주되므로 잘 알려진 '일반' 관습법의 경우 이를 주장하는 당사국이 불성립의 입증 책임을 지나, '지역적' 국제관습법의 경우 이를 부정하는 분쟁당사국에게 입증책임이 있다.
③ '북해대륙붕사건'에 의하면, 대륙붕제도와 같이 짧은 기간에도 조약상의 규칙이 관습법화 될 수 있지만, 관습법은 그 이익이 특히 영향을 받는 국가를 포함한 대다수 국가들의 관행이 광범위하면서도 일관된 관행과 법적 확신에 의해 뒷받침 되어야 한다고 판시하였다.
④ 일반적 관행(general practice)에서, 국가실행(state practice)은 행정부의 행위, 입법부의 국내 입법, 국내 재판소의 판결 등을 포함한다.

정답 ②

해설 국제재판소는 일반국제법을 알고 있다고 간주되므로 잘 알려진 '일반'관습법의 경우 이를 부정하는 당사국이 불성립의 입증책임을 지나, '지역적' 국제관습법의 경우 이를 주장하는 분쟁당사국에게 입증책임이 있다.

0030

국제관습법에 대한 설명으로 옳지 않은 것은?

① 법적 확신이 결여된 관행도 국제관습법의 지위에 있다.
② UN 총회에서 만장일치나 총의 등 압도적인 지지로 채택된 인권, 우주, 환경 관련 결의안은 단시간에 일반적 관행과 높은 법적 확신이 형성되어 '속성 관습법(instant customary law)'으로 평가된다.
③ 원칙적으로 모든 국가 즉, 관습국제법 성립 이후 탄생한 신생 독립국가 포함에 대한 보편적인 효력을 가진다.
④ 처음부터 지속적으로 반대한 국가(persistent objector)는 구속되지 않으나 관습법의 성립 자체를 저지할 수 없다.

정답 ①

해설 법적 확신이 결여된 관행은 **국제예양**에 불과하다.
처음부터 지속적으로 반대한 국가(persistent objector)는 구속되지 않음(영국-노르웨이 어업사건) 그러나 관습법의 성립 자체를 저지할 수 없다.

0031

국제법 위원회(ILC)에 대한 설명으로 타당하지 않은 것은?

① UN헌장 제13조 상 국제법의 점진적 발전 및 법전화를 규정(progressive development of international law and its codification)하는데 이를 위해 국제법 위원회(ILC)설치했다.
② 국제법의 법적 효력을 높이기 위해서 '외교관계에 대한 비엔나 협약', '영사관계에 대한 비엔나 협약', '조약법에 관한 비엔나 협약' 등이 관습법이 성문화된 대표적인 예시이다.
③ 1947년 국제연합총회에 의해 설립된 국제사법재판소의 보조기관으로 국제법 전문가 34명으로 구성되어 있다.
④ 동위원회의 초안을 중심으로 해양법에 관한 조약(1958년), 무국적의 감소에 관한 조약(1961년), 외교(1961년)·영사관계(1963년)에 대한 비엔나협약, 조약법에 관한 비엔나협약(1969년)을 법전화하였다.

정답 ③
해설 1947년 국제연합총회에 의해 설립된 **총회의 보조기관**으로 국제법 전문가 34명으로 구성되어 있다.

0032

국제법의 연원에 대한 설명으로 틀린 것은?

① 법의 일반원칙은 국제재판소가 적용할 관습법이나 조약이 없어, 공통된 국내사법의 원칙을 적용하는 것이다.
② 법의 일반원칙상, 금반언의 원칙은 판례는 프레아비히어사원 사건, 권리남용금지의 원칙은 영국-노르웨이 어업사건 등이 있다.
③ 구속력이 있는 UN 안보리 결의도 법원성이 있으며, 총회 결의의 경우, 관습화가 되어야 관습법으로 인정한다.
④ 국가의 일반적 행위는 법원으로 인정되지 아니한다.

정답 ④
해설 국가의 일반적 행위도 법원으로 인정된다.

0033

국제법의 연원에 대한 설명이 잘못된 것은?

① 법의 일반원칙은 보조적 연원으로서 조약이나 관습의 하위의 지위에 있다.
② 조약과 관습은 이론상 동등한 권위를 갖기 때문에 양자의 규칙 사이에 충돌이 있을 시에는 기본적으로 신법우선의 원칙이 적용이다.
③ UN헌장 제103조에 의해 UN헌자양의 의무와 기타 국제법상 의무가 충돌하는 경우 헌장상의 의무가 우선한다.
④ 강행규범과 임의규범이 충돌하는 경우 임의규범은 무효화되거나 효력을 상실한다.

[정답] ①

[해설] 법의 일반원칙은 **보충적 연원**으로서 조약이나 관습의 하위의 지위에 있다. 보조적 수단으로 판례와 학설이 있다.

0034

국제법 연원에 대한 설명으로 틀린 것은?

① Bosnia 사건(1993)에서 헌장 제25조 하의 회원국들의 의무와 강행규범간 충돌이 쟁점이 된 판례이다.
② Bosnia 사건(1993)의 임시재판관 Lauterpacht는 개별 의견을 통해 당 사건의 경우 강행규범이 우선하며, 당시 안보리결의안은 확립된 강행규범의 규칙에 위배되므로 법적으로 무효일지도 모른다는 견해를 밝힌 바 있다.
③ 국제법상 대체로 대세적인 UN헌장상 의무가 강행규범에 우선한다고 보아야 할 것이다.
④ 구법이 강행규범이거나, 특별법인 경우 구법이 우선 적용될 수 있다.

[정답] ③

[해설] 국제법상 논란이 있으나 대체로 **강행규범이 UN헌장상 의무에 우선**한다고 보아야 할 것이다.
Bosnia 사건(1993)에서 헌장 제25조 하의 회원국들의 의무(유고 전체에 대한 의무적 무기금수조치를 결정한 안보리결의 713을 수락하고 이행할 의무)와 강행규범(제노사이드 금지규칙)간 충돌이 문제된다.

0035

국제법의 연원에 대한 설명이 옳지 않은 것은?

① 국제관습법이 형성된 이후에는 불복할 수 없고, 관습법 형성 초기부터 일관되고 명확하게 반대해야 한다.
② 법의 일반원칙과 형평과 선은 분쟁당사자의 동의를 적용의 요건으로 한다.
③ 강행규범에 위반되는 조약이 언제나 무효가 되는 것은 아니다.
④ 법칙결정의 보조수단으로서의 사법판결은 제59조의 규정에 따를 것을 조건으로 한다.

[정답] ②

[해설] 형평과 선은 분쟁당사자의 동의를 적용요건으로 하나, 법의 일반원칙은 **재판부의 직권으로 적용이** 가능하다.
법칙결정의 보조수단으로서의 사법판결은 제59조의 규정에 따를 것을 조건으로 함.
ICJ규정 제59조 : "본 재판소의 결정은 당사국 간에 있어서만 그리고 당해 사건에 대해서만 구속력이 있다."

0036

국제법의 연원에 대한 설명으로 틀린 것은?

① ICJ규정 제38조는 현재 적용되는 모든 국제법규를 포함한다.
② 국제기구 결의, 유럽연합 기관의 결의 등은 국제법규성이 논의되거나 인정되지만 ICJ규정 제38조에는 규정되어 있지 아니한다.
③ 국제기구의 일방행위를 새로운 국제법의 법원으로 도입하고자 하는 개도국들의 노력이 있었으나 아직까지 국제법의 법원으로 인정되고 있지는 못하고 있다.
④ 재판소가 '형평과 선'을 재판준칙으로 이용하기 위해서는 반드시 당사자의 합의가 필요하다.

[정답] ①

[해설] ICJ규정 제38조는 현재 적용되는 **모든 국제법규를 포함하고 있지는 않다.** 즉 상당수의 실질적 법원은 포함되지 아니한다.

0037

국제법의 연원에 대한 설명으로 타당하지 않은 것은?

① 트리펠(H.Triepel)은 당사자들의 의사가 동일방향으로 합치되는 입법조약만을 국제법의 연원이라고 주장하였으나, 다수설은 입법조약뿐 아니라 당사자의 의사가 서로 다른 방향으로 합치되는 계약적 조약 역시 국제법의 연원이라고 한다.
② 학설과 판례는 국제법규 결정을 위한 보조수단으로서의 지위가 인정되고 있다.
③ 법의 일반원칙은 조약이나 국제관습법과 대등하게 적용되는 재판준칙이다.
④ 조약 상호간에는 원칙적으로 특별법우선의 원칙과 신법우선의 원칙이 적용된다.

[정답] ③

[해설] 법의 일반원칙은 조약이나 국제관습법이 존재하지 않는 경우에 적용되는 재판준칙이다.

0038

국제법의 연원에 대한 설명으로 타당하지 않은 것은?

① 양자조약보다 다자조약이 우선적 효력이 있다.
② 조약과 관습은 동일한 효력순위에 있기 때문에 다자조약과 지역의 국제관습법 역시 어느 것이 우선한다고 할 수 없다.
③ 임의규범이라면 조약과 관습은 신법우선원칙 및 특별법우선원칙의 지배를 받는다.
④ 신강행규범은 기존의 조약을 무효로 하여 종료시킨다.

[정답] ①

[해설] 양자조약과 다자조약의 우선적 효력은 없다.

0039

국제법의 연원에 대한 설명으로 타당하지 않은 것은?

① 국제연합 헌장은 그 회원국 사이의 관계에서는 다른 일반 성문조약보다 우선한다.
② 의사주의에 따르면 조약은 명시적 합의, 관습법은 묵시적 합의로서 성립된다.
③ 북해대륙붕 사건에서 중간선 원칙의 국제관습법성을 부인하였는데 대륙붕협약 제6조에 규정된 중간선 원칙은 국제관습법으로 확립되지 아니하였으므로 동 조약의 당사국이 아닌 독일에 대해 적용할 수 없다고 판시하였다.
④ 니키라과 사건에서 집단적 자위권은 아직 국제관습법상 확립된 권리가 아님을 인정하였다.

정답 ④

해설 니키라과 사건에서 집단적 자위권은 **국제관습법상 확립된 권리임**을 인정하였다.

0040

집요한 불복국가이론에 대한 설명으로 옳지 않은 것은?

① ICJ는 영국-노르웨이 어업사건(1951)에서 집요한 불복이론을 인정한 바 있다.
② 단순한 침묵이나 부작위는 묵시적 승인으로 취급되기 때문에 불복은 명시적이고 적극적으로 행해져야 한다.
③ 관행이 법적 확신을 얻어 법규로 응고된 이후에 뒤늦게 반대하는 국가는 원칙적으로 그 관습법규로부터 벗어날 수 없다.
④ 집요한 불복에 성공할 경우, 국제관습법의 성립 자체를 저지할 수는 있다.

정답 ④

해설 집요한 불복에 성공할 경우라도 **국제관습법의 성립 자체를 저지할 수는 없으며**, 다만 당해 법규의 자국에 대한 대항성을 배제할 수 있을 뿐이다.

① ICJ는 영국-노르웨이 어업사건(1951)에서 집요한 불복이론을 인정한 바 있음. ICJ는 국제법상 만(bay)의 10마일 봉쇄선 원칙은 관습법상의 규칙이 아니며, 설령 관습법상 규칙이라고 하더라도 노르웨이에 대해서는 적용할 수 없다고 보았음. 노르웨이가 그 원칙을 자국 연안에 적용하고자 하는 모든 시도에 대해 '집요하게 불복'했음을 인정한 것임.
② 단순한 침묵이나 부작위는 묵시적 승인으로 취급됨. 불복은 명시적이고 적극적으로 행해져야 함. 그러나 구두항의로도 충분하며 물리적 행동을 취할 필요까지는 없음.
③ 관행이 법적 확신을 얻어 법규로 응고된 이후에 뒤늦게 반대하는 국가는 원칙적으로 그 관습법규로부터 벗어날 수 없음. 다만, 예외적으로 다른 이해관계국들이 사후반대국의 회피를 묵인하는 경우에는 그렇지 않음.
④ 집요한 불복에 성공할 경우라도 국제관습법의 성립 자체를 저지할 수는 없으며, 다만 당해 법규의 자국에 대한 대항성을 배제할 수 있을 뿐임.

0041

국제관습법의 성립요건에 대한 설명으로 틀린 것은?

① 관습의 객관적, 양적 요건인 일반관행은 계속성, 획일성, 일관성, 일반성 등을 그 요소로 한다.
② 법적 확신의 입증부담(onus of proof)은 관습법규를 부인하는 국가에게 지워진다.
③ 국가관행의 증거는 조약, 외교서한, 정책천명, 국내입법 등에서 찾아볼 수 있다.
④ ICJ는 북해대륙붕 사건(1969)에서 국가관행이 광범위하면서도 사실상 획일적(both extensive and virtually uniform)일 것, 그러한 국가관행의 형성에 특별히 영향받는 국가들이 참여할 것 등의 두 요건을 충족하면 짧은 기간 내에도 신관습이 형성될 수 있다고 하였다.

[정답] ②

[해설] 법적 확신의 입증부담(onus of proof)은 관습법규를 원용하는 국가에게 지워진다.
④ ICJ는 북해대륙붕 사건(1969)에서 첫째, 국가관행이 광범위하면서도 사실상 획일적(both extensive and virtually uniform)일 것. 둘째, 그러한 국가관행의 형성에 특별히 영향받는 국가들이 참여할 것 등의 두 요건을 충족하면 짧은 기간 내에도 신관습이 형성될 수 있다고 하였음.

참고

ICJ는 일관되게 2요소설을 지지하고 있음. ICJ는 튀니지-리비아 대륙붕 사건(1982), 리비아-말타 대륙붕 사건(1985), 니카라과 사건(1986) 등을 통해 일관적으로 2요소설을 지지하고 있고, 또한 ICJ는 Asylum 사건(1950)에서 지역관습법을, 인도통행권 사건(1960)에서 양자관습법을 각각 인정하였다.

0042

국제법의 연원에 대한 설명이 잘못된 것은?

① 호르죠 공장사건에서 상설국제사법재판소는 의무위반에 대한 배상책임원칙이 국제법의 원칙이자 법의 일반원칙이라고 하였다.
② 국제재판소는 국제관습의 성립에는 관행의 존재와 법적확신이 모두 필요하다는 2요소설을 일관되게 지지하고 있다.
③ 법의 일반원칙은 국제사법재판소(ICJ)규정에 최초로 규정하였다.
④ 통상 국내법의 일반원칙으로 국제법상 법의 일반원칙을 근거한다.

[정답] ③
[해설] 법의 일반원칙은 상설국제사법재판소(PCIJ)규정에 최초로 규정하였다.

0043

국제관습법 상의 판례에 대한 설명으로 타당하지 않은 것은?

① 북해대륙붕 사건에서 중간선 원칙의 국제관습법성의 부인. 대륙붕협약 제6조에 규정된 중간선 원칙은 국제관습법으로 확립되지 아니하였으므로 동 조약의 당사국이 아닌 독일에 대해 적용할 수 없다고 판시하였다.
② 인도령통항권 사건에서 '통항권'은 적극적 지역권에 해당하며 이것이 양자간 관습법이 아직 성립되지 아니하였다고 판단하였다.
③ 니키라과 사건에서 집단적 자위권은 국제관습법상 확립된 권리임을 인정하였다.
④ 비호권 사건은 외교공관의 비호권이 국제관습법으로 성립하였는지 불명확하며, 콜롬비아가 국제관습법으로의 성립여부를 명확하게 입증하지 못하였다고 판시하였다.

[정답] ②
[해설] 인도령통항권 사건은 집단적 자위권은 국제관습법상 확립되지 아니하며, '통항권'은 적극적 지역권에 해당하며 이것이 양자간 관습법으로 성립하였다고 판단하였다.

0044

국제법 판례인 〈영국-노르웨이 어업사건〉에 대한 설명으로 틀린 것은?

① 법원은 노르웨이가 집요한 불복국가라는 점을 인정한 것외에도 장기간 관행에 의해 증명되는 지역의 특수경제이익, 해안선의 불규칙 및 섬과 암석의 산재 등이 직선기선이 국제법적 효력을 갖기 위한 조건이라고 판시하였다.
② 1951년 영국과 노르웨이 간의 분쟁으로서 국제사법재판소(ICJ) 판례이다.
③ ICJ는 이미 많은 국가들이 도서와 암초가 산재해 있고 굴곡이 심한 해안에서 직선기선을 긋는 방법에 대해 아무런 이의 없이 적용해 왔다고 지적하며 이미 관습법으로 성립해 있다고 판단하였다.
④ ICJ는 영국의 만구 10해리 규칙이 국제관습법이라는 주장을 인용하였고, 노르웨이는 동원칙을 자국연안에 적용하려는 모든 시도를 항상 반대해 왔지만 국제법 적용이 우선하기 때문에 노르웨이에게도 적용된다고 판단하였다.

정답 ④

해설 ICJ는 영국의 만구 10해리 규칙이 국제관습법이라는 주장을 기각하였고, 나아가 설령 관습법상 규칙이라고 해도 노르웨이는 동원칙을 자국 연안에 적용하려는 모든 시도를 항상 반대해 왔기 때문에 **노르웨이에게는 적용될 수 없다**고 판단하였다.

0045

국제법 연원에 대한 설명으로 옳지 않은 것은?

① 국제조약은 문명국에 의하여 인정된 법의 일반법칙에 우선한다.
② 재판소의 결정은 후에 적용되는 당사자 사이와 그 사건에 관하여서도 구속력을 가진다.
③ 형평과 선(ex aequo et bono)은 당사자의 합의가 있을 경우에 국제사법재판소의 재판준칙이 될 수 있다.
④ ICJ규정에서 말하고 있는 '재판상의 판결'에는 PCIJ, ICJ, 각종 중재재판소의 판결 이외에 각국 국내재판소의 판결도 포함된다.

정답 ②

해설 재판소의 결정은 당사자 사이와 그 특정사건에 관하여서만 구속력을 가짐(ICJ규정 제59조). 즉 선례구속력이 인정되지 아니한다.

0046

국제법의 법원성에 대한 설명으로 타당하지 않은 것은?

① ICJ가 형평과 선에 따라 재판한다 함은 해당 사건에 적용할 법의 적용을 고려하고 형평을 참고로 하여 사건을 해결하는 것을 말한다.
② 국제판례, 특히 ICJ의 판례는 국제관습법규의 성립을 확인하거나 나아가 국제관습법규를 성립시키는 역할을 수행하기도 한다.
③ 형평은 실정법규 안의 형평, 실정법규를 보충하는 형평, 실정법규를 위반하는 형평의 세 가지로 구별한다.
④ 실정법규를 위반하는 형평은 실정법규에 우선하여 평등, 선, 정의 등의 가치를 적용하는 것을 말하며 ICJ규정 제38조 제2항에 규정되고 있는 형평이 이에 해당한다.

정답 ①

해설 ICJ가 형평과 선에 따라 재판한다 함은 해당 사건에 적용할 **현행법규의 유무와 상관없이 '법의 적용을 배제하고'** 형평을 기준으로 하여 사건을 해결하는 것을 말한다.

형평은 실정법규 안의 형평, 실정법규를 보충하는 형평, 실정법규를 위반하는 형평의 세 가지로 구별됨. 첫째, 실정법규 안의 형평은 실정법규를 벗어나지 않고 이를 구체적 타당성 있게 해석, 적용하기 위한 기준으로서의 형평을 말하며, 둘째, 실정법규를 보충하는 형평은 구체적인 사안에 관하여 실정법이 흠결되어 있거나 불충분하게 규율하고 있는 경우에 이를 보완하는, 즉 실정국제법규의 흠결(lacuna)을 보충하는 것으로서 보조적인 법원에 해당한다. 셋째, 실정법규를 위반하는 형평은 실정법규에 우선하여 평등, 선, 정의 등의 가치를 적용하는 것을 말하며 ICJ규정 제38조 제2항에 규정되고 있는 형평이 이에 해당함.

0047

국제법의 연원 중 조약에 대한 설명으로 옳지 않은 것은?

① 조약은 국제사회의 법규범으로 그 체결, 이행, 변경 등이 국제법의 적용대상이 된다.
② 조약의 명칭은 조약, 협약, 협정, 교환각서 등으로 다양하게 표현되며, 이들은 법적 구속력은 각각 차이를 갖는다.
③ 국제사회를 국가 간의 사회로 생각하던 과거에는 국가만이 국제법 주체로 주장되었으나, 오늘 날은 국제법 주체의 인정범위가 확대되면서 국제기구도 조약의 당사자로 인정되는 경향이다.
④ 법의 일반원칙에 대한 정의와 관련하여 여러 문명국가에서 공통적으로 인정되는 국내법의 일반원칙이라고 보는 견해가 있다.

정답 ②
해설 조약의 명칭은 조약, 협약, 협정, 교환각서 등으로 다양하게 표현되며, 이들은 동일하게 **법적 구속력**을 갖는다.

0048

신사협정에 관한 설명으로 옳지 않은 것은?

① 법적 구속력이 없는 단순한 정치적, 도덕적 문서이다.
② 법적 구속력의 유무가 불분명한 경우 '재판소의 판단'을 기준으로 근거한다.
③ 당사자와 무관하게 국제법적 효력을 지니지 아니한다.
④ 남북사이의 화해와 불가침 및 교류, 협력에 관한 문서(1991), 헬싱키 의정서(1975) 등이 이에 속한다.

정답 ②
해설 법적 구속력의 유무가 불분명한 경우 '당사국의 의도'를 기준으로 판단한다.

0049

Barcelona Traction 사건(1970)의 주요쟁점에 대한 설명으로 적절하지 않은 것은?

① 설립지국이 일차적으로 법인의 국적국이 된다.
② 법인의 피해로 주주에게 간접적으로 피해가 발생한 경우에는 원칙적으로 주주의 국적국이 외교적 보호권을 발동할 수 없으나 예외적으로 법인이 법률상 소멸하였거나 법인의 본국이 법인을 위하여 행위 하는 능력을 결여했다고 인정되는 경우, 설립지국가가 법인을 침해한 경우, 주주의 국적국이 외교적 보호권을 발동할 수 있다.
③ 법인의 국적과 국적 부여국 간 '진정한 관련성(genuine link)'이 요구된다.
④ 대세적 의무(obligations erga ones)의 존재를 확인한 판례이다.

정답 ③

해설 법인의 국적과 국적 부여국 간 '진정한 관련성(genuine link)'이 요구되는가에 대해 **ICJ는 부정적인 견해**를 피력하였다.
① 설립지국이 일차적으로 법인의 국적국이 된다(외교보호에 관한 규정 초안 제9조). 설립지국 이외의 국가 즉 본점소재지국이 외교보호목적상 국적국가로 간주되기 위해서는 (1) 회사가 타국 국민에 의해 지배될 것 (2) 설립지 국가에서는 실질적인 영업활동이 없을 것 (3) 회사의 본점소재지와 재무지배소재지가 모두 그 타국에 위치할 것이라는 요건을 충족해야 한다.
② 법인의 피해로 주주에게 간접적으로 피해가 발생한 경우에는 원칙적으로 주주의 국적국이 외교적 보호권을 발동할 수 없으나 예외적으로 법인이 법률상 소멸하였거나 법인의 본국이 법인을 위하여 행위 하는 능력을 결여했다고 인정되는 경우, 설립지국가가 법인을 침해한 경우, 주주의 국적국이 외교적 보호권을 발동할 수 있다.

0050

국제법의 연원으로서 일방행위에 관한 설명이 아닌 것은?

① 프랑스 핵실험 사건에서 ICJ는 일방적 선언도 법적 의무를 창설할 수 있다고 하였다.
② 국제공동체 전체에 대하여 발표된 일방적 선언뿐만 아니라 제한된 국가나 실체를 대상으로 한 것이라도 법적 구속력을 가질 수 있다.
③ ILC는 일방적 선언은 그러한 권한이 있는 자에 의하여 공개적으로 그리고 '이를 준수할 의지가 표명된 경우에만' 법적 구속력을 창출할 수 있다.
④ Frontier Dispute사건은 양자적 성격을 지녔으므로 상호합의가 통상적인 의사표시 방법인 것으로 보아, 말리 대통령의 일방적 발언에 대해 법적 구속력을 인정하였다.

정답 ④

해설 Frontier Dispute사건은 양자적 성격을 지녔으므로 상호합의가 통상적인 의사표시 방법인 것으로 보아, 말리 대통령의 일방적 발언에 대해 **법적 구속력을 인정하지 않았다.**

0051

1969년 조약법에 관한 비엔나협약과 국제판례에 비추어 볼 때 국제강행규범에 관한 것으로 옳지 않은 것은?

① 조약은 그 체결 당시에 일반 국제법의 강행규범과 충돌하는 경우 무효이다.
② 비엔나협약의 목적상 일반 국제법의 강행규범은 어떠한 이탈도 허용되지 아니한다.
③ 전체로서의 국제 공동사회가 국제강행규범으로 수락하며 또한 인정해야 한다.
④ 일반국제법의 신강행규범이 출현하는 경우에 그 규범과 충돌하는 현행 조약은 소급되어 무효로 된다.

정답 ④

해설 일반국제법의 신강행규범이 출현하는 경우에 그 규범과 충돌하는 현행 조약은 무효로 되어 종료된다. **장래효로 소급되지 아니한다.**

참고

강행규범의 특징
1. 조약은 그 체결 당시에 일반 국제법의 강행규범과 충돌하는 경우 무효임.
2. 비엔나협약의 목적상 일반 국제법의 강행규범은 어떠한 이탈도 허용되지 아니함.
3. 또한 그 후에 생긴 동일한 성질을 가진 일반국제법에 의해서만 변경될 수 있는 규범임.
4. 전체로서의 국제 공동사회가 국제강행규범으로 수락하며 또한 인정해야 함.
5. 일반 국제법의 새 강행규범이 출현하는 경우에 그 규범과 충돌하는 현행 조약은 무효로 되어 종료함.
6. 국제강행규범의 무효나 종료 또는 해석에 관한 분쟁의 어느 한 당사국은 제 당사국이 공동의 동의에 의하여 분쟁을 중재 재판에 부탁하기로 합의하지 아니하는 한 분쟁을 국제사법재판소에 결정을 위하여 서면신청으로 부탁할 수 있음.
7. 강행규범을 위반한 규정을 가진 조약은 그 규정만 분리하여 무효로 할 수 없음.

0052

국제법의 연원 중 강행규범에 대한 설명으로 틀린 것은?

① 국가들로 구성되는 국제공동체 전체에 의하여 수락되고 승인된 규범이다.
② 제2차 대전 이후 나타난 국제법의 초(超)실증주의적 경향을 배경으로 한다.
③ 조약이 그 체결 당시에 일반국제법의 강행규범과 충돌할 경우 종료가 된다.
④ 강행규범도 영구불변한 것은 아니며 동일한 성격을 갖는 일반국제법의 사후규범, 즉 '신 강행규범'에 의해서 수정될 수 있다.

정답 ③

해설 조약이 그 체결 당시에 일반국제법의 강행규범과 충돌할 경우 **무효임**.(조약법협약 제53조) 일반국제법의 새 강행규범이 출현하는 경우에 그 규범과 충돌하는 기존의 조약은 무효로 되어 종료함(조약법협약 제64조). 조약법협약 제53조와 제64조를 비교하여 알아둘 필요가 있음. 강행규범도 영구불변한 것은 아니며 동일한 성격을 갖는 일반국제법의 사후규범, 즉 '신 강행규범'에 의해서 수정될 수 있음(조약법협약 제53조 2문).

0053

국제법상 강행규범에 대한 설명으로 옳지 않은 것은?

① 강행규범은 주로 관습법의 형태로 존재하고 있다.
② 강행규범의 예로서 무력행사의 금지, 인권보장, 민족자결권 존중, 국제환경보존 등을 들 수 있다.
③ ICJ는 바르셀로나 전력회사 사건(1970)에서 침략행위와 집단살해의 불법화, 노예제도 및 인종차별로부터의 보호를 포함한 인간의 기본적 권리들에 대한 규칙 등과 같이 '모든 국가가 그들의 보호에 법적 이익을 갖는 것으로 인정될 수 있는 것'을 강행규범이라고 하였다.
④ 학자들의 의견에서 강행규범과 대세적 의무를 동일시하려는 견해도 존재한다.

정답 ③

해설 ICJ는 바르셀로나 전기, 전력회사 사건(1970)에서 침략행위와 집단살해의 불법화, 노예제도 및 인종차별로부터의 보호를 포함한 인간의 기본적 권리들에 대한 규칙 등과 같이 '모든 국가가 그들의 보호에 법적 이익을 갖는 것으로 인정될 수 있는 것'을 대세적 의무라고 하였다.

0054

국제법의 강행규범에 대한 설명으로 타당하지 않은 것은?

① 강행규범이 국가 간의 합의에 의해서도 변경할 수 없는 '절대적 규범'의 존재를 인정하기 위하여 도입된 것이라면, 대세적 의무는 해당 권리의 중요성이라는 관점에서 모든 국가가 그 보호를 위하여 '법적 이익'을 가지고 있음을 주장하기 위한 것이다.
② 국제범죄는 강행규범으로 국가책임 초안에 규정되어 있다.
③ '1969년 조약법에 관한 비엔나협약'에서 강행규범을 인정하고 그 정의를 제시하고 있다.
④ 강행규범의 적용에 관한 분쟁은 양 당사국이 중재재판에 부탁하기로 합의하지 않은 경우, 일방 당사국이 서면으로 국제사법재판소의 결정을 부탁할 수 있다고 '1969년 조약법에 관한 비엔나협약'에 규정되어 있다.

정답 ②

해설 어떤 국가가 '대세적 의무'를 위반한 경우에는 국제공동체의 모든 구성원에게 법적 이익(소의 이익)이 있음. 이는 대세적 의무의 개념으로부터 바로 도출됨. 한편 강행규범 위반을 국제범죄로 규정하려는 시도도 있었으나 이에 대해서는 많은 비판이 제기되어 2001년 ILC에서 채택된 위법행위책임 최종초안에서 이 개념은 삭제되기에 이르렀음

03 | 국제법과 국내법

0055

국제법과 국내법에 대한 설명으로 옳지 않은 것은?

① 상설국제사법재판소(PCIJ)는 국제적 차원에서 국내법에 대한 국제법 우위의 원칙을 적용하였다.
② 대한민국의 경우, 우리나라가 당사국인 조약에 위반하는 조례는 무효가 될 수 있다.
③ 국내법에 저촉되는 조약이라면 국제적으로도 유효할 수 없다.
④ 미국의 경우, 원칙적으로 '수용'방식에 의해 조약을 도입하지만 관행상 자기집행조약은 별도 입법조치 없이 도입되나 비자기집행조약은 별도의 입법조치를 요한다.

정답 ③
해설 국내법에 저촉되는 조약이라도 국제적으로는 유효할 수 있다.

0056

다음 중 국제법과 국내법에 대한 설명으로 옳지 않은 것은?

① 이원론은 국제법과 국내법을 서로 독립된 별개의 법체계로 본다.
② 한스 켈젠(Hans Kelsen)은 국제법 우위론을 주장하였다.
③ 우리나라의 대법원 판례는 변형이론을 채택하여 헌법 제6조 제1항에 의해 별도의 입법조치를 통해 국내법 체계에 도입된다고 하였다.
④ 미국의 경우 국제관습법은 기존법률이나 판례보다는 하위의 효력을 가지며, 법원은 국제관습법과 국내 행정적, 입법적, 사법적 행위 또는 결정 간에 충돌이 있으면 국내규정을 적용한다.

정답 ③
해설 우리나라의 대법원 판례는 **수용이론**을 채택하여 헌법 제6조 제1항에 의해 별도 입법조치 없이 국내법 체계에 도입된다고 하였다.

0057

국제법과 국내법에 대한 설명으로 타당하지 않은 것은?

① 국제재판소는 문제가 되는 국내법을 해석할 의무, 권한을 갖고 있다.
② 영국의 경우 〈Mortensen v. Peters 사건〉에서 의회제정법이 관습법에 우선한다고 판시하였다.
③ 국제재판에서는 국제법은 국내법에 우선한다.
④ 국내재판에서 국제법과 국내법이 상치될 때는, 국가가 국제법에 대해 국내법 체계에서 어떠한 효력순위를 부여하는가에 따라 다르다.

> 정답 ①
> 해설 국제법의 적용을 임무로 하는 국제재판소는 문제가 되는 국내법을 해석할 의무, 권한을 갖고 있지 아니한다.

0058

국제법과 국내법에 대한 설명으로 타당하지 않은 것은?

① 영국의 법원은 일반적으로 국제관습법과 의회제정법이 저촉되는 경우 의회제정법을 적용하는데, 영국은 국제관습이 Common Law의 효력을 가지는 것으로 인정하되, 의회제정법과의 관계에서는 의회제정법을 우선하고 있다.
② 미국의 경우 헌법상 명문의 형식으로는 조약과 연방법률의 관계를 규정하고 있지 않다.
③ 일반적으로 국제법에 반하는 국내법이 무효라고 판정하지 않는다.
④ 이원론에 따르면, 국제법은 국제관계에 적용되는 법규범으로 그 자체로는 국내적으로 효력을 갖지 않는다.

> 정답 ②
> 해설 미국의 경우 헌법상 명문의 형식으로 조약과 연방법률의 동위를 규정하고 있다.

0059

다음 중 국제법과 국내법에 대한 설명으로 옳지 않은 것은?

① 대한민국 헌법은 헌법에 의하여 체결, 공포된 조약과 일반적으로 승인된 국제법규에 대해 국내법과 같은 효력을 부여하고 있다.
② 국제법이 국내법보다 우위에 있으나, 국제법에 위반되는 국내법이 바로 무효가 되는 것은 아니다.
③ 관습법을 변형할 것인지 또는 수용할 것인지 여부는 국가의 재량사항임에 따라서 반드시 변형되는 것은 아니다.
④ 국가는 조약의 불이행을 정당화하기 위하여 자국의 국내법의 존재 또는 입법의 불비(不備)를 원용할 수 있다.

[정답] ④
[해설] 국가는 조약의 불이행을 정당화하기 위하여 자국의 국내법의 존재 또는 입법의 불비(不備)를 원용할 수 없다.

0060

국내법상 국제법의 지위에 대한 설명으로 타당하지 않은 것은?

① 영국에서 관습법은 Common Law의 일부를 구성하며 바로 국내법으로서의 효력을 지닌다.
② 조약의 국내적 효력과 관련하여 미국 연방대법원은 건국 초기부터 의회의 입법적 조력이 없이도 법원이 직접 적용할 수 있는 자기집행적 조약과 의회의 이행입법이 있어야만 국내집행이 가능한 비자기집행적 조약으로 구분하고 있다.
③ 미국에서 자기집행적 조약과 비자기집행적 조약의 구분이 최초로 행해진 것은 Sei Fuji vs. California 사건(1952)이다.
④ 한국의 경우 학설과 판례는 대체로 일원론의 입장을 채택하고 있다.

[정답] ③
[해설] 미국에서 자기집행적 조약과 비자기집행적 조약의 구분이 최초로 행해진 것은 Foster and Elam vs. Nelison 사건(1829)이었으나, 이 같은 구분과 관련하여 자주 인용되는 판례는 Sei Fuji vs. California 사건(1952)이다.

0061

다음 중 국제법과 국내법에 대한 설명으로 옳지 않은 것은?

① 한국의 경우 국회의 비준 동의권은 일원론적 시각에 의해 행정부의 조약체결에 대한 변형기능을 수행한다.
② Mortensen v. Peters 사건에 의해 의회제정법의 관습법(common law)에 대한 우위의 원칙이 확립됨 따라서 영국에서 국제관습법은 관습법의 일부이므로, 두 연원 간 충돌이 있을 시 의회제정법이 국제관습법에 우선하여 적용된다.
③ 영국 정부가 체결하려는 비준을 요하는 모든 조약은 일단 의회로 보내져 21일 이상 공개되는 데 이를 Ponsonby Rule이라고 한다.
④ 조약 및 국제관습법에 대한 영국의 태도는 국제관습법에 대해 수용이론을 채택하고 있다.

정답 ①

해설 한국의 경우 국회의 비준 동의권은 일원론적 시각에 따르면 국회의 비준동의권은 행정부의 조약체결에 대한 **정치적 통제** 행위에 불과하며, 변형기능을 수행하는 것이 아니다.

0062

조약 및 국제관습법에 대한 미국의 태도로 옳지 않은 것은?

① 미 연방헌법 제6조 제2항은 '조약'이 헌법 및 법률과 함께 미국의 최고법임을 명시하고 있다.
② 조약을 자기집행적 조약과 비자기집행적 조약으로 나누어, 전자는 국내입법조치 없이 미국법의 일부로 간주되나 후자는 국내입법조치가 필요하다는 입장이다.
③ 판례법상 연방헌법은 조약의 상위에 있으며, 연방법률과 조약은 양자가 동위에 있으므로 신법우선의 원칙과 특별법 우선의 원칙이 적용된다.
④ 상하 양원의 단순 과반수 승인에 의해 체결되는 의회–행정부 협정은 헌법에서 언급된 정식조약과 달리 연방법률보다 하위에 있다.

정답 ④

해설 상하 양원의 단순과반수 승인에 의해 체결되는 의회–행정부 협정도 헌법에서 언급된 정식조약과 마찬가지로 **연방법률과 동위**이다.

0063

각 국가에 있어서 국제법과 국내법의 관계에 관한 설명으로 옳지 않은 것은?

① 영국은 조약에 대해 원칙적으로 변형(transformation)원칙을 유지한다.
② 유럽사법법원에 의하면 유럽공동체법은 회원국 국내에 직접 적용된다.
③ 코스타-에넬(Costa v. ENEL)사건 판결에서 유럽사법법원은 유럽공동체법은 국내적 차원에서도 회원국의 헌법보다도 우월하다는 '공동체법 우위의 원칙'을 확립하였다.
④ 유럽공동체 회원국 국민이라도 유럽공동체법을 직접 원용하여 자신의 권리를 주장할 수는 없다.

> [정답] ④
> [해설] 유럽공동체 회원국 국민은 유럽공동체법을 직접 원용하여 자신의 권리를 주장할 수 있다.

0064

다음의 내용에 대한 설명으로 옳지 않은 것은?

> 甲국 국내재판소가 甲국과 乙국 간의 X협정과 충돌하는 甲국 국내법 Y에 대해 취할 수 있는 상황

① 국내법 우위론에 의할 때 X협정은 대외적 국내법에 불과하다.
② 이원론에 의하면 국내법과 국제법은 별개의 법체계이며 충돌의 여지가 없다.
③ 국제법 우위론에 의하면 국내법 Y가 아닌 X협정을 적용해야 한다.
④ 국제법 우위론에 의하면 국제법과 국내법의 관계는 상하질서의 관계이며, 국제법은 이른바 '위임의 우위'를 통해 제한적이지만 일부 국내법 질서의 타당 근거가 된다.

> [정답] ④
> [해설] 국제법 우위론에 의하면 국제법과 국내법의 관계는 상하질서의 관계이며, 국제법은 이른바 '위임의 우위'를 통해 모든 국내법질서의 타당 근거가 된다.

0065

국제법과 국내법의 관계에 대한 설명으로 옳지 않은 것은?

① 일원론이란 국제법과 국내법이 전체로서 하나의 통일적 법질서를 구성하고 있다고 보는 이론인데 양자의 충돌 시 상하관계의 문제로 처리한다는 입장이며, 국내법 우위론과 국제법 우위론으로 나눌 수 있다.
② 국내법 우위론은 국내법이 항상 국제법보다 우월한 효력을 지니며, 양자가 상호 모순되는 경우 국내법이 우선 적용되어야 한다는 이론이다.
③ 이원론은 국제법과 국내법을 상호 독립적인 별개의 법체계로 이해하는 이론이다.
④ 트리펠(Tripel)은 국가주권을 통한 일원론을 주장했다.

정답 ④

해설 Tripel 등 국가주권 절대사상에 대항해 이원론을 주장. 국가의 법인격을 국제관계/국내 2개로 파악, 국제법은 변형되어 적용된다고 주장한다.

0066

국제법과 국내법의 관계에 대한 설명으로 틀린 것은?

① 켈젠(Kelsen)으로 대표되는 비엔나 학파에 의해 국제법 우위론은 국내적 변형 없이 국제법 적용이 가능하고, 국제법은 오히려 각국 법체제의 유효성의 근거가 되는 상위법 체계를 말한다.
② 국제관계에서 국가는 국내법을 이유로 국제법의 불이행을 변명할 수 없다.
③ 일반적으로 국내법이 국제법의 법원 일부가 될 수는 없다.
④ 국제재판에서 국내법상의 내용을 주장하려면 주장자가 증명책임을 진다.

정답 ③

해설 국제법이 국내법을 완전히 무시하지는 않으며, 국내법이 국제법의 법원 일부가 되기도 하며 국제법상의 판단이 국내법에 의해 좌우될 수도 있다.

0067

국제법과 국내법의 관계에 대한 설명으로 타당하지 않은 것은?

① 각국이 어떠한 방법으로 국제법상의 의무를 이행하느냐는 원칙적으로 국제법상 원칙에 의한다.
② 국제법 위반이 초래되면 국가는 그에 대한 국제법상의 책임이 부여된다.
③ 변형이란 국가가 국제법과 동일한 내용의 국내법을 제정하여 국내적으로는 국내법의 형식으로 국제법을 실현하는 방식, 조약이 종료되도 국내법의 효력에는 영향이 없다.
④ 수용은 국제법이 국제법의 자격으로 직접 국내적으로 적용되고, 사법부도 국제법에 입각해 재판함으로서 국제법을 실현하는 방식이다.

[정답] ①
[해설] 각국이 어떠한 방법으로 국제법상의 의무를 이행하느냐는 원칙적으로 개별 국가에 맡겨져 있다.

0068

국제법상 변형이론에 관한 설명으로 틀린 것은?

① 국제법규범은 원칙적으로 국가간의 관계(inter-state relationship)에만 효력을 미치게 된다는 전제를 깔고 있다.
② 국제법이 국내적으로 타당하게 적용되려면 국제법 규범이 그 자체로서 국내적으로 직접 수용될 수 있다.
③ 변형이론에서 말하는 변형이란 국제법의 차원에서 다른 체계인 국내법의 차원으로 단순히 이동하는 것이 아니라 규범 자체가 '질적으로' 전환되는 것을 의미한다는 점이다.
④ 국제공동체의 기본단위인 국가의 다수의 의사에 기초한 국제법에서 일개 국가의 단독의사에 기초한 국내법으로, 국가 간의 법률관계에서 개인 간 또는 개인과 국가 간의 법률관계를 규율하는 국내법으로의 연원의 변경을 뜻하기 때문에 이 과정에서 법적 구조의 전환이 불가피하다는 설명이다.

[정답] ②
[해설] 국제법이 국내적으로 타당하게 적용되려면 국제법이 혹은 국제법 규범이 그 자체로서는 **국내적으로 직접 수용될 수 없고**, 미리 당해 국가가 국내법의 형식을 통해 문제의 국제법 혹은 국제규범의 성격을 국내법으로 변형시켜야 한다는 것이다.

0069

국제법상 변형이론에 대한 설명으로 타당하지 않은 것은?

① 국제법(조약) 규범은 그 자체로서의 성격을 유지한 채 국내적으로 구속력을 가지므로 국제법원이 국내적으로 변형된 조약에 적용할 때 생기는 문제들을 해결할 수 있으나 '수용된' 국제법 규범의 국내적 효력순위를 결정하는 부분에서는 문제가 발생할 수 있다.
② 엄격한 편입이론은 실제의 국제관행과는 상이한 면이 있고 따라서 국내적으로 국제법규범이 무조건 우선하는 것이 아니라, 후법 우선의 원칙을 적용하는 등의 태도를 보이며 온건한 국제법 우위이 일원론에 점차 접근하고 있다.
③ 영국은 조약의 체결과 비준이 의회의 권한이므로 시민에게 부담을 지우는 조약 등은 의회의 제정법을 통해야 비로소 국내적으로 유효하도록 한다.
④ 영국은 조약은 제정법에 모순되지 않는 경우의 관습국제법만 영국법으로서 유효하고 조약은 변형행위를 통해서만 영국법이 된다는 특별변형이론을 취하고 있다.

정답 ③

해설 영국은 조약의 체결과 비준이 왕의 대권이므로 시민에게 부담을 지우는 조약 등은 의회의 제정법을 통해야 비로소 국내적으로 유효하도록 한다.

0070

국제법과 국내법의 관계에 대한 설명으로 타당하지 않은 것은?

① 개별국가 국제법상의 의무를 이행하는 방법에 대해서는 국제법이 관련되기 때문에 국제법의 국내적 이행은 국제법 질서 속에서 해결해야 할 문제이다.
② 이행 방법으로는 국제법이 국내법으로 변형(doctrine of transformation)과 국내적으로 수용(doctrine of transformation)하는 방식 등이 있다.
③ 변형이란 국가가 국제법과 동일한 내용의 국내법을 제정하여 국내적으로는 국내법의 형식으로 국제법을 실현하는 방식으로 입법기관이 국제법과 동일한 내용의 상세한 국내법을 제정하는 방식/특정 조약을 국내법으로 시행한다는 형식적인 법률만을 제정한다.
④ 수용이란 국제법이 국제법의 자격으로 직접 국내적으로 적용되고, 사법부도 국제법에 직접 근거하여 재판을 함으로써 국제법을 실현하는 방식이다.

정답 ①

해설 개별국가가 국제법상의 의무를 이행하는 방법에 대해서는 국제법이 상관하지 않기 때문에 국제법의 국내적 이행은 개별 국가가 자국의 헌법질서 속에서 해결해야 할 문제이다.

0071

국제법과 국내법의 관계에 대한 설명으로 틀린 것은?

① 국제법은 UN헌장 제7장과 같이 집단적 안전보장 등 직접적 집행기능을 가지는 내용 등 원칙적으로 국내적 차원에서 어떻게 국제법이 실현되어야 하는지의 고유한 수단을 가지고 있다.
② 대부분의 국가들은 관습국제법의 국내적 적용 또는 국내법 질서에서 실현되는 원칙으로 대체적으로 편입이론(incorporation)을 택하고 있다는 것이 일반적 견해이다.
③ 국내법과 국제법에서 부여되어 있는 의무 사이의 적합성을 달성하기 위해서 어떠한 방법을 취하는지 하는 것은 국내 관할 사항에 속해 있다.
④ 각국은 헌법과 헌법 관행을 통해 관습국제법의 국내법 질서에서의 실현과 관련한 제한을 두고 있다.

[정답] ①
[해설] 국제법은 예를 들어 UN헌장 제7장과 같이 집단적 안전보장이라든지, 통합 등 직접적 집행기능을 가지는 내용을 제외하고 원칙적으로 국내적 차원에서 어떻게 국제법이 실현되어야 하는지 하는 고유의 수단을 가지고 있지 않으며, 국제법의 국내적 적용은 각국의 헌법관행을 포함하는 헌법의 태도에 맡겨져 있다고 할 수 있다.

0072

영국의 국제법과 국내법의 각 국가의 적용에 대한 설명으로 잘못된 것은?

① 영국은 관습국제법이 국내법 질서로 어떻게 형성되는지에 대한 원칙과 절차에 대한 명시적 근거 규정을 두고 있다.
② 영국에서의 관습국제법의 국내법질서로의 형성과 관련한 원칙은 사법부에 의한 헌법관행 즉 사법부의 판례를 통해 이루어져 왔다.
③ 관습국제법의 국내법질서에서의 실현과정에 대한 영국사법부는 이른바 블랙스톤 원칙이라고 불리우는 "국제법은 완전히 영국법의 일부를 구성 한다"고 주장한다.
④ 18세기 이래 영국법원은 관습국제법의 국내법 질서로의 형성과 관련하여 일관적으로 '편입이론'(incorporation)의 입장을 유지하여 왔다.

[정답] ①
[해설] 영국은 관습국제법이 국내법 질서로 어떻게 형성되는 원칙과 절차에 대한 명시적 근거 규정을 찾을 수 없다.

0073

영국의 국제법을 대하는 국내법에 대한 설명으로 옳지 않은 것은?

① 1876년 형사소추유보사건법원(the Court for Crown Cases Reserved)의 Regina v. Keyn 사건을 기점으로 하여 관습국제법의 국내법질서에서의 형성에 대한 영국법원의 입장이 수용에서 실질적 변형으로 바뀌었다.
② 영국사법부가 3해리 이내의 해역에서 발생한 선박의 충돌사건과 관련하여 의회제정법이 없다는 것으로 형사관할권을 부정한 판례로서 이는 당해 해역을 국제법상 영해로 간주하여 관할권을 행사하기 위한 영국의 동의형식의 결의인 의회제정법이 필요하다는 것이었다.
③ 판례 Mortensen v. Peters 사건에서의 국내법인 의회제정법이 국제관습법에 우선한다는 대법원장의 입장으로 판시되었다.
④ 국제법을 잘 모르는 영국 재판관들이 관습국제법의 주요 증거로 영국의 판례에 의존한 결과 실제의 관행은 수용이론에 가깝게 변했다는 주장이 있다.

[정답] ④
[해설] 국제법을 잘 모르는 영국재판관들이 관습국제법의 주요 증거로 영국의 판례에 의존한 결과 실제의 관행은 **변형이론에** 가깝게 변했다는 주장이 있다.

0074

미국의 국제법에 대한 국내법의 태도에 대한 설명으로 타당하지 않은 것은?

① 미연방헌법 제1조 8절 10항을 제외하고는 국제법과 관련한 어떠한 조항도 없으며, 동 조항도 관습국제법의 국내법질서에서의 실현에 관한 내용을 담고 있지 아니하다.
② 미국헌법은 영국과 마찬가지로 판례를 통해 관습국제법의 국내적 적용에 대하여 편입이론을 발전시켜 왔다.
③ 관습국제법의 미국의 국내법 질서로 형성되는 원칙과 관련한 판례로 1900년의 Paquete Habana사건이 있다.
④ 관습국제법과 국내 행정, 입법, 사법행위 또는 결정 간에 충돌이 있는 경우 미국법원은 관습국제법을 적용한다.

[정답] ④
[해설] 관습국제법과 국내 행정, 입법, 사법 행위 또는 결정간에 충돌이 있는 경우 **미국법원은 국내규정을 적용하게 된다는** 것이다.
② 미국헌법은 영국과 마찬가지로 판례를 통해 관습국제법의 국내적 적용에 대하여 편입이론을 발전시켜 왔다고 평가되며, 특히 관습국제법이 보통법으로서 미국법에 수용된다는 취지의 선례는 명예혁명 이전의 영국과 18세기 미국 사례법까지 거슬러 올라간다.
③ 관습국제법의 미국의 국내법 질서로 형성되는 원칙과 관련한 가장 대표적인 사건은 1900년의 Paquete Habana사건으로 동 사건에서 미연방최고법원은 "국제법은 우리법의 일부이며, 따라서 국제법은, 그것에 의존하는 권리의 문제들이 그 결정을 위하여 정당하게 제기될 때마다, 적절한 관할권을 가진 재판소들에 의해 확인되고 시행되지 않으면 아니 된다.

0075

미국의 국제법을 대하는 국내법의 태도에 대한 설명으로 옳지 않은 것은?

① 니카라과 항구에서의 미국민의 채굴행위에 대한 합법성에 대한 항변을 시도하는 사건에서 이를 미국민이 제소하는 경우와 같이 관습국제법이 국내법 또는 국내적 정책을 무효화시키기 위해서 이용될 수도 있다.
② 국제관습법은 타국에 의한 조치의 정당성을 미국법원에서 평가하지 아니한다.
③ 관습국제법은 현시법에 대한 보충적 기능을 수행할 수 있다.
④ 관습국제법의 존재 유무 및 국내법 질서에서의 효과에 대한 판단은 주로 법원에게 맡겨져 있다.

정답 ②

해설 관습국제법은 타국에 의한 조치의 정당성을 미국법원에서 **평가하는데 이용될 수 있다.**
① 니카라과 항구에서의 미국민의 채굴행위에 대한 합법성에 대한 항변을 시도하는 사건에서 이를 미국민이 제소하는 경우, 또는 베트남전쟁의 합법성과 관련하여 소송을 제기하는 경우와 같이 관습국제법(또는 조약)이 국내법 또는 국내적 정책을 무효화시키기 위해서 이용될 수 있다.
③ 관습국제법은 현시법에 대한 보충적 기능을 수행할 수 있다. 이 경우 관습국제법은 명백하게 국가의 정책과 일치하거나, 국내법이 침묵하고 있는 부분의 공백을 채워주는 역할을 하기도 하고, 경우에 따라서 새로운 규범 마련의 근거가 되기도 한다.

0076

대한민국의 조약 수용과 이행체계에 대한 설명으로 틀린 것은?

① 우리나라는 헌법상 국제법과 국내법의 체계에 관하여 일원론적 태도를 택하고 있다.
② 우리나라의 경우 조약의 자기집행성 여부는 조약의 문언에 나타난 자국의 판단을 중요한 기준으로 판단한다.
③ 국회는 국민의 대표자로서 조약의 비준에 권할 수 있는 권한을 가지고 있다.
④ FTA협약은 우호통상항해조약으로서 국회는 조약의 체결 비준에 대한 동의권을 가진다.

정답 ②

해설 우리나라의 경우 조약의 자기집행성 여부는 조약의 문언에 나타난 **당사국의 의사를** 중요한 기준으로 판단한다.

0077

대한민국의 조약 수용과 이행체계에 대한 설명으로 틀린 것은?

① 자유무역협정(FTA)은 국회의 비준 동의를 얻어 체결된 조약이므로 국회가 제정한 법률과 같은 효력을 지닌다.
② FTA는 헌법보다 하위법으로 헌법에 위반되면 무효이다.
③ 국내법인 명령, 조례, 규칙보다는 상위법이므로 양자가 충돌하는 경우 FTA협정이 우선한다.
④ 헌법재판소는 한일 신어업협정이 "국내적으로 '명령'과 같은 효력을 가진다."라고 설시하였다.

정답 ④

해설 헌법재판소는 한일 신어업협정이 "국내적으로 **'법률'과 같은 효력을 가진다**"(헌법재판소 2001년 3월 21일 선고, 99헌마139 등 결정)고 설시하였다.

> **참고**
>
> 1998년에 신한일어업협정이 체결되었는데 양국 해안에 배타적 경제수역의 성립을 인정하고 경계가 겹치는 곳에 중간수역을 설정하였다. 이 중간수역에서는 양국은 상대국 어선에 대해 어업에 관한 자국의 법령을 적용하지 않으며 각국이 자국의 어선에 대해 수산자원의 권리에 필요한 조치를 취하도록 하였다. 이 중간 수역에 독도가 포함되어 있자 이 사건 협정이 자신들의 헌법상 보장된 기본권을 침해한다고 주장하였고, 독도 부근에서 어업에 종사하던 청구인은 한국의 영유권을 포기하고 인근 어장을 포기함으로써 어민의 권리를 박탈하였다고 주장하였다. 한일어업협정과 그 합의의사록이 국회에서 가결되고 발효되자 청구인은 이 협정과 합의의사록이 헌법상 보장된 국민의 영토권, 평등권, 행복추구권, 직업선택의 자유 및 재산권 등의 기본권을 침해할 뿐만 아니라 이 사건 협정은 한국의 근본이념을 망각하고 일본에 대해 굴종하였을 뿐만 아니라 독도의 영유권을 포기하고 어장을 포기하는 것으로 헌법전문의 3·1정신을 근본적으로 위배하는 것이라고 주장하며 헌법소원심판을 청구하였다. 합의의사록구체적인 법률관계의 발생을 목적으로 하지 않으므로 조약에 해당하지 않는다고 판시하였다.

0078

대한민국의 조약 이행체계에 대한 설명으로 옳지 않은 것은?

① 헌법이 조약보다 우위에 있다.
② 헌법과 조약이 충돌할 경우 헌법이 우선한다.
③ 조약에 대하여 어느 정도의 지위를 부여할 것인지에 관하여 국내에는 다수의 학설이 존재한다.
④ 국회의 동의가 없이 체결한 조약이라도 대통령령보다 우위의 효력으로 인정한다.

[정답] ④
[해설] 국회의 동의가 없이 체결한 조약은 **대통령령과 같은 효력**으로 인정한다.

0079

대한민국의 조약 이행체계에 대한 설명으로 옳지 않은 것은?

① 조약규정이 국내법과 충돌하는 경우, 법규 충돌 해결의 일반원칙인 상위법 우선의 원칙, 신법 우선의 원칙, 특별법 우선의 원칙을 순차적으로 적용한다.
② "자유무역협정의 이행을 위한 관세법의 특례에 관한 법률"은 FTA협정에 따른 세율인 협정세율을 적용하기 위한 일련의 절차를 규정하기 위해 제정되었다.
③ 판례에서 조약이 "국내법"과 같은 효력을 지닌다고 설시하고 있지만, 이를 보완하는 설명을 통해 그 국내법이 "법률"을 의미함을 쉽게 알 수 있게 하고 있다.
④ 한미 자유무역협정은 "국회의 동의를 필요로 하는 우호통상항해조약의 하나로서 법률적 효력이 인정한다."고 판시하고 있다.

[정답] ①
[해설] 조약 규정이 국내법과 충돌하는 경우, 법규 충돌 해결의 일반원칙인 **상위법 우선의 원칙, 특별법 우선의 원칙, 신법 우선의 원칙**을 순차적으로 적용한다.

0080

미국의 국제법을 대하는 국내법의 특징으로 옳지 않은 것은?

① 제정법이 관습국제법에 우월한다는 원칙이 성립되어 있기때문에 연방의회가 관습국제법의 입장과 다르거나, 또는 관습국제법과 국내법의 조화를 도모하는 제정법을 만드는 경우, 제정법 우위의 원칙에 따라 의회가 구체화한 제정법이 먼저 적용된다.
② 관습국제법의 국내적 적용에 관한 입법상 해결이라고 할 수 있으며, 1964년 Sabbatino 사건 이후 제정된 제2차 Hickenlooper법에서 그 의미가 드러난다.
③ 미국법원에서 분쟁당사자들에 의하여 국제법을 원용되기 위해서는 그들의 권리와 의무를 구체적으로 부여되어 있는 경우로 한정되는데, 관습국제법의 경우는 개인에게 구체적으로 권리와 의무를 부여한다.
④ 국제법 중 인권, 해적 및 테러분자의 처벌, 전쟁관련 범죄, 주권면제 및 외교관의 특권과 면제와 같은 사안에서 국내법으로 원용되는 경우가 많다.

정답 ③

해설 미국법원에서 분쟁당사자들에 의하여 원용되기 위해서는 그들의 권리와 의무를 구체적으로 부여되어 있는 경우로 한정되는데, 대개의 경우 관습국제법의 경우는 개인에게 구체적으로 권리와 의무를 부여하기 보다는 국가 사이의 권리와 의무를 정하는 경우가 많아 법원에서 관습국제법을 원용하는 경우는 드물다.

0081

다음 각 국가의 국제법과 국내법의 관계에 대한 설명으로 옳지 않은 것은?

① 프랑스 헌법 전문은 국제법에 대한 성실한 준수를 의무로 명시하고 있으며, 헌법 본문에 국제법과 국내법과의 관계를 규율하는 명시적 조항을 포함하고 있다.
② 이탈리아 헌법은 외국인에 대한 비호권과 정치범불인도의 원칙을 명시적으로 천명하고 있다.
③ 독일은 기본법 제25조는 국제법의 일반규칙은 연방법의 구성부분이라고 밝히고 있다.
④ 국제법은 법률에 우선하며 연방 영토의 주민에 대하여 직접적으로 권리와 의무를 발생시킨다고 규정하고 있는 국가가 독일이다.

정답 ①

해설 프랑스 헌법 전문은 국제법에 대한 성실한 준수를 의무로 명시하고 있지만, 헌법 본문에는 국제법과 국내법과의 관계를 규율하는 명시적 조항은 포함하고 있지 않다.

0082

다음 중 조약에 대한 국내법의 태도에 대한 설명으로 옳지 않은 것은?

① 조약의 국내법적 지위에 관한 문제는 결국 조약의 국내적 효력에 관한 문제를 의미한다.
② 국제법이 국내법 보다 우위의 지위를 누리면서 양법의 통일성을 추구하는 이론체계에서는 당연히 조약은 국제법으로서 국내법에 우월하다고 할 것이며, 반대로 국제법과 국내법의 통일적 이해 하에 국내법의 우위를 우선하여 사고하는 이론체계에서는 국내법의 우위를 주장할 것이다.
③ 조약이 수용되어 국내적으로 어떠한 효력을 갖는가의 문제는 일국의 법률상의 문제이다.
④ 조약이 국내적으로 효력을 갖는가의 문제는 법률에 우월한 효력을 인정하는 경우와 헌법과 동일하거나 헌법에 우월한 효력을 인정하는 경우로 분류될 수 있다.

정답 ③

해설 조약이 수용되어 국내적으로 어떠한 효력을 갖는가의 문제는 **일국의 헌법상의 문제이기도 한데** 조약을 법률과 동일한 효력을 인정하는 경우이다.

0083

대한민국의 조약에 대한 국내법의 태도에 대한 특징으로 옳지 않은 것은?

① 대한민국 헌법 제6조 1항은 국제법을 국내적으로 자동수용했다고 해석하는 것이 타당하고 대체로 학설과 판례는 일원론의 입장을 채택했다고 본다.
② 대한민국 헌법은 국제법이 국내법과 같은 효력을 갖는다고 구체적으로 규정하고 있다.
③ 조약과 법률의 효력에 대해 동위설은 그 근거가 조약체결에 대한 대한민국 국회의 동의가 법률제정의 의결방식과 동일하다는 점을 내세운다.
④ 대한민국 헌법의 제6조 1항이 조약에 대한 국내법률의 우위를 인정한 것이라는 주장은 대한민국 헌법의 전문에서 국제평화주의와 국제협력을 강조하고 있다는 점을 논거로 내세운다.

정답 ②

해설 대한민국 헌법은 국내법과 같은 효력을 갖는다고 추상적으로 규정할 뿐 구체적인 효력의 순위 문제에 대해서는 명시하고 있지 않기 때문에 결국 순위의 문제는 해석에 의해 결정할 수밖에 없다.
① 대한민국 헌법 제6조 1항은 "헌법에 의하여 체결 공포된 조약과 일반적으로 승인된 국제법규는 국내법과 같은 효력을 가진다"고 규정하고 있다.
③ 조약과 법률의 효력관계에 대해 동위설과 조약상위설이 있을 수 있는데, 동위설의 경우 조약체결에 대한 대한민국 국회의 동의가 법률제정의 의결방식과 동일하다는 점과 많은 국가들이 조약의 효력을 법률의 하위에 두는 예가 별로 없고, 또한 조약을 법률보다 상위에 둔다는 적극적인 규정을 둔 국가도 상대적으로 드물다는 비교법적인 점을 내세운다.
④ 대한민국 헌법의 제6조 1항이 조약에 대한 국내법률의 우위를 인정한 것이라는 주장은 대한민국 헌법의 전문에서 국제평화주의와 국제협력을 강조하고 있고, 그리고 국회의 의결정족수가 조약과 국내법률의 우선순위를 결정하는 기준이 아니라는 점을 논거로 내세운다.

0084

대한민국의 조약에 대한 국내법의 태도에 대한 특징으로 옳지 않은 것은?

① 대한민국 헌법 제60조 1항은 상호원조 또는 안전보장에 대한 조약, 중요한 국제조직에 관한 조약, 우호통상항해조약, 주권에 제약에 관한 조약, 강화조약, 국가와 국민에게 중대한 재정적 부담을 지우는 조약 또는 입법사항에 관한 조약의 체결, 비준에 대하여 국회의 동의를 요하는 것으로 규정하고 있다.
② 다수의 헌법학자들은 국회의 동의를 받아야 하는 조약과 그렇지 아니한 조약은 그 법적 지위에 차이가 없다고 이해하고 있다.
③ 행정협정은 법률이 아닌 명령 혹은 규칙과 같은 효력을 갖는다는 것이다.
④ 헌법 제60조 1항에 열거되지 않은 조약은 그 체결 비준에 국회의 동의를 요하지 않는다.

정답 ②

해설 헌법규정의 의미에 대해 다수의 헌법학자들은 국회의 동의를 받아야 하는 조약과 그렇지 아니한 조약은 그 **법적지위가 다르다고** 이해하고 있다. 즉, 조약 중 국회의 동의를 얻은 조약은 법률과 같은 효력을 가지나, 행정협정과 같은 것은 법률이 아닌 명령 혹은 규칙과 같은 효력을 갖는다는 것이다.

0085

관습국제법에 대한 국내법의 특징으로 틀린 것은?

① 헌법에서 조약을 법률과 동위로 취급하는 대표적인 국가로는 미국, 스위스, 독일을 들 수 있다.
② 미국 헌법은 제6조 2항에서 조약이 합중국 최고의 법이라고 규정하고 있는데 이것은 미국의 연방제도 하에서 연방법과 조약이 각 주의 법률과 동위를 헌법에 규정한 것이다.
③ 독일기본법 제25조는 국제법의 일반원칙이 연방법의 본질적 구성 부분이 됨을 밝히고 있으나 조약에 관해서는 이에 상응하는 규정을 두고 있지 않다.
④ 프랑스 헌법 제55조는 "합법적으로 비준 또는 승인된 조약이나 협약은 각 조약이나 협약의 당사국에 의하여 시행될 것을 조건으로 하여 공포시로부터 법률에 우월한 권리를 가진다"고 규정하고 있다.

정답 ②

해설 미국헌법은 제6조 2항에서 조약이 합중국 최고의 법이라고 규정하고 있는데 이것은 미국의 독특한 연방제도하에서 **연방법과 조약이 각 주의 법률보다 우월하다는** 규정을 헌법에 규정한 것이다.

0086

각 국가의 국제법과 국내법의 관계에 대한 설명으로 옳지 않은 것은?

① 1953년과 1956년의 네덜란드 헌법은 "국제법질서의 발전에 필요한 경우에는 헌법과 다른 규정을 할 수 있는데 이 경우 의회의 승인은 의회 양원의 각 2/3의 다수결에 의하지 않으면 안된다"고 규정하며 조약의 국내적 효력을 인정하고 있다.
② 영국의 경우 관습국제법의 국내법질서로의 형성과 관련하여 원칙적으로 수용의 입장을 취하고 있으며, 일원론적인 입장을 취하는 것으로 판단된다.
③ Mortensen v. Peters 사건에서 영국 법원은 만장일치로 원고인 모르텐센의 주장을 받아들이지 않았는데, 재판부는 원고의 첫 번째 항변과 관련하여, 동법의 입법취지를 고려할 때 관련 의회 제정법과 시행령은 국적을 불문하고 모든 자에게 적용할 것을 의도하였다고 판단하여 인정하지 않았다.
④ 전쟁선언이나 영토의 합병과 같이 행정부에 의한 국가행위와 관련하여 영국법원은 당해 행위가 국제법의 위반과 관련되어 있다고 하면 이를 다룰 수 있는 권능이 있다.

[정답] ④

[해설] 전쟁선언이나 영토의 합병과 같이 행정부에 의한 국가행위와 관련하여 영국법원은 심지어 당해 행위가 국제법의 위반과 관련되어 있다고 하여도 이를 다룰 수 없다.

0087

미국의 국제법과 국내법의 관계에 대한 설명으로 옳지 않은 것은?

① 미국의 경우 관습국제법이 제정법과 동일한 지위를 가지고 있지 않다고 할 수 있다.
② 미국의 헌법상 관습국제법과 제정법의 충돌시 어떻게 해결하여야 하는지에 대한 원칙이 명시되어 있지 않으나, 판례에 의하면 관습국제법에 대한 제정법 및 행정, 입법, 사법적 행위의 우위가 지배하고 있다고 할 수 있다.
③ 대통령은 상원에 자문과 동의를 구하는 과정에서 이행입법의 필요성을 명시적으로 확인할 수 없다.
④ 국제법의 일부로서 신의성실에 기초하여 시행할 의무를 지고 있지만, 미국법이 대통령이 관습국제법규를 위반하는 것을 금지하고 있는 것은 아니라는 것이 미국 법원의 입장이다.

[정답] ③

[해설] 대통령은 상원에 자문과 동의를 구하는 과정에서 이행입법의 필요성을 명시적으로 확인할 수 있다.

0088

관습법에 대한 미국의 국내법의 태도에 대한 설명으로 타당하지 않은 것은?

① 미국법원에서 관습국제법과 관련한 판단에 있어 중요한 역할을 하는 것은 미국 국무부의 소견서(suggestion)이다.
② The Paquete Habana 사건에서 법적 쟁점은 비무장연안 어선도 전시 전리품으로 간주될 수 있는지의 여부와 그렇지 않은 경우 본 사건에서의 피해자는 그 선박과 화물 피해에 대하여 보상을 받을 수 있는지 여부이다.
③ 국제관습법과 국내법 명백한 충돌이 존재한다는, 즉 의회가 국제법의 배제를 의도하였다는 것은 그러한 국제법 위반의 명백한 의도의 존재가 증명할 필요는 없다.
④ 개인이 미국법원에서 관습국제법을 원용하기 위해서는 해당 관습국제법이 개인에게 권리와 의무를 부여하는 것이어야 한다는 제한이 있다.

[정답] ③

[해설] 명백한 충돌이 존재한다는, 즉 의회가 국제법의 배제를 의도하였다는 것을 결론을 내리기 위해서는 그러한 **국제법 위반의 명백한 의도의 존재가 증명되어야 함**을 미국법원은 필요로 한다.
① 영국의 경우와 달리 단순한 사실을 서술하는데 국한되지 않고 사실에 대한 코멘트 및 행정부의 태도를 지적할 수 있다. 미국에서의 이 소견서는 영국과 달리 결정적인 효과를 가지지 않지만, 미국법원의 실행을 살필 때 이를 권고적인 효과를 가지는 것으로 수락하고 있다.
④ 대부분의 사건들은 인권, 테러범의 처벌, 전쟁관련 범죄자의 처벌, 외교관의 특권과 면제, 주권면제 등과 같은 사건으로 한정되는 경향이 있다.

0089

미국의 국제법을 대하는 태도에 대한 설명으로 틀린 것은?

① 미국 헌법 제6조 2항은 미국법상 조약이 연방의 제정법률과 동일한 최고법으로서의 지위를 가지며, 주의 헌법과 법률은 이에 구속된다고 밝히고 있다.
② 미국이 체결하거나 체결할 조약은 주 헌법이나 주 법률에 우월하다.
③ 헌법상 명문의 규정이 없는 상태에서 헌법 관행을 통하여 미국의 최고법 중 하나로서의 지위를 인정받고 있는 국제관습법과는 달리, 조약은 헌법의 명시적 규정을 통하여 최고 법원성을 인정받고 있다.
④ 미국의 헌법에서는 "법원은 국제법과 미국이 체결한 조약들에 대하여 효력을 부여하여야만 하지만, '비자기집행적' 조약은 필요한 이행조치가 없을 경우, 효력을 부여하지 아니한다"고 언급하고 있다.

정답 ④

해설 상기한 내용은 미국의 대외관계법 주석서는 상의 내용으로 법원은 국제법과 미국이 체결한 조약들에 대하여 효력을 부여하여야만 하지만, '비자기집행적' 조약은 필요한 이행조치가 없을 경우, 효력을 부여하지 아니한다고 언급하고 있을 뿐 헌법조문이 아니다.

0090

미국의 비자기집행적 조약에 해당되지 않는 것은?

① 조약 자체가 이행입법이 없을 경우, 국내법적으로 효력을 가지지 않는다는 의도를 명확히 하고 있는 경우
② 상원이 동의에 있어서, 또는 의회가 결의를 통하여 이행입법을 요구할 경우
③ 헌법에 의하여 이행입법이 요구될 경우
④ 판례에서 축적된 사례가 명확한 경우

정답 ④

해설 객관적 기준, 조약의 취급주체에 따라 지기집행성 여부가 판단되는데 예산의 지출을 필요로 하거나 형법에 관한 조약, 미국의 영토나 재산의 처분에 관한 조약은 대체로 비자기집행적 조약으로 판단된다. 판례가 축적된 사례가 명확하다면 자기집행적 조약으로 취급된다.

0091

미국의 국제법과 국내법에 대한 관계에 대한 설명으로 틀린 것은?

① 1900년의 Paquete Havana 사건에서 국제법은 미국법의 일부이며, 국제법을 근거로 하는 권리의 문제는 적절한 관할권을 가진 법원이 확인하고 집행하여야 하고, 조약 또는 우월적인 행정부, 입법부, 사법부의 결정이 없는 경우, 국제관습법에 근거하여 판단하여야 한다고 판시하였다.
② 국제관습법의 미국법 내에서의 법적 지위와 관련하여 국제관습법이 국내법 해석의 기준이 되어야 하며, 동시에 우월적인 연방법률이나 법원의 기존 해석이 없을 경우, 국내법으로서의 효력을 가진다는 것이다.
③ Banco Nacional de Cuba v. Sabbatino 사례에서 연방대법원은 "국제관습법은 연방법과 동일하게 취급되어야 한다"고 확인하면서도 국제관습법으로서의 국가행위이론을 적용하지 아니하였다.
④ 국제관습법의 법적 성격은 연방의회에 의하여 일괄적으로 제정되는 것이 아니라, 법원에 의한 해석의 집적을 통하여 결정된다는 점에서 법원에 의하여 만들어지는 연방법(federal common law)의 일부를 구성하는 것으로 이해하는 것이 일반적인 경향이다.

정답 ③

해설 Banco Nacional de Cuba v. Sabbatino 사례에서도 연방대법원은 "국제관습법은 연방법과 동일하게 취급되어야 한다"고 확인하면서 국제 관습법으로서의 **국가행위이론을 적용하였다.**

0092

영국의 국제법과 국내법의 관계에서 틀린 것은?

① 영국에서 주요 헌법 원칙은 입법에서 '의회우위의 원칙(the principle of the supremacy of Parliament)' 혹은 '의회주권의 원칙(the principle of Parliamentary sovereignty)'이다.
② 영국에서 조약체결권은 대권(Royal Prerogative)하에서 국왕이 행사하는 권리이며, 영국과 청나라 사이에 체결된 조약에 관한 사건에서 영국법원이 밝혔듯이 조약을 체결하고 이행함에 있어서 "국왕은 국내법의 통제 밖에 있으며 그의 행위는 국내 법원에서 심사되지 않는다."고 해석한다.
③ 1924년 이래로 비준·수락·승인, 가입이 필요한 조약은 21 의회일 동안 의회에 제출되는 소위 Ponsonby Rule이라는 법률적 관례가 있다.
④ 조약은 자기집행적이지 않으며, 국왕은 조약체결권한을 의회의 동의 없이 국왕 스스로 입법하는 도구로 사용할 수 없으며, 성문법에 의해 입법되지 않는 한 조약은 국내법의 일부로서 효력을 가지지 못하는 것이다.

정답 ③

해설 1924년 이래로 비준·수락·승인, 가입이 필요한 조약은 21 의회일 동안 의회에 제출되는 소위 Ponsonby Rule이라는 **헌법적 관례**가 있다.

0093

프랑스의 국제법과 국내법의 관계에 대한 설명으로 옳지 않은 것은?

① 1958년 헌법 제55조는 조약의 국내법률 우위를 규정함으로써 일원론적 입장을 보다 명확히 하고 있다.
② 1958년 헌법에 따라 국제조약이 프랑스 국내에 적용되기 위해서는 '비준 또는 승인', '공포' 그리고 '다른 당사국에 의한 시행' 등 세 가지 요건이 충족되어야 한다.
③ 1958년 헌법은 조약(traité)을 협정과 구별하지 않고 하나로 단일화하고 있다.
④ 헌법 제53조 1항은 프랑스 의회(Parlement, 하원)의 동의를 받아야 하는 특정 분야의 조약·협약 또는 협정을 열거하고 있다.

정답 ③
해설 1958년 헌법은 과거와는 달리 조약(traité)과 협정(accord)을 구별하고 있다.

0094

우리나라에서 국제법과 국내법의 관계에 대한 설명으로 틀린 것은?

① 조약은 두 가지의 요건의 충족, 즉 형식적 합헌성 요건으로서 조약의 체결·공포 절차가 합헌적이어야 하고 내용적 합헌성 요건으로서 조약의 내용도 헌법에 위배되지 않을 경우, 당연히 국내법적 효력을 지닌다.
② 조약의 체결절차 및 체결의 권한 배분에 관하여는 헌법재판소는 '국회의원과 대통령 등 간의 권한쟁의' 사건에서 명확히 정리하였다.
③ 마라케쉬협정도 적법하게 체결되어 공포된 조약이므로 국내법과 같은 효력을 갖는 것이어서 그로 인하여 새로운 범죄를 구성하거나 범죄자에 대한 처벌이 가중된다고 하더라도 이것은 국내법에 의하여 형사처벌을 가중한 것과 같은 효력을 갖게 된다
④ 우리나라 헌법규정은 국제관습법에 대해서 국내법으로의 일반적 수용과 직접적용을 인정하고 있지만, 이 과정에서도 국내 입법과정을 거쳐 국내법적 효력이 부여되는 것으로 해석하고 있다.

정답 ④
해설 우리나라 헌법규정은 국제관습법에 대해서 국내법으로의 일반적 수용과 직접적용을 인정하고 있으며 따라서 국제관습법은 별도의 국내 입법조치 없이도 국내법적 효력이 부여되는 것으로 해석하는 데에는 별다른 이견이 없다.

0095

국제법과 국내법의 관계에 대한 설명으로 옳은 것은?

① 국내법은 관습국제법의 증거로서 활용될 수 없다.
② 국내법원의 판결은 국제법의 내용을 명확히 하는데 도움이 되기도 한다.
③ 국제법 법의 일반원칙을 국제법 판례의 원칙에서 찾는다.
④ 국제법상의 판단은 오로지 국제법에 자체에서 결정된다.

정답 ②

해설
① 국내법은 관습국제법의 증거로서 **활용될 수 있다**.
② 국내법원의 판결은 국제법의 내용을 명확히 하는데 도움이 되기도 한다.
③ 국제법 법의 일반원칙을 **각국 국내법 속의 원칙**에서 찾는다.
④ 국제법상의 판단이 **국내법에 의해 좌우될 수도 있다**.

0096

국제법과 국내법의 관계 설명으로 옳지 않은 것은?

① 고문방지협약과 같은 인권조약이나 테러방지 관련 협약은 일정한 행위를 국내법상의 범죄로 입법화할 것을 권고하고 있다.
② 화학금지협약은 당사자에게 협약 이행을 담당한 국내 기관을 설치하도록 요구하고 있다.
③ 국제인권협약은 자체 감시기구를 설립해 각국의 국내이행상황에 대해 정기적 심사를 하고 있다.
④ 모든 국가는 조약 및 다른 국제법에 따른 의무를 성실히 수행하여야 하며, 자국 헌법이나 국내법 규정을 의무 불이행의 정당화 사유로 원용할 수 없다.

정답 ①

해설
고문방지협약과 같은 인권조약이나 테러방지 관련 협약은 일정한 행위를 반드시 **국내법상의 범죄로 입법화할 것을 요구**한다.
④ 국가의 권리의무에 관한 선언 초안 : 1949년 ILC

0097

다음 중 국제법과 국내법의 관계 설명으로 옳지 않은 것은?

① Brcelona Traction 사건에서 ICJ는 회사라는 국내법상의 개념이 국제재판에서 활용될 수밖에 없음을 보여준다.
② Sadio Diallo 사건에서 ICJ는 당해 국가가 자국의 이익을 위해 명백히 잘못된 해석을 내리는 경우라고 하더라도 국내법의 해석은 해당국 법원에 맡겨져 있다고 설시하였다.
③ LaGrand 사건에서 국내법상의 의무를 국내적으로 어떻게 이행할지에 관한 방법의 선택은 미국에 맡겨져 있다고 ICJ는 판시하였다.
④ Paquete Habana호 사건에서 미연방최고 재판소 "국제법은 우리의 일부이다."라고 판시한 의미는 국제법에 대한 자기집행적 성격을 의미한다.

[정답] ②
[해설] Sadio Diallo 사건에서 ICJ는 당해 국가가 자국의 이익을 위해 명백히 잘못된 해석을 내리는 경우가 아닌 한, 국내법의 해석은 1차적으로 해당국 법원에 맡겨져 있다고 설시하였다.

0098

국제법과 국내법의 관계에 대한 설명으로 틀린 것은?

① 수용이론에 입각한 국가에서 국제법의 적용과 종료는 원칙적으로 국내법에 의해 결정한다.
② 영국은 관습국제법에서 Common Low의 일부를 구성하며 바로 국내법으로의 효력을 지닌다.
③ 영국에서 국제범죄의 처벌에 관하여는 관습국제법의 자동적 수용이 이루어지지 않는다.
④ 의회제정법과 조약이 모순된다면 제정법만이 적용되는 것이 영국의 조약을 대하는 태도이다.

[정답] ①
[해설] 수용이론에 입각한 국가에서 국제법의 적용과 종료는 원칙적으로 **국제법에 의해 결정한다.**

0099

국제법과 국내법의 관계 설명이 틀린 것은?

① 영국에서는 의회의 입법권을 침해하지 않는 조약, 국내법의 변경을 필요로 하지 않는 행정협정, 왕이 의회의 동의 없이 행할 수 있는 권한에 속하는 분야에 관한 조약은 별도의 의회 입법을 필요로 한다.
② 영국은 조약의 이행을 위한 국내법률의 문언이 명백하다면 법원은 국내법만을 근거로 판단하고 원조약이 문언은 참고하지 않는다.
③ 국내법률이 모호하다면 가급적 영국의 국제의무와 일치하는 방향으로 해석을 한다.
④ Triquet v. Bath 사건에서 외교면제의 권리를 통해 영국법의 일부라고 본 law of nations는 관습국제법을 가리킨다고 판결하였다.

[정답] ①

[해설] 영국에서는 의회의 입법권을 침해하지 않는 조약, 국내법의 변경을 필요로 하지 않는 행정협정, 왕이 의회의 동의 없이 행할 수 있는 권한에 속하는 분야에 관한 조약은 **별도의 의회 입법을 필요로 하지 않는다**.

0100

다음 중 미국의 국제법과 국내법의 관계 설명으로 옳은 것은?

① 미국은 조약과 연방법률이 다른 내용을 규정하고 있다면 법원은 후법 우선, 특별법 우선의 원칙을 적용한다.
② 미국은 자기집행성과 비자기집행성 여부의 판단 기준을 1차적으로 조약 창설자의 의도에 달려 있다고 본다.
③ 객관적 기준, 조약의 취급주체에 따라 자기집행성 여부가 판단되는데 예산의 지출을 필요로 하거나 형법에 관한 조약, 미국의 영토나 재산의 처분에 관한 조약은 대체로 자기집행적 조약으로 판단된다.
④ 비자기집행적 조약은 미국이 대외적으로 이행의무를 진다는 점에서 자기집행적 조약과 차이를 두고 있다.

[정답] ①

[해설] ② 미국은 자기집행성과 비자기집행성 여부의 판단 기준을 1차적으로 **당사자의 의도**에 달려 있다고 본다.
③ 객관적 기준, 조약의 취급주체에 따라 자기집행성 여부가 판단되는데 예산의 지출을 필요로 하거나 형법에 관한 조약, 미국의 영토나 재산의 처분에 관한 조약은 대체로 **비자기집행적 조약으로 판단된다**.
④ 비자기집행적 조약이라도 미국이 대외적으로 이행의무를 진다는 점에서 **자기집행적 조약과 차이는 없다**.

04 | 국제법 주체

0101

국제법의 주체에 대한 설명으로 옳지 않은 것은?

① 법주체의 행동만으로 법률적 효과를 발생시키는 것은 아니며, 또한 그 결과가 법률적으로 강제될 수도 없다.
② 국제법의 주체란 국제법상의 권리·의무를 향유할 수 있는 모든 실체를 가리킨다.
③ 국가는 국가이기 때문에 국제법상 주체로 인정되는 이른바 본원적 주체이다.
④ 국가로 인정되면 모든 국가는 주권평등의 원칙에 따라 동일한 수준의 국제법상 법인격 향유한다.

정답 ①

해설 법주체의 행동만이 법률적 효과를 발생시키며, 그 결과가 **법률적으로 강제될 수 있다.**

0102

국제법의 주체로서 국가의 특징에 대한 설명으로 옳지 않은 것은?

① 국제기구, NGO, 개인, 사기업 등은 국제법 주체성이 인정되기 위해 기존의 주체인 국가의 수락이 필요하기 때문에, 이러한 주체들을 파생적 주체라고 부른다.
② 국가의 합의에 의해 창설되는 국제기구는 통상적으로 국가가 부여한 범위 내에서 권리·의무를 향유하며, 자신의 기능을 수행하기 위해서 일정한 명시적 권한에 한하여 행사가 가능하다.
③ 개인은 국제법상 주체라고 인정되지 않았으나 최근 들어 제한적이나마 법인격이 성립된다.
④ NGO나 다국적 기업은 아직까지 국제법 주체로 인정되지 않고 있다.

정답 ②

해설 국가의 합의에 의해 창설되는 국제기구는 통상적으로 국가가 부여한 범위 내에서 권리·의무를 향유하나, 자신의 기능을 수행하기 위해서 일정한 묵시적 권한도 행사 가능하다.

0103

국제법의 주체로서 국가의 특징에 대한 설명으로 틀린 것은?

① 몬테비데오 협정(1933) 제 1조에서 국민, 영토, 정부, 타국과 관계를 맺을 능력 등을 국가의 성립 요소라고 한다.
② 국제연합(UN)헌장상 국내문제 불간섭 의무는 제7장에 따른 강제조치의 적용을 배제하지 아니한다.
③ 국가주권은 국가의 절대적 기본권으로서 자기의사에 의해 제한되거나 포기될 수 없다.
④ 국가는 자신이 참여하지 아니한 국제법으로부터 이탈할 자유를 가짐에 따라 조약의 당사자가 아닌 제3국은 원칙적으로 여하한 조약으로부터 구속을 받지 아니한다.

정답 ③
해설 국가주권은 국가의 절대적 기본권으로서 자기의사에 의해 제한되거나 포기될 수 있다.

0104

국제법 주체로서 몬테비데오 협약상 국가의 성립요건에 대한 설명으로 잘못된 것은?

① 국민은 통상 그 국가에 법적으로 소속되어 있는 주민으로, 각국의 국적법에 의해 결정된다.
② 국가는 국경으로 확정된 영토를 가져야 한다.
③ 정부는 국가가 자국 영역에 대해 실효적인 지배와는 무관하게 독립적인 정부를 가져야 한다.
④ 타국과 관계를 맺을 능력은 국가 성립의 결과물이어야 한다.

정답 ③
해설 정부는 국가가 정치적 실체로 인정받기 위하여는 자국 영역에 대해 실효적인 지배권을 행사하는 독립적인 정부를 가져야 한다.

0105

국제법의 주체로서 국가의 특징에 대한 설명으로 틀린 것은?

① 일단 국가로 성립되면 타국의 일시적인 점령이나 내란으로 인해 정부가 기능을 못하더라도 국가로서의 지위가 소멸되지 아니한다.
② 일반적으로 국제사회의 개입으로 국가의 최고 행정권이 외부기관에 위임된 경우에는 독립국가로서의 존속이 인정되지 아니한다.
③ 신생국의 경우 민족자결원칙과의 합치 여부가 국가 성립인정의 중요한 판단기준으로 작용된다.
④ 민족 자결의 원칙은 국제법의 영역에서 이미 강행규범의 성격을 획득했지만, 향유주체 부분에 대해서는 판단기준이 모호하다.

정답 ②
해설 국제사회의 개입으로 국가의 최고 행정권이 외부기관에 위임된 경우에도 독립국가로서의 존속이 인정된다.

0106

국제법상의 국가연합에 대한 설명으로 타당하지 않은 것은?

① 공통의 목적을 위해 조약을 근거로 일정한 국가기능을 공동으로 행사하기로 한 국가 간 결합을 국가연합이라고 한다.
② 국가연합은 독자적인 국제법상의 법인격을 갖는다.
③ 연방만 국가로 인정되는 연방국가와는 달리 국가연합의 소속국은 계속 독립국가로 남는다.
④ 소련 해체 이후 독립국가연합이 그 주체면에서 유사한 사례이다.

정답 ②
해설 국가연합이라는 이유로 독자적인 국제법상의 법인격을 갖지 못한다.

0107

국제법상 국가의 특징으로 적절하지 않은 것은?

① 자위의 목적 외에 무력사용을 하지 않으며, 간접적으로 전쟁에 개입할 우려가 있는 국제의무도 부담하지 않음으로써 국제사회에서 국가의 독립과 영토보전을 영구히 보전받는 국가를 국가연합이라 한다.
② 영세중립을 원하는 국가는 국제사회에서 절대적으로 그 존재가 보장되어야 한다.
③ 분단국은 과거 통일된 국가에서 분리되어 현재는 외견상 복수의 주권국가로 성립되어 있으나, 언젠가는 재통일을 지향하는 국가를 말한다.
④ 분단국마다 상황이 다르지만 일반적으로 분단된 각각의 나라는 모두 주권국가로서의 요건을 가지고 있고, 실효적 정부를 수립하고 있으며, 경계는 국경으로 간주, 양측은 국제사회의 다수 국가들로부터 승인을 받게 된다.

[정답] ②
[해설] 영세중립을 원하는 국가는 국제사회에서 **이를 지킬 능력이 있어야** 한다.

0108

국제법상 국가의 기본적 권리와 의무에 대한 설명으로 타당하지 않은 것은?

① 1970년 UN총회에서 「국가간 우호관계와 협력에 관한 국제법 원칙 선언」이 다수결로 채택되었다.
② 주권은 원래 유럽에서는 교황에 대항하여 군주가 자국 내에서 최고의 권위를 가진다는 대내적 개념으로 출발하여, 영토주권·국내적 관할권 등을 의미한다.
③ 국가주권의 상호존중은 국제관계의 기본원리이자 국제법이 성립하는 토대이다.
④ 모든 국가는 동등한 자격에서 동등한 국제법상 권리·의무를 가진다.

[정답] ①
[해설] 1970년 UN총회에서 「국가간 우호관계와 협력에 관한 국제법 원칙 선언」 **만장일치로** 채택되었다.

0109

국제법상 국가의 특징으로 옳지 않은 것은?

① 국가는 국제법에 위반하지 않는 한 그 영역 및 영역 내에 있는 모든 사람과 재산에 대해 관할권 행사가 가능하다.
② 어떤 국가도 타국의 국내문제에는 간섭할 수 없다는 것이 국내문제 불간섭 의무이다.
③ 국내문제는 반드시 영토적 개념에 기반을 둔다.
④ 간섭이란 한 국가가 자신의 의사를 다른 국가에 강제하는 행동을 의미한다.

정답 ③

해설 국내문제는 반드시 영토적 개념에 기반을 두지 아니한다.

0110

국제법상 주권국가의 국내문제의 설명으로 적절하지 않은 것은?

① 어느 국가가 다른 국가에 개입하더라고 강제적이지 않은 경우에는 간섭이 아니다.
② UN헌장 제2조 7항은 "본질상" 국내문제에 대하여는 어떠한 문제도 UN이 간섭할 수 없다고 규정하고 있다.
③ 국내문제에서 발생한 사건도 국제평화를 위협하는 경우 UN의 강제조치가 적용 대상이 될 수 있다.
④ 국제법 질서 속에서 최종적인 결정권은 여전히 국가가 갖고 있다.

정답 ②

해설 UN헌장 제2조 7항은 "본질상" 국내문제에 대하여는 UN이 간섭할 수 없다고 규정하고 있으나, 인권문제에 관한 한 국내문제라는 이유로 제약을 받지 아니한다.

0111

국제법의 주체들에 관한 설명으로 옳지 않은 것은?

① 국가연합(confederations)의 구성국은 완전한 국제법 주체로 국가연방과 달리 독자적 외교능력을 가지고 있으므로 완전한 국제법 주체로 볼 수 있다.
② 통설의 입장에서 국제조직이 성립되면 더 이상 구성국의 주권 하에 있지 아니한다고 해석한다.
③ 본국과 교전단체 간의 전쟁이 교전단체의 승리로 종료되면 정부의 승인을 받거나 국가의 승인을 받게 되어 교전단체는 소멸한다.
④ 망명정부는 본래의 영토에 대한 영유권과 무관하게 국제법의 주체로 인정받을 수 있다.

정답 ④
해설 망명정부가 본래의 영토에 대한 영유권을 갖고 있다면 국제법의 주체로 인정받을 수 있다.

0112

국제법의 주체에 대한 설명으로 틀린 것은?

① 국가, 교전단체, 민족은 시원적 주체에, 그 외의 주체들은 파생적 주체에 속한다.
② 국가, 교전단체, 자결권을 향유하는 민족, 국제기구는 능동적 주체에, 그 외의 주체들은 수동적 주체에 속한다.
③ 개인은 수동적, 파생적, 제한적 주체이다.
④ 능동적 주체와 수동적 주체의 구분기준은 타 국제법의 주체에 대한 권리 향유 여부이다.

정답 ④
해설 능동적 주체와 수동적 주체의 구분기준은 **조약체결권의 향유 여부**이다.

0113

국제법의 주체에 대한 설명으로 틀린 것은?

① 민족은 제2차 대전 이후 새로 생겨난 주체로서 비전통적 주체(신 주체)이며, 국가와 반란단체만이 전통적 주체이다.
② 민족의 평등권 및 자결권은 유엔 헌장에 유엔의 목적으로 명시되어 있다.
③ 자신의 대표기구를 갖지 못한 민족이라도 국제적 법인격을 향유한다.
④ 민족이 국제적 법인격을 향유하기 위해서는 반란단체와 달리 일정 영토의 실효적 지배가 필요치 아니한다.

정답 ③
해설 자신의 대표기구를 갖지 못한 민족은 국제적 법인격을 향유하지 못한다.

0114

국제법 주체로서의 국가에 대한 설명으로 옳지 않은 것은?

① 국제사법재판소(ICJ)는 「UN근무 중 입은 손해배상 사건」에서 UN의 손해배상 청구적격을 인정하였다.
② 창설적 효과설에 따르면 국가의 실질적 요건을 모두 갖추었더라도 승인을 받아야만 국가로 성립된다.
③ 신생국가와 상주외교 사절을 교환하는 것은 명시적 승인으로 간주된다.
④ 1933년 국가의 권리와 의무에 관한 몬테비데오협약 제1조는 국가의 자격요건으로서 항구적 인구, 명확한 영역, 정부, 다른 국가들과 관계를 맺을 수 있는 능력(외교능력)을 들고 있다.

정답 ③
해설 신생국가와 상주외교사절을 교환하는 것은 묵시적 승인으로 간주된다.

0115

국제법 주체로서의 국가에 대한 설명으로 옳지 않은 것은?

① 원칙적으로 식민지는 국가로서의 자격과 권리가 없으나, 예외적으로 조약과 국제기구에 가입하기도 하였다.
② 통상 국제기구라 함은 국가(정부)만이 회원인 국제조직을 말한다.
③ 1933년의 "국가의 권리의무에 관한 협약"에서는 국가요건으로서 영구적 인민, 명확한 영토, 정부, 국제관계 설정 및 유지 능력을 열거하고 있다.
④ 연방국가는 국제법인격이 인정되며, 연방을 구성하는 주들 역시 법인격이 인정된다.

정답 ④
해설 연방국가만이 국제법인격이 인정되며, 연방을 구성하는 주들은 법인격이 인정되지 아니한다.

0116

국제법 주체로서의 국가에 대한 설명으로 틀린 것은?

① 둘 이상의 국가들이 구성국 간의 평등을 기초로 국제법상 국가의 자격을 보유한 채 결합한 것이 국가연합이다.
② 국가연합에서 각 국가는 외교권을 공동행사하나 원칙적으로 구성국이 외교권을 행사한다.
③ 연방국가에서는 연방 자신이 완전한 외교능력을 가지며 구성국은 이를 갖지 아니한다.
④ 연방국은 대내적 통치권을 독점한다.

정답 ④
해설 통상적으로 연방국은 구성국과 대내적 통치권을 분점한다.

0117

국제기구에 대한 설명으로 타당하지 않은 것은?

① 비정부간국제기구(INGOs)는, 그 구성에 있어 국제적이긴 하지만 국가 간 조약에 의하여 설립된 것이 아니기때문에 그 자체 국제법에 의하여 규율되는 것이 아니라 설립지의 국내법에 의하여 규율될 따름이다.
② 국제기구가 설립조약에 의하여 회원국 국내법상의 인격을 부여받았으면, 이로부터 회원국들과의 관계에 있어 국제적 인격이 바로 성립된다.
③ 국제기구가 소속회원국들에 대한 관계에 있어 국제적 인격을 갖는가는 당해 설립조약의 명시적·묵시적 규정으로부터 찾을 수 있다.
④ 국제기구는 개별 구성국의 의사와는 별개로 기구 자신의 독자적 의사를 갖고 행동한다.

정답 ②

해설 국제기구가 설립조약에 의하여 회원국 국내법상의 인격을 부여받았다고 하더라도, 이로부터 회원국들과의 관계에 있어 국제적 인격이 바로 도출되는 것은 아니다.

0118

국제기구에 대한 설명으로 타당하지 않은 것은?

① ICJ는 'UN근무 중 입은 손해배상 사건(1949)'에서 UN이 소속 공무원을 위한 직무보호의 권리를 갖는다고 하였으며, 외교보호권과 직무보호권이 경합하는 경우 직무보호권이 우선한다고 언급하였다.
② 국제기구가 설립조약규정에 근거하여 비회원국 또는 타국제기구와 조약을 체결하거나 외교사절을 교환할 수 있지만, 이로 인하여 당해 기구의 대세적 인격이 인정된다고 볼 수는 없다.
③ 국제기구의 활동은 어디까지나 타방 당사자의 동의를 전제로 하는 것이다.
④ ICJ는 UN에 대해서는 그 객관적(대세적) 법인격을 인정하였다.

정답 ①

해설 ICJ는 'UN근무 중 입은 손해배상 사건(1949)'에서 UN이 소속공무원을 위한 직무보호의 권리를 갖는다고 하였으나, 외교보호권과 직무보호권이 경합하는 경우 직무보호권이 우선한다고 언급한 일은 없다.

0119

국제연합(UN)에 대한 설명으로 틀린 것은?

① 특별협약을 통하여 국내적 법인격으로서의 의무·권리를 행사할 수 있다.
② 탈퇴에 관한 명문규정은 없다.
③ 국제법인격에 관한 헌장상 명시되어 있다.
④ UN헌장 제104조의 경우 '비회원국'의 영토 내에서도 당연히 법인격을 향유한다는 결론은 나오지 않으므로, UN의 경우는 비회원 관련 국가들과 개별협정을 체결하여야 한다.

정답 ③
해설 국제법인격에 관한 명문규정은 없다.

0120

국제법 주체로서 개인에 대한 설명으로 타당하지 않은 것은?

① 개인의 국제법상의 의무는 이미 전통국제법하에서부터 인정되어 왔으나, 개인의 국제법상의 권리가 인정된 것은 대체로 제2차 대전 이후의 현상이다.
② 전통적으로 부전조약이나 UN헌장 등에 의해 동 의무는 국가에 대해서만 부과되었으나, 제2차 대전 이후 국제군사재판에서는 국가기관의 지위에 있었던 사람도 개인으로서 책임이 있다고 판결하고 전쟁범죄인으로 처벌하였다.
③ 혼합중재재판소, 국제해양법재판소 해저분쟁법정, 중미사법재판소 등은 개인의 제소권이 인정되지 아니한다.
④ 바르셀로나 전기, 전력회사 사건에서 국제사법재판소(ICJ)는 법인은 그 설립지국이나 본점 소재지국이 국적국이라고 판시하였다.

정답 ③
해설 혼합중재재판소, 국제해양법재판소 해저분쟁법정, 중미사법재판소는 개인의 제소권이 인정된다.

05 | 국제법의 기본원칙

0121
국제법 기본원칙의 발달 역사에 대한 설명 중 옳지 않은 것은?

① 국제연맹 규약에서 체약국들은 국제협력을 증진하고 국제평화와 안전을 달성하기 위한 목표를 규정하고 있다.
② 국제연합은 헌장에서 역사상 처음으로 국가들의 행동을 규율하고 국제기구의 주요 목표를 수립하는 기본적 원칙을 명시하고 있다.
③ 1970년 국제연합에서 UN헌장에 따른 국가 간의 우호관계 및 협력에 관한 국제법의 원칙선언이 채택되었다.
④ ICJ는 1970년 우호관계선언이 국내법을 반영하고 있다고 판단하였다.

> **정답** ④
> **해설** ICJ는 1970년 우호관계선언이 국제관습법을 반영하고 있다고 판단하였다.

0122

국제법상 주권평등의 원칙에 대한 설명으로 틀린 것은?

① 국제연합 헌장 제2조 1항에서 모든 회원국의 주권평등을 천명했지만 1970년 우호관계선언에서는 대상을 모든 국가들로 연장하였다.
② 주권평등은 법적 평등을 의미하는 것이지 사실상의 평등을 의미하는 것은 아니다.
③ 국가는 자신의 주권 제한에 동의하거나 주권의 완전한 포기에 동의할 권한이 없다.
④ Wimbledon호 사건에서 PCIJ는 국가가 특정한 행위를 수행하거나 그렇게 하지 않을 것을 약속하는 조약을 체결한다고 해서 그 국가의 주권을 포기하는 것으로 보지 않는다고 판시하였다.

[정답] ③
[해설] 국가는 자신의 주권 제한에 동의하거나 주권의 완전한 포기에도 동의할 권한이 있다.

0123

국제법상 주권평등의 원칙에 대한 설명으로 잘못된 것은?

① 주권평등의 원칙은 강행규범이다.
② 상호주의를 결여한 불평등한 조약은 무효가 아니다.
③ 국가의 주권 제한이 국가의 자유의사에 기초하고 있는 한 주권평등의 원칙 위반이 아니다.
④ 국제연합은 5대 강국에게 특권적 지위를 부여한 것은 법상 주권평등의 위반이 아니다.

[정답] ①
[해설] 주권평등의 원칙은 강행규범이 아니다.

0124

국제법상 우호관계 선언에서의 불간섭원칙에 대한 설명으로 틀린 것은?

① 국내문제는 영토적 개념이 아니다.
② 국가는 타국의 국내 당국을 압박하기 위해서 압력을 행사해서는 안된다.
③ 국가는 외국에 해로운 활동의 조직을 선동하거나 조직하거나 공식적으로 지원하지 말아야 한다.
④ 국가는 타국에서 내란이 발생한 경우, 반란단체를 원조라는 것은 불간섭주의 위반은 아니다.

정답   ④
해설   국가는 타국에서 내란이 발생한 경우, 반란단체를 원조하지 말아야 한다.

0125

1970년 우호관계선언에서의 불간섭원칙에 대한 설명으로 잘못된 것은?

① 1919년 국제연맹 규약에서는 국가들은 여전히 전쟁에 이르지 않는 모든 강제적 조치에 호소할 수 있다.
② 국제연합 헌장 제2조 4항인 무력사용 금지를 통해 타국의 무력을 동반하는 간섭을 받지 않게 되었다.
③ 제3세계 진영은 직간접적인 무력간섭뿐만 아니라 정치·경제적 간섭을 포함한 기타 모든 유형의 개입 또는 위협의 시도, 강제적 간섭 역시 금지한다고 해석한다.
④ 진영 논리를 막론하고 모든 국가는 자결권을 향유한 민족도 일체의 강제적 간섭으로부터 자유로울 권리를 향유한다고 주장한다.

정답   ④
해설   사회주의 진영은 자결권을 향유한 민족도 일체의 강제적 간섭으로부터 자유로울 권리를 향유한다고 주장하고 있다.

0126

우호관계선언에서의 불간섭원칙에 대한 설명으로 잘못된 것은?

① 니카라과 사건에서 ICJ는 재정지원, 훈련, 무기제공, 첩보, 병참지원을 통하여 니카라과 내에서의 콘트라 반군의 군사적·준군사적 활동에 대하여 부여한 미국의 지원은 불간섭주의를 명백히 위반한다고 판시하였다.
② ICJ는 니카라과 사건에서 경제원조의 중단은 관습법상 불간섭주의 위반이라고 판시하였다.
③ 고전적 국제법의 주권개념에서 국제적으로 승인된 국가의 국내문제에 대한 간섭의 원칙적 금지가 생겨났다.
④ 유엔헌장에서는 간섭금지가 확증되긴 하지만, 이는 국제적 인권보호의 실현과 충돌되는 개념이다.

정답 ②
해설 ICJ는 니카라과 사건에서 경제원조의 중단은 관습법상 불간섭주의 위반이라고 볼 수 없다고 판시하였다.

0127

국제법 원칙인 신의성실의 원칙에 대한 설명으로 잘못된 것은?

① 1982년 UN해양법 협약에서는 신의성실의 원칙을 명시하고 있다.
② 국가는 국제법규의 목적과 객체를 방해하는 방향으로 자신의 의무를 이행해서는 안된다는 논리는 신의성실의 원칙을 구체화한 내용이다.
③ 신의성실은 그 자체가 의무의 연원이 될 수 없다는 해석도 있다.
④ 국제해양법 재판소에서 The M/V Louisa Case에서 신의성실의 원칙은 단독으로 원용할 수 있다고 판시하였다.

정답 ④
해설 국제해양법 재판소에서 The M/V Louisa Case에서 신의성실의 원칙은 단독으로 원용될 수 없다고 판시하였다.

0128

국제법 원칙인 신의성실의 원칙에 대한 설명으로 틀린 것은?

① 1969년 비엔나협약에서는 발효 중인 조약은 당사국에 의하여 성실하게 이행해야 한다고 규정하고 있다.
② 힘에 의한 해석을 1969년 조약체결에 있어서 군사적이거나 정치적 혹은 경제적 강박 금지에 관한 선언에서 조약체결에 관한 어떤 행위를 이행하도록 강제하기 위해 국가가 취하는 군사적, 정치적, 경제적 형태의 일체 압력의 위협 또는 사용을 금지하고 있다.
③ 신의성실의 의무는 관습법상의 의무에는 적용되지 아니한다.
④ 국가의 일방적 약속이나 선언, 행위로부터의 의무에 대해서도 적용된다.

[정답] ③
[해설] 신의성실의 의무는 유효하게 성립한 관습법상의 의무도 적용된다.

0129

국제법의 일반원칙인 무력사용 금지의 원칙에 대한 설명으로 올바르지 않은 것은?

① 평화에 반한 죄(Crime against peace)는 국제법·국내법상 금지되는 무력의 사용 또는 위협을 하는 범죄를 말한다.
② 제2차 세계대전 종전 이후에 열린 뉘른베르크 국제군사재판 및 극동국제군사재판에서, 전쟁 중에 처벌되던 종래의 전쟁법규 위반의 행위인 전쟁 범죄 이외에, 새로 추가하여 평화에 반한 죄와 인도에 반한 죄가 처벌의 대상이 되었다.
③ 극동국제군사재판에서 일본의 전범은 A급 전범(평화에 반한 죄), B급 전범(전쟁 범죄), C급 전범(인도에 반한 죄)로 분류되어 처벌되었다.
④ 국가 간의 분쟁에 있어서, 군사력 등 무력을 사용하면 안된다는 원칙이다.

[정답] ①
[해설] 평화에 반한 죄(Crime against peace)는 국제법상 금지되는 무력의 사용 또는 위협을 하는 범죄를 말한다.

0130

우호관계선언 상 내정불간섭의 원칙에 대한 설명으로 타당하지 않은 것은?

① 내정 불간섭의 원칙(non-interventionism, non-intervention) 또는 불간섭주의는 한 국가는 타국의 국내문제에 대하여 간섭(intervention)하면 안된다는 국제관습법상 원칙이다.
② 국가 간의 내정간섭 금지는 유엔 헌장 제2조 1항의 주권평등원칙에 기초하고, 모든 국가에 대한 내정간섭금지는 유엔 헌장 제2조 7항에 기초한다.
③ 내정불간섭주의는 유엔 총회 결의로 1970년 우호관계선언이 있으며, 대표적 재판으로는 1986년 니카라과 사건이 있다.
④ 니카라과 사건에서 국제사법재판소는 우호관계선언을 국제관습법으로 판시했기 때문에, 국내문제불간섭원칙을 명문화한 문서는 강제력이 존재한다고 볼 수 있다.

정답 ②

해설 국가 간의 내정간섭 금지는 유엔헌장 제2조 1항의 주권평등원칙에 기초하고, 유엔의 회원국에 대한 내정간섭금지는 유엔 헌장 제2조 7항에 기초한다.

0131

다음 중 1970년 우호관계선언 중 내정 불간섭의 원칙에 대한 설명이 잘못된 것은?

① 서방 선진국가들은 무력위협 또는 무력사용이 있어야 내정간섭이 된다는 반면에, 제3세계 국가들은 무력만이 아니라 경제원조의 일방적 중단도 금지되는 내정간섭이라고 주장하여 견해가 대립되고 있다.
② ICJ는 1986년 니카라과 사건에서 타국가의 영토 내의 반란세력을 지원하는 행위 그 자체가 군사적이라면 간섭에 해당하지만, 무기 등의 지원과 같은 간접적인 군사지원은 간섭에 해당하지는 아니한다고 판시했다.
③ 선진국은 후진국에 경제원조를 하고 있는 것이 일반적이기 때문에, 국제사법재판소가 1986년 니카라과 사건에서 경제원조의 일방적 중단은 내정간섭이 아니라고 판시하였으므로, 선진국은 사실상 후진국에 대해 경제원조의 일방적 중단을 무기로 하여 무제한적으로 내정간섭을 할 수 있다는 의미가 있다.
④ 간섭 또는 개입(intervention)이란 하나 이상의 국가가 국제법상 근거 없이 타국의 국내 문제에 그 의사에 반해 무력적, 정치적, 경제적 압력의 방법으로 자국의 의사를 강요하는 것을 말한다.

정답 ②

해설 ICJ는 1986년 니카라과 사건에서 타국가의 영토 내의 반란세력을 지원하는 행위 그 자체가 비군사적이라 하더라도 간섭에 해당하며, 무기 등의 지원과 같은 간접적인 군사지원은 간섭에 해당하는 것은 물론이고, UN헌장 제2조 제4항이 금지하고 있는 불법적인 무력행사나 위협에 해당하나, 자위권의 대상이 되는 무력공격으로는 간주되지 않는다고 판시하였지만, 경제원조의 일방적 중단은 간섭에 해당하지 않는다고 판시했다.

0132

다음 중 내정불간섭주의 중 적법한 간섭에 대한 설명이 잘못된 것은?

① 조약에 의한 간섭에서 조약은 해당국이 내정간섭을 동의했다는 의미가 있다.
② 권리남용에 대한 간섭으로 권리남용으로 말미암아 타국의 권익에 부당한 침해를 초래할 경우 피해국은 당연히 그 권리남용에 대한 침해의 중지와 구제를 요구할 수 있다.
③ 국제법 위반에 대한 간섭으로 국가가 국제강행 규범에 위반되는 행위를 한 경우, 국제위법행위를 저지하기 위해 타국이 행하는 간섭은 위법한 것으로 인정된다.
④ 정통정부의 유효한 요청에 의한 간섭은 당사국의 요청이라도 국제강행규범에 배치되지 않아야 하며, 민족자결권행사를 하는 반란단체의 요청은 국제강행규범과 양립하므로 그 요청에 응하는 것은 적법한 간섭이다.

[정답] ③

[해설] 국제법 위반에 대한 간섭으로 국가가 국제강행 규범에 위반되는 행위를 한 경우, 국제위법행위를 저지하기 위해 타국이 행하는 간섭은 적법한 것으로 인정된다.

0133

우호관계선언에 대한 설명으로 옳지 않은 것은?

① 적법한 간섭으로 자위권에 의한 간섭으로 UN의 결정에 불복하는 회원국은 UN 헌장 제7장에 의해 강제조치를 당할 수 있다.
② 신의성실의무는 다른 특정 의무를 전제로 하지 아니한다.
③ 니카라과 사건에서 선택조항 수락선언은 나중에 철회할 수 있는데 철회가 6개월 뒤에 효력이 발생한다.
④ 신의성실의무는 유효한 조약에 대해서만 적용된다.

[정답] ②

[해설] 신의성실의무는 다른 특정 의무를 전제로 한다.

0134

국제법상 인도적 간섭에 대한 설명이 옳지 않은 것은?

① 인도적 간섭의 적법성에 대한 논의가 있어 왔다.
② 제3국 정부는 인권문제로 내정간섭을 할 수는 없지만, 개인, 민간언론사 등 사기업, NGO는 정부기관이 아니기 때문에 인권문제로 내정간섭을 할 수 있다.
③ 1986년 니카라과 사건에서 국제사법재판소는 경제원조의 일방적 중단은 내정간섭이 아니라고 판시했지만, 경제원조를 받는 후진국이 자국민에 대해 인권탄압을 하였다는 이유로 경제원조를 하는 선진국이 일방적으로 원조를 중단하면 국제법 위반이다.
④ 인도적 간섭이란, 타국 정부의 내국인 인권탄압에 대해 제3국 정부가 이를 이유로 내정간섭을 할 수 있는가의 논의로서, 금지된다는 것이 일반적이다.

정답 ③

해설 1986년 니카라과 사건에서 국제사법재판소는 경제원조의 일방적 중단은 내정간섭이 아니라고 판시했기 때문에, 경제원조를 받는 후진국이 자국민에 대해 인권탄압을 하였다는 이유로 경제원조를 하는 선진국이 일방적으로 원조를 중단해도 **국제법 위반행위가 아니다.**

0135

국제법 판례인 니카라과 사건에 대한 설명이 옳지 않은 것은?

① 니카라과 사건은 국제사법재판소(ICJ)의 판례이며, ICJ는 국제분쟁의 평화적 해결의무와 국내문제 불간섭원칙은 강행규범으로서의 지위를 갖는다고 판시하였다.
② 1986년 6월 27일 국제사법재판소는 니카라과에 대한 미국의 군사적, 준군사적 활동 사건이 국제법상 위법하다고 판결하였다.
③ 외교적으로 이란-콘트라 사건과 니카라과 사건은 레이건 대통령의 대표적인 실책으로 꼽는데, 이란-콘트라 사건이란 미국이 테러국가 이란에 비밀리에 판매한 무기 수출대금을 니카라과 반정부군에 지원한 사건을 말한다.
④ 니카라과 사건에서, ICJ는 우호관계선언이 국제관습법이라고 판시했으며, 또한 국제법상 "무력공격"이란 "가장 중대한 무력사용"을 말한다.

정답 ①

해설 니카라과 사건은 국제사법재판소(ICJ)의 판례이며, ICJ는 국제분쟁의 평화적 해결의무와 국내문제 불간섭원칙은 **국제관습법으로서의 지위를** 갖는다고 판시하였다.

0136

1970년 우호관계선언 중 무력사용 금지의 원칙에 대한 설명이 타당하지 않은 것은?

① 국제법상 무력사용금지의 원칙은 강행규정이다.
② 제2차 세계대전 이후 UN을 만들면서 전쟁을 방지하고 국제평화와 안전을 유지하기 위해 많은 노력을 기울였는데, 오늘날 무력사용금지의 원칙은 가장 공식적인 국제법의 법원으로 자리 잡고 있다.
③ UN 헌장 제2조 4항은 모든 회원국은 그의 국제관계에 있어서 무력에 의한 위협 또는 무력의 행사 금지 대상에서, UN의 회원국들이 아닌 국가들은 이 조항에 의해 구속되지 아니한다.
④ UN 헌장 제2조 4항의 힘(force)은 일반적으로 군사적 무력을 의미하나 직접적 군사 활동 지원 혹은 군사기지 편의제공 같은 간접적 무력사용도 금지하고 있음에 따라 힘의 의미는 정치적 경제적 힘을 포함한 일체의 힘도 포함된다고 볼 수 있다.

정답 ③

해설 UN 헌장 제2조 4항은 모든 회원국은 그의 국제관계에 있어서 무력에 의한 위협 또는 무력의 행사를 다른 국가의 영토 보존이나 또는 정치적 독립에 대하여 그리고 UN의 목적과 양립할 수 없는 다른 여하한 방법에 의한 것이라도 이를 삼가야 한다고 하였으며 이는 오늘날 보편적인 국제 관습법적 효력을 갖는다고 간주되며, 따라서 **UN의 회원국들이 아닌 국가들도 이 조항에 의해 구속된다**. 이 우호 관계 선언은 UN총회에서 채택된 결의인 "UN헌장에 따른 국가 간 우호관계와 협력에 관한 국제법원칙선언"인데 여기에는 모든 국가는 국제분쟁을 해결하는 수단으로서 무력에의 위협이나 그 사용을 삼가할 의무가 있다고 하였다. 비록 동 선언이 결의에 불과하여 법적 구속력이 없다고 하더라도 UN헌장에 명시된 원칙을 해석함에 있어서 국제공동체의 컨센서스를 도출해낸 것이라고 볼 수 있다.

0137

우호관계선언 중 '힘'에 대한 설명으로 타당하지 않은 것은?

① 선진국과 개도국은 '힘'(force)의 의미에 대하여도 각각 달리보고 있는데, 현재 우호관계선언 등 총회 결의에서 모든 위압을 금지하고 있다.
② 무력에 버금가는 경제적 위압과 협박은 유엔헌장과 유엔 결의로 금지하지 아니한다.
③ 헌장 제2조 4항의 'force'은 헌장 전문, 샌프란시스코 유엔창설 회의에서 경제적인 힘도 포함하자는 브라질의 주장을 배척한 점, 무력에 국한되지 않는다면 너무 광범위하고 막연하게 된다는 점을 고려하면 'force'를 'armed force(무력)로 볼 수밖에 없다.
④ 무력의 사용에 미치지 못하는 '무력의 위협'(threat)의 적용은 실제 사례에서는 그렇게 중요하게 취급되지는 않는 것인게 실정인데, 니카라과 사건과 핵무기 적법성 사건에서 ICJ는 무력의 위협에 관하여 심의하였지만 종래 그래왔던 것처럼 '위협하는 무력의 실제행사'(actual use of the force threatened)가 자체로서 위법인 것처럼 '무력의 위협'도 위법하다고 하여 별로 쓰임새 없는 지침만 제시하고 있으며, 또한 '핵무기의 단순 보유'사실 자체가 금지되는 무력의 위협인가에 대해서도 언급을 회피하였다.

정답 ②

해설 무력에 버금가는 경제적 위압과 협박은 **유엔헌장과 유엔 결의로 금지하고 있다고** 말할 수 있다. 그러한 무력의 실제적인 의미는 니카라과 사건에서 ICJ가 니카라과에 대한 미국의 다양한 행동을 몇 가지 범주로 분류한데서 찾을 수 있다. ICJ는 니카라과 영해에서 기뢰부설, 항만및 유류저장시설 공격은 물론 반정부활동을 하고 있는 콘트라에 대한 지원이 모두 '무력의 사용'에 해당한다고 보았다. 그래서 반정부군 콘트라에 대한 무장과 훈련 지원은 니카라과정부에 대한 금지된 무력사용의 예이지만, 단순한 자금지원행위는 그 자체로서는 무력사용의 범주에 포함되지 않는다고 하였다.
① 선진국과 개도국은 '힘'(force)의 의미에 대하여도 각각 달리보고 있는데, 선진국은 힘을 오로지 무력(armed force)으로 보지만, 개도국들은 힘 속에 경제적 위압(economic coercion)도 포함시키고자 하지만 이러한 구분은 실제적인 중요성이 어느 정도 상실되었다고 할 수 있는데 그 이유는 우호관계선언 등 총회결의에서 명백히 경제적 위압도 금지하고 있기 때문이다.

0138

국제법상 문제의 평화적 해결 수단에 대한 설명이 잘못된 것은?

① Uti possidetis 원칙은 고대 로마법의 특수 명령제도(interdictum)라는 특별한 절차에서 유래하였지만, 이후 전통국제법은 이를 배제하였다.
② 18세기에 이르러 로마법상의 uti possidetis 개념과 전시법상의 status quo post bellum을 연계시킴으로써 uti possidetis 원칙이 더 이상 고대 로마법상에서 논해졌던 개인 간의 권리 문제가 아닌 교전국 간의 권리로 확대되었다.
③ 19세기와 20세기에 걸쳐 신생독립국 간의 영토분쟁과 무력충돌을 방지하기 위해 적용된 uti possidetis 원칙을 ICJ는 하나의 일반원칙으로 인정하였지만 동 원칙이 국제관습법으로서의 지위를 확보했는지에 관한 문제에 대해서는 여전히 논쟁 중에 있다.
④ uti possidetis 원칙의 적용범위는 점차 확대되어 21세기에 들어서는 동유럽의 분열과정에도 적용된 바 있다.

[정답] ①

[해설] Uti possidetis 원칙은 고대 로마법의 특수 명령제도(interdictum)라는 특별한 절차에서 유래하였으며 이후 전시법과 평시법으로 구분되는 **전통국제법으로 편입**되었다.

④ uti possidetis 원칙의 적용범위는 점차 확대되어 21세기에 들어서는 동유럽의 분열과정에도 적용된 바 있는데, 국경선을 결정하는 일은 국가주권의 물리적 한계에 합의하는 절차이므로 그 본질상 정치적 행위로 간주될 수도 있으며 이러한 관점에서 국제법의 역할은 유럽제국이 식민지에서 철수하는 절차를 합법화시키는 것이었다.

0139

국제사법재판소(제36조 2항) 일방적 선언에 의한 일반강제관할권의 창설에 관한 사항이 아닌 것은?

① 조약의 해석
② 일반원칙의 적용 문제
③ 확인되는 경우, 국제의무의 위반에 해당하는 사실의 존재
④ 국제의무의 위반에 대하여 이루어지는 배상의 성질 또는 범위

[정답] ②
[해설] 국제법상의 문제

0140

무력의 위협 또는 사용금지의 원칙에 대한 설명이 잘못된 것은?

① Webster 공식(1841, caroline호 사건)은 필요성이 급박하고 압도적이며 다른 수단을 선택할 여지가 없을 때만 자위권 행사 가능하다고 규정하였다.
② 1907년 계약상 채무회수를 위한 무력사용의 '제한'에 관한 협약은 porto의 군사력사용과 내정간섭 즉, drago의 무력사용은 채무국이 국제중재를 수락하지 않거나 또는 중재판결을 이행하지 않을 것을 조건으로 한다.
③ 1919년에 국제연맹규약 제12조는 3개월의 냉각기간을 갖고, 3개월 후는 전쟁가능을 제정하였다.
④ 1928년에 부전조약(켈로그브리앙 조약)은 국가정책수단으로서의 최초의 전쟁 포기선언인데, 전쟁 금지는 단지 '침략전쟁'만 금지할 뿐이며, 정당방위는 가능하고, 무력행사 자체는 금지가 아니다.

[정답] ②
[해설] 1907년 계약상 채무회수를 위한 무력사용의 '제한'에 관한 협약은 Drago 군사력사용과 내정간섭 즉, Poter 무력사용은 채무국이 국제중재를 수락하지 않거나 또는 중재판결을 이행하지 않을 것을 조건으로 한다.

0141

국가 간의 우호관계 및 협력에 관한 국제법의 원칙선언이 켄센서스 상의 기본원칙에 대한 설명으로 틀린 것은?

① 1970년 유엔헌장에 따라 채택되었다.
② 구속력있는 문서이다.
③ 국제관습법을 반영하고 있다.
④ 일곱 개의 기본원칙에 대하여 열거하고 있다.

정답 ②
해설 구속력있는 문서는 아니다.

0142

주권평등 원칙에 대한 설명으로 옳지 않은 것은?

① 웨스트팔리아 체제로부터 비롯된 전통국제법도 물론 국가의 주권을 보호하고 국가의 법 앞에서 형식적 평등을 수립한 일단의 규칙에 기초하고 있다.
② 현재 UN헌장 상의 주권평등 조항은 모든 회원국의 주권평등을 기구의 원칙으로 삼는다.
③ 우호관계선언에 의하여 UN 회원국에 의해 확립되었다.
④ 국가는 자신의 주권 제한에 동의하거나 주권의 완전한 포기에도 동의할 권한이 있음을 의미한다.

정답 ③
해설 우호관계선언에 의하여 UN 회원국을 벗어나 세계 모든 국가들에게로 확장되었다.

0143

국제법상의 불간섭원칙에 대한 설명으로 틀린 것은?

① 국내문제와 국제문제의 경계는 영토적 개념으로 국한시킨다.
② 국가는 타국의 국내 당국을 압박하기 위하여 압력을 행사해서는 안되며 외국정부 당국과 그 국민 간의 관계에 개입해서는 안된다.
③ 국가는 외국에 해로운 활동의 조직을 선동하거나 조직하거나 혹은 공식적으로 지원하지 말아야 한다.
④ 국가는 타국에서 내란이 발생한 경우 반란단체를 원조하지 말아야 한다.

정답   ①
해설   국내문제란 영토적 개념이 아니다.

0144

불간섭 원칙에 대한 설명으로 타당하지 않은 것은?

① UN헌장 제2조 4항의 무력의 위협 또는 사용 일체의 금지 조항으로 불간섭주의를 보장한다.
② 무력간섭은 직접적인 간섭에 의한 것만이 금지되고 있다.
③ 자결권을 향유하는 민족도 일체의 강제적 간섭으로부터 자유로울 권리를 향유한다.
④ 1919년 국제연맹규약과 1928년 부전조약은 각기 전쟁을 제한 내지 금지시켰는데, 이 제한 또는 금지 속에는 국가들이 다른 국가에게 자신의 의사를 강요하기 위하여 전쟁에 호소하는 것은 더 이상 허용되지 않는다는 뜻이 함축되어 있다.

정답   ②
해설   직간접적인 무력 간섭뿐만 아니라 정치·경제적 간섭을 포함한 기타 모든 유형의 개입 또는 위협의 시도인 무력의 위협 또는 사용을 동반하지 아니하는 강제적 간섭도 금지된다.

0145

국제법상 신의성실원칙이 삽입되지 않은 것은?

① 국제연합(UN)헌장
② 1969년 비엔나 조약법협약
③ 1970년 우호관계선언
④ 1982년 UN 해양법협약

정답 ④

해설
① UN헌장 제2조 2항
② 1969년 비엔나 조약법협약 제26조
③ 우호관계선언 제7원칙
④ 해양법 협약에는 조항이 명문화되지 않았다.

0146

국제법상 신의성실원칙에 대한 설명으로 타당하지 않은 것은?

① 신의성실 원칙은 국가가 자신의 국제의무를 이행하는 방법을 제시하고 있다.
② 신의성실의 원칙은 그 내용의 모호성으로 인하여 일반국제법의 강행법규에 속하지 못한다.
③ 1969년 비엔나 조약법협약 제26조는 발효 중인 모든 조약은 당사국에 의하여 성실하게 이행되어야 한다고 규정하고 있다.
④ 신의성실의 원칙은 유효하게 성립한 조약상의 의무에 대해서만 적용된다.

정답 ④

해설 신의칙은 조약상의 의무에 대해서 뿐만 아니라 유효하게 성립한 일반관습법규 상의 의무에 대해서도 즉, 법의 연원을 구별하지 않고 당연히 적용된다.

0147

무력의 위협 또는 사용금지원칙에 대한 설명으로 타당하지 않은 것은?

① Webster 공식은 자위권과 관련하여 국제관습법의 일부로 수락되고 있다.
② 1899년과 1907년의 "국제분쟁의 평화적 해결을 위한 헤이그 협약"은 전통국제법 하에서의 국가들의 무력사용의 권리를 잘 보여주고 있다.
③ 헤이그협약들에서 국가는 자신의 법적 권리가 침해당했을 경우에 한하여 타국에 대해 전쟁을 호소할 수 있다는 정전이론(just war doctrine)을 담고 있다.
④ 웹스터는 자위는 그 필요성이 급박하고, 압도적이며, 다른 수단을 선택할 여지가 없고, 숙고할 여유가 전혀 없는 경우에만 허용된다.

[정답] ③
[해설] 헤이그 협약들에서 국가는 자신의 법적 권리가 침해당했을 경우에만 타국에 대해 전쟁을 호소할 수 있다는 **정전이론(just war doctrine)**을 담고 있지 않았다.

0148

드라고주의(Drago doctrine)에 대한 설명으로 타당하지 않은 것은?

① 유럽의 군사적 간섭은 미국의 당시 외교정책인 먼로독트린에 위배된다.
② 재정적 곤란과 그로 인해 채무 지급을 연기할 필요가 생긴 경우에만 외국의 군사적 간섭은 정당화된다.
③ 드라고주의는 국가의 무제한의 무력사용을 허용한 그 당시의 실정국제법과는 어긋나는 것이다.
④ 웨스트팔리아체제 이후 무력사용의 제한을 국제법에 도입하려 하였던 최초의 시도로서 역사적 의미가 있다.

[정답] ②
[해설] 재정적 곤란과 그로 인해 채무지급을 연기할 필요가 생긴 경우에는 외국의 군사적 간섭은 정당화되지 않는다.

0149

무력의 위협 또는 사용에 대한 설명으로 옳지 않은 것은?

① 무력의 위협 또는 사용금지는 절대적이고 포괄적이다.
② UN헌장 제2조 4항에서 최초로 그 모습을 드러냈다.
③ 군사적 힘과 경제적 압박이 동시에 금지된다.
④ 무력의 위협 또는 사용은 단지 국가 간의 관계에서만 금지되고 있다.

정답 ③
해설 단지 군사적 힘, 즉 무력만이 금지되었다.

0150

국제법상 분쟁의 평화적 해결원칙의 내용으로 타당하지 않은 것은?

① '모든' 국가는 UN헌장에 규정되어 있는 일부 예외를 제외하고는 오로지 평화적 수단에 의하여 분쟁을 해결해야 한다.
② 분쟁당사국들은 분쟁의 상황 및 성격에 적합한 평화적 수단에 관하여 합의해야 한다.
③ 평화적 수단으로 분쟁해결이 실패하였을 경우, 분쟁 당사국은 다른 무력적 수단을 강구할 수 있다.
④ 분쟁당사국들은 물론이고 다른 국가들은 분쟁을 평화적으로 해결하려고 노력하는 동안 사태를 악화시켜 국제평화와 안전의 유지를 위태롭게 할 수 있는 일체의 행동을 삼가야 한다.

정답 ③
해설 평화적 수단으로 분쟁해결이 실패하였을 경우, 분쟁 당사국은 다른 평화적 수단을 강구하여야 한다.

06 | 국가 및 정부 승인

0151

국가승인제도에 대한 설명으로 옳지 않은 것은?

① UN 등 국제기구에의 가입 승인은 신국가가 당해 기구 내부에서 그 기본목적을 달성하는 데 필요한 자격요건을 인정받은 것일 뿐이고, 국가 상호간의 승인관계에 직접적인 영향이나 효과를 미치는 것은 아니라고 보아야 한다.
② 사실상 승인과 법률상 승인의 구분은 그 대상이 되는 실체의 실효성을 기준으로 하는 것으로서 승인이 효력상 근본적 차이는 없다.
③ 사실상 승인은 언제든지 철회될 수 있다.
④ 피승인국에게 승인의 조건으로 특별한 의무를 부담시키는 조건부 승인의 경우, 승인의 효과 자체에 영향을 주며, 당해 의무를 이행하지 못한 데 대한 국가책임의 문제도 발생한다.

> **정답** ④
> **해설** 피승인국에게 승인의 조건으로 특별한 의무를 부담시키는 조건부 승인의 경우, 승인의 효과 자체에는 영향이 없고, 다만 당해 의무를 이행하지 못한 데 대한 국가책임의 문제가 발생한다.

0152

다음 중 묵시적 승인의 사례로 적절한 것은?

> ㄱ. 신국가의 독립에 대해 국가원수가 축전을 보내는 것
> ㄴ. 통상대표부 설치 허가 또는 무역사절단 교환
> ㄷ. 영사인가장의 부여 또는 발급
> ㄹ. 신국가의 국민에 대한 입국사증 발급
> ㅁ. 신국가가 제정한 법령의 효력을 인정하는 것

① ㄱ, ㅁ
② ㄱ, ㄴ
③ ㄴ, ㄷ
④ ㄱ, ㄷ

정답 ④

해설
- 묵시적 승인으로 인정되는 행위
  신국가의 독립에 대해 국가원수가 축전을 보내는 것, 정식 외교관계 수립, 신국가와의 기본관계나 통상 등 장기간에 걸쳐 포괄적 사항을 규율하는 정규의 양자조약(기본관계조약, 우호통상항해조약 등)의 체결, 신국가의 국기 승인, 영사인가장의 부여 또는 발급
- 묵시적 승인으로 인정되지 않는 행위
  통상대표부 설치 허가 또는 무역사절단 교환, 미승인국과 함께 다자조약에 가입하거나 국제회의에 참가하는 것, 비공식적인 접촉의 유지, 의례적인 사절의 교환, 신국가의 국민에 대한 입국사증 발급, 신국가가 제정한 법령의 효력을 인정하는 것

0153

국가승인에 대한 설명으로 타당하지 않은 것은?

① 승인은 쌍방적 법률행위이므로 승인대상 국가(또는 정부)의 동의를 필요로 한다.
② 신생독립국, 합병, 분리독립, 분열 등의 국제법적 사건에 의하여 새로 출현한 국가에 대해 국가승인이 행해질 수 있다.
③ 승인에 대한 창설적 효과설은 주권평등원칙과 모순된다.
④ 국가승인의 창설적 효과는 이론상 실효성의 원칙과 모순된다.

정답 ①
해설 승인은 **일방적 재량행위**이므로 승인대상 국가(또는 정부)의 동의를 요하지 않는다.

0154

국가승인에 대한 설명으로 타당하지 않은 것은?

① 스팀슨 독트린은 국제연맹 구성원들은 1928년 부전조약에 위배되는 방법으로 일본에 의해 1931년 만주에 건설된 만주국을 승인하지 않을 의무가 있다는 것이었다.
② 라우터팩트 독트린은 신국가 또는 신정부가 국제법 위반의 결과로 생겨난 경우는 제외하되, 사실상의 요건을 구비하였다면 이를 승인할 의무가 있다고 하였다.
③ 에스트라다 독트린은 정부승인과 관련하여 신정부를 명시적, 공식적 승인의 대상으로 하여서는 안 된다는 것이었다.
④ 스팀슨 독트린은 국제법상의 원칙으로 자리잡았다.

정답 ④
해설 스팀슨 독트린은 미국의 외교정책에서 비롯된 것이었을 뿐 **국제법상의 원칙은 아니었다**.

0155

국가승인에 관한 설명으로 타당하지 않은 것은?

① 국가승인은 승인한 국가와 승인받는 국가 사이에만 효력이 있다.
② 다자조약에의 가입, 국제기구의 가입은 승인으로 인정되지 않는다.
③ 외교사절의 교환, 포괄적 양자조약의 체결 등은 묵시적 승인이라 인정된다.
④ 반드시 승인에 의해서만이 국가 간의 법률관계가 성립된다.

> 정답 ④
> 해설 승인 여부와 무관하게 법률관계는 성립할 수 있다.

0156

국가승인의 이론과 관행에 대한 설명으로 옳지 않은 것은?

① 영사인가장의 발급은 묵시적인 국가승인이다.
② 조건부 승인 시 조건이 성취되지 않으면 승인의 효력은 무효이다.
③ 외교관계의 단절은 국가의 승인과 무관하다.
④ 에스트라다주의는 국가승인의 선언적 효과설과 관련이 있는데, 합법적인 과정을 거쳐 성립한 국가만을 승인하는 것은 토바르주의와 관련이 있다.

> 정답 ②
> 해설 조건부 승인 시 조건이 성취되지 않아도 승인의 효력은 유효하다.
> ④ 에스트라다주의는 국가승인의 선언적 효과설과 관련이 있는데, 합법적인 과정을 거쳐 성립한 국가만을 승인하는 것은 토바르주의(윌슨주의, 합헌주의)와 관련이 있다.

0157

국가승인제도와 관련한 설명으로 옳지 않은 것은?

① 국제연맹규약 또는 부전조약에 위반하는 방법으로 성립된 모든 사태를 승인하지 않겠다는 주장을 스팀슨(Stimson)주의라고 한다.
② 창설적 효과설에 의한 국가승인의 효과는 새로이 성립된 국가가 국제법 주체성을 확인받는 데 있다.
③ 승인받기 이전의 국가에 대해서는 국제법 주체성을 전면적으로 부정하는 견해가 창설적 효과설의 입장이다.
④ 신생국과의 외교사절의 교환은 묵시적 승인, 즉, 승인의사가 추정되는 행위에 의한 간접적 승인으로 인정된다.

정답 ②

해설 선언적 효과설에 의한 국가승인의 효과는 새로이 성립된 국가가 국제법 주체성을 확인받는 데 있다.

0158

다음 중 정부승인에 대한 설명으로 타당하지 않은 것은?

① 정부승인은 대체로 위헌적 수단에 의해 정부교체가 이루어질 경우에만 해당되지만, '분단국가'의 경우에 문제되기도 한다.
② 입헌주의적 정통성을 정부승인의 요건으로 보아 위헌적인 쿠데타 등을 통해 집권한 정부를 승인해서는 안된다는 주장을 토바르주의라 한다.
③ 에스트라다주의는 정부교체수단의 합헌성 여부에 관계없이 신정부를 승인하고 외교관계를 계속해야 한다는 주장을 말한다.
④ 정부승인은 신정부가 사실상 정부를 설립했을 때에는 그 효력을 소급하지 아니한다.

정답 ④

해설 정부승인은 신정부가 사실상 정부를 설립했을 때로 소급하여 효력을 발생한다.

0159

국제법상 교전단체 승인에 대한 설명으로 타당하지 않은 것은?

① 중앙정부에 의한 승인이 있는 경우라도 제3국은 교전단체 승인요건을 갖추지 아니하는 한 반도단체에 대해 승인을 부여할 수 없다.
② 교전단체승인은 승인에 의해 비로소 국제법 주체로 승격되므로 창설적 효과를 가진다.
③ 교전단체가 중앙정부를 전복하고 영토 전체를 장악한 경우 위헌적 방법으로 정권이 교체된 것이므로 정부승인 문제가 발생한다.
④ 본국은 반도단체의 행위에 대한 국제법상 책임을 면하기 위하여 교전단체를 승인한다.

[정답] ①
[해설] 중앙정부에 의한 승인이 있는 경우 제3국은 교전단체승인 요건을 갖추지 아니한 반도단체에 대해 승인을 부여할 수 있다.

0160

다음 중 승인에 대한 설명으로 옳지 않은 것은?

① 법률상 승인은 철회할 수 없다고 보는 것이 일반적이나 사실상의 승인은 철회할 수 있다.
② 사실상의 승인은 피승인국의 존속 가능성에 대한 의문이 있는 경우 부여된다.
③ 승인은 승인한 국가와 피승인국 외에도 국제공동체 전체의 권리, 의무를 설정한다.
④ 미승인국이라 하더라도 전투수행이나 외국인 권익보호에 관한 국가책임은 이행되어야 한다.

[정답] ③
[해설] 승인은 승인한 국가와 피승인국 간에만 권리, 의무를 설정한다.

0161

국제법상 승인에 대한 설명으로 타당하지 않은 것은?

① 외교관계 단절이 곧 승인의 철회를 의미하지는 않는다.
② 국가승인은 상대적 효과를 가진다.
③ 국제관계에서는 상조(尙早)의 승인의 사례도 있었다.
④ 승인이 곧 외교관계 수립을 의미한다.

[정답] ④
[해설] 승인이 곧 외교관계 수립을 의지하지는 않는다.

0162

국가승인에 대한 설명으로 옳지 않은 것은?

① 법률상 승인의 경우, 철회할 수 있다.
② 승인은 소급효를 가짐에 따라서 승인 전에 발생한 당사국 간의 관계는 유효한 것으로 인정된다.
③ 법률상 승인과 사실상 승인 모두 법률행위로서 국제법적 효과를 발생시킨다.
④ 창설적 효과설에 의하면 신생국은 승인에 의하여 국제법 주체로 된다.

[정답] ①
[해설] 법률상 승인의 경우, 피승인국의 지위에 본질적 변경이 있지 않는 한, 철회할 수 없다.

0163

국제법상 승인에 대한 설명이 잘못된 것은?

① 법률상 승인과 사실상 승인은 모두 법률행위라는 점에서 동일하다.
② 법률상 승인은 철회할 수 없다고 보는 것이 일반적이나 사실상의 승인은 철회할 수 있다.
③ 사실상의 승인은 피승인국의 존속 가능성에 대한 의문이 있는 경우 부여된다.
④ 승인은 승인한 국가와 국제공동체와의 권리와 의무를 설정한다.

정답 ④

해설 승인은 승인한 국가와 피승인국 간에만 권리와 의무를 설정한다.
사실상 승인이라고 하여 법률행위가 아닌 것은 아님. 다만 법률상 승인은 모든 승인요건을 갖춘 경우에 행하는 것인 반면, 사실상 승인은 정치적인 이유로 잠정적이고 과도적으로 행하는 것임.

0164

국가승인에 대한 설명으로 옳지 않은 것은?

① 창설적 효과상으로, 승인은 기본적으로 정치적 행위이기 때문에 그것은 행정부에 유보되어야 하며 재판소가 국가 또는 정부를 승인할 수는 없다.
② 영국재판소들은 외국이 존재하는가의 여부를 결정해야 하는 경우 외무부의 '사실 확인서'에 의존해야 하는데, 이를 통해 어떤 외국이 영국정부의 승인을 받았음이 증명되지 않는 한 당해 외국을 마치 존재하지 않는 것처럼 취급하는 것이다.
③ 판례의 근거로 국가면제를 향유하고 영국 재판소에 제소할 수 있는 국가는 승인 여하를 묻지 않는다.
④ 영국의 법의 충돌 규칙에 의하여 외국의 법령을 적용해야만 하는 경우에도 영국재판소는 오로지 영국정부의 승인을 받은 국가의 법령만을 적용할 수 있다.

정답 ③

해설 판례의 근거로 승인받은 국가만이 국가면제를 향유하고 영국 재판소에 제소할 수 있다.

0165

다음 중 에스트라다 독트린에 대한 설명으로 옳지 않은 것은?

① 1930년 멕시코 외무장관 에스트라다(Estrada)는 승인이 외국 정부의 판단에 의한 것이라면 국내적 지위가 외견상 외국의 견해에 종속된다는 것을 의미한다.
② 에스트라다 독트린은 정부 승인과 관련된 것이지 국가승인과 관련된 것이 아님이 분명하다.
③ 신정부가 당해 국가의 실효적인 정부로서 사실상 확립되었는가의 여부로 따라서 신정부와 외교 관계를 포함한 거래를 가짐에 있어 명시적 · 공식적 승인이 필요하다.
④ 이는 에스트라다 독트린은 명시적 승인으로부터 묵시적 승인으로 이행하고 있음을 반영하고 있다.

정답 ③

해설 신정부가 당해 국가의 실효적인 정부로서 사실상 확립되었는가의 여부로 따라서 신정부와 외교 관계를 포함한 거래를 가짐에 있어 명시적 · 공식적 승인은 필요하지 않다.
멕시코 정부는 승인의 부여라는 의미에서의 선언을 발하지 않을 것이다."라고 정부 승인제도를 배척하였다.

0166

정부승인의 요건에 대한 설명으로 틀린 것은?

① 정부는 대내적으로 실효적인 통제력을 장악한다는 객관적 요건을 구비하기만 하면 된다.
② 정부승인에서도 기존국제의무를 이행하고 국제법의 원칙에 따라 행동할 의사와 능력이 일부 강대국들에 의하여 추가로 요구되어 왔다.
③ 미국은 정부승인에 관한 한 단지 실효성있는 통제력이라는 객관적 요건만을 요구하고 있다.
④ Tobar 주의는 기존의 승인정부에 대한 쿠데타나 혁명의 결과로 권력을 잡게 되는 다른 어떤 정부도 승인하지 않는다는 의미이다.

정답 ①

해설 정부는 대내적으로 실효적인 통제력의 장악과 대외적으로 자주성 혹은 독립성의 유지라는 두 가지 객관적 요건을 구비하여야 한다.

0167

국제법상 국가승인에 대한 설명으로 타당하지 않은 것은?

① 국가가 소멸하거나 정부가 새로운 체제로 대체되는 경우 이는 합법적으로 철회될 수 있다.
② 국가의 재량이긴 하지만 외국이 국가성립의 요건 혹은 정부 권력의 행사를 계속해서 유지하고 있어도 승인의 철회는 허용된다.
③ 승인은 본질적으로 정치적 행위라면 그것이 철회되어서는 안될 이유가 없다라고 보는 시각이 있다.
④ 국가들의 관행은 일반적으로 철회 허용을 용납하지 않는다.

[정답] ②
[해설] 국가의 재량이긴 하지만 외국이 국가성립의 요건 혹은 정부 권력의 행사를 계속해서 유지하고 있는 한 승인의 철회는 허용되지 않는다.

0168

국제법상 승인의 철회에 대한 설명으로 틀린 것은?

① 승인의 철회는 외교관계의 단절을 초래하지 않고, 역으로 외교관계의 단절은 승인의 철회로 간주되지 않는다.
② 승인의 철회를 동반하지 않는 단순한 외교관계의 단절은 국내재판소의 제소권과 국가면제에 영향을 주지 않는다.
③ 국제사회에서 승인 자체의 철회 사례는 흔하지 않다.
④ 국가들의 관행은 일반적으로 철회 허용을 용납하지 않는다는 시각을 따르고 있다.

[정답] ①
[해설] 승인의 철회는 당연히 외교관계의 단절을 초래하지만, 외교 관계의 단절은 그 자체만으로는 승인의 철회로 간주되지 않는다.

0169

다음 중 묵시적 승인이 아닌 경우는?

> ㄱ. 다자조약의 공동당사자가 되는 것
> ㄴ. 불승인의 의사를 명백히 한 상태에서 양자조약의 체결
> ㄷ. 범죄인 인도, 반란단체와의 교섭
> ㄹ. 국제적 청구의 제기와 보상금지급

① ㄱ, ㄴ, ㄷ
② ㄱ, ㄷ, ㄹ
③ ㄴ, ㄷ, ㄹ
④ ㄱ, ㄴ, ㄷ, ㄹ

정답 ④

해설 통상대표부의 설치허용, 신국가의 국민에 대한 비자발급 등 여러 가지 일상적이거나 긴급한 문제에 관하여 공식 또는 비공식 접촉의 유지 또는 특정 문제에 대해 의사 교환 등은 묵시적 승인으로 인정되지 아니한다

0170

다음 중 승인의 종류에 대한 설명으로 타당하지 않은 것은?

① 사실상의 정부는 그 통제력이 미래에도 확고히 지속될 것이라는 전망이 보이지 않는다는 의미에서 잠정적인 실체이다.
② 법률상의 승인은 국교수립이거나 정치적 성격의 양자조약의 체결과 무역관계의 수립, 경제적·행정적 성격의 조약체결 등이 그 사례이다.
③ 법률상의 정부 승인을 지칭하는 것으로 외교관계 수립과 정치적 성격의 양자조약 체결이 있다.
④ 양자의 기본적인 차이는 관련 신정부가 행사하는 통제력의 실효성의 정도에 있다.

정답 ②

해설 사실상의 승인은 법률상의 승인이 국교수립이거나 정치적 성격의 양자조약의 체결과 연결되는데 반해, 단지 무역관계의 수립으로 이어지거나 또는 경제적·행정적 성격의 조약체결로만 이어지는 것이 보통이다.
① 사실상의 정부는 그 통제력이 미래에도 확고히 지속될 것이라는 전망이 보이지 않는다는 의미에서 잠정적인 실체이며, 따라서 사실상의 정부 승인을 의미하며 상황의 전개에 따라 법률상의 승인으로 이어지거나 아니면 언제든지 철회될 수 있다. 두 가지 승인의 구분은 대체로 정부승인의 경우에만 발생한다. 그래서 국가는 단지 법률상의 승인의 대상이 될 수 있는 것으로 여겨진다. 다만 신국가가 사실상의 승인을 받은 예도 있다.

0171

국제법상 불승인에 대한 설명으로 옳지 않은 것은?

① 불승인 의무는 무력의 위협 또는 사용에 의거한 영토취득에 관한 한 확립된 법원칙이다.
② 불승인의 의무는 완전한 강행규범으로서의 무력사용금지 원칙의 논리적 귀결이다.
③ 불승인의 의무는 외국의 불법적인 무력지원에 의하여 한 국가의 일부 지역에 신국가가 선포되는 경우에는 적용되지 아니한다.
④ 무력의 위협·사용금지원칙에 위반하여 수립된 그 같은 실체는 국가로 간주되지 않을 것이다.

정답 ③

해설 불승인의 의무는 외국의 불법적인 무력지원에 의하여 한 국가의 일부 지역에 신국가가 선포되는 경우에도 적용된다. 1974년 터키의 북사이프러스 침공에서 1983년 안보리 결의안을 통해 "사이프러스 공화국 이외의 그 어떤 사이프러스 국가도 승인하지 말 것을 모든 국가들에게 요청"하였다. 민족자결을 위반하여 수립된 국가나 자결권을 침해하는 정부에 대해서도 적용된다.

0172

국제법상 시기상조의 승인의 설명으로 타당하지 않은 것은?

① 승인을 받을 수 있는 객관적 요건을 완전히 구비한 외견상의 신국가 또는 신정부에게 승인을 부여하는 것이 상조의 승인이다.
② 상조의 승인은 이론상 무효가 다수설인데, 반란단체가 정권을 장악하기를 기도하는 등의 경우 이에 대한 시기상조의 승인은 본국정부에 대한 불법간섭에 해당된다.
③ 국가들은 자국의 이해관계에 의해 시기상조의 승인을 하고 있다.
④ 상조의 승인의 예시로 1903년 미국이 파나마를 콜롬비아로부터 분리를 사주한 후 즉각 승인한 사례를 들 수 있다.

정답 ①

해설 아직 승인을 받을 수 있는 객관적 요건을 완전히 구비하지 못한 외견상의 신국가 또는 신정부에게 승인을 부여하는 것이 상조의 승인이다.

0173

국제법상 승인의 효력과 조건에 대한 설명으로 옳지 않은 것은?

① 불승인은 신국가가 기존 국가들을 상대로 국제법상의 권리를 주장하거나 혹은 다른 기존국가들이 신국가의 국제법상의 의무를 주장하는데 영향을 미칠 수 있다.
② 불승인으로 인하여 기존국가들의 국제법상 권리 혹은 의무가 영향을 받는다.
③ 실효성 있는 상황이 예외적으로 국제법에 위배되는 경우, 그에 대한 승인은 불법을 합법으로 전환시킨다는 점에서 창설적 기능을 수행할 수도 있다.
④ '일반국제법의 강행규범'으로 표현되는 국제공동체의 일반적 가치와 모순되는 상황에 대해서는 합법성을 부여해서는 안된다는 새로운 원칙이 확립되고 있다.

정답 ②

해설 불승인으로 인하여 기존국가들과의 국제법상 권리 혹은 의무의 존재 자체가 **영향을 받는 것은 아니다**. 국제법의 불합리성을 극복하기 위해 승인은 어떤 위법행위에 대해서도 면죄부를 줄 수 있다는 우려의 문제는 '일반국제법의 강행규범'으로 표현되는 국제공동체의 일반적 가치와 모순되는 상황에 대해서는 합법성을 부여해서는 안된다는 새로운 원칙이 확립되고 있음으로 해결되고 있다.

0174

정부승인에 대한 설명이 틀린 것은?

① 현재 영국은 1980년 이전까지와 달리 에스트라다 독트린을 채택한다고 천명했다.
② 미국법상 승인의 효과는 승인받지 못한 국가 또는 정부라도 미국재판소에 제소할 수 있다.
③ 승인받지 못한 국가 또는 정부가 제정한 법령의 효과에 관해서는 국무부가 그 같은 국가 또는 정부의 법령에 대해 그 효력을 인정하지 말라는 의사를 분명히 하는 경우에는 미국재판소는 거기에 따른다.
④ 한국법상 승인 또는 불승인의 효과는 상호주의로 신국가·신정부의 재판소는 자신을 승인하지 않고 있는 외국의 재판소가 자신에 대해 어떤 태도를 취하고 있는가에 따라 그에 상응하는 태도를 취할 수 있다.

정답 ②

해설 미국법상 승인의 효과는 승인받지 못한 국가 또는 정부는 **미국재판소에 제소할 수 없다**.
한국은 헌법 제3조를 근거로 외견상 창설적 효과설에 기초한다. 혼인과 같은 생활관계 법률에 대해서는 선언적 효과설을 인정한다.

07 | 조약법

0175
다음 중 비엔나 조약법 협약상 조약문의 채택시부터 적용되는 사례가 아닌 것은?

① 조약문의 확정
② 조약의 구속을 받겠다는 국가의 동의의 확정
③ 조약의 발효 방법 또는 일자, 유보, 수탁자의 기능
④ 조약의 등록

[정답] ④

[해설] **조약법 협약 24조**
1. 조약은 그 조약이 규정하거나 또는 교섭국이 협의하는 방법으로 또한 그 일자에 발효한다.
2. 그러한 규정 또는 합의가 없는 경우에는 조약에 대한 기속적 동의가 모든 교섭국에 대하여 확정되는 대로 그 조약이 발효한다.
3. 조약에 대한 국가의 기속적 동의가 그 조약이 발효한 후의 일자에 확정되는 경우에는 그 조약이 달리 규정하지 아니하는 한 그 동의가 확정되는 일자에 그 조약은 그 국가에 대하여 발효한다.
4. 조약문의 정본인증, 조약에 대한 국가의 기속적 동의의 확정, 조약의 발효방법 또는 일자, 유보, 수탁자의 기능 및 조약의 발효전에 필연적으로 발생하는 기타의 사항을 규율하는 조약규정은 **조약문의 채택시로부터 적용**된다.

0176

비엔나조약법 협약상 잠정적용에 대한 설명으로 옳지 않은 것은?

① 교섭국들은 기속적 동의시까지 조약의 전부 또는 일부를 잠정적으로 적용하기로 합의할 수 있다.
② 잠정적용이 지나면 참가국들에게 자동적으로 비준의 의무가 생기는 것은 아니다.
③ 잠정적용은 중도에 그만둘 수도 있다.
④ 조약 발효 후에도 잠정적용은 그때까지 비준하지 않은 국가간에 지속될 수 있다.

[정답] ①
[해설] 교섭국들은 **발효시** 까지 조약의 전부 또는 일부를 잠정적으로 적용하기로 합의할 수 있다.

0177

비엔나 조약법 협약에 대한 설명으로 틀린 것은?

① 1969년 조약법에 관한 비엔나협약은 구두에 의한 국가 간 합의에는 적용되지 아니한다.
② 국내법 위반 조약이라면 무효를 주장할 수 없다.
③ 2 또는 그 이상의 국가 간의 외교 또는 영사관계의 단절 또는 부재는 그러한 국가 간의 조약체결을 방해하지 아니한다.
④ 통상조약이나 동맹조약은 인적 조약이나 국경획정조약은 물적 조약이다.

[정답] ②
[해설] 국내법 위반 조약이라 할지라도 원칙적으로 무효를 주장할 수 없으나 예외적으로 무효를 주장할 수 있다.

0178

비엔나 조약법상 유보에 대한 설명으로 옳지 않은 것은?

① 유보는 국가의 일방적 선언이다.
② 유보는 조약을 적용함에 있어 조약의 특정 조항의 법적 효과를 배제하거나 변경할 의도를 나타낸다.
③ 유보는 조약의 전체 조항에 대해서만 가해질 수 있다.
④ 제한이 붙은 해석선언을 조건부 해석선언으로 칭하고 있다.

정답   ③
해설   유보는 조약의 특정 조항에 대해서만 가해질 수 있다.

0179

비엔나 조약법상 유보에 대한 설명으로 옳지 않은 것은?

① 유보의 의사를 표명하는 시기는 서명, 비준, 수락, 승인 또는 가입시이다.
② 니카라과 사건에서 ICJ는 유보의 전제를 양립성 원칙에 의해 판단하였다.
③ 비엔나협약에서는 유보의 자유를 인정하면서도 유보가 조약에 의해 금지된 경우, 문제의 유보를 포함하지 아니하는 특정의 유보만을 행할 수 있다고 조약에서 규정하는 경우, 유보가 조약의 객체 및 목적과 양립할 수 없는 경우에 한하여 유보를 행할 수 없다고 규정하고 있다.
④ 유보 반대국은 유보의 반대 이유를 제시할 필요는 없다.

정답   ②
해설   Reservation to the Convention on Genocide 사건에서 ICJ는 양립성 원칙에 의해 판단하였다.

0180

비엔나 조약법상 유보의 수락에 대한 설명으로 옳지 않은 것은?

① 조약에 의하여 명시적으로 인정된 유보는 추후의 수락을 필요로 하지 아니한다.
② 교섭국의 한정된 수와 또한 조약의 대상과 목적으로 보아 당사국의 기속적 동의의 필수적 조건으로 보이는 경우에 유보는 모든 당사국에 의한 수락을 필요로 한다.
③ 조약이 국제기구의 설립문서인 경우로서 그 조약이 달리 규정하지 아니하는 한 유보는 그 기구의 회원국 전체의 수락을 필요로 한다.
④ 유보에 다른 체약국의 이의는 이의 제기국이 확정적으로 반대의사를 표시하지 아니하는 한 이의 제기국과 유보국간에 있어서의 조약의 발효를 배제하지 아니한다.

정답 ③
해설 조약이 국제기구의 설립문서인 경우로서 그 조약이 달리 규정하지 아니하는 한 유보는 그 기구의 권한있는 기관에 의한 수락을 필요로 한다.

0181

비엔나 조약법상 유보의 수락에 대한 설명으로 옳지 않은 것은?

① 유보는 통고받은 후 12개월이 지날 때까지 유보에 대한 반대를 표시하지 아니하는 한 통고받은 국가에 의해 수락된 것으로 간주된다.
② 유보는 통고받은 후 조약의 구속을 받겠다는 동의를 표시한 날까지 유보에 대한 반대를 표시하지 아니하는 한 통고받은 국가에 의해 수락된 것으로 간주된다.
③ 유보에서 당사국이거나 체약국의 유보 수락의 묵시적인 행위는 허용되지 아니하다.
④ 유보국은 타 모든 체약국이 유보에 반대하고 동시에 유보국이 체약국이 되는 것에 명시적으로 반대하지 않는 한 체약국이 될 수 있다.

정답 ③
해설 유보에서 당사국이거나 체약국의 유보 수락이 묵시적인 행위도 가능하다.

0182

비엔나 조약법상 유보의 반대에 대한 설명으로 옳지 않은 것은?

① 유보에 대한 반대는 유보국과 유보반대국 사이에 조약이 발효되는 것을 방해한다.
② 유보에 대한 반대는 유보와 그에 대한 반대가 관련되는 조약 규정이 두 국가 사이에서 단지 적용되는 것을 막는다.
③ 허용되지 아니하는 유보를 첨부한 국가는 문제의 유보를 철회하지 않는 한 절대 조약의 당사자로 간주되어서는 안 될 것이다.
④ 허용되지 아니하는 유보에 대해서는 타 체약국들은 이를 수락해서도 안 되고 수락할 수 없음을 의미한다.

정답 ①

해설 유보에 대한 반대는 유보국과 유보반대국 사이에 조약이 발효되는 것은 방해하지 아니한다.

0183

비엔나 조약법상 유보의 철회에 대한 설명으로 옳지 않은 것은?

① 유보의 철회는 타체약국이 그에 대한 통지를 수령한 때에만 효력을 발생한다.
② 유보 반대의 철회는 유보를 표명한 국가가 그에 대한 통지를 송달한 때에만 효력을 발생한다.
③ 유보, 유보의 명시적 수락, 유보 반대는 서면으로 표명되어야 한다.
④ 유보, 유보의 명시적 수락, 유보 반대는 체약국들과 조약의 당사자가 될 자격이 있는 국가들에게 통지되어야 한다.

정답 ②

해설 유보 반대의 철회는 유보를 표명한 국가가 그에 대한 통지를 수령한 때에만 효력을 발생한다.

0184

조약의 등록에 관한 비엔나 협약상의 내용으로 틀린 것은?

① 국제연합은, 사무국에 등록되지 아니한 조약은 당사국 상호간에 효력이 발생되지 아니한다.
② 국제연합의 헌장에서는 국제연합 회원국이 체결하는 모든 조약과 국제협정은 가능하면 신속히 사무국에 등록되고 또한 사무국에 의해 공표되어야 한다.
③ 국제연합 사무국에 등록되지 아니한 조약의 당사국은 UN의 그 어떤 기관에 대해서도 당해 조약을 원용할 수 없다.
④ 헌장 발효 후 UN에 새로 가입하는 국가의 경우에는 그 가입 후 체결되는 조약에 대해서만 등록의 의무를 부담하게 된다.

[정답] ①
[해설] 국제연맹은 연맹 사무국에 등록되지 아니한 조약은 연맹의 차원에서는 당사국 상호간이라도 효력을 발생되지 아니한다.

0185

비엔나 협약상의 조약의 등록에 관한 내용으로 틀린 것은?

① 이전에 등록된 조약 혹은 국제협정의 당사자, 조건, 범위, 혹은 적용의 변화를 초래하는 추후의 행위들은 등록될 수 있는데, 등록을 위한 시한은 없다.
② UN의 등록가능한 문서는 형식상의 조약에 국한한다.
③ 타국가들에 의하여 수락된 국제적 성격의 일방적 약속 등도 UN의 등록가능한 문서에 포함된다.
④ UN의 등록은 제출된 문서가 이미 갖고 있지 아니한 지위를 부여하는 행위는 아니다.

[정답] ②
[해설] UN의 등록가능한 문서는 형식상의 조약에 국한되지 아니한다.

0186

비엔나 협약상 조약의 적용범위에 대한 설명으로 옳지 않은 것은?

① 영토적 범위에서 대륙붕과 배타적 경제수역은 영토의 범위에 포함된다.
② 국가의 어떤 특정한 영역이 본국 영토 또는 비본국 영토로 간주되는지는 그 국가의 헌법상의 문제이다.
③ 조약이 전조약 또는 후조약에 따를 것을 명시하고 있거나 또는 전조약 또는 후조약과 양립하지 아니하는 것으로 간주되지 아니함을 명시하고 있는 경우에는 그 다른 조약의 규정이 우선한다.
④ 전조약의 모든 당사국이 동시에 후조약의 당사국이나 전조약이 제59조에 따라 종료되지 아니하거나 또는 시행 정지되지 아니하는 경우에 전조약은 그 규정이 후조약의 규정과 양립하는 범위내에서만 적용된다.

정답 ①

해설 영토적 범위에서 영토의 범위에서 대륙붕과 배타적 경제수역은 영토의 범위에 포함되지 아니한 것으로 판단한다.

0187

비엔나 협약상 조약의 제3국에 대한 설명으로 옳지 않은 것은?

① 조약의 당사국이 조약규정을 제3국에 대하여 의무를 설정하는 수단으로 의도하며 또한 그 제3국이 서면으로 그 의무를 명시적으로 수락하는 경우에는 그 조약의 규정으로부터 그 제3국에 대하여 의무가 발생한다.
② 의무의 수락에 부합하는 제3국의 행위라면 그 제3국에 의무를 부담하게 할 수 있다.
③ 조약이 달리 규정하지 아니하는 한 반대의사가 표시되지 않는 동안에는 제3국은 동의한 것으로 추정되는, 즉, 명시적 동의를 조건으로 하지 않는다.
④ 권리가 제3국의 동의없이 취소 또는 변경되어서는 아니 되는 것으로 의도되었음이 확정되는 경우에 그 권리는 당사국에 의하여 취소 또는 변경될 수 없다.

정답 ②

해설 단지 의무의 수락에 부합하는 제3국의 행위는 그 제3국에 의무를 부담하지 못한다.

0188

1969년 비엔나 협약상 조약의 종료에 대한 설명으로 옳지 않은 것은?

① 조약의 종료는 정상적으로 발효 중인 조약이 당사국의 합의, 또는 국제법상 일정한 사유의 발생에 의해 그 효력이 '장래적으로' 소멸하는 것을 말한다.
② 조약의 종료는 조약체결과정이나 내용상의 흠결로 인하여 '처음부터' 조약의 효력이 발생하지 않는 조약의 무효와 구별된다.
③ 조약에 유효기간이 이미 정해진 경우 그 기간의 만료와 동시에 조약은 종료하는데, 이 경우 소멸통고를 필요로 한다.
④ 강화조약, 국경선 확정조약 등은 성질상 폐기 또는 탈퇴의 권리가 인정되지 아니한다.

정답 ③

해설 조약에 유효기간이 이미 정해진 경우 그 기간의 만료와 동시에 조약은 종료하는데, 이 경우 조약상 별도의 규정을 두고 있지 않는 한 **소멸통고를 필요로 하지 아니한다**.

0189

비엔나 협약상 조약의 무효에 대한 설명으로 타당하지 않은 것은?

① 전통국제법상에서 국가대표자에 대한 강박, 사기 착오 등은 무효사유로 인정되고 있다.
② 비엔나 협약에서 최초로 조약의 무효사유로 강행규범과 국가대표의 강박을 명문화하였다.
③ 절대적 무효사유는 영향받는 당사자뿐이 아니라 다른 어떤 당사자도 조약의 무효를 주장할 수 있다.
④ 절대적 무효사유는 언제나 조약 전체가 무효로 된다.

정답 ②

해설 비엔나 협약에서 최초로 조약의 무효사유로 **강행규범**을 명문화하였다.

0190

비엔나 협약상 조약의 상대적 무효에 대한 설명으로 타당하지 않은 것은?

① 영향받는 당사자만이 조약의 무효를 주장할 수 있다.
② 당해 조약 전체의 무효의 주장뿐 아니라 무효사유가 된 당 조항의 무효만을 주장할 수 있다.
③ 영향받는 국가의 사후 명시적 동의에 한하여 하자가 치유될 수 있다.
④ 통고 후 3개월이 지나도 상대방이 이의를 제기하지 않으면 그 조약의 무효를 선언할 수 있다.

정답 ③
해설 영향받는 국가의 사후 동의 또는 묵인이 있으면 하자가 치유될 수 있다.

0191

비엔나 협약상 조약의 무효에 대한 설명으로 타당하지 않은 것은?

① 국가에 대한 강박에서 적법한 힘의 위협 혹은 사용에 의하여 체결된 조약은 무효가 아니다.
② 침략국이 피해국에게 강요한 강화조약은 무효이다.
③ UN헌장에 의거하여 침략국의 침략에 관하여 취해진 조치의 결과로서 그 침략국에 대하여 발생할 수 있는 조약상의 의무를 침해하지 아니한다.
④ 1969년 비엔나 회의에서 조약체결에 있어 군사적 정치적 혹은 경제적 강박의 금지에 관한 선언을 통해 경제적 또는 정치적 힘도 강박으로 간주하고 있다.

정답 ④
해설 '힘'의 의미는 군사적 힘만을 의미하는 것으로 경제적·정치적 힘까지는 포함하지 않는다.

0192

비엔나 협약상 조약의 무효에 대한 설명으로 옳지 않은 것은?

① 조약 체결권에 관한 국내법 규정의 위반이 명백하며 또한 근본적으로 중요한 국내법 규칙에 관련되지 아니하는 한 국가는 조약에 대한 그 기속적 동의를 부적법화하기 위한 것으로 그 동의가 그 국내법 규정에 위반하여 표시되었다는 사실을 원용할 수 없다.
② 교섭의 일방당사국이 자국의 헌법 요건을 위반하여 행동하고 있음을 타방당사국이 알았거나 알 수 있었다면 무효를 원용할 수 있다.
③ 2002년 Land and Maritime Boundary between Cameroon and Nigeria 사건에서 국가에게는 다른 국가들에서 일어나는 입법적이고 헌법적인 변화들을 알고 있어야 할 일반적인 법적 의무는 없다고 언급하였다.
④ 어느 조약에 대한 국가의 기속적 동의를 표시하는 대표의 권한이 특정의 제한에 따를 것으로 하여 부여된 경우에도 그 대표가 표시한 동의를 부적법화하는 것으로 원용될 수 있다.

정답 ④

해설 어느 조약에 대한 국가의 기속적 동의를 표시하는 대표의 권한이 특정의 제한에 따를 것으로 하여 부여된 경우에 그 대표가 그 제한을 준수하지 아니한 것은 그러한 동의를 표시하기 전에 그 제한을 다른 교섭국에 통고하지 아니한 한 그 대표가 표시한 동의를 부적법화하는 것으로 원용될 수 없다.

0193

비엔나 협약상 조약의 무효에 대한 설명으로 옳지 않은 것은?

① 무효로서의 착오는 사실상의 착오에 한하며 법적 착오는 성립되지 아니한다.
② 문제의 국가가 자신의 행동에 의하여 착오를 유발하였거나 또는 그 국가가 있을 수 있는 착오를 감지할 수 있는 등의 사정하에 있는 경우에는 착오가 원용되지 아니한다.
③ 국가대표의 매수는 직접적인 매수 행위의 경우에 한하여 이루어질 수 있다.
④ 실질적 영향력을 행사하려고 계산된 행위만이 그로 인해 부여한 동의 표시를 무효화하기 위해 원용할 수 있다.

정답 ③

해설 국가대표의 매수는 직접적 뿐만 아니라 간접적으로도 이루어질 수 있는데 이는 상대방 대표를 매수하려는 국가의 공적 연계는 없으면서도 동 국가의 간청으로 행동하거나 혹은 동 국가에게 구가책임을 귀속시키는 상황에서 행동하는 자들의 행위도 매수에 포함된다.

0194

비엔나 조약법상 조약의 가분성에 대한 설명으로 틀린 것은?

① 과거, 국제적 합의에 해당하는 조약은 문서 전체가 하나로 완전성(integrity)을 지니고 있다고 보고, 각각의 조항은 불가분의 관계를 지닌다고 보았다.
② 사유가 특정조항에만 관련된 경우로서 당해 조항이 그것의 적용에 관련해 조약의 잔여 부분으로부터 분리될 수 있으면 그 특정조항에 대해서만 원용될 수 있다.
③ 조약에 규정되어 있거나 또는 제56조에 따라 발생하는 조약의 폐기·탈퇴 또는 시행 정지시킬 수 있는 당사국의 권리는 조약이 달리 규정하지 아니하거나 또는 당사국이 달리 합의하지 아니하는 한 조약 전체에 관해서만 행사될 수 있다.
④ 기만 및 국가대표에 대한 부정에 해당하는 경우에 기만 또는 부정을 원용하는 권리를 가진 국가는 조약 전체에 관하여 또는 가분에 따를 것으로 하여 특정의 조항에 관해서만 그렇게 원용할 수 있다.

정답 ②

해설 사유가 특정조항에만 관련된 경우로서 당해 조항이 그것의 적용에 관련해 조약의 잔여 부분으로부터 분리될 수 있으며, 당해 조항의 수락이 조약 전체의 구속을 받겠다는 타당사국(들)의 동의의 본질적 기초가 아니었다는 것이 조약으로부터 나타나거나 달리 확정될 것 그리고 그 조약의 잔여부분의 계속적 이행이 부당하지 않을 것 등의 조건이 모두 충족되면 그 특정조항에 대해서만 원용될 수 있다.

0195

비엔나 조약법상 조약의 종료 및 운용정지에 대한 설명으로 틀린 것은?

① 조약의 종료, 그 폐기 또는 당사국의 탈퇴는 그 조약의 규정 또는 이 협약의 적용의 결과로서만 행하여질 수 있으며, 동일한 규칙이 조약의 시행정지에 적용된다.
② 조약 당사국간의 외교 또는 영사 관계의 단절은 외교 또는 영사 관계의 존재가 조약의 적용을 위하여 불가결한 경우가 아니고서는 그 조약에 의하여 당사국간에 확립된 법적 관계에 영향을 주지 아니한다.
③ 조약의 종료로 조약을 더 이상 효력있는 것으로 간주되지 않는다는 것이 그들의 행동으로 보아 명백한 경우에는 조약종료 합의가 추론될 수 있는데, 이를 조약의 묵시적 폐지이거나 혹은 불용도 가능하다고 본다.
④ 조약 당사국들은 조약의 일부만을 운용정지하거나 종료하기로 합의할 수 없다.

정답 ④
해설 조약 당사국들은 조약의 일부만을 운용정지하거나 종료하기로 합의할 자유가 있다.

0196

비엔나 조약법상 조약의 종료 및 운용정지에 대한 설명으로 틀린 것은?

① 종료에 관한 규정을 포함하지 아니하며 또한 폐기 또는 탈퇴를 규정하고 있지 아니하는 조약은 당사국이 폐기 또는 탈퇴의 가능성을 인정하고자 하였음이 확정되는 경우 또는 폐기 또는 탈퇴의 권리가 조약의 성질상 묵시되는 경우에는 폐기 또는 탈퇴가 인정된다.
② 조약의 폐기나 탈퇴의 권리는 묵시적으로 추론될 수 있다.
③ 당사국은 조약의 폐기 또는 탈퇴 의사를 적어도 12개월 전에 통고하여야 한다.
④ 종료에 관한 규정을 포함하지 아니하며 또한 폐기 또는 탈퇴를 규정하고 있지 아니하는 조약은 당사국이 폐기 또는 탈퇴의 가능성을 인정하고자 하였음이 확정되는 경우의 사례는 UN헌장이다.

정답 ②
해설 조약의 폐기나 탈퇴의 권리는 묵시적으로 추론될 수 없다.

0197

비엔나 조약법상 조약의 종료 및 운용정지에 대한 설명으로 틀린 것은?

① 조약의 중대한 위반은 비엔나협약에 의하여 인정되지 않는 조약의 부인 또는 조약의 객체 또는 목적 수행에 필수적인 조항의 위반을 의미한다.
② 다자조약의 어느 당사국에 의한 실질적 위반은 그 조약상의 의무의 추후의 이행에 관한 모든 당사국의 입장을 근본적으로 변경시키는 성질의 조약인 경우에, 다른 당사국은 그 위반을 원용하는 권리를 갖지 아니한다.
③ 조약의 중대한 위반은 조약을 자동 종료시키는 것이 아니라 단지 피해당사국에게 조약을 종료시키거나 정지시킬 수 있는 선택권을 부여할 따름이다.
④ 다자조약의 어느 당사국에 의한 실질적 위반은 인도적 성질의 조약에 포함된 인신의 보호에 관한 규정 특히 그러한 조약에 의하여 보호를 받는 자에 대한 여하한 형태의 복구를 금지하는 규정에 적용되지 아니한다.

정답 ②

해설 다자조약의 어느 당사국에 의한 실질적 위반은 어느 당사국에 의한 조약규정의 실질적 위반으로 그 조약상의 의무의 추후의 이행에 관한 모든 당사국의 입장을 근본적으로 변경시키는 성질의 조약인 경우에, 위반국 이외의 다른 당사국에 관하여 그 조약의 전부 또는 일부의 시행정지를 위한 사유로서 그 다른 당사국에 그 위반을 원용하는 권리를 갖는다.

0198

비엔나 조약법상 조약의 종료 및 운용정지에 대한 설명으로 틀린 것은?

① 중대한 재정적 곤란을 이유로 한 지급불능은 조약의 종료 사유가 되기에는 충분하다.
② 조약의 체결 당시에 존재한 사정에 관하여 발생하였으며 또한 당사국에 의하여 예견되지 아니한 사정의 근본적 변경은 그러한 사정의 존재가 그 조약에 대한 당사국의 기속적 동의의 본질적 기초를 구성하였으며 또한 그 조약에 따라 계속 이행되어야 할 의무의 범위를 그 변경의 효과가 급격하게 변환시키는 경우에 해당되지 아니하는 한 조약을 종료시키거나 또는 탈퇴하기 위한 사유로서 원용될 수 없다.
③ 당사국이 조약을 종료시키거나 또는 탈퇴하기 위한 사유로서 사정의 근본적 변경을 원용할 수 있는 경우에 그 당사국은 그 조약의 시행을 정지시키기 위한 사유로서 그 변경을 또한 원용할 수 있다.
④ 신강행규범과 충돌하는 기존의 모든 조약은 무효로 되어 종료되는데, 이 경우에는 무효는 소급효를 갖는 것은 아니다.

정답 ①
해설 중대한 재정적 곤란을 이유로 한 지급불능은 조약의 종료 사유가 되기에는 충분하지 않다.

0199

비엔나 조약법상 사정의 근본적 변경에 해당하지 않은 것은?

① 조약 발효 당시에 존재했던 사정에 변경이 있을 것
② 당사국들이 예견하지 못한 사정의 변경일 것
③ 사정이 근본적으로 변경되었을 것
④ 조약체결 당시의 사정이 조약의 구속을 받겠다는 동의의 본질적 기초를 구성했을 것

정답 ①
해설 조약체결 당시에 존재했던 사정에 변경이 있을 것

0200

비엔나 조약법상 조약의 무효 및 종료의 절차에 대한 설명으로 틀린 것은?

① 비엔나 협약에 의거하여 조약의 무효 및 종료를 주장하는 당사국은 타방 당사국에 먼저 그 주장을 통고할 의무를 진다.
② 무효 및 종료를 통고할 경우, 당해 조약이 취하고자 계획하는 바의 조치와 그 이유를 적시할 필요는 없다.
③ 특별히 긴급한 경우를 제외하고는 통고접수 후 3개월 이상의 기간이 경과한 후에 어느 당사국도 이의를 제기하지 않으면, 통고를 한 당사국은 타방당사국들에게 전달되는 문서를 통하여 조약의 무효 또는 종료, 운용정지를 선언할 수 있다.
④ 이의가 제기된 날로부터 12개월 이내에 해결에 도달하지 못한 경우에 ICJ가 강제관할권을 갖는다.

정답 ②

해설 통고할 경우, 당해 조약이 취하고자 계획하는 바의 조치와 그 이유를 적시해야 한다.

0201

비엔나 조약법상 조약의 무효 및 종료의 절차에 대한 설명으로 틀린 것은?

① 협약 제53조(강행규범)과 제64조(신강행규범의 출현)의 적용 또는 해석에 관한 분쟁은 분쟁당사국들이 중재재판에 부탁하기로 합의하지 않는 한, ICJ가 강제관할권을 갖는다.
② 무효·종료의 적용 또는 해석에 관한 분쟁은 비엔나조약법 부속서에 규정된 조정위원회가 강제관할권을 갖는다.
③ 조약은 그 발효 당시에 일반국제법의 강행규범과 충돌하는 경우 무효이다.
④ 어떤 국가가 다른 교섭국의 기만적 행위로 조약을 체결하게 된 경우, 그 어떤 국가는 이를 조약의 무효 사유로 원용할 수 있다.

정답 ③

해설 조약은 그 체결 당시에 일반국제법의 강행규범과 충돌하는 경우 무효이다.

0202

비엔나 조약법상 조약의 개정 및 변경에 대한 설명으로 옳지 않은 것은?

① 다자조약의 둘 이상의 당사국은 그들 사이에서만 조약을 변경하기 위한 협정을 체결할 수 없다.
② 국제법 판례와 관행으로 조약은 그 당사자들의 추후관행에 의하여 입증되는 묵시적 합의에 의해 개정가능하다.
③ Temple do Preah Viher사건에서 묵시적 합의에 의한 조약 개정을 시사했다.
④ 국가들은 조약이 발효되기 전에 개정안을 채택할 수 있다.

> **정답** ①
>
> **해설** 다자 조약의 둘 이상의 당사국은 다음의 두 경우에는 그들 사이에서만 조약을 변경하기 위한 협정을 체결할 수 있는데, 그러한 변경의 가능성이 조약에 규정되어 있는 경우. 이 경우에도 당해 당사국은 타방당사국들에게도 변경협정을 체결할 의사와 그 내용을 통고해야 한다.

0203

국제법상 조약의 해석에 대한 설명으로 옳지 않은 것은?.

① 전통국제법상 제한된 해석의 원칙이 적용된다.
② ICJ는 Ahmadou Diallo사건에서 국내법의 해석은 일차적으로 또한 원칙적으로 국내당국에 맡겨져 있으며, 다만, 국가가 자국 국내법에 대해 명백히 잘못된 해석을 제시하는 경우에는 예외적으로 ICJ가 적절한 해석을 내릴 수 있다.
③ 조약의 해석에 있어 고려사항으로 조약의 해석 또는 그 규정의 적용에 관한 당사자간 추후 합의, 조약의 해석에 관한 당사국의 합의를 확정하는 그 조약 적용에 있어서의 추후의 관행, 당사국간의 관계에 적용될 수 있는 국제법의 관계규칙 등이 있다.
④ 해석의 보충적 수단으로 조약의 교섭 기록 및 그 체결시의 사정을 적용하는 이유는 의미를 분명한 경우에 한한다.

> **정답** ④
>
> **해설** 해석의 보충적 수단으로 조약의 교섭 기록 및 그 체결시의 사정을 적용하는 것의 이유는 의미가 모호해지거나 또는 애매하게 되는 경우 또는 명백히 불투명하거나 또는 불합리한 결과를 초래하는 경우이다.

0204

비엔나 조약법상 조약의 해석에 대한 설명으로 틀린 것은?

① 해석의 보충적 수단은 의미가 모호해지거나 또는 애매하게 되는 경우 또는 명백히 불투명하거나 또는 불합리한 결과를 초래하는 경우이다.
② 당사국의 특별한 의미를 특정 용어에 부여하기로 의도하였음이 확정되는 경우에는 그러한 의미가 부여된다.
③ 조약의 정본으로 사용된 언어 중 하나 이외의 다른 언어로 작성된 조약의 번역문도 통상적으로 정본으로 간주된다.
④ 제거되지 아니하는 의미의 차이가 정본의 비교에서 노정되는 경우에는 조약의 대상과 목적을 고려하여 최선으로 조약문과 조화되는 의미를 채택한다.

[정답] ③
[해설] 조약의 정본으로 사용된 언어 중의 어느 하나 이외의 다른 언어로 작성된 조약의 번역문은 이를 정본으로 간주함을 조약이 규정하거나 또는 당사국이 이에 합의하는 경우에만 정본으로 간주된다.

0205

비엔나 조약법상 제3국과의 관계에 대한 설명으로 옳지 않은 것은?

① 조약의 당사국이 조약규정을 제3국에 대하여 의무를 설정하는 수단으로 의도하며 또한 그 제3국이 서면으로 그 의무를 명시적으로 수락하는 경우에는 그 조약의 규정으로부터 그 제3국에 대하여 의무가 발생한다.
② 조약의 당사국이 제3국 또는 제3국이 속하는 국가의 그룹 또는 모든 국가에 대하여 권리를 부여하는 조약규정을 의도하며 또한 그 제3국이 이에 동의하는 경우에는 그 조약의 규정으로부터 그 제3국에 대하여 권리가 발생한다. 조약이 달리 규정하지 아니하는 한 제3국의 동의는 반대의 표시가 없는 동안 있은 것으로 추정된다.
③ 제3국에 대하여 의무가 발생한 때에는 그 의무는 조약의 당사국과 제3국의 동의를 얻은 경우에도 취소 또는 변경될 수 없다.
④ 제3국에 대하여 권리가 발생한 때에는 그 권리가 제3국의 동의없이 취소 또는 변경되어서는 아니 되는 것으로 의도되었음이 확정되는 경우에 그 권리는 당사국에 의하여 취소 또는 변경될 수 없다.

[정답] ③
[해설] 제3국에 대하여 의무가 발생한 때에는 조약의 당사국과 제3국이 달리 합의하였음이 확정되지 아니하는 한 그 의무는 조약의 당사국과 제3국의 동의를 얻는 경우에 취소 또는 변경될 수 있다.

0206

비엔나 조약법상으로 효력에 대한 설명으로 타당하지 않은 것은?

① 강화조약, 국경선 확정조약 등은 성질상 폐기 또는 탈퇴의 권리가 인정되지 아니한다.
② 조약의 대상인 목적물이 영구적, 후발적으로 멸실 또는 파괴되어 조약상 권리의 행사와 의무의 이행이 원천적으로 불가능해진 경우 조약은 자동적으로 종료된다.
③ 조약에 유효기간이 이미 정해진 경우 그 기간의 만료와 동시에 조약은 종료하는데, 이 경우 조약상 별도의 규정을 두고 있지 않는 한 소멸 통고를 필요로 하지 아니한다.
④ 조약의 절대적 종료사유는 신강행규범의 출현 하나이다.

정답 ②
해설 조약의 대상인 목적물이 영구적, 후발적으로 멸실 또는 파괴되어 조약상 권리의 행사와 의무의 이행이 원천적으로 불가능해진 경우 조약은 자동적으로 종료되는 것이 아니라 단지 종료를 원용할 수 있다.

0207

조약의 개정에 대한 설명으로 타당하지 않은 것은?

① 모든 당사국 간에서 다자조약을 개정하기 위한 제의는 모든 체약국에 통고되어야 한다.
② 조약의 당사국이 될 수 있는 권리를 가진 모든 국가는 개정되는 조약의 당사국이 될 수 있는 권리를 또한 가진다.
③ 개정하는 합의는 개정하는 합의의 당사국이 되지 아니하는 조약의 기존 당사국도 구속할 수 있다.
④ 개정하는 합의의 발효 후에 조약의 당사국이 되는 국가는 그 국가에 의한 별도 의사의 표시가 없는 경우에 개정되는 조약의 당사국으로 간주되거나 개정하는 합의에 의하여 구속되지 아니하는 조약의 당사국과의 관계에 있어서는 개정되지 아니한 조약의 당사국으로 간주된다.

정답 ③
해설 개정하는 합의는 개정하는 합의의 당사국이 되지 아니하는 조약의 기존 당사국인 어느 국가도 구속하지 아니한다.

0208

비엔나 조약법상 부적법에 대한 설명으로 옳지 않은 것은?

① 조약에 규정되어 있거나 또는 제56조에 따라 발생하는 조약의 폐기·탈퇴 또는 시행 정지시킬 수 있는 당사국의 권리는 조약이 달리 규정하지 아니하거나 또는 당사국이 달리 합의하지 아니하는 한 조약 전체에 관해서만 행사될 수 있다.
② 그 사유가 특정의 조항에만 관련되는 경우에는 당해 조항이 그 적용에 관련하여 그 조약의 잔여 부분으로부터 분리될 수 있다.
③ 기만 또는 부정을 원용하는 권리를 가진 국가는 조약 전체에 대해서만 무효를 원용할 수 있다.
④ 절대적 무효사유에 해당하는 경우에는 조약규정의 분리가 허용되지 아니한다.

정답 ③

해설 기만 또는 부정을 원용하는 권리를 가진 국가는 조약 전체에 관하여 또는 특정의 조항에 관해서만 그렇게 원용할 수 있다.
② 그 사유가 특정의 조항에만 관련되는 경우에는 당해 조항이 그 적용에 관련하여 그 조약의 잔여 부분으로부터 분리될 수 있으며 당해 조항의 수락이 전체로서의 조약에 대한 1 또는 그 이상의 다른 당사국의 기속적 동의의 필수적 기초가 아니었던 것이 그 조약으로부터 나타나거나 또는 달리 확정되며 또한 그 조약의 잔여부분의 계속적 이행이 부당하지 아니한 경우 경우에 그러한 조항에 관해서만 원용될 수 있다.

0209

비엔나 조약법상 부적법에 대한 설명으로 옳지 않은 것은?

① 조약 체결권에 관한 국내법 규정의 위반이 명백하며 또한 근본적으로 중요한 국내법 규칙에 관련되지 아니하는 한 국가는 조약에 대한 그 기속적 동의를 부적법화하기 위한 것으로 그 동의가 그 국내법 규정에 위반하여 표시되었다는 사실을 원용할 수 없다.
② 통상의 관행에 의거하고 또한 성실하게 행동하는 어느 국가에 대해서도 위반이 객관적인지 분명하지 않더라도 그 위반은 명백한 것이 된다.
③ 어느 조약에 대한 국가의 기속적 동의를 표시하는 대표의 권한이 특정의 제한에 따를 것으로 하여 부여된 경우에 그 대표가 그 제한을 준수하지 아니한 것은 그러한 동의를 표시하기 전에 그 제한을 다른 교섭국에 통고하지 아니한 한 그 대표가 표시한 동의를 부적법화하는 것으로 원용될 수 없다.
④ 통고 후 3개월이 지나도 상대방이 이의를 제기하지 않으면 그 조약의 무효를 선언할 수 있다.

정답 ②

해설 통상의 관행에 의거하고 또한 성실하게 행동하는 어느 국가에 대해서도 위반이 객관적으로 분명한 경우에는 그 위반은 명백한 것이 된다.

0210

다음 중 비엔나 조약법상 착오에 대한 설명으로 타당하지 않은 것은?

① 조약상의 착오는 그 조약이 체결된 당시에 존재한 것으로 국가가 추정한 사실 또는 사태로서, 그 조약에 대한 국가의 기속적 동의의 본질적 기초를 구성한 것에 관한 경우에 국가는 그 조약에 대한 그 기속적 동의를 부적법화하는 것으로 그 착오를 원용할 수 있다.
② 문제의 국가가 자신의 행동에 의하여 착오를 유발하였거나 또는 그 국가가 있을 수 있는 착오를 감지할 수 있는 등의 사정하에 있는 경우에는 무효를 원용할 수 없다.
③ 조약문의 자구에만 관련되는 착오는 조약의 적법성에 영향을 주지 아니한다.
④ Preah Vihear 사원 사건에서 태국은 지도의 무효사유로 '착오'를 원용할 수 있다고 판단했다.

> **정답** ④
> **해설** Preah Vihear 사원 사건에서 태국은 지도의 무효사유로 '착오(조약법협약 48조)'를 원용할 수 없다고 판단했다.

0211

비엔나 조약법상 부적법에 대한 설명으로 옳지 않은 것은?

① 국가가 다른 교섭국의 기만적 행위에 의하여 조약을 체결하도록 유인된 경우에 그 국가는 조약에 대한 자신의 기속적 동의를 부적법화하는 것으로 그 기만을 원용할 수 있다.
② 조약에 대한 국가의 기속적 동의의 표시가 직접적으로 또는 간접적으로 다른 교섭국에 의한 그 대표의 부정을 통하여 감행된 경우에 그 국가는 조약에 대한 자신의 기속적 동의를 부적법화하는 것으로 그 부정을 원용할 수 있다.
③ 국가 대표에게 정면으로 향한 행동 또는 위협을 통하여 그 대표에 대한 강제에 의하여 감행된 조약에 대한 국가의 기속적 동의표시는 법적 효력을 가지지 아니한다.
④ 국제인도법에 구현된 제 원칙을 위반하여 힘의 위협 또는 사용에 의하여 조약의 체결이 감행된 경우에 그 조약은 무효이다.

> **정답** ④
> **해설** 국제연합헌장에 구현된 국제법의 제 원칙을 위반하여 힘의 위협 또는 사용에 의하여 조약의 체결이 감행된 경우에 그 조약은 무효이다.

0212

비엔나 조약법상 절대적 무효사유에 대한 설명으로 타당하지 않은 것은?

① 조약은 그 체결 당시에 일반 국제법의 절대규범과 충돌하는 경우에 무효이다.
② 이 협약의 목적상 일반 국제법의 절대 규범은 그 이탈이 허용되지 아니하며 또한 동일한 성질을 가진 일반 국제법의 추후의 규범에 의해서만 변경될 수 있는 규범으로 전체로서의 국제 공동사회가 수락하며 또한 인정하는 규범이다.
③ 강행규범 위반의 경우에는 당사국 간 합의에 의해 국제사법재판에 부탁하기로 합의하지 않는 한 어느 한 당사국은 분쟁을 중재재판에 제소할 수 있다.
④ 무효절차를 거친 조약은 처음부터 소급해서 무효이다.

정답 ③

해설 강행규범 위반의 경우에는 당사국 간 합의에 의해 중재재판에 부탁하기로 합의하지 않는 한 어느 한 당사국은 분쟁을 국제사법법원에 제소할 수 있다.

0213

비엔나 조약법상 조약의 종료에 대한 설명으로 옳지 않은 것은?

① 조약의 종료 또는 당사국의 탈퇴는 그 조약의 규정에 의거하는 경우 또는 다른 체약국과 협의한 후에 언제든지 모든 당사국의 동의를 얻는 경우의 경우에 행하여질 수 있다.
② 조약이 달리 규정하지 아니하는 한 다자조약은 그 당사국수가 그 발효에 필요한 수 이하로 감소하는 사실만을 이유로 종료하지 아니한다.
③ 종료에 관한 규정을 포함하지 아니하며 또한 폐기 또는 탈퇴를 규정하고 있지 아니하는 조약은 당사국이 폐기 또는 탈퇴의 가능성을 인정하고자 하였음이 확정되는 경우 또는 폐기 또는 탈퇴의 권리가 조약에 명시되는 경우에 해당되지 아니하는 한 폐기 또는 탈퇴가 인정되지 아니한다.
④ 당사국은 조약의 폐기 또는 탈퇴 의사를 적어도 12개월 전에 통고하여야 한다.

정답 ③

해설 종료에 관한 규정을 포함하지 아니하며 또한 폐기 또는 탈퇴를 규정하고 있지 아니하는 조약은 당사국이 폐기 또는 탈퇴의 가능성을 인정하고자 하였음이 확정되는 경우 또는 폐기 또는 탈퇴의 권리가 조약의 성질상 묵시되는 경우에 해당되지 아니하는 한 폐기 또는 탈퇴가 인정되지 아니한다.

0214

비엔나 조약법상 조약의 3국에 대한 설명으로 옳지 않은 것은?

① 국제관습법을 성문화한 조약은 제3국에 대해 권리 및 의무를 창설할 수 있다.
② 의무 규정 조약에 대한 제3국의 동의는 추정될 수 없으며 '서면'에 의한 명시적 동의를 요건으로 한다.
③ 의무 부여에 대한 제3국의 동의는 명시적·묵시적 동의가 가능하다.
④ 조약에 의해 제3국에게 권리를 부여하는 경우 제3국이 그것에 명시적 또는 묵시적으로 동의를 표명하면 당해 제3국에게 권리가 발생한다.

[정답] ③
[해설] 의무 부여에 대한 제3국의 동의는 명시적 동의만 가능하다.

0215

다음중 비엔나조약법협약에 대한 설명으로 틀린 것은?

① 1969년 조약법에 관한 비엔나협약은 구두에 의한 국가 간 합의에는 적용되지 아니한다.
② 1969년 조약법에 관한 비엔나협약상의 조약 개념에 의하면, 한미행정협정(SOFA)의 합의의 사록(agreed minutes)도 조약으로 보아야 한다.
③ 1969년 조약법에 관한 비엔나협약은 국가 간에 체결된 조약에 적용된다.
④ 1969년 조약법에 관한 비엔나협약에 의해 규율되지 않는 문제에 대해서는 효력이 인정되지 아니한다.

[정답] ④
[해설] 1969년 조약법에 관한 비엔나협약에 의해 규율되지 않는 문제에 대해서는 여전히 국제관습법이 적용된다.

0216

국제조약법에 대한 설명으로 옳지 않은 것은?

① 약식조약은 서명만으로 조약문의 인증과 조약의 구속을 받겠다는 동의표시이다.
② 약식조약은 조약문의 인증과 조약의 구속을 받겠다는 동의표시라는 두 개의 절차를 '비준'이라는 하나의 절차만으로 체결하는 간단한 형식의 조약을 말한다.
③ 1969년 조약법에 관한 비엔나협약은 국가 간의 조약에만 적용된다.
④ 휴전협정이나 행정협정은 의회의 비준동의를 받지 않고 행정부의 서명만으로 발효된다.

정답 ②
해설 약식조약은 조약문의 인증과 조약의 구속을 받겠다는 동의표시라는 두 개의 절차를 '서명'이라는 하나의 절차만으로 체결하는 간단한 형식의 조약을 말한다.

0217

다음 중 1969년 비엔나 조약법협약의 내용이 옳지 않은 것은?

① 국가, 국제기구, 교전단체는 조약체결의 당사자능력이 인정되는 능동적 국제법 주체이다.
② 전권대표는 자신이 국가원수와 국내법에 따라 정당한 조약교섭 권한을 부여받았음을 증명하는 문서인 전권위임장(full powers)을 교섭 개시 전에 교섭상대방에게 제시하여야 한다.
③ 교섭의 결과 교섭참가국이 제안된 조약의 형식과 내용을 최종적으로 확정하는 것을 '체결'이라 한다.
④ 달리 합의하지 않는 한 참가하여 투표하는 국가의 3분의 2의 찬성으로 조약문이 채택되는 것이 보통이다.

정답 ③
해설 교섭의 결과 교섭참가국이 제안된 조약의 형식과 내용을 최종적으로 확정하는 것을 '채택(adoption)'이라 한다.

0218

다음 중 1969년 조약법협약의 내용으로 적절하지 않은 것은?

① '인증(authentication)'이란 채택된 조약문이 당사국 간 합의를 진정하고 정확하게 반영하고 있음을 전권대표가 공식적으로 확인하는 절차이다.
② 인증은 서명, 비준의 방법으로 이뤄진다.
③ 조약에 의해 구속되는 데 대한 동의는 가서명과 조건부 서명으로 할 수 없다.
④ 조약의 UN등록은 조약의 성립요건도 아니며 효력발생 요건도 아님에 따라 미등록조약도 여전히 유효하게 적용된다.

[정답] ②
[해설] 인증은 서명만의 방법으로 이뤄진다.

0219

다음 중 1969년 조약법협약의 내용으로 틀린 것은?

① 조건부 비준 또는 부분적 비준은 비준의 거절 또는 새로운 조약 내용의 제안으로 간주된다.
② 국가원수가 직접 체결한 조약이라도 비준이 필요하다.
③ 국가원수가 직접 조약을 체결할 때는 전권위임장이 필요없다.
④ 전권위임장 여부는 조약체결권의 문제이고 비준 여부는 조약체결절차의 문제이므로 양자는 분리해서 생각해야 한다.

[정답] ②
[해설] 국가원수가 직접 체결한 조약은 비준이 필요하지 아니한다.

0220

조약법 협약에 대한 설명으로 타당하지 않은 것은?

① 비준, 수락 또는 승인되어야 하는 조약에 서명한 국가는 그 조약의 당사국이 되지 아니하고자 하는 의사를 명백히 표시할 때까지 그 조약의 대상과 목적을 저해하게 되는 행위를 삼가야 하는 의무를 진다.
② 조약은 공식적으로 발효하기 전이라면 당사국 간에 잠정 적용될 수 없다.
③ 비준, 수락 또는 승인되어야 하는 조약을 구성하는 문서를 교환한 국가는 그 조약의 당사국이 되지 아니하고자 하는 의사를 명백히 표시할 때까지 그 조약의 대상과 목적을 저해하게 되는 행위를 삼가야 하는 의무를 진다.
④ 개인은 당사자 적격이 없다.

정답 ②
해설 조약은 공식적으로 발효하기 전이라도 일부 당사국 간에 잠정 적용될 수 있다.

0221

조약법 협약상 유보에 대한 설명으로 타당하지 않은 것은?

① 유보란 표현, 명칭 여하를 불문하고 조약의 체결시에 국가가 자국에 대해 조약의 일부 조항의 효력을 배제하기 위해 행하는 일방적 선언을 말한다.
② 국가 또는 국제기구가 조약의 일부 규정의 의미를 구체화, 명확화하기 위해 행하는 일방적 선언은 '해석선언'이라고 한다.
③ 유보는 다자조약에 고유한 문제이며, 양자조약에서 유보는 사실상 새로운 조약 내용의 제안으로 받아들여진다.
④ 유보는 조약의 적용을 제한함으로써 실질적으로 조약 내용을 변경시키기 때문에 당연히 타방체약국의 동의를 얻어야 하나, 이로 인해서 유보가 곧 쌍방행위가 되는 것은 아니다.

정답 ①
해설 유보란 표현, 명칭 여하를 불문하고 조약의 서명, 비준, 수락, 승인 또는 **가입시에** 국가가 자국에 대해 조약의 일부 조항의 효력을 배제하기 위해 행하는 일방적 선언을 말한다.

0222

조약법 협약상 유보에 대한 설명으로 타당하지 않은 것은?

① 유보의 철회는 등록 전까지는 가능하다.
② ICJ는 '집단살해방지협약의 유보에 관한 권고적 의견(1951)'에서 유보의 제한 사유로서 유보와 조약의 대상 및 목적과의 양립성(compatibility)기준을 제시하였다.
③ 유보와 정책선언은 모두 당사국의 일방적 선언이다.
④ 유보와 유보에 대한 명시적 수락 및 유보에 대한 이의는 모두 서면으로써 행해야 한다.

정답 ①

해설 유보의 철회는 언제든지 가능하며 그 시기에 제한이 없다.

0223

조약법 협약상 유보에 대한 설명으로 옳지 않은 것은?

① 해석선언(정책선언)의 경우 원칙적으로 조약의 권리, 의무의 변경을 초래하지 않으나, 유보가 수락되는 경우 조약상의 권리, 의무의 변경을 초래한다.
② '1969년 조약법에 관한 비엔나협약'에 의하면 유보 및 유보에 대한 이의는 형식의 제한이 없다.
③ 유보반대국이 유보에 반대하여도 비준하기 전까지 조약의 유보에 관한 법적 효과가 발생하지 않는다.
④ 유보가 허용되는 경우에는 유보를 행한 국가도 유보를 행하지 않은 국가와 마찬가지로 그 조약의 당사자이다.

정답 ②

해설 '1969년 조약법에 관한 비엔나협약'에 의하면 유보 및 유보에 대한 이의는 서면으로 해야 한다.

0224

비엔나 조약법협약의 효력에 대한 설명으로 타당하지 않은 것은?

① 조약에 의해 제3국에게 권리를 부여하는 경우 제3국이 그것에 명시적 또는 묵시적으로 동의를 표명하면 당해 제3국에게 권리가 발생한다.
② 조약에 의해 제3국에 권리가 발생한 경우 '그 권리가 제3국의 동의 없이 취소 또는 변경되어서는 아니되는 것으로 의도되었음이 확정되는 경우' 그 권리는 당사국에 의하여 취소 또는 변경될 수 없다.
③ 의무 부여에 대한 제3국의 동의는 명시적·묵시적 동의가 가능하다.
④ 조약에 의해 제3국에게 의무가 발생한 경우 원칙적으로 제3국의 동의 없이는 취소 또는 변경이 불가능하다.

정답 ③
해설 의무 부여에 대한 제3국의 동의는 명시적 동의만 가능하다.

0225

비엔나 조약법협약의 효력에 대한 설명으로 타당하지 않은 것은?

① 입법부적 조약이란 대세적 효력을 규정한 조약을 말한다.
② 국제관습법을 성문화한 조약이라도 제3국에 대해서 권리 및 의무를 창설할 수 없다.
③ 의무 규정 조약에 대한 제3국의 동의는 추정될 수 없으며 '서면'에 의한 명시적 동의를 요건으로 한다.
④ 권리 규정 조약에 대한 동의는 추정될 수 있다.

정답 ②
해설 국제관습법을 성문화한 조약은 제3국에 대해 권리 및 의무를 창설할 수 있다.

0226

조약법협약의 효력에 대한 설명으로 틀린 것은?

① 신조약의 당사국이 구조약의 모든 당사국을 포함하지 아니하는 경우 양 조약당사국 간에는 신법우선의 원칙이 적용된다.
② 구조약의 모든 당사국이 동시에 신조약의 당사국이나, 구조약이 종료되지 아니하거나 또는 시행 정지되지 아니하는 경우 구조약은 그 규정이 신조약의 규정과 양립하는 범위 내에서만 적용된다.
③ 구조약의 모든 당사국이 동시에 신조약의 당사국인 경우, 구조약은 무효가 된다.
④ UN헌장 제103조에 의해 UN헌장상의 의무와 다른 국제협정상의 의무가 상충되는 경우 UN헌장상의 의무가 우선하지만, 이것이 다른 국제협정상의 의무를 폐지하는 것은 아니다.

정답 ③
해설 구조약의 모든 당사국이 동시에 신조약의 당사국인 경우 구조약은 시행정지 또는 종료될 수 있다.

0227

비엔나 조약법협약의 효력에 대한 설명으로 타당하지 않은 것은?

① 비엔나협약에 의하면 착오가 동의의 본질적 기초가 된 경우 조약의 무효를 위하여 착오를 원용할 수 있다.
② ICJ는 태국과 캄보디아 간 국경선분쟁 사건인 프레아-비히어사원 사건에서 태국의 착오를 인정하였다.
③ 비엔나협약에 의하면 기만을 당한 국가는 조약의 무효를 위해 기만을 원용할 수 있으나 기만을 한 국가는 원용할 수 없다.
④ 국가대표에 대한 강박은 대표 개인에 대한 물리적 폭력이나 위협을 의미하며 사생활 폭로나 가족에 대한 협박 역시 강박의 개념에 포함된다.

정답 ②
해설 ICJ는 태국과 캄보디아 간 국경선분쟁사건인 프레아-비히어사원 사건에서 **태국의 착오를 인정하지 않았다.**

0228

조약의 해석에 대한 설명으로 타당하지 않은 것은?

① 조약은 그 문맥에 따르고 또한 조약의 대상 및 목적에 비추어서 용어의 통상적인 의미에 따라 성실하게 해석한다.
② 조약의 해석 및 적용에 관한 당사국 간의 사후합의와 사후 관행 및 당사국 간의 관계에 적용될 수 있는 국제법의 관련 법규 등이 있을 경우에는 이를 조약의 문맥과 함께 고려한다.
③ 조약의 해석상 문맥이라 함은 조약의 전문, 본문, 부속서, 그리고 당해 조약의 체결에 관련되는 모든 당사국 간의 합의사항을 포함하는 의미이다.
④ 조약의 준비문서 및 조약체결 당시의 제반 사정은 조약문과 동등한 지위를 부여한다.

[정답] ④
[해설] 조약의 준비문서 및 조약체결 당시의 제반 사정은 조약문과 동등한 지위를 부여하지 않는다.

0229

조약의 무효에 대한 설명으로 타당하지 않은 것은?

① 조약의 구속을 받겠다는 국가의 동의가 국가대표에 대한 위협 등의 강제에 의하여 표시된 경우, 그 조약은 법적 효력을 갖지 아니한다.
② 조약은 그 체결 당시에 일반국제법의 강행규범과 충돌하는 경우 무효이다.
③ '착오'는 '상대적 무효사유'에 해당함에 따라서 무효사유로서 원용할 수 있으나 착오가 존재한다는 사실만으로 곧바로 조약이 무효가 되는 것은 아니다.
④ 어떤 국가가 다른 교섭국의 기만적 행위로 조약을 체결하게 된 경우에도, 그 국가는 이를 조약의 무효사유로 원용할 수 없다.

[정답] ④
[해설] 어떤 국가가 다른 교섭국의 기만적 행위로 조약을 체결하게 된 경우, 그 어떤 국가는 이를 조약의 무효사유로 원용할 수 있다.

0230

조약의 무효에 대한 설명으로 타당하지 않은 것은?

① 그 국가의 행동으로 보아 조약의 적법성 또는 그 효력이나 시행의 존속을 묵인한 것으로 간주되어야 하는 경우, 조약 무효를 위해 착오나 사기를 원용할 수 있다.
② 조약의 구속을 받겠다는 국가의 동의가 조약체결권에 관한 국내법 규정을 위반하여 표시되었다는 사실은 그 국가동의를 무효화하기 위하여 원칙적으로는 원용할 수 없고 예외적으로만 원용할 수 있을 따름이다.
③ 국가가 조약을 체결할 당시 존재하는 것으로 생각한 사실상의 착오가 있었고, 이 착오가 구속을 받겠다는 동의의 본질적 기초가 되었다면 그 동의를 무효로 하기 위해 이 착오를 원용할 수 있다.
④ 이미 성립된 강행규범에 반하면 무효이나 신강행규범에 반하는 기존조약은 무효로 되어 종료가 될 따름이다.

[정답] ①
[해설] 그 국가의 행동으로 보아 조약의 적법성 또는 그 효력이나 시행의 존속을 묵인한 것으로 간주되어야 하는 경우, 조약무효를 위해 착오나 사기를 원용할 수 없다.

0231

조약의 무효에 대한 설명으로 타당하지 않은 것은?

① 조약 무효를 주장하는 국가는 우선 다른 당사자에게 통보해야 한다.
② 통고 후 6개월이 지나도 상대방이 이의를 제기하지 않으면 그 조약의 무효를 선언할 수 있다.
③ 상대방이 이의를 제기하면 UN헌장 제33조에 규정된 바에 따라 분쟁을 평화적으로 해결하여야 한다.
④ 강행규범 위반의 경우에는 당사국 간 합의에 의해 중재재판에 부탁하기로 합의하지 않는 한 어느 한 당사국은 분쟁을 국제사법법원에 제소할 수 있음. 즉, 강행법규 위반의 경우 국제사법법원의 강제관할권이 성립한다.

[정답] ②
[해설] 통고 후 3개월이 지나도 상대방이 이의를 제기하지 않으면 그 조약의 무효를 선언할 수 있다.

0232

조약의 무효에 대한 설명으로 틀린 것은?

① 무효절차를 거친 조약은 처음부터 소급해서 무효이다.
② 상대적 무효의 경우에도 소급효가 원칙이지만 예외적으로 제49조(기만), 제50조(부패)의 경우 귀책 당사국에 관하여 적용되지 않는다.
③ 무효가 주장되기 전 성실히 실행된 행위라도 조약 무효의 이유로 효력은 절대적으로 상실된다.
④ 사기, 부패의 경우에도 소급효의 완화가 인정된다.

정답 ③
해설 무효가 주장되기 전 성실히 실행된 행위는 **조약무효를 이유로 위법화되지 아니한다**.

0233

조약의 종료에 대한 설명으로 틀린 것은?

① 조약의 종료는 정상적으로 발효 중인 조약이 당사국의 합의 또는 국제법상 일정한 사유의 발생에 의해 그 효력이 '장래적으로' 소멸하는 것을 말함에 따라서 조약의 종료는 조약체결과정이나 내용상의 흠결로 인하여 '처음부터' 조약의 효력이 발생하지 않는 조약의 무효와 구별된다.
② 조약에 유효기간이 이미 정해진 경우 그 기간의 만료와 동시에 조약은 종료하며, 이 경우 조약상 별도의 규정을 두고 있지 않는 한 소멸 통고를 필요로 하지 않는다.
③ 조약의 대상인 목적물이 영구적, 후발적으로 멸실 또는 파괴되어 조약상 권리의 행사와 의무의 이행이 원천적으로 불가능해진 경우 조약은 자동적으로 종료되는 것이 아니라 단지 종료를 원용할 수 있는데 그치며, 조약의 절대적 종료사유는 신강행규범의 출현 한 가지이다.
④ 강화조약, 국경선 확정조약 등은 성질상 폐기 또는 탈퇴의 권리가 인정된다.

정답 ④
해설 강화조약, 국경선 확정조약 등은 성질상 폐기 또는 탈퇴의 권리가 인정되지 않는다.

0234

조약의 종료에 대한 설명으로 틀린 것은?

① 전쟁 발발시 동맹조약, 우호통상항해 조약과 같이 조약당사국 간 정치적 동맹이나 우호관계를 전제로 한 조약을 종료되나, 영토할양조약 등과 같이 영구적 처분을 규정하는 조약과 1907년 헤이그협약과 같이 국제법상 전쟁행위를 규율하는 조약은 전쟁 발생에도 불구하고 그 효력은 존속하는 것으로 간주된다.
② 조약의 모든 당사국이 동일한 사항에 대해 신조약을 체결하고, 신조약에 의하여 그 사항이 규율되어야 함을 당사국이 의도하였음이 그 신조약으로부터 나타나거나 또는 달리 확정되는 경우 전조약은 종료한 것으로 간주된다.
③ 사정변경의 원칙은 조약을 상황에 맞게 변경하는 것이 아니라 무효시키는 것을 목표로 하는 것이다.
④ 조약의 의무 위반으로 특별히 영향을 받는 당사국은 위반국과의 관계에서 조약의 전부 혹은 일부를 정지하도록 원용할 권한을 갖는다.

[정답] ③
[해설] 사정변경의 원칙은 조약을 상황에 맞게 변경하는 것이 아니라 **종료(혹은 정지)**시키는 것을 목표로 하는 것이다.

0235

1969년 조약법에 관한 비엔나협약에 대한 설명으로 옳지 않은 것은?

① 1969년 조약법에 관한 비엔나협약은 구두에 의한 국가 간 합의에는 적용되지 않는다.
② 국내법 위반 조약이라 할지라도 원칙적으로 무효를 주장할 수 없으나 예외적으로 무효를 주장할 수 있다.
③ 1969년 조약법에 관한 비엔나협약상의 조약 개념에 의하면, 한미행정협정(SOFA)의 합의 의사록(agreed minutes)도 조약으로 볼 수 없다.
④ 조약법 협약 제2조 제1항(a)호에 의하면 조약이란 국가 간 문서에 의한 합의로서 국제법에 의해 규율되는 국제적 합의를 의미한다.

[정답] ③
[해설] 1969년 조약법에 관한 비엔나협약상의 조약 개념에 의하면, 한미행정협정(SOFA)의 합의의 사록(agreed minutes)도 **조약으로 보아야 한다.**

0236

1969년 조약법에 관한 비엔나협약에 대한 설명으로 틀린 것은?

① 대통령, 수상, 외무부장관 등은 직무로 인해 전권위임장을 제시하지 않아도 자국을 대표하는 것으로 간주된다.
② 1969년 조약법에 관한 비엔나협약은 국가 간에 체결된 조약에 적용된다.
③ 1969년 조약법에 관한 비엔나협약에 의해 규율되지 않는 문제에 대해서는 여전히 다른 국제조약이 적용된다.
④ 약식조약은 서명만으로 조약문의 인증과 조약의 구속을 받겠다는 동의표시를 한다.

정답 ③
해설 1969년 조약법에 관한 비엔나협약에 의해 규율되지 않는 문제에 대해서는 여전히 국제관습법이 적용된다.

0237

1969년 조약법에 관한 비엔나협약에 대한 설명으로 옳지 않은 것은?

① 약식조약의 예는 휴전협정과 미국의 행정협정(executive agreement)을 들 수 있다.
② 행정협정은 미국의 헌법 관행상 인정되는 것으로 미행정부가 4분의 3의 의결정족수를 요하는 상원의 동의 없이 체결할 수 있는 조약을 말한다.
③ 약식조약은 조약문의 인증과 조약의 구속을 받겠다는 동의표시라는 두 개의 절차를 '서명'이라는 하나의 절차만으로 체결하는 간단한 형식의 조약을 말한다.
④ 협약의 제규정은 국가의 승계, 국가의 국가책임 또는 국가 간의 적대행위의 개시로부터 조약과 관련하여 발생될 수 있는 어떠한 문제에도 영향을 주지 아니한다.

정답 ②
해설 행정협정은 미국의 헌법 관행상 인정되는 것으로 미행정부가 **3분의 2의 의결정족수**를 요하는 상원의 동의 없이 체결할 수 있는 조약을 말한다.

0238

1969년 조약법에 관한 비엔나협약에 대한 설명으로 옳지 않은 것은?

① 2 또는 그 이상의 국가 간의 외교 또는 영사관계의 단절 또는 부재는 그러한 국가 간의 조약체결을 방해하지 아니한다.
② 조약의 체결은 그 자체 외교 또는 영사관계에 관련된 상태에 영향을 주지 아니한다.
③ 시행정지 기간 동안 조약 당사국은 그 조약의 모든 의무를 면제받는다.
④ 1969년 조약법에 관한 비엔나협약은 국가 간의 조약에만 적용된다.

[정답] ③
[해설] 시행정지 기간 동안 조약 당사국은 그 조약의 시행 재개를 방해하게 되는 행위를 삼가야 한다.

0239

1969년 조약법에 관한 비엔나협약에 대한 설명으로 옳지 않은 것은?

① 정식조약과 약식조약은 비준동의 절차의 유무에 따른 구분이다.
② 통상조약이나 동맹조약은 인적 조약이나 국경획정조약은 물적 조약이다.
③ 휴전협정이나 행정협정은 의회의 비준동의를 받음으로 발효한다.
④ 국가, 국제기구, 교전단체는 조약체결의 당사자능력이 인정되는 능동적 국제법 주체이다.

[정답] ③
[해설] 휴전협정이나 행정협정은 의회의 비준동의를 받지 않고 행정부의 서명만으로 발효한다.

0240

1969년 조약법에 관한 비엔나협약에 대한 설명으로 옳지 않은 것은?

① 전권대표는 자신이 국가원수와 국내법에 따라 정당한 조약교섭 권한을 부여받았음을 증명하는 문서인 전권위임장(full powers)을 교섭 개시 전에 교섭상대방에게 제시하여야 한다.
② 교섭의 결과 교섭참가국이 제안된 조약의 형식과 내용을 최종적으로 확정하는 것을 '채택(adoption)'이라 하며, 달리 합의하지 않는 한 참가하여 투표하는 국가의 3분의 2의 찬성으로 조약문이 채택되는 것이 보통이다.
③ '인증(authentication)'이란 채택된 조약문이 당사국 간 합의를 진정하고 정확하게 반영하고 있음을 전권대표가 공식적으로 확인하는 절차로 인증은 서명, 가서명, 조건부 서명의 방법으로 이뤄진다.
④ 조약에 의해 구속되는 데 대한 동의는 가서명과 조건부 서명으로 할 수 있다.

정답 ④
해설 조약에 의해 구속되는 데 대한 동의는 가서명과 조건부 서명으로 할 수 없다.

0241

1969년 조약법에 관한 비엔나협약에 대한 설명으로 틀린 것은?

① 조약에 의해 구속되는 데 대한 동의는 가서명과 조건부 서명으로 할 수 없는데, 서명만으로 조약에 의해 구속되는 데 대한 동의가 이루어지는 조약을 '약식조약(treaty in simplified form)'이라고 한다.
② 약식조약에서는 서명만으로 조약에 의해 구속되는 데 대한 동의가 이루어진다.
③ 조약의 UN등록은 조약의 성립요건도 아니며 효력발생 요건도 아님에 따라서 미등록조약도 여전히 유효하게 적용됨을 유의하여야 하는데, 다만 미등록조약의 당사국은 이 조약을 UN기관에서 원용할 수 없게 된다.
④ 국제사법재판소(ICJ)에서 미등록조약의 당사국은 국제연합 기관과의 분쟁으로부터 발생하는 분쟁을 동 재판소로 가져갈 수 있다.

정답 ④
해설 언급하는 UN기관에는 국제사법재판소(ICJ)도 포함되므로 미등록조약의 당사국은 조약으로부터 발생하는 분쟁을 동 재판소로 가져갈 수 없다는 중대한 불이익에 직면하므로 동 조항은 등록을 사실상 **강제하는 효과**를 거두고 있다고 볼 수 있다.

0242

1969년 조약법에 관한 비엔나협약에 대한 설명으로 옳지 않은 것은?

① 조건부 비준 또는 부분적 비준은 비준의 거절 또는 새로운 조약 내용의 제안으로 간주된다.
② 비엔나 조약법협약에서의 당사자는 자연인과 법인은 배제된다.
③ 국가가 전통적 조약당사자이다.
④ 국제기구는 당사자 적격이 있다.

정답 ④
해설 1969년 조약법에 관한 비엔나협약상 국제기구는 당사자 적격이 없다.

0243

1969년 조약법에 관한 비엔나협약에 대한 설명으로 옳지 않은 것은?

① 조약의 당사자 자격은 국제법의 능동적 주체에 한정되며, 국제사회가 발전되어감에 따라 확대되어왔고 앞으로도 확대될 것이다.
② 국가원수가 직접 체결한 조약이라도 비준이 필요하다.
③ 국가원수가 직접 조약을 체결할 때는 전권위임장이 필요없다.
④ 서명한 조약의 당사국은 비준해야 할 법적 의무가 없다.

정답 ②
해설 국가원수가 직접 체결한 조약은 비준이 필요하지 아니한다.

0244

1969년 조약법에 관한 비엔나협약에 대한 설명으로 옳지 않은 것은?

① 전권위임장의 문제와 비준 여부는 조약체결절차의 문제이므로 양자는 분리해서 생각하지 말아야 한다.
② 비준, 수락 또는 승인되어야 하는 조약에 서명한 국가는 그 조약의 당사국이 되지 아니하고자 하는 의사를 명백히 표시할 때까지 그 조약의 대상과 목적을 저해하게 되는 행위를 삼가야 하는 의무를 진다.
③ 조약은 공식적으로 발효하기 전이라도 일부 당사국 간에 잠정 적용될 수 있다.
④ 조약을 구성하는 문서를 교환한 국가는 조약의 대상과 목적을 저해하게 되는 행위를 삼가야 하는 의무를 진다.

[정답] ①
[해설] 전권위임장 여부는 조약체결권의 문제이고 비준 여부는 조약체결절차의 문제이므로 **양자는 분리해서 생각해야 한다.**

0245

1969년 조약법에 관한 비엔나협약에 대한 설명으로 틀린 것은?

① 조약법협약에서는 "국가가 조약의 구속을 받게 될 자국의 동의를 표시한 경우에는 조약의 효력발생이 부당하게 지연되지 아니할 것을 조건으로 동 조약이 효력을 발생할 때까지" 조약의 객체 및 목적을 훼손하는 행위를 삼갈 의무를 진다.
② '조약의 효력 발생이 부당하게 지연되지 아니할 것'을 조건으로 하기 때문에, 어떠한 경우에도 조약의 대상과 목적을 저해하게 되는 행위를 삼가야 하는 의무를 지는 것은 아니다.
③ 유보란 표현, 명칭 여하를 불문하고 조약의 체결시에 국가가 자국에 대해 조약의 일부 조항의 효력을 배제하기 위해 행하는 일방적 선언을 말한다.
④ 국가 또는 국제기구가 조약의 일부규정의 의미를 구체화, 명확화 하기 위해 행하는 일방적 선언은 '해석선언'이라고 한다.

[정답] ③
[해설] 유보란 표현, 명칭 여하를 불문하고 조약의 서명, 비준, 수락, 승인 또는 **가입시에** 국가가 자국에 대해 조약의 일부 조항의 효력을 배제하기 위해 행하는 일방적 선언을 말한다.

0246

1969년 조약법에 관한 비엔나협약의 유보에 대한 설명으로 틀린 것은?

① 유보는 다자조약에 고유한 문제이며, 양자조약에서 유보는 사실상 새로운 조약 내용의 제안으로 받아들여진다.
② 제한된 해석선언은 통상적으로 유보의 의미로 해석된다.
③ 유보는 조약의 적용을 제한함으로써 실질적으로 조약 내용을 변경시키기 때문에 당연히 타방체약국의 동의를 얻어야 하며, 이는 유보가 곧 쌍방행위가 되는 것이다.
④ 유보의 철회는 언제든지 가능하며 그 시기에 제한이 없다.

정답 ③

해설 유보는 조약의 적용을 제한함으로써 실질적으로 조약 내용을 변경시키기 때문에 당연히 타방체약국의 동의를 얻어야 하나, 이로 인해서 유보가 곧 쌍방행위가 되는 것은 아니다.

0247

1969년 조약법에 관한 비엔나협약에 대한 설명으로 틀린 것은?

① ICJ는 '집단살해방지협약의 유보에 관한 권고적 의견(1951)'에서 유보의 제한 사유로서 유보와 조약의 대상 및 목적과의 양립성(compatibility)기준을 제시하였다.
② A국이 甲조약에 대해 행한 유보에 대하여 B국은 이를 수락하였고 C국은 이에 반대하였으며 D국은 별다른 의사표시를 하지 않고 있을 경우 A국과 B국 사이에서는 A국이 유보를 행한 조항을 제외하고 甲조약이 적용된다.
③ 유보와 정책선언은 모두 당사국의 일방적 선언이다.
④ 유보와 유보에 대한 묵시적 수락이 가능하며 이러한 수락 행위 및 유보에 대한 이의는 모두 서면으로써 행해야 한다.

정답 ④

해설 유보와 유보에 대한 **명시적 수락만 가능**하며 유보 수락 및 유보에 대한 이의는 모두 서면으로써 행해야 한다.

0248

1969년 조약법에 관한 비엔나협약의 유보에 대한 설명으로 옳지 않은 것은?

① 해석선언과 유보의 공통점은 원칙적으로 조약의 권리, 의무의 변경을 초래하지 않는다.
② '1969년 조약법에 관한 비엔나협약'에 의하면 유보의 상대국의 일체의 행위는 서면으로 해야한다.
③ 1951년 ICJ의 제노사이드협약의 유보사건에 관한 권고적 의견에 나타난 내용이다.
④ 유보가 허용되는 경우에는 유보를 행한 국가도 유보를 행하지 않은 국가와 마찬가지로 그 조약의 당사자이다.

정답 ①
해설 해석선언(정책선언)의 경우 원칙적으로 조약의 권리, 의무의 변경을 초래하지 않으나, 유보가 수락되는 경우 **조약상의 권리, 의무의 변경을 초래**한다.

0249

1969년 조약법에 관한 비엔나협약의 효력에 대한 설명으로 틀린 것은?

① 조약에 의해 제3국에게 권리를 부여하는 경우 제3국이 그것에 명시적인 방법으로만 동의를 표명하면 당해 제3국에게 권리가 발생한다.
② 조약에 의해 제3국에 권리가 발생한 경우 '그 권리가 제3국의 동의 없이 취소 또는 변경되어서는 안되는 것으로 의도되었음이 확정되는 경우' 그 권리는 당사국에 의하여 취소 또는 변경될 수 없음에 따라서 원칙적으로 제3국의 동의 없이 취소 또는 변경될 수 없다.
③ 의무 부여에 대한 제3국의 동의는 명시적 동의만 가능하다.
④ 조약에 의해 제3국에게 의무가 발생한 경우 원칙적으로 제3국의 동의 없이는 취소 또는 변경이 불가능하다.

정답 ①
해설 조약에 의해 제3국에게 권리를 부여하는 경우 제3국이 그것에 **명시적 또는 묵시적**으로 동의를 표명하면 당해 제3국에게 권리가 발생한다.

0250

1969년 조약법에 관한 비엔나협약의 효력에 대한 설명으로 틀린 것은?

① 입법부적 조약이란 대세적 효력을 규정한 조약을 말하는데, 오늘날 국제법은 국가 동의를 기초로 형성되므로 입법부적 조약은 원칙적으로 인정될 수 없다.
② 국제관습법을 성문화한 조약은 제3국에 대해 권리 및 의무를 창설할 수 없다.
③ 의무 규정 조약에 대한 제3국의 동의는 추정될 수 없으며 '서면'에 의한 명시적 동의를 요건으로 한다.
④ 권리 규정 조약에 대한 동의는 추정될 수 있으며, 따라서 제3국이 명시적으로 거절의사를 표시하지 아니하는 한 동 권리를 향유할 수 있다.

[정답] ②
[해설] 국제관습법을 성문화한 조약은 제3국에 대해 **권리 및 의무를 창설할 수 있다.**

0251

1969년 조약법에 관한 비엔나협약의 효력에 대한 설명으로 틀린 것은?

① 신조약의 당사국이 구조약의 모든 당사국을 포함하지 아니하는 경우 양 조약당사국 간에는 신법우선의 원칙이 적용된다.
② 구조약의 모든 당사국이 동시에 신조약의 당사국이나, 구조약이 종료되지 아니하거나 또는 시행 정지되지 아니하는 경우 구조약은 그 규정이 신조약의 규정과 양립하는 범위 내에서만 적용된다.
③ 구조약의 모든 당사국이 동시에 신조약의 당사국인 경우 구조약은 무효가 된다.
④ UN헌장 제103조에 의해 UN헌장상의 의무와 다른 국제협정상의 의무가 상충되는 경우 UN헌장상의 의무가 우선하지만, 이것이 다른 국제협정상의 의무를 폐지하는 것은 아니다.

[정답] ③
[해설] 구조약의 모든 당사국이 동시에 신조약의 당사국인 경우 구조약은 **시행정지 또는 종료**될 수 있다.

0252

1969년 조약법에 관한 비엔나협약의 효력에 대한 설명으로 틀린 것은?

① 비엔나협약에 의하면 착오가 동의의 본질적 기초가 된 경우 조약의 무효를 위하여 착오를 원용할 수 있다.
② ICJ는 태국과 캄보디아 간 국경선 분쟁사건인 프레아-비히어사원 사건에서 태국의 착오를 인정하지 않았다.
③ 비엔나협약에 의하면 기만을 당한 국가는 조약의 무효를 위해 기만을 원용할 수 있으나 기만을 한 국가는 원용할 수 없다.
④ 국가대표에 대한 강박은 대표 개인에 대한 물리적 폭력이나 위협을 의미하며 사생활 폭로나 가족에 대한 협박은 강박의 개념에 포함되지 아니한다.

[정답] ④
[해설] 국가대표에 대한 강박은 대표 개인에 대한 물리적 폭력이나 위협을 의미하며 사생활 폭로나 가족에 대한 협박 역시 **강박**의 개념에 포함된다.

0253

1969년 조약법에 관한 비엔나협약의 효력에 대한 설명으로 틀린 것은?

① 신조약이 체결되는 경우 구조약에 의해 성립된 국가책임은 존속되지 아니한다.
② 구조약과 신조약의 당사자가 동일한 경우 신법 우선의 원칙이 적용된다.
③ 분쟁 당사국 간 가입한 조약이 상이한 경우 양국이 모두 가입한 조약이 적용된다.
④ 국제협정상의 의무와 UN헌장상 의무가 상충하는 경우 UN헌장상 의무가 우선한다.

[정답] ①
[해설] 신조약이 체결되는 경우 구조약에 의해 성립된 **국가책임은 존속**된다.

0254

비엔나 조약법 협약상의 조약의 부적합화에 대한 설명으로 타당하지 않은 것은?

① 조약의 구속을 받겠다는 국가의 동의가 국가대표에 대한 위협 등의 강제에 의하여 표시된 경우, 그 조약은 법적 효력을 갖지 아니한다.
② 조약은 그 체결 당시에 일반국제법의 강행규범과 충돌하는 경우 무효이다.
③ '착오'는 '상대적 무효사유'에 해당함에 따라서 무효사유로서 원용할 수 있으나 착오가 존재한다는 사실만으로도 곧바로 조약이 무효가 된다.
④ 어떤 국가가 다른 교섭국의 기만적 행위로 조약을 체결하게 된 경우, 그 어떤 국가는 이를 조약의 무효사유로 원용할 수 있다.

[정답] ③
[해설] '착오'는 '상대적 무효사유'에 해당함에 따라서 무효사유로서 원용할 수 있으나 착오가 존재한다는 사실만으로 곧바로 조약이 무효가 되는 것은 아니다.

0255

비엔나 조약법 협약상의 조약의 부적합화에 대한 설명으로 틀린 것은?

① 그 국가의 행동으로 보아 조약의 적법성 또는 그 효력이나 시행의 존속을 묵인한 것으로 간주되어야 하는 경우에도, 조약 무효를 위해 착오나 사기를 원용할 수 있다.
② 조약의 구속을 받겠다는 국가의 동의가 조약체결권에 관한 국내법 규정을 위반하여 표시되었다는 사실은 그 국가동의를 무효화하기 위하여 원칙적으로는 원용할 수 없고 예외적으로만 원용할 수 있을 따름이다.
③ 국가가 조약을 체결할 당시 존재하는 것으로 생각한 사실상의 착오가 있었고, 이 착오가 구속을 받겠다는 동의의 본질적 기초가 되었다면 그 동의를 무효로 하기 위해 이 착오를 원용할 수 있다.
④ 이미 성립된 강행규범에 반하면 무효이나 신강행규범에 반하는 기존조약은 무효로 되어 종료가 될 따름이다.

[정답] ①
[해설] 그 국가의 행동으로 보아 조약의 적법성 또는 그 효력이나 시행의 존속을 묵인한 것으로 간주되어야 하는 경우, 조약무효를 위해 착오나 사기를 원용할 수 없다.

0256

비엔나 조약법 협약상의 조약의 부적합화에 대한 설명으로 틀린 것은?

① 조약 무효를 주장하는 국가는 우선 다른 당사자에게 통보해야 한다.
② 통고 후 6개월이 지나도 상대방이 이의를 제기하지 않으면 그 조약의 무효를 선언할 수 있다.
③ 상대방이 이의를 제기하면 UN헌장 제33조에 규정된 바에 따라 분쟁을 평화적으로 해결하여야 한다.
④ 강행규범 위반의 경우에는 당사국 간 합의에 의해 중재재판에 부탁하기로 합의하지 않는 한 어느 한 당사국은 분쟁을 국제사법법원에 제소할 수 있는데, 즉, 강행법규 위반의 경우 국제사법법원의 강제관할권이 성립한다.

> **정답** ②
> **해설** 통고 후 3개월이 지나도 상대방이 이의를 제가하지 않으면 그 조약의 무효를 선언할 수 있다.

0257

비엔나 조약법 협약상의 조약의 부적합화에 대한 설명으로 틀린 것은?

① 무효 절차를 거친 조약은 처음부터 소급해서 무효, 즉, 소급효가 원칙이다.
② 상대적 무효의 경우에도 소급효가 원칙이지만 예외적으로 제49조(기만), 제50조(부패), 강행규범의 경우 귀책 당사국에 관하여 적용되지 아니한다.
③ 무효가 주장되기 전 성실히 실행된 행위는 조약무효를 이유로 위법화되지 않는다.
④ 사기, 부패의 경우에도 소급효의 완화가 인정된다.

> **정답** ②
> **해설** 상대적 무효의 경우에도 소급효가 원칙이지만 예외적으로 **제49조(기만), 제50조(부패)**의 경우 귀책 당사국에 관하여 적용되지 아니한다.

0258

비엔나 조약법 협약상의 조약의 부적합화 판례인 Preah Vihear 사원 사건에 대한에 대한 설명으로 틀린 것은?

① 태국은 지도의 무효사유로 '착오(제 48조)'를 원용할 수 없다고 주장했는데, 재판부는 해당 지도가 합동위원회의 작업에 기초하여 작성된 것으로, 작성 과정에서 착오가 있다고 하더라도 이는 태국이 지명한 조사단에 의해 작성되었고 태국이 이를 묵인하였으므로 무효를 주장할 수 없다고 판단하였다.
② ICJ는 태국이 착오를 인식한 후 합리적 기간 내에 반대 의사를 표명하지 않았으므로 이를 묵인으로 간주하지 아니하였다.
③ 캄보디아는 태국 당국이 지도의 교부를 받고 지도를 광범위하게 배포하였으며, 합리적인 기간 내에 어떠한 대응도 하지 않음에 따라 '시효'에 의해 해당 지역의 영유권을 취득하였다.
④ ICJ는 사원과 주변 지역에서 태국의 군대, 경비대 등을 철수시킬 것과 동 사원에서 태국이 가지고 나온 고미술품 등을 캄보디아에 반환할 것을 요구하였다.

정답 ②
해설 ICJ는 태국이 착오를 인식한 후 합리적 기간 내에 반대 의사를 표명하지 않았으므로 이를 묵인으로 간주하였다.

0259

1969년 비엔나 조약법 협약상의 조약의 부적합화에 대한 설명으로 틀린 것은?

① 조약의 의무 위반으로 특별히 영향을 받는 당사국은 위반국과의 관계에서 조약의 전부에 대해서만 정지하도록 원용할 권한을 갖는다.
② 중대한 조약 위반은 타 당사국들에게 위반국과의 관계에서뿐만 아니라 모든 당사국들 사이에서도 조약의 종료, 정지의 근거가 된다.
③ 조약의 성질상 한 당사국의 중대한 의무 위반이 타 당사국의 조약의무 이행에 급격한 변화를 야기하는 경우 어느 당사국이든 조약 정지의 사유로서 그 위반을 원용할 수 있다.
④ 조약의 종료는 정상적으로 발효중인 조약이 당사국의 합의 또는 국제법상 일정한 사유의 발생에 의해 그 효력이 '장래적으로' 소멸하는 것을 말하며 따라서 조약의 종료는 조약체결과정이나 내용상의 흠결로 인하여 '처음부터' 조약의 효력이 발생하지 않는 조약의 무효와 구별된다.

정답 ①
해설 조약의 의무 위반으로 특별히 영향을 받는 당사국은 위반국과의 관계에서 조약의 전부 혹은 일부를 정지하도록 원용할 권한을 갖는다.

0260

비엔나 조약법 협약상의 조약의 부적합화에 대한 설명으로 틀린 것은?

① 조약에 유효기간이 이미 정해진 경우 그 기간의 만료와 동시에 조약은 종료하는데, 이 경우에도 조약상 별도의 규정을 두고 있지 않는 한 소멸 통고를 필요로 한다.
② 조약의 대상인 목적물이 영구적, 후발적으로 멸실 또는 파괴되어 조약상 권리의 행사와 의무의 이행이 원천적으로 불가능해진 경우 조약은 자동적으로 종료되는 것이 아니라 단지 종료를 원용할 수 있는데 그치는데, 조약의 절대적 종료사유는 신강행규범의 출현 한 가지이다.
③ 강화조약, 국경선 확정조약 등은 성질상 폐기 또는 탈퇴의 권리가 인정되지 아니한다.
④ 전쟁 발발시 동맹조약, 우호통상항해조약과 같이 조약당사국 간 정치적 동맹이나 우호관계를 전제로 한 조약을 종료되나, 영토할양조약 등과 같이 영구적 처분을 규정하는 조약과 1907년 헤이그협약과 같이 국제법상 전쟁행위를 규율하는 조약은 전쟁 발생에도 불구하고 그 효력은 존속하는 것으로 간주된다.

[정답] ①
[해설] 조약에 유효기간이 이미 정해진 경우 그 기간의 만료와 동시에 조약은 종료하는데, 이 경우 조약상 별도의 규정을 두고 있지 않는 한 소멸 통고를 필요로 하지 아니한다.

0261

비엔나 조약법 협약상의 조약의 부적합화에 대한 설명으로 틀린 것은?

① 조약의 모든 당사국이 동일한 사항에 대해 신조약을 체결하고, 신조약에 의하여 그 사항이 규율되어야 함을 당사국이 의도하였음이 그 신조약으로부터 나타나거나 또는 달리 확정되는 경우 전조약은 종료한 것으로 간주된다.
② 조약의 무효 및 종료 사항은 국경선 획정조약에도 적용한다.
③ ICJ는 가보치코보-나기마로스 사건에서 헝가리의 사정변경원칙 주장을 일축하면서, 헝가리의 주장에 나타난 그 같은 여러 변화에 대한 가능성은 조약체결 당시 그 당사국들이 예견하지 못한 것도 아니고, 또 문제의 프로젝트를 이행하기 위해 남아있는 의무의 범위를 급격히 변형시키는 성격의 것도 아니라는 점을 지적하였다.
④ 사정변경의 원칙은 조약을 종료시키는 것보다는 조약을 상황에 맞게 변경하는 데 그 목적이 있다.

[정답] ②
[해설] 국경선 획정조약에는 적용되지 아니한다.

0262

〈가브치코보-나기마로스 프로젝트 사건〉과 관련한 설명으로 틀릴 것은?

① ICJ는 조약법협약의 종료 사유가 관습법을 법전화한 것이라고 판시하였는데, 슬로바키아의 주장을 지지하여 조약법협약상 조약의 부적법, 종료, 시행정지에 관한 조문은 기존의 국제관습법을 반영한다고 판시하였다.
② 1977년 체코슬로바키아와 헝가리 간 체결한 조약이 문제가 되어, 1993년 분열된 슬로바키아와 헝가리 간의 분쟁이다.
③ ICJ는 헝가리의 상대국의 기만, 유월 주장을 기각하였다.
④ ICJ는 다뉴브강의 관련지역에 '부착되는' 권리·의무를 창설한 조약이므로 분열 이후에도 슬로바키아가 동 조약의 당사국이 된다고 보았다.

정답 ③

해설 ICJ는 헝가리의 후발적 이행불능, 사정의 근본적 변경, 조약의 중대한 위반주장을 기각하였다.

0263

비엔나 조약법상 등록 및 개정에 대한 설명으로 옳지 않은 것은?

① 국제연맹규약 및 국제연합헌장에 규정되어 있다.
② 국제연맹에서 등록은 효력요건이었으나 UN에서는 UN에 대한 대항요건에 불과하다.
③ 등록 의무는 UN회원국뿐만 아니라 비회원국에게도 부과된다.
④ 개정하는 합의의 발효 후에 조약의 당사국이 되는 국가는 그 국가에 의한 별도 의사의 표시가 없는 경우에 개정되는 조약의 당사국으로 간주된다.

정답 ③

해설 등록 의무는 UN회원국에게만 부과된다.

0264

비엔나 조약법 협약상의 조약에 대한 설명으로 옳지 않은 것은?

① 국제기구를 성립시키는 조약 및 국제기구 내에서 채택되는 조약을 말한다.
② 약식조약은 조약문의 인증과 조약의 구속을 받겠다는 동의표시라는 두 개의 절차를 '서명'이라는 하나의 절차만으로 체결하는 간단한 형식의 조약을 말한다.
③ 1969년 조약법에 관한 비엔나협약상의 조약 개념에 의하면, 한미행정협정(SOFA)의 합의의 사록(agreed minutes)도 조약으로 보아야 한다.
④ 1969년 조약법에 관한 비엔나협약에 의해 규율되지 않는 문제에 대해서는 여전히 국내법이 적용된다.

정답 ④
해설 1969년 조약법에 관한 비엔나협약에 의해 규율되지 않는 문제에 대해서는 여전히 **국제관습법이 적용**된다.

0265

비엔나 조약법 협약상의 조약의 체결에 대한 설명으로 틀린 것은?

① 모든 국가는 조약을 체결하는 능력을 가진다.
② 조약문의 채택은 그 작성에 참가한 모든 국가의 동의에 의하여 이루어진다.
③ 국제회의에서의 조약문의 채택은 출석하여 투표하는 국가의 3분의 2의 찬성에 의하여 그 국가들이 다른 규칙을 적용하기로 결정하지 아니하는 한 3분의 2의 다수결에 의하여 이루어진다.
④ 조건부 비준 또는 부분적 비준은 비준의 수용으로 간주된다.

정답 ④
해설 조건부 비준 또는 부분적 비준은 비준의 거절 또는 새로운 조약 내용의 제안으로 간주된다.

0266

비엔나조약법 협약상 전권위임장에 대한 설명으로 틀린 것은?

① 적절한 전권위임장을 제시하는 경우는 조약문의 채택 또는 정본인증을 위한 목적으로 또는 조약에 대한 국가의 기속적 동의를 표시하기 위한 목적으로 국가를 대표하는 것으로 간주된다.
② 관계 국가의 관행 또는 기타의 사정으로 보아 그 자가 그 국가를 대표하는 것으로 간주되는 경우, 조약문의 채택 또는 정본인증을 위한 목적으로 또는 조약에 대한 국가의 기속적 동의를 표시하기 위한 목적으로 국가를 대표하는 것으로 간주된다.
③ 전권위임장을 필요로 하였던 것이 관계 국가의 의사에서 나타나는 경우, 조약문의 채택 또는 정본인증을 위한 목적으로 또는 조약에 대한 국가의 기속적 동의를 표시하기 위한 목적으로 국가를 대표하는 것으로 간주된다.
④ 조약의 체결에 관련된 모든 행위를 수행할 목적으로서는 국가원수·정부수반 및 외무부장관의 경우, 전권위임장을 제시하지 않아도 자국을 대표하는 것으로 간주된다.

정답 ③

해설 전권위임장을 필요로 하지 아니하였던 것이 관계 국가의 의사에서 나타나는 경우, 조약문의 채택 또는 정본인증을 위한 목적으로 또는 조약에 대한 국가의 기속적 동의를 표시하기 위한 목적으로 국가를 대표하는 것으로 간주된다.

0267

그의 직무상 또한 전권위임장을 제시하지 않아도 자국을 대표하는 것으로 간주되지 않는 직위는?

① 조약의 체결에 관련된 모든 행위를 수행할 목적으로서는 국가원수·정부수반 및 외무부장관
② 파견국과 접수국간의 조약문을 채택할 목적으로서는 외교공관장
③ 파견국과 국제기구 간의 조약문을 채택할 목적으로서는 국가에 의하여 그 국제회의, 그 국제기구 또는 그 기구의 그 기관에 파견된 대표
④ 그 국가에 의하여 추후 확인되는 조약체결의 목적으로 국가를 대표하기 위하여 권한을 부여받은 것으로 간주될 수 없는 자

정답 ③

해설 국제회의·국제기구 또는 그 국제기구의 어느 한 기관내에서 조약문을 채택할 목적으로서는 국가에 의하여 그 **국제회의, 그 국제기구 또는 그 기구의 그 기관에 파견된 대표**

0268

조약문의 체결절차에 대한 설명으로 틀린 것은?

① 조약문에 규정되어 있거나 또는 조약문의 작성에 참가한 국가가 합의하는 절차시 정본으로 또한 최종적으로 확정된다.
② 조약문에 규정되어 있거나 또는 조약문의 작성에 참가한 국가가 합의하는 절차가 없는 경우에는 조약문의 작성에 참가한 국가의 대표에 의한 조약문 또는 조약문을 포함하는 회의의 최종의정서에의 정식 서명에 의해서만 최종적으로 확정된다.
③ 조약에 대한 국가의 기속적 동의는 서명, 조약을 구성하는 문서의 교환, 비준·수락·승인 또는 가입에 의하여 또는 기타의 방법에 관하여 합의하는 경우에 그러한 기타의 방법으로 표시된다.
④ 조약의 채택은 그 작성에 참가한 모든 국가의 동의에 의하여 이루어진다.

정답 ②

해설 조약문에 규정되어 있거나 또는 조약문의 작성에 참가한 국가가 합의하는 절차가 없는 경우에는 조약문의 작성에 참가한 국가의 대표에 의한 조약문 또는 조약문을 포함하는 회의의 최종의정서에의 서명, 조건부서명 또는 가서명에 의해 최종적으로 확정된다.

0269

서명에 의하여 표시되는 조약에 대한 기속적 동의가 아닌 것은?

① 대표에 의한 조약의 조건부 서명은 대표의 본국에 의하여 확인되는 경우에 그 조약의 완전한 서명을 구성한다.
② 서명이 그러한 효과를 가져야 하는 것으로 교섭국간에 합의되었음이 달리 확정되는 경우에 기속적 동의가 이루어진다.
③ 서명에 그러한 효과를 부여하고자 하는 국가의 의사가 그 대표의 전권위임장으로부터 나타나는 경우 또는 교섭중에 표시된 경우에 기속적 동의가 이루어진다.
④ 조약문의 가서명이 그 조약의 서명을 구성하는 것으로 합의되었더라도 가서명은 그 조약문의 서명으로 대체될 수 없다.

정답 ④

해설 조약문의 가서명이 그 조약의 서명을 구성하는 것으로 교섭국간에 합의되었음이 확정되는 경우에 그 가서명은 그 조약문의 서명을 구성한다.

0270

비엔나조약법상 비준에 대한 기속적 동의에 해당하지 않는 것은?

① 그러한 동의가 비준에 의하여 표시될 것을 그 조약이 규정하고 있는 경우
② 비준이 필요한 것으로 교섭국 간에 합의되었음이 달리 확정되는 경우
③ 기속적 동의로 인정할 것을 각 국가의 의회에서 비준 동의한 경우
④ 비준되어야 할 것으로 하여 그 조약에 서명하고자 하는 그 국가의 의사가 그 대표의 전권위임장으로부터 나타나거나 또는 교섭 중에 표시된 경우

[정답] ③
[해설] 그 국가의 대표가 비준되어야 할 것으로 하여 그 조약에 서명한 경우

0271

조약에 대한 국가의 기속적 동의를 확정에 대한 설명으로 잘못된 것은?

① 체약국간의 그 교환
② 수탁자에의 그 기탁
③ 합의되는 경우 체약국 또는 수탁자에의 그 통고
④ 당사국간의 합의

[정답] ④
[해설] 비준서 · 수락서 · 승인서 또는 가입서의 교환 또는 기탁
조약이 달리 규정하지 아니하는 한 비준서 · 수락서 · 승인서 또는 가입서는 다음의 경우에 조약에 대한 국가의 기속적 동의를 확정한다.
(a) 체약국간의 그 교환
(b) 수탁자에의 그 기탁 또는
(c) 합의되는 경우 체약국 또는 수탁자에의 그 통고

0272

조약의 효력에 관한 설명으로 타당하지 않은 것은?

① 조약의 일부에 대한 국가의 기속적 동의는 그 조약이 이를 인정하는 경우에만 유효하다.
② 상이한 제 규정의 선택을 허용하는 조약에 대한 국가의 기속적 동의는 그 동의가 어느 규정에 관련되는 것인가에 관하여 명백해지는 경우에만 유효하다.
③ 다른 체약국이 이에 동의하는 경우에만 유효하다.
④ 조약의 일부에 대한 기속적 동의는 당사국가의 과반수가 찬성하지 아니하는 한 허용되지 아니한다.

정답 ④

해설 조약의 일부에 대한 기속적 동의 및 상이한 제 규정의 선택
1. 제19조 내지 제23조를 침해함이 없이 조약의 일부에 대한 국가의 기속적 동의는 그 조약이 이를 인정하거나 또는 다른 체약국이 이에 동의하는 경우에만 유효하다.
2. 상이한 제 규정의 선택을 허용하는 조약에 대한 국가의 기속적 동의는 그 동의가 어느 규정에 관련되는 것인가에 관하여 명백해지는 경우에만 유효하다.

0273

유보의 수락에 대한 설명으로 타당하지 않은 것은?

① 다른 체약국에 의한 유보의 수락은 그 조약이 유보국과 다른 유보 수락국에 대하여 유효한 경우에 또한 유효한 기간 동안 유보국이 그 다른 유보 수락국과의 관계에 있어서 조약의 당사국이 되도록 한다.
② 유보에 다른 체약국의 이의는 이의 제기국이 확정적으로 반대의사를 표시하지 아니하는 한 이의 제기국과 유보국간에 있어서의 조약의 발효를 배제하지 아니한다.
③ 조약에 대한 국가의 기속적 동의를 표시하며 또한 유보를 포함하는 행위는 다른 체약국 전부가 그 유보를 수락한 경우에 유효하다.
④ 한 국가가 유보의 통고를 받은 후 12개월의 기간이 끝날 때까지나 또는 그 조약에 대한 그 국가의 기속적 동의를 표시한 일자까지 중 어느 것이든 나중의 시기까지 그 유보에 대하여 이의를 제기하지 아니한 경우에는 유보가 그 국가에 의하여 수락된 것으로 간주된다.

정답 ③

해설 조약에 대한 국가의 기속적 동의를 표시하며 또한 유보를 포함하는 행위는 적어도 하나의 다른 체약국이 그 유보를 수락한 경우에 유효하다.

0274

유보에 대한 이의의 법적 효과의 설명으로 옳지 않은 것은?

① 유보국과 그 다른 당사국과의 관계에 있어서 유보국에 대해서는 그 유보에 관련되는 조약규정을 그 유보의 범위 내에서 변경한다.
② 다른 당사국과 유보국과의 관계에 있어서 그 다른 당사국에 대해서는 그러한 조약규정을 동일한 범위 내에서 변경한다.
③ 유보는 일정 국가 간의 조약에 대한 다른 당사국에 대하여 그 조약규정을 수정하지 아니한다.
④ 유보에 대하여 이의를 제기하는 국가가 동 이의 제기국과 유보국 간의 조약의 발효에 반대하지 아니하는 경우에도 유보에 관련되는 규정은 그 유보의 범위 내에서 양국 간에 적용되지 아니한다.

정답 ④

해설 유보에 대하여 이의를 제기하는 국가가 동 이의 제기국과 유보국 간의 조약의 **발효에 반대하는 경우**에 유보에 관련되는 규정은 그 유보의 범위 내에서 양국간에 적용되지 아니한다.

0275

유보에 관한 절차에 대한 설명으로 옳지 않은 것은?

① 유보, 유보의 명시적 수락 및 유보에 대한 이의는 서면으로 형성되어야 하며 또한 체약국 및 조약의 당사국이 될 수 있는 권리를 가진 국가에 통고되어야 한다.
② 유보가 수탁을 전제로 하여 조약에 서명한 때에 형성된 경우에는 유보국이 그 조약에 대한 기속적 동의를 표시하는 때에 유보국에 의하여 정식으로 확인되어야 하는데, 그러한 경우에 유보는 그 확인일자에 형성된 것으로 간주된다.
③ 유보의 확인 이전에 형성된 유보의 명시적 수락 또는 유보에 대한 이의는 그 자체확인을 필요로 하지 아니한다.
④ 유보 또는 유보에 대한 이의의 철회는 서면으로 형성되어야 한다.

정답 ②

해설 유보가 비준·수락 또는 승인에 따를 것으로 하여 조약에 서명한 때에 형성된 경우에는 유보국이 그 조약에 대한 기속적 동의를 표시하는 때에 유보국에 의하여 정식으로 확인되어야 하는데, 그러한 경우에 유보는 그 확인일자에 형성된 것으로 간주된다.

0276

비엔나 조약법상 조약의 발효에 대한 설명으로 틀린 것은?

① 조약은 그 조약이 규정하거나 또는 교섭국이 협의하는 방법으로 또한 그 일자에 발효한다.
② 입법부적 조약이란 대세적 효력을 규정한 조약을 말하는데, 오늘날 국제법은 국가동의를 기초로 형성되므로 입법부적 조약은 원칙적으로 인정될 수 없다.
③ 조약에 대한 국가의 기속적 동의가 그 조약이 발효한 후의 일자에 확정되는 경우에는 그 조약이 달리 규정하지 아니하는 한 그 동의가 확정되는 것을 통보하는 때에 그 조약은 그 국가에 대하여 발효한다.
④ 조약문의 정본인증, 조약에 대한 국가의 기속적 동의의 확정, 조약의 발효방법 또는 일자, 유보, 수탁자의 기능 및 조약의 발효전에 필연적으로 발생하는 기타의 사항을 규율하는 조약규정은 조약문의 채택시로부터 적용된다.

정답 ③

해설 조약에 대한 국가의 기속적 동의가 그 조약이 발효한 후의 일자에 확정되는 경우에는 그 조약이 달리 규정하지 아니하는 한 그 동의가 확정되는 일자에 그 조약은 그 국가에 대하여 발효한다.

0277

비엔나 조약법상 조약의 해석에 대한 설명으로 타당하지 않은 것은?

① 의미가 모호해지거나 또는 애매하게 되는 경우, 조약의 교섭 기록 및 그 체결시의 사정을 포함한 해석의 보충적 수단에 의존할 수 있다.
② 명백히 불투명하거나 또는 불합리한 결과를 초래하는 경우, 조약의 교섭 기록 및 그 체결시의 사정을 포함한 해석의 보충적 수단에 의존할 수 있다.
③ 조약이 2 또는 그 이상의 언어에 의하여 정본으로 확정된 때에는 특정의 조약문이 우선함을 그 조약이 규정하지 아니하거나 또는 당사국이 합의하지 아니하는 한 각 언어로 작성된 조약문은 동등하게 유효하다.
④ 조약의 정본으로 사용된 언어중의 어느 하나 이외의 다른 언어로 작성된 조약의 번역문도 이를 정본으로 간주된다.

정답 ④

해설 조약의 정본으로 사용된 언어중의 어느 하나 이외의 다른 언어로 작성된 조약의 번역문은 이를 정본으로 간주함을 조약이 규정하거나 또는 당사국이 이에 합의하는 경우에만 정본으로 간주된다.

0278

비엔나조약법 협약사 다자조약의 개정에 관한 설명으로 옳지 않은 것은?

① 모든 당사국 간에서 다자조약을 개정하기 위한 제의는 모든 체약국에 통고되어야 하며 각 체약국은 그러한 제의에 관하여 취하여질 조치에 관한 결정에 참여할 권리를 가진다.
② 모든 당사국간에서 다자조약을 개정하기 위한 제의는 모든 체약국에 통고되어야 하며 각 체약국은 그 조약의 개정을 위한 합의의 교섭 및 성립에 참여할 권리를 가진다.
③ 조약의 당사국이 될 수 있는 권리를 가진 국가라도 개정되는 조약의 당사국이 될 수 없다.
④ 개정하는 합의의 발효 후에 조약의 당사국이 되는 국가는 그 국가에 의한 별도 의사의 표시가 없는 경우에 개정되는 조약의 당사국으로 간주된다.

정답 ③

해설 조약의 당사국이 될 수 있는 권리를 가진 모든 국가는 개정되는 조약의 당사국이 될 수 있는 권리를 또한 가진다.

0279

조약의 적법성 및 효력의 계속에 대한 설명으로 옳지 않은 것은?

① 조약의 적법성 또는 조약에 대한 국가의 기속적 동의의 적법성은 이 협약의 적용을 통해서만 부정될 수 있다.
② 조약의 종료, 그 폐기 또는 당사국의 탈퇴는 그 조약의 규정 또는 이 협약의 적용의 결과로서만 행하여질 수 있다.
③ 이 협약 또는 조약규정의 적용의 결과로서 조약의 부적법·종료 또는 폐기, 조약으로부터의 당사국의 탈퇴 또는 그 시행정지는 그 조약과는 별도로 국제법에 따라 복종해야 하는 의무로서 그 조약에 구현된 것을 이행해야 하는 국가의 책무를 어떠한 방법으로도 경감시키지 아니한다.
④ 그 국가의 행동으로 보아 조약의 적법성 또는 그 효력이나 시행의 존속을 묵인한 것으로 간주되어야 하는 경우, 조약 무효를 위해 부정을 원용할 수 있다.

정답 ④

해설 그 국가의 행동으로 보아 조약의 적법성 또는 그 효력이나 시행의 존속을 묵인한 것으로 간주되어야 하는 경우, 조약무효를 위해 착오나 사기를 원용할 수 없다.

0280

비엔나조약법상의 조약의 가분성에 대한 설명으로 옳지 않은 것은?

① 조약에 규정되어 있거나 또는 제56조에 따라 발생하는 조약의 폐기·탈퇴 또는 시행 정지시킬 수 있는 당사국의 권리는 조약이 달리 규정하지 아니하거나 또는 당사국이 달리 합의하지 아니하는 한 조약 전체에 관해서만 행사될 수 있다.
② 이 협약에서 인정되는 조약의 부적법화·종료·탈퇴 또는 시행정지의 사유는 조약상의 부분에 관해서만 원용될 수 있다.
③ 사유가 특정의 조항에만 관련되는 경우에는 당해 조항이 그 적용에 관련하여 그 조약의 잔여 부분으로부터 분리될 수 있으면 그러한 조항에 관해서만 원용될 수 있다.
④ 사유가 특정의 조항에만 관련되는 경우에는 당해 조항의 수락이 전체로서의 조약에 대한 1 또는 그 이상의 다른 당사국의 기속적 동의의 필수적 기초가 아니었던 것이 그 조약으로부터 나타나거나 또는 달리 확정되면 그러한 조항에 관해서만 원용될 수 있다.

정답 ②

해설 이 협약에서 인정되는 조약의 부적법화·종료·탈퇴 또는 시행정지의 사유는 조약 전체에 관해서만 원용될 수 있다.

0281

조약의 가분성에 대한 설명으로 옳지 않은 것은?

① 사유가 특정의 조항에만 관련되는 경우에 그 조약의 잔여 부분의 계속적 이행이 부당하지 아니한 경우에는 그러한 조항에 관해서만 원용될 수 있다.
② 착오인 경우에는 이를 원용하는 권리를 가진 국가는 조약 전체에 관하여 또는 그 사유가 특정의 조항에만 관련되는 경우에 따를 것으로 하여 특정의 조항에 관해서만 그렇게 원용할 수 있다.
③ 부정인 경우에는 이를 원용하는 권리를 가진 국가는 조약 전체에 관하여 또는 그 사유가 특정의 조항에만 관련되는 경우에 따를 것으로 하여 특정의 조항에 관해서만 그렇게 원용할 수 있다.
④ 조약의 절대적 무효 사유에는 조약규정의 분리가 허용되지 아니한다.

정답 ②

해설 기만인 경우에는 이를 원용하는 권리를 가진 국가는 조약 전체에 관하여 또는 그 사유가 특정의 조항에만 관련되는 경우에 따를 것으로 하여 특정의 조항에 관해서만 그렇게 원용할 수 있다.

0282

조약의 무효조항에 대한 설명으로 타당하지 않은 것은?

① 경우에 따라 그 조약이 적법하다는 것 또는 계속 유효하다는 것 또는 계속 시행된다는 것에 그 국가가 명시적으로 동의한 경우는 조약의 부적법화 · 종료 · 탈퇴 또는 그 시행정지의 사유를 원용하는 권리를 상실한다.

② 그 국가의 행동으로 보아 조약의 적법성 또는 그 효력이나 시행의 존속을 묵인한 것으로 간주되어야 하는 경우에 조약의 부적법화 · 종료 · 탈퇴 또는 그 시행정지의 사유를 원용하는 권리를 상실한다.

③ 조약 체결권에 관한 국내법 규정의 위반이 명백하며 또한 근본적으로 중요한 국내법 규칙에 관련되지 아니하는 한 국가는 조약에 대한 그 기속적 동의를 부적법화하기 위한 것으로 그 동의가 그 국내법 규정에 위반하여 표시되었다는 사실을 원용할 수 없다.

④ 어느 조약에 대한 국가의 기속적 동의를 표시하는 대표의 권한이 특정의 제한에 따를 것으로 하여 부여된 경우에 그 대표가 그 제한을 준수하지 아니한 것은 그러한 동의를 표시한 후에 그 제한을 다른 교섭국에 통고하는 한 그 대표가 표시한 동의를 부적법화하는 것으로 원용될 수 없다.

정답 ④

해설 어느 조약에 대한 국가의 기속적 동의를 표시하는 대표의 권한이 특정의 제한에 따를 것으로 하여 부여된 경우에 그 대표가 그 제한을 준수하지 아니한 것은 **그러한 동의를 표시하기 전에** 그 제한을 다른 교섭국에 통고하지 아니한 한 그 대표가 표시한 동의를 부적법화하는 것으로 원용될 수 없다.

0283

조약의 무효조항에 대한 설명으로 타당하지 않은 것은?

① 조약상의 착오는 그 조약이 체결된 당시에 존재한 것으로 국가가 추정한 사실 또는 사태로서, 그 조약에 대한 국가의 기속적 동의의 본질적 기초를 구성한 것에 관한 경우에 국가는 그 조약에 대한 그 기속적 동의를 부적법화하는 것으로 그 착오를 원용할 수 있다.
② 조약문의 자구에만 관련되는 착오는 조약의 적법성에 영향을 주지 아니한다. 그 경우에는 조약문 또는 인증등본상의 착오 정정이 적용된다.
③ 문제의 국가가 자신의 행동에 의하여 착오를 유발하였거나 또는 그 국가가 있을 수 있는 착오를 감지할 수 있는 등의 사정하에 있는 경우에는 원용이 적용되지 아니한다.
④ 국가가 다른 교섭국의 기만적 행위에 의하여 조약을 체결하도록 유인된 경우에 그 국가는 조약에 대한 자신의 기속적 동의를 부적법화하는 것으로 그 기만을 원용할 수 없다.

정답 ④
해설 국가가 다른 교섭국의 기만적 행위에 의하여 조약을 체결하도록 유인된 경우에 그 국가는 조약에 대한 자신의 기속적 동의를 부적법화하는 것으로 그 기만을 원용할 수 있다.

0284

조약의 무효에 대한 설명으로 틀린 것은?

① 조약에 대한 국가의 기속적 동의의 표시가 직접적으로 또는 간접적으로 다른 교섭국에 의한 그 대표의 부정을 통하여 감행된 경우에 그 국가는 조약에 대한 자신의 기속적 동의를 부적법화하는 것으로 그 부정을 원용할 수 있다.
② 국가 대표에게 정면으로 향한 행동 또는 위협을 통하여 그 대표에 대한 강제에 의하여 감행된 조약에 대한 국가의 기속적 동의 표시는 법적 효력을 가지지 아니한다.
③ 관습법에 구현된 국제법의 제 원칙을 위반하여 힘의 위협 또는 사용에 의하여 조약의 체결이 감행된 경우에 그 조약은 무효이다.
④ 조약은 그 체결 당시에 일반 국제법의 절대규범과 충돌하는 경우에 무효이다

정답 ③
해설 국제연합헌장에 구현된 국제법의 제 원칙을 위반하여 힘의 위협 또는 사용에 의하여 조약의 체결이 감행된 경우에 그 조약은 무효이다.

0285

조약의 종료 및 시행정지에 대한 설명이 잘못된 것은?

① 조약이 달리 규정하지 아니하는 한 다자조약은 그 당사국수가 그 발효에 필요한 수 이하로 감소하는 사실만을 이유로 종료하지 아니한다.
② 종료에 관한 규정을 포함하지 아니하며 또한 폐기 또는 탈퇴를 규정하고 있지 아니하는 조약은 당사국이 폐기 또는 탈퇴의 가능성을 인정하고자 하였음이 확정되는 경우에 해당되지 아니하는 한 폐기 또는 탈퇴가 인정되지 아니한다.
③ 종료에 관한 규정을 포함하지 아니하며 또한 폐기 또는 탈퇴를 규정하고 있지 아니하는 조약은 폐기 또는 탈퇴의 권리가 조약의 성질상 명시되는 경우 폐기 또는 탈퇴가 인정되지 아니한다.
④ 조약의 폐기 또는 탈퇴 의사를 적어도 12개월 전에 통고하여야 한다.

정답 ③

해설 종료에 관한 규정을 포함하지 아니하며 또한 폐기 또는 탈퇴를 규정하고 있지 아니하는 조약은 폐기 또는 탈퇴의 권리가 조약의 성질상 **묵시되는** 경우 폐기 또는 탈퇴가 인정되지 아니한다.

0286

조약의 시행정지에 대한 설명으로 타당하지 않은 것은?

① 모든 당사국 또는 특정의 당사국에 대하여 조약의 시행이 그 조약의 규정에 의거하는 경우에 정지될 수 있다.
② 모든 당사국 또는 특정의 당사국에 대하여 조약의 시행이 그 다른 체약국과 협의한 후에 언제든지 모든 당사국의 동의를 얻는 경우에 정지될 수 있다.
③ 다른 당사국에 의한 조약상의 권리 향유 또는 의무의 이행에 영향을 주지 아니하며 그 조약의 대상 및 목적과 양립할 수 없는 것이 아닌 경우에 일시적으로 또한 그 당사국간에서만 조약규정의 시행을 정지시키기 위한 합의를 성립시킬 수 있다.
④ 조약이 달리 규정하지 아니하는 한 문제의 당사국은 합의를 성립시키고자 하는 그 의사 및 시행을 정지시키고자 하는 조약규정을 타방 당사국과 합의하여야 한다.

정답 ④

해설 조약이 달리 규정하지 아니하는 한 문제의 당사국은 합의를 성립시키고자 하는 그 의사 및 시행을 정지시키고자 하는 조약규정을 타방 당사국에 **통고하여야** 한다.

0287

비엔나조약법 협약상 조약의 종료사유에 대한 설명으로 틀린 것은?

① 조약의 이행불능이 그 조약의 시행에 불가결한 대상의 영구적 소멸 또는 파괴로 인한 경우에 당사국은 그 조약을 종료시키거나 또는 탈퇴하기 위한 사유로서 그 이행불능을 원용할 수 있는데, 그 이행 불능이 일시적인 경우에는 조약의 시행정지를 위한 사유로서만 원용될 수 있다.

② 이행불능이 이를 원용하는 당사국에 의한 조약상의 의무나 또는 그 조약의 다른 당사국에 대하여 지고 있는 기타의 국제적 의무의 위반의 결과인 경우에 그 이행 불능은 그 조약을 종료시키거나 또는 탈퇴하거나 또는 그 시행을 정지시키기 위한 사유로서 그 당사국에 의하여 원용될 수 있다.

③ 조약의 체결 당시에 존재한 사정에 관하여 발생하였으며 또한 당사국에 의하여 예견되지 아니한 사정의 근본적 변경은 그러한 사정의 존재가 그 조약에 대한 당사국의 기속적 동의의 본질적 기초를 구성하였으며 또한 그 조약에 따라 계속 이행되어야 할 의무의 범위를 그 변경의 효과가 급격하게 변환시키는 경우에 해당되지 아니하는 한 조약을 종료시키거나 또는 탈퇴하기 위한 사유로서 원용될 수 없다.

④ 사정의 근본적 변경은 그 조약이 경계선을 확정하는 경우 또는 근본적 변경이 이를 원용하는 당사국에 의한 조약상의 의무나 또는 그 조약의 다른 당사국에 대하여 지고 있는 기타의 국제적 의무의 위반의 결과인 경우에는 조약을 종료시키거나 또는 탈퇴하는 사유로서 원용될 수 없다.

정답 ②

해설 이행불능이 이를 원용하는 당사국에 의한 조약상의 의무나 또는 그 조약의 다른 당사국에 대하여 지고 있는 기타의 국제적 의무의 위반의 결과인 경우에 그 이행 불능은 그 조약을 종료시키거나 또는 탈퇴하거나 또는 그 시행을 정지시키기 위한 사유로서 그 당사국에 의하여 **원용될 수 없다.**

0288

1969년 비엔나조약법 협약상 조약의 종료사유에 대한 설명이 틀린 것은?

① 조약 당사국간의 외교 또는 영사 관계의 단절은 외교 또는 영사 관계의 존재가 그 조약의 적용에 불가결한 경우를 제외하고 그 조약에 의하여 그 당사국간에 확립된 법적 관계에 영향을 주지 아니한다.
② 일반 국제법의 새 절대 규범이 출현하는 경우에 그 규범과 충돌하는 현행 조약은 무효로 되어 종료한다.
③ 조약에 대한 국가의 기속적 동의상의 허가를 원용하거나 또는 조약의 적법성을 부정하거나 조약을 종료시키거나 조약으로부터 탈퇴하거나 또는 그 시행을 정지시키기 위한 사유를 원용하는 당사국은 다른 당사국에 대하여 그 주장을 통고하여야 한다.
④ 통고에는 그 조약에 관하여 취하고자 제의하는 조치 및 그 이유를 표시할 필요가 없다.

정답 ④
해설 통고에는 그 조약에 관하여 취하고자 제의하는 조치 및 그 이유를 표시하여야 한다.

0289

비엔나 조약법 협약상 절차에 대한 설명으로 적절하지 않은 것은?

① 특별히 긴급한 경우를 제외하고 그 통고의 접수 후 6개월 이상의 기간이 경과한 후에 어느 당사국도 이의를 제기하지 아니한 경우에는 그 통고를 행한 당사국은 규정된 방법으로 그 당사국이 제의한 조치를 실행할 수 있다
② 사법적 해결·중재 재판 및 조정을 위한 절차 상 이의가 제기된 일자로부터 12개월의 기간내에 해결에 도달하지 못한 경우에는 적용 또는 해석에 관한 분쟁의 어느 한 당사국은 제 당사국이 공동의 동의에 의하여 분쟁을 중재 재판에 부탁하기로 합의하지 아니하는 한 분쟁을 국제사법재판소에 결정을 위하여 서면 신청으로써 부탁을 진행하여야 한다.
③ 다른 제 조항의 적용 또는 해석에 관한 분쟁의 어느 한 당사국은 협약의 부속서에 명시된 절차의 취지로 요구서를 국제연합사무총장에게 제출함으로써 그러한 절차를 개시할 수 있다.
④ 조약의 부적법선언·종료·탈퇴 또는 시행정지에 관한 행위는 다른 당사국에 전달되는 문서를 통하여 이행하여야 하는데, 동 문서가 국가원수·정부수반 또는 외무부장관에 의하여 서명되지 아니한 경우에는 이를 전달하는 국가의 대표에게 전권 위임장을 제시하도록 요구할 수 있다.

정답 ①
해설 특별히 긴급한 경우를 제외하고 그 통고의 접수 후 3개월 이상의 기간이 경과한 후에 어느 당사국도 이의를 제기하지 아니한 경우에는 그 통고를 행한 당사국은 규정된 방법으로 그 당사국이 제의한 조치를 실행할 수 있다

0290

조약의 무효에 대한 효과의 설명으로 타당하지 않은 것은?

① 부적법이 확정되는 조약은 무효로 무효인 조약의 규정은 법적 효력을 가지지 아니한다.
② 각 당사국은 그 행위가 실행되지 아니하였더라면 존재하였을 상태를 당사국의 상호관계에 있어서 가능한 한 확립하도록 다른 당사국에 그 책임을 요구할 수는 없다.
③ 부적법이 원용되기 전에 성실히 실행된 행위는 그 조약의 부적법만을 이유로 불법화되지 아니한다.
④ 다자조약에 대한 특정 국가의 기속적 동의의 부적법의 경우에 규칙이 그 국가와 그 조약의 당사국간의 관계에 있어서 적용된다.

정답 ②
해설 각 당사국은 그 행위가 실행되지 아니하였더라면 존재하였을 상태를 당사국의 상호관계에 있어서 가능한 한 확립하도록 다른 당사국에 요구할 수 있다.

0291

조약의 종료 효과에 대한 설명으로 틀린 것은?

① 당사국에 대하여 추후 그 조약을 이행할 의무를 유지한다.
② 조약의 종료 전에 그 조약의 시행을 통하여 생긴 당사국의 권리·의무 또는 법적 상태에 영향을 주지 아니한다.
③ 일반 국제법의 절대규범(강행규범)과 충돌하는 조약인 경우, 일반 국제법의 절대 규범과 충돌하는 규정에 의존하여 행하여진 행위의 결과를 가능한 한 제거하며 또한 당사국의 상호관계를 일반국제법의 절대 규범과 일치시키도록 한다.
④ 일반 국제법의 새 절대 규범(강행규범)의 출현에 따라 무효로 되어 종료하는 조약의 경우에 그 조약의 종료는 당사국에 대하여 추후 그 조약을 이행할 의무를 해제하며, 조약의 종료전에 그 조약의 시행을 통하여 생긴 당사국의 권리·의무 또는 법적 상태에 영향을 주지 아니한다.

정답 ①
해설 당사국에 대하여 추후 그 조약을 이행할 의무를 해제한다.

0292

비엔나 조약법협약에 대한 설명으로 틀린 것은?

① 이 협약의 규정은 국가의 계승·국가의 국제 책임 또는 국가간의 적대 행위의 발발로부터 조약에 관하여 발생될 수 있는 문제를 예단하지 아니한다.
② 2 또는 그 이상의 국가간의 외교 또는 영사관계의 단절 또는 부재는 그러한 국가간의 조약체결을 막지 아니하며, 조약의 체결은 그 자체 외교 또는 영사관계에 관련된 상태에 영향을 주지 아니한다.
③ 협약의 규정은 국제연합헌장에 의거하여 침략국의 침략에 관하여 취해진 조치의 결과로서 그 침략국에 대하여 발생될 수 있는 조약상의 의무를 침해하지 아니한다.
④ 등록제도는 미국의 윌슨 대통령에 의한 '평화 14원칙'과 관련되는데, 국제연맹규약과는 달리 국제연합헌장에 규정되어 있지 않다.

정답 ④

해설 등록제도는 미국의 윌슨 대통령에 의한 '평화 14원칙'과 관련되는데, **국제연맹규약 및 국제연합헌장에 규정되어 있다.**

0293

조약의 수탁 기능에 대한 설명으로 옳지 않은 것은?

① 조약의 수탁자는 조약 그 자체 속에 또는 기타의 방법으로 교섭국에 의하여 지정될 수 있으며 수탁자는 1 또는 그 이상의 국가·국제기구 또는 국제기구의 수석 행정관이 될 수 있다.
② 수탁자의 기능의 수행에 관하여 국가와 수탁자간에 발생하는 의견의 차이의 경우에 수탁자는 그 문제에 대하여 서명국과 체약국 또는 적절한 경우에는 관계 국제기구의 권한있는 기관의 주의를 환기시킨다.
③ 이 협약은 비준되어야 하며 비준서는 국제연합사무총장에게 기탁된다.
④ 이 협약은 국제연합 또는 전문기구 중의 어느 하나 또는 국제원자력기구의 모든 회원국 또는 국제연합총회에 의하여 이 협약의 당사국이 되도록 초청된 국가 가운데 반드시 모든 앞서의 기구에 속하는 국가에 의한 가입을 위하여 계속 개방되는데, 가입서는 국제연합사무총장에게 기탁된다.

정답 ④

해설 이 협약은 국제연합 또는 전문기구 중의 어느 하나 또는 국제원자력기구의 모든 회원국 또는 국제사법재판소 규정의 당사국 및 국제연합총회에 의하여 이 협약의 당사국이 되도록 초청된 기타의 국가 중 **어느 하나**에 속하는 국가에 의한 가입을 위하여 계속 개방되는데, 가입서는 국제연합사무총장에게 기탁된다.

08 | 관할권

0294
다음 중 효과이론에 대한 설명으로 타당하지 않은 것은?

① 주로 국가들이 국내법인 독점금지법의 역외적용과 관련되어 있다.
② 객관적 속지주의에 기초하고 있다.
③ 관할권 발생에 있어 영토 내에서의 실제적 행위가 전혀 없이도 단지 영토 내에서의 '효과'에만 의존하고 있다.
④ 효과이론의 사례로 EU 밖에서 설립된 모회사가 EU 역내에 설립된 자회사 또는 대리점을 갖고 있거나, 혹은 EU 밖에서 설립된 자회사가 EU 역내에서 영업활동을 수행하는 경우 모회사는 자신의 자회사 또는 대리점과 마찬가지로 역내의 사람으로 간주된다는 것이다.

[정답] ④

[해설] 단일경제실체이론을 설명하는 것으로 이 이론은 EU 밖에서 설립된 모회사가 EU 역내에 설립된 자회사 또는 대리점을 갖고 있거나, 혹은 EU 밖에서 설립된 자회사가 EU 역내에서 영업활동을 수행하는 경우 모회사는 자신의 자회사 또는 대리점과 마찬가지로 역내의 사람으로 간주된다는 것이다.

0295

국제법상 관할권에 대한 설명으로 타당하지 않은 것은?

① 입법관할권은 원칙적으로 영토적 한계를 갖지 아니한다.
② 집행관할권은 입법관할권과는 달리 영토적 한계를 가지지만, 예외적으로 공해에서 외국상선을 임검권 등이 있다.
③ 집행관할권은 군대지위협정에 의해 해외 주둔지 국가에서 형사재판을 하는 것 등은 집행관할권이 영토적 한계를 벗어난 예에 해당한다.
④ Eichmann 사건(1960)에서 이스라엘은 속지관할권을 주장하였다.

정답 ④
해설 Eichmann 사건(1960)에서 이스라엘은 보편관할권을 주장하였다.

0296

국가관할권에 대한 설명으로 틀린 것은?

① 국제관습법상 해적 행위는 '공해'에서 발생하는 약탈행위만을 의미한다.
② 미국은 1945년 ALCOA 판결을 기점으로 효과이론을 도입하였다.
③ 대륙법계 국가는 속지주의를 원칙으로 하고, 속인주의는 보충적으로 채택하고 있다.
④ 집행관할권은 영토적 한계를 갖는 것이 원칙이다.

정답 ③
해설 영미법계 국가가 속지주의를 원칙으로 하고, 속인주의는 보충적으로 채택하고 있다.

0297

국가관할권에 관한 설명으로 타당하지 않은 것은?

① A국 국민 甲이 B국에서 C국의 국채(國債)를 위조한 경우 C국이 甲에 대하여 형사관할권을 행사할 수 있는 근거는 보호주의이다.
② 공해상의 A국 선박내에서 B국 국민 甲이 C국 국민 乙을 살해한 경우 A국이 형사관할권을 행사할 수 있는 근거는 보편주의이다.
③ A국에서 B국 국민 甲이 C국 국민 乙을 살해한 경우 A국이 형사관할권을 행사할 수 있는 근거는 속지주의이다.
④ 공해상의 A국 선박내에서 B국의 선원들이 C국의 선원을 살해한 경우 C국이 형사관할권을 행사할 수 있는 근거는 수동적 속인주의이다.

[정답] ②
[해설] 공해상의 A국 선박내에서 B국 국민 甲이 C국 국민 乙을 살해한 경우 A국이 형사관할권을 행사할 수 있는 근거는 기국주의이다.

0298

국가관할권에 대한 설명으로 옳지 않은 것은?

① 국가관할권은 국가가 그 영역 내에 있는 사람, 물건 또는 사건 등에 대해 행사할 수 있는 권한의 총체를 말한다.
② 국가는 일반적으로 자국 영역 내에서 물리적으로 발생하는 행위를 규율하기 위한 국내법규를 제정할 수 있는 역내 관할권을 가진다.
③ 입법관할권은 자국 영역 밖의 행위를 규율하기 위한 목적으로는 절대 행사될 수 없다.
④ 보편주의는 범죄의 성격에 전적으로 의존한다.

[정답] ③
[해설] 입법관할권은 자국 영역 밖의 행위를 규율하기 위하여 행사되기도 하다.

0299

다음 중 국가관할권에 관한 설명으로 틀린 것은?

① 일부 테러행위에 대한 조약에서는 인도 아니면 소추의 의무를 규정하고 있다.
② 인도 아니면 소추 공식의 강제관할권은 항공기불법납치 행위와 인질억류행위가 그 대표적 예이다.
③ 항공기불법납치 행위는 정치범 불인도의 대상이 되지는 아니하지만 정치범죄로는 인정된다.
④ 국가의 입법관할권의 이론적 기초로서 지금까지 제시된 준칙은 속지주의, 속인주의, 수동적 속인주의, 보호주의, 보편주의 등 다섯 가지로 볼 수 있다.

[정답] ③
[해설] 항공기불법납치 행위는 정치범죄로 인정되지 않으며, 따라서 정치범 불인도의 대상이 되지 아니한다.

0300

다음의 보기에 대한 설명으로 타당하지 않은 것은?

> A국 국민 甲은 B국을 여행하던 중 C국 국민 乙에 의해 피살되었다.

① A, B, C국 상호간 관할권이 경합하는 경우 국제법상 B국이 우선적으로 관할권을 행사한다.
② A국은 수동적 속인주의(피해자의 국적국)에 기초하여 관할권을 행사할 수 있다.
③ B국은 수동적 속지주의(범죄발생지국)에 기초하여 관할권을 행사할 수 있다.
④ C국은 주관적 속인주의(가해자의 국적국)에 기초하여 관할권을 행사할 수 있다.

[정답] ①
[해설] A, B, C국 상호간 관할권이 경합하는 경우 국제법상 B국이 우선적으로 관할권을 행사한다고 단정할 수 없다.

0301

국내법의 역외적용에 대한 설명으로 옳지 않은 것은?

① 한국 공정거래위원회는 효과주의 및 이행이론에 기초하여 역외관할권을 행사한 바 있다.
② 국내법의 역외적용은 타국의 영토주권을 침해하므로 원칙적으로 허용될 수 없다.
③ 효과주의는 주관적 속지주의 이론의 확대이론이다.
④ 유럽연합은 Wood Pulp사건에서 최초로 이행이론을 적용하여 역외관할권을 행사하였다.

정답 ③

해설 효과주의는 객관적 속지주의 이론의 확대이론이다.

0302

국제법 판례 〈로터스호 사건〉과 관련한 설명으로 틀린 것은?

① 프랑스는 공해상에서 선박충돌시 가해선의 국적국이 관할권을 갖는 것이 국제관습법이라고 주장하였다.
② 공해상에서 프랑스선 로터스호와 터키선 보즈코트호가 충돌 후, 보즈코트호가 침몰하고 선원 8명이 사망한 사건이다.
③ PCIJ는 국가의 역외관할권 행사는 일반적 금지원칙이며 역내 관할권 행사는 보편주의 원칙상 일반적 허용원칙이라고 보았다.
④ PCIJ는 공해상에서의 선발충돌 시 객관적 속지주의에 따른 관할권 행사를 금지하는 국제법은 존재하지 아니하므로 터키의 관할권 행사의 법적 기초는 정당하다고 보았다.

정답 ③

해설 PCIJ는 국가의 역외관할권 행사는 일반적 금지원칙이며 역내 관할권 행사는 **속지주의 원칙**상 일반적 허용원칙이라고 보았다.

0303

국가관할권 적용에 대한 주요 판례와 그 설명으로 옳지 않은 것은?

① Lotus호 사건에서 PCIJ는 일국의 입법관할권이 원칙적으로 영토 내에서 행한 행위에 국한되는 것이 아니며 국제법이 달리 규정하지 않는 한 원칙적으로 외국인이 외국에서 저지른 행위에 대해서도 관할권을 행사할 수 있다고 판시하였다.
② Lotus호 사건에서 프랑스는 공해상의 선박 충돌에 대한 관할권이 가해선의 국적국에 있음을 적극적으로 입증하지 못하였다.
③ 국제 체포영장 사건(2000)에서 벨기에는 속지주의적 관할권에 근거하여 콩고 외무부장관에 체포영장을 발부하였다.
④ Eichmann의 범죄는 이스라엘 영토 외의 지역에서 이스라엘 국민이 아닌 자에 의해 행하여진 '인도에 대한 죄'에 해당하였으므로 이스라엘은 보편관할권에 기초하여 자국의 관할권을 성립시켰다.

[정답] ③
[해설] 국제 체포영장 사건(2000)에서 벨기에는 **보편적 관할권**에 근거하여 콩고 외무부장관에 체포영장을 발부하였다.

0304

입법관할권과 집행관할권의 관계에 대한 설명으로 틀린 것은?

① 입법관할권은 집행을 동반하지 않는 입법은 무의미하기 때문에 궁극적으로 집행관할권에 의존한다.
② 입법관할권이 있어도 집행관할권이 제한되는 경우가 있는데 이는 각종 '면제'에 관한 규칙이 그것이다.
③ 입법관할권이 없다면 집행관할권을 행사할 수는 없다.
④ 민사법에서는 형법과 대조적으로 입법관할권과 집행관할권은 대체로 별개로 다루어지고 있는데, 외국의 민사재판소가 내린 '판결' 또는 외국의 '중재판정'에 대해 동의 없이 '승인과 집행'을 허락할 수도 있다.

[정답] ③
[해설] 수형자 이송 조약은 외국 형사 판결의 국내적 승인과 집행을 보장하기 위한 것이다.

0305

다음 중 관할권에 대한 설명으로 타당하지 않은 것은?

① 대륙법계는 속지주의와 속인주의를 병용하고 있다.
② 영미법계는 속인주의를 원칙으로 속지주의는 보충으로 하고 있다.
③ 일부 국가들(스칸디나비아 국가)은 속인주의의 기초를 국적에 국한시키지 않고 자국의 영주권자들이 해외에서 저지른 범죄에 대해서도 관할권을 주장하고 있다.
④ 미국은 경제입법의 역외관할권을 주장하기 위한 방법으로 효과이론과 더불어 속인주의 적용의 기초가 되는 '국민' 개념을 확대해석하는 방법을 쓰고 있다.

[정답] ②
[해설] 영미법계는 속지주의를 원칙으로 속인주의는 보충으로 하고 있다.
  ⅰ) 영국은 반역죄, 모살, 고살, 중혼죄 등에 대해 속인주의를 채택하고 있다.
  ⅱ) 미국은 반역죄, 마약거래, 군대가 저지르거나 군대를 대상으로 하는 범죄 등에 대해 속인주의를 채택하고 있다.

0306

다음 중 보편관할권의 효력에 대한 설명으로 타당하지 않은 것은?

① 국가는 외국인이 외국에서 외국인 혹은 외국을 대상으로 행한 행위라면 이를 범죄로 규정하여 형사관할권을 행사할 수 없다.
② 보편관할권은 예외적인 상황 아래에서만 원용할 수 있는 개념이다.
③ 국제법상의 해적행위, 전쟁범죄, 제노사이드 등 이후에는 그 대상범위가 점차 확대되고 있다.
④ Furundzija 사건 (1998년)에서 ICTY는 고문과 같은 개인의 강행규범 위반행위에 대해서는 모든 국가가 보편관할권을 행사할 권리가 있다.

[정답] ①
[해설] 국가는 외국인이 외국에서 외국인 혹은 외국을 대상으로 행한 행위라 하더라도 이를 범죄로 규정하여 **형사관할권을 행사**할 수 있다.

0307

국가관할권 중 일사부재리의 원칙의 미적용에 대한 설명이 잘못된 것은?

① 하나의 범죄로 먼저 잡힌 국가에서 처벌받고 다시 다른 국가에서 처벌받을 수도 있다.
② 국내법상의 '이중 위험' 금지 내지 일사부재리의 원칙은 국제법상 적용될 여지가 없다.
③ 이러한 원칙이 개인에게는 커다란 고통이지만 1966년 "시민적·정치적 권리에 관한 국제규약"은 여전히 "그 누구도 각국의 법과 형사절차에 따라 이미 최종적으로 유죄선고를 받거나 석방된 범죄에 대해 심리 받거나 처벌되어서는 안 된다."고 규정할 따름이다.
④ 유럽인권협약은 예외적으로 실질적으로 보장되지 않는 한 개인은 자신의 동일 범죄로 두 개 이상의 국가에서 재판과 처벌받을 수 없다.

정답 ④
해설 유럽인권협약은 실질적으로 보장되지 않는 한 개인은 자신의 동일 범죄로 두 개 이상의 국가에서 재판과 처벌받을 수도 있다.

0308

관할권 중 집행관할권에 대한 설명으로 타당하지 않은 것은?

① 타국에 있는 어떤 자의 행동과 관련하여 일국의 국내법상 입법관할권이 존재한다고 하더라도 그 타국의 허락 없이 그 영토 내에서 문제의 법을 집행하려고 시도한다는 것이 부당함은 일반적으로 승인된 사실이다.
② 목적상 '집행'이라 함은 최종명령서의 발부만을 의미하는 것이 아니라 소환장 송달, 정보제출요구 등과 같은 모든 권력적 행위를 지칭한다.
③ 국가의 입법관할권이 합법적인 한계를 벗어났다고 하더라도, 국가의 집행관할권은 그것이 역내이든 역외이든 불문하고 위법하다고 단정할 수 없다.
④ 국가들이 법의 역외집행을 위하여 상호 협력하는 일은 가능하다.

정답 ③
해설 국가의 입법 관할권이 합법적인 한계를 벗어났다면, 그에 기초한 국가의 집행 관할권은 그것이 역내이든 역외이든 불문하고 위법하다는 결론에 도달한다.

0309

범죄인 인도에 대한 설명으로 타당하지 않은 것은?

① 외국에서 수사 또는 재판을 받고 있거나 유죄판결을 받은 자를 청구에 기초하여 그 국가로 넘겨주는 것을 지칭한다.
② 범죄인 인도는 집행관할권의 영토적 제약성으로 인하여 고안된 제도이다.
③ 범죄인의 인도를 의무적인 것으로 규정하는 관습법규가 있다.
④ 인도조약을 체결하지 않아도 국제 예양에 의거하여 또는 국내입법을 통하여 범인을 인도해 줄 수 있다.

[정답] ③
[해설] 범죄인의 인도를 의무적인 것으로 규정하는 관습법규는 존재하지 않기 때문에, 국가들은 불가피하게 조약체결을 통하여 당사국 상호간에 인도의무를 창설하는 방식을 채택하고 있다.

0310

범죄인 인도 조약의 일반원칙에 대한 설명으로 옳지 않은 것은?

① 쌍방가벌성(double criminality) 원칙은 인도의 대상이 되는 범죄는 대체로 '인도청구 시' '청구국과 피청구국 쌍방에서 범죄를 구성할 것'을 전제로 하여 일정 기준 중대한 범죄에 국한되고 있다.
② 충분한 증거(sufficient evidence)는 인도청구의 대상이 된 도망자가 죄가 있음을 보여주는 일단의 증거 내지는 충분한 증거를 제시한다.
③ 범죄특정(speciality)의 원칙은 범죄인을 인도받아 그의 인도 이전의 범죄에 대하여 재판을 할 때, 인도청구서에 기재되어 있는 당해 죄 이외에도 처벌할 수 있다.
④ 인도적 고려의 원칙은 인도 혹은 송환되어 사형·고문 또는 기타 비인도적 대우를 받을 것이 예견되는 경우에 인도를 거절할 수 있다.

[정답] ③
[해설] 범죄특정(speciality)의 원칙은 범죄인을 인도받아 그의 인도 이전의 범죄에 대하여 재판을 할 때, 인도청구서에 기재되어 있는 당해 죄명으로만 처벌할 수 있다.

0311

범죄인 인도 조약의 일반원칙에 대한 설명으로 옳지 않은 것은?

① 인도청구서에 밝힌 죄명보다 중한 죄나 경한 죄로도 처벌하지 못하는데, 이는 범죄인의 인권을 보호하기 위함이다.
② 범죄인을 인도해 준 국가에게 새로 추기된 범죄에 대하여 충분한 증거를 보냈고, 인도국이 범죄에 대한 재판에 동의하는 경우, 인도받은 범죄인의 두 번째 범죄에 관하여 재판·처벌할 수 있다.
③ 충분한 증거의 원칙은 증거가 충분히 제출되었는지의 판단은 청구국의 사법기관이 행한다.
④ 동일 범죄에 대한 선(先) 재판에서 인도 청구된 자가 청구범죄에 관하여 '피청구국에서 재판을 받고 있거나', '이미 재판을 받고 유죄 또는 무죄의 선고를 받은 경우에는 인도를 허용하지 않거나 거절할 수 있다.

정답 ③

해설 충분한 증거의 원칙은 증거가 충분히 제출되었는지의 판단은 **피청구국의 사법기관**이 행한다.

0312

정치범 불인도 원칙에 대한 설명으로 타당하지 않은 것은?

① 일반관습법규에는 없고, 보통범죄인의 경우와 마찬가지로 정치범을 인도하는 것은 국제관습법의 위반이 아니다.
② 대부분의 인도조약은 정치범죄를 인도 대상에서 제외시키고 있는데, 조약상의 정치범 불인도 규정은 "인도를 거절할 수 있다."라고 임의규정으로 표현된 경우도 없지 않으나, 대부분의 경우에는 정치범을 인도하지 못하게 하거나 정치범의 인도요구를 금지하는 등의 강행규정의 형태로 표현되어 있다.
③ 범죄의 정치적 성격을 결정하는데 있어 목적과 국가의 대응의 비례 또는 균형을 고려에 넣는다.
④ 범죄의 정치성 여부를 결정하는 국가는 피청구국에 부여되고 있다.

정답 ③

해설 범죄의 정치적 성격을 결정하는데 있어 서방국들은 **수단과 목적의 비례 또는 균형**을 고려에 넣는다. 수단의 비열성이 목적의 정치적 성격을 초과하는 경우, 문제의 범

사례

무정부주의자의 범죄, 전시반역, 협의의 전쟁범죄, 전쟁관련 범죄, 화폐 또는 유가증권의 위조, 제노사이드, 항공기 납치, 살인납치 등의 테러활동 및 재정지원, 하이재킹에 의한 자살테러, 국가원수와 그 가족에 대한 살해, 고문, 폭탄 투척, 은행강도 등은 오늘날 정치범죄로 인정되지 않는다.

0313

대한민국 형법상 규정 범죄인의 절대적 인도 거절사유가 아닌 것은?

① 대한민국 또는 청구국의 법률에 의하여 인도범죄에 관한 공소시효 또는 형의 시효가 완성된 경우
② 인도범죄에 관하여 대한민국 법원에서 재판이 계속(係屬) 중이거나 재판이 확정된 경우
③ 범죄인이 인도범죄를 범하였다고 의심할 만한 상당한 이유가 없는 경우와 인도범죄에 관하여 청구국에서 유죄의 재판이 있는 경우
④ 범죄인이 인종, 종교, 국적, 성별, 정치적 신념 또는 특정 사회단체에 속한 것 등을 이유로 처벌되거나 그 밖의 불리한 처분을 받을 염려가 있다고 인정되는 경우

정답 ③

해설 범죄인이 인도범죄를 범하였다고 의심할 만한 상당한 이유가 없는 경우. 다만, 인도범죄에 관하여 청구국에서 유죄의 재판이 있는 경우는 제외한다.

0314

대한민국의 정치적 성격을 지닌 범죄 등의 인도거절의 설명으로 잘못된 것은?

① 인도범죄가 정치적 성격을 지닌 범죄이거나 그와 관련된 범죄인 경우에는 범죄인을 인도하여서는 아니 된다.
② 국가원수(國家元首)·정부수반(政府首班) 또는 그 가족의 생명·신체를 침해하거나 위협하는 범죄는 인도거절 사유이다.
③ 다자간 조약에 따라 대한민국이 범죄인에 대하여 재판권을 행사하거나 범죄인을 인도할 의무를 부담하고 있는 범죄거나 여러 사람의 생명·신체를 침해·위협하거나 이에 대한 위험을 발생시키는 범죄는 인도거절 사유이다.
④ 인도청구가 범죄인이 범한 정치적 성격을 지닌 다른 범죄에 대하여 재판을 하거나 그러한 범죄에 대하여 이미 확정된 형을 집행할 목적으로 행하여진 것이라고 인정되는 경우에는 범죄인을 인도하여서는 아니 된다.

정답 ②

해설 국가원수(國家元首)·정부수반(政府首班) 또는 그 가족의 생명·신체를 침해하거나 위협하는 범죄는 인도 대상이 되는 사유이다.

0315

대한민국의 임의적 인도거절 사유가 아닌 것은?

① 범죄인이 대한민국 국민인 경우
② 인도범죄의 전부 또는 일부가 대한민국 영역에서 범한 것인 경우
③ 범죄인의 인도범죄 외의 범죄에 관하여 당사국 법원에 재판이 계속 중인 경우 또는 범죄인이 형을 선고받고 그 집행이 끝나지 아니하거나 면제되지 아니한 경우
④ 범죄인이 인도범죄에 관하여 제3국(청구국이 아닌 외국을 말한다. 이하 같다)에서 재판을 받고 처벌되었거나 처벌받지 아니하기로 확정된 경우

[정답] ③

[해설] 범죄인의 인도범죄 외의 범죄에 관하여 **대한민국 법원에 재판이 계속 중인** 경우 또는 범죄인이 형을 선고받고 그 집행이 끝나지 아니하거나 면제되지 아니한 경우
인도범죄의 성격과 범죄인이 처한 환경 등에 비추어 범죄인을 인도하는 것이 비인도적(非人道的)이라고 인정되는 경우

09 | 국가면제

0316
다음 중 국가면제에 대한 설명으로 타당하지 않은 것은?
① 국가면제는 단지 타국의 집행관할권, 특히 재판관할권으로부터의 면제를 의미한다.
② 국가면제는 입법관할권으로부터 면제를 의미한다.
③ 국가면제는 주권평등 원칙의 논리적 귀결로서 대등한 자는 대등한 자에 대해 지배권을 갖지 못한다는 논리이다.
④ 하급공무원이 국가를 대리하여 공적인 행위를 하였다면 인적면제는 인정되지 않으나 물적면제는 인정된다.

정답 ②
해설 입법관할권 자체로부터 면제되는 것이 아니다.

0317
국가면제에 대한 설명으로 옳지 않은 것은?
① 피노체트 사건(1998)에서 피노체트가 더 이상 외국의 국가원수가 아니기 때문에 당연히 인적면제는 인정되지 않았다.
② 피노체트 사건(1998)에서 고문행위 등은 공적 행위라 볼 수 없다고 하여 물적면제도 인정되지 않았다.
③ 외교관은 어떤 형태의 체포나 구금도 당하지 않는다.
④ 외교관은 정당방위나 긴급피난의 대상이 될 수 없다.

정답 ④
해설 외교관도 정당방위나 긴급피난의 대상이 될 수는 있다.

0318

제한적 국가면제론에 관한 설명으로 틀린 것은?

① 국가는 하나의 정치권력이면서 동시에 하나의 법인이라는 점에서 '이중인격자'임을 인정하는 것에서 출발한다.
② 국가와 거래하는 사인의 보호는 제한적 면제이론의 목적 대상이 아니다.
③ 대한민국 대법원은 1994년 대림기업 對 미국 사건에서 최초로 제한적 면제이론에 기초하여 판결하였다.
④ 2004년 UN협약은 공적이며 권력적 행위와 사적이며 비권력적 행위의 구분에 대하여 성질설과 목적설을 절충하였다.

정답 ②
해설 국가와 거래하는 사인의 보호를 강화시키는 것을 목적으로 한다.

0319

국제법상 국가면제에 관한 설명으로 옳지 않은 것은?

① 국가면제에는 재판(사법)관할권과 함께 집행(행정)관할권으로부터의 면제도 포함된다.
② 초기에는 절대적 면제를 인정하였으나 오늘날에는 제한적 면제를 인정하는 방향으로 전환되었다.
③ 제한적 면제를 부여하기 위하여 국가행위를 상업적 행위와 권력적 행위로 구분하고 있다.
④ 1972년 '유럽국가면제협약'은 절대적 면제의 입장에서 면제가 인정되지 않는 경우를 명시하고 있다.

정답 ④
해설 1972년 '유럽국가면제협약'은 제한적 면제의 입장에서 면제가 인정되지 않는 경우를 명시하고 있다.

0320

주권면제이론에 관한 설명으로 옳지 않은 것은?

① 스쿠너 익스체인지 호 사건(1812)은 제한적 면제이론과 관련되어 있다.
② 절대적 면제이론에 따르더라도 부동산 관련 소송 또는 면제의 포기가 있는 경우 재판관할권 행사로부터 면제되지 않는다.
③ 제한적 면제이론에 따르면 외국의 행위를 주권적, 권력적, 공법적 행위와 비주권적, 비권력적, 사법적 행위로 나누어 전자에 대해서만 국가면제를 인정하는 것을 의미한다.
④ 2004년 국가면제에 관한 UN협약은 acta jure imperii와 acta jure gestionis의 구분기준으로 성질설과 목적설을 절충하고 있다.

정답 ①

해설 스쿠너 익스체인지 호 사건(1812)은 절대적 면제이론과 관련되어 있다.

0321

국가면제에 관한 설명으로 옳지 않은 것은?

① 소송에서 국가면제 포기의 효력은 최종심까지 유지한다.
② 본소를 제기한 국가는 반소에 대해 면제를 주장할 수 없다.
③ 재판권 면제에 대해 포기했다고 하면 재산에 대한 면제는 별도의 포기를 요구하지 아니한다.
④ 국제체포영장사건(2000)은 현직 외무부 장관의 인적면제가 적용된 사례이다.

정답 ③

해설 재판권 면제에 대해 포기했다고 하더라도 재산에 대한 면제는 **별도의 포기를 요한다.**

0322

국가면제에 관한 설명으로 옳지 않은 것은?

① 피노체트 사건(1999)에서 영국대법원은 전직 국가원수의 사적 행위에 대한 형사관할권 면제를 제한하였다.
② Mighell v. Sultan of Johore 사건에서 영국법원은 민사재판에서 현직 국가원수의 사적 행위에 대한 국가면제 적용을 인정하지 아니한 판례이다.
③ Al-adsani사건에서 영국법원은 UN국가면제 협약 제12조에 근거하여 법정지국 영토 외에서 발생한 사건에 대해서는 국가면제가 제한되지 아니한다고 판시하였다.
④ 우리나라 대법원은 미합중국을 상대로 제기된 고용계약 관련 사건에서 제한적 면제론에 기초하여 관할권을 행사한 바 있다.

[정답] ②

[해설] Mighell v. Sultan of Johore 사건에서 영국법원은 민사재판에서 현직 국가원수의 사적 행위에 대한 국가면제 적용을 인정하였다.

0323

국가행위이론에 대한 설명으로 타당하지 않은 것은?

① 국가면제는 국제관습법상 확립된 원칙이다.
② 국가행위이론은 국가가 소송당사자가 아닌 경우에는 적용될 수 없다.
③ 국가면제는 관할권과 관련된 문제이므로 형식적 소송 절차에서 문제되나, 국가행위이론은 본안소송절차에서 문제되는 원칙이다.
④ 국가면제론은 국가가 소송당사자인 경우, 특히 피고인 경우에 문제되는 반면, 국가행위이론은 사인 상호간 또는 사인과 국가상호간에도 원용될 수 있다.

[정답] ②

[해설] 국가행위이론은 반드시 국가가 소송당사자가 아닌 경우에도 적용될 수 있다.

0324

국가행위이론에 대한 설명으로 옳지 않은 것은?

① Sabbatino 사건(1964)에서 미국연방대법원은 쿠바가 분쟁당사자가 아니라 하더라도 사건의 판결 과정에서 쿠바의 국유화 조치의 적법성이 반드시 검토되어야 함을 이유로 국가행위 이론을 적용하여 원고(국립은행) 승소 판결을 내렸다.
② Sabbatino 수정법이 제정되어 파기환송심에서 국제법에 위반한 국유화 조치에 대해서는 국가행위이론의 적용을 배제하지 아니하였다.
③ Sabbatino 수정법은 국제법에 위반된 사안에 대해서는 ASD를 적용하지 아니한다는 내용을 담고 있다.
④ Underhill v. Hernandez사건에서 미국법원은 베네주엘라 정부의 공적 행위에 대해 ASD를 적용하였다.

정답 ②
해설 Sabbatino 수정법이 제정되어 파기환송심에서 국제법에 위반한 국유화 조치에 대해서는 국가행위이론의 적용을 배제하였다.

0325

국가 및 그 재산의 관할권 면제에 관한 국제연합 협약에 대한 설명으로 틀린 것은?

① 본 협약의 목적상, 법원이라 함은 그 명칭이 무엇이든 간에 사법적 기능의 수행을 위임받은 모든 국가기관을 의미한다.
② 국가는 본 협약의 규정에 따르는 것을 조건으로 그 스스로 또는 그 재산과 관련하여 타국 법정의 관할권으로부터 면제를 향유한다.
③ 관계국들에 대하여 발효되기 이전에 그 국가를 상대로 제기된 소송에 있어서 야기되는 국가 및 그 재산의 관할권 면제와 관련된 여하한 문제에 대해서도 적용되지 아니한다.
④ 본국이 소송의 당사자로 거명된 경우, 국가의 법정에 제기된 소송은 타국을 상대로 제기된 것으로 간주한다.

정답 ④
해설 타국이 소송의 당사자로 거명된 경우, 국가의 법정에 제기된 소송은 타국을 상대로 제기된 것으로 간주한다.

0326

국가 및 그 재산의 관할권 면제에 관한 국제연합 협약상 국가의 정의에 해당하지 않는 것은?

① 국가연합의 각 구성국
② 연방국가의 구성단위 또는 국가의 주권적 권위의 행사를 위임받아 그 자격으로 행동하는 국가의 정치적 하부조직
③ 국가의 주권적 권위의 행사를 위임받아 실제로 이를 수행하는 국가의 기관 또는 조직 및 기타 주체
④ 직무상으로 행동하는 국가의 대리인

정답 ①
해설 국가 및 각종 정부기관

0327

국가 및 그 재산의 관할권 면제에 관한 국제연합 협약상 면제에 해당하는 대상에 대한 설명으로 옳지 않은 것은?

① 국가가 외교사절, 영사, 특별사절, 국제기구 주재사절, 국제기구 기관 또는 국제회의에 파견된 대표, 그리고 이들의 수행인들의 직무수행과 관련하여 국제법상 향유하는 특권과 면제를 저해하지 아니한다.
② 국제법상 국가원수들에게 부여된 인적 특권과 면제를 저해하지 아니한다.
③ 국제법상 국가에 운영되는 선박은 국제법상 국가가 향유하는 면제에 해당하지 아니한다.
④ 국가에 의하여 소유되거나 운영되는 항공기 또는 우주물체와 관련하여 국제법에 의하여 국가가 향유하는 면제를 저해하지 않는다.

정답 ③
해설 국제법상 국가에 운영되는 선박은 국제법상 국가가 향유하는 **면제를 준용**한다.

0328

국가 및 그 재산의 관할권 면제에 관한 국제연합 협약상 명시적 동의에 대한 설명으로 틀린 것은?

① 국제협정상의 동의는 그 효력을 인정한다.
② 서면상의 계약은 효력이 명시적 동의로 인정된다.
③ 특정 소송에서 법정에서의 선언 또는 서면상의 통고에 의해 동의로 인정한다.
④ 타국 법의 적용에 대한 국가의 동의는 그 타국 법정에 의한 관할권 행사에 대한 동의로 간주된다.

[정답] ④
[해설] 타국 법의 적용에 대한 국가의 동의는 그 타국 법정에 의한 관할권 행사에 대한 동의로 간주될 수 없다.

0329

국가 및 그 재산의 관할권 면제에 관한 국제연합 협약상 보기에 대한 설명에 해당하지 않은 것은?

> 국가는 타국 법정에서의 소송에 있어서 관할권 면제를 주장할 수 없는 경우

① 그 국가 스스로 소를 제기한 경우 면제를 주장할 수 없다.
② 그 국가 스스로 소송에 참가하거나 본안과 관련하여 여타의 행동을 취한 경우 면제를 주장할 수 없다.
③ 타국 법정에서의 소송을 제기하는 국가는 그 주된 청구와 동일한 법적 관계 또는 사실로부터 제기되는 여하한 본소와 관련하여 그 법정의 관할권으로부터의 면제를 주장할 수 없다.
④ 타국 법정에서 자기를 상대로 제기된 소송에서 반소를 제기하는 국가는 그 주된 청구와 관련하여 그 법정의 관할권으로부터의 면제를 주장할 수 없다.

[정답] ③
[해설] 타국 법정에서의 소송을 제기하는 국가는 그 주된 청구와 동일한 법적 관계 또는 사실로부터 제기되는 여하한 **반소와 관**련하여 그 법정의 관할권으로부터의 면제를 주장할 수 없다.

0330

국가 및 그 재산의 관할권 면제에 관한 국제연합 협약상 관할권 행사에 대한 설명이 아닌 것은?

① 국가는 오로지 면제를 주장하기 위하여 소송에 참가하거나 여타의 행동을 취한 경우, 타국 법정의 관할권 행사에 동의한 것으로 간주된다.
② 국가는 소송에서 문제되는 재산과 관련한 권리 또는 이익을 주장하는 것을 위하여 소송에 참가하거나 여타의 행동을 취한 경우, 타국 법정의 관할권 행사에 동의한 것으로 간주될 수 없다.
③ 국가의 대리인이 타국의 법정에 증인으로서 출석하는 경우, 이는 전자의 국가가 그 법정의 관할권 행사에 동의하는 것으로 해석될 수 없다.
④ 국가가 타국 법정에서의 소송에 출석하지 않는 경우, 이는 전자의 국가가 그 법정의 관할권 행사에 동의하는 것으로 해석될 수 없다.

정답 ①

해설 국가는 오로지 면제를 주장하기 위하여 소송에 참가하거나 여타의 행동을 취한 경우, 타국 법정의 관할권 행사에 동의한 것으로 간주될 수 없다.

0331

국가 및 그 재산의 관할권 면제에 관한 국제연합 협약상 제한적 면제에 대한 설명으로 틀린 것은?

① 국가가 외국의 자연인 또는 법인과의 상업적 거래에 참가하고 있고 적용 가능한 국제사법의 원칙에 의해 그 상업적 거래에 관련된 분쟁이 타국 법정의 관할권에 속하는 경우, 면제를 주장할 수 없다.
② 국가는 타국의 영토상에서 전체적으로 또는 부분적으로 수행되었거나 또는 수행될 사업을 위해 그 국가와 개인 간에 체결된 고용계약과 관련된 소송에 있어서 권한 있는 그 타국의 법정에서 관할권 면제를 주장할 수 없다.
③ 국가는 타국의 권한 있는 법정에서 자국에게 귀속되는 것으로 주장되는 작위적 행동에 한하여 사망 기타 인적 피해 또는 유무형의 재산상의 피해에 대한 금전적 배상에 관한 소송에 있어서 관할권 면제를 원용할 수 없다.
④ 국가는 타국의 권한있는 법정에서 유한회사이든 무한회사이든 기업 또는 기타 법인체에의 참여에 관한 소송으로서 그 국가와 그 법인 또는 다른 참여자들과의 관계에 대한 소송에 있어 관할권 면제를 원용할 수 없다.

정답 ③

해설 국가는 타국의 권한 있는 법정에서 자국에게 귀속되는 것으로 주장되는 **작위 또는 부작위로 인한** 사망 기타 인적 피해 또는 유형의 재산상의 피해에 대한 금전적 배상에 관한 소송에 있어서 관할권 면제를 원용할 수 없다.

0332

국가 및 그 재산의 관할권 면제에 관한 국제연합 협약상 제한적 면제에서 관할권 면제를 원용할 수 없는 것은?

① 국가간의 상업적 거래의 경우
② 국영기업 또는 국가에 의해 설립되어 독립된 법인격을 가지며 원고 또는 피고 자격 주체가 그 스스로 참가하고 있는 상업적 거래에 연루되는 경우
③ 국가는 관계국들간에 특별한 합의가 있거나 또는 분쟁당사자들이 서면상으로 별도의 합의를 하는 경우 또는 그 법인의 설립문서 또는 규칙이 그같은 규정을 포함하고 있는 경우
④ 군함 및 해군보조함들에 대해서 적용되며, 국가에 의해 소유 또는 운영되고 당분간 오로지 비상업적 공무를 위해 사용되는 기타 선박들에 대한 경우

정답 ④
해설 군함 및 해군보조함들에 대해서는 **적용되지 않으며**, 국가에 의해 소유 또는 운영되고 당분간 오로지 비상업적 공무를 위해 사용되는 기타 선박들에 대한 경우

0333

국가 및 그 재산의 관할권 면제에 관한 국제연합 협약상 제한적 면제에서 면제를 원용할 수 없는 것은?

① 피고용자가 공권력 행사에 있어 일반적 기능의 수행을 위하여 고용된 경우
② 1961년 외교관계에 관한 비엔나협약에서 정의된 외교관
③ 1963년 외교관계에 관한 비엔나협약에서 정의된 영사
④ 국제기구에 파견된 상주사절 또는 특별사절의 외교직원이거나, 또는 국제회의에서 국가를 대표하기 위하여 고용된 자

정답 ①
해설 피고용자가 공권력 행사에 있어 **특별한 기능의 수행**을 위하여 고용된 경우

0334

국가 및 그 재산의 관할권 면제에 관한 국제연합 협약상 제한적 면제에서 고용에 대한 설명으로 틀린 것은?

① 소송의 대상이 개인의 채용, 고용의 갱신 또는 복직에 관련된 경우, 면제를 원용할 수 없다.
② 소송의 대상이 개인의 해고 또는 고용의 종료인 경우, 면제를 원용할 수 있다.
③ 고용국의 국가원수, 정부수반, 또는 외무부장관에 의하여 그러한 소송이 그 국가의 안보상의 이익과 관련된 것임이 확인되는 경우 면제를 원용할 수 있다.
④ 피고용자가 소송 개시 당시 고용국의 국민이면서 법정지국에 상주주소를 갖지 않고 있는 경우, 면제를 원용할 수 있다.

정답 ①
해설 소송의 대상이 개인의 채용, 고용의 갱신 또는 복직에 관련된 경우, 면제를 원용할 수 있다.

0335

국가 및 그 재산의 관할권 면제에 관한 국제연합 협약상 제한적 면제에 대한 설명으로 옳지 않은 것은?

① 관계국들 간에 별도의 합의가 없는 한, 국가는 타국의 권한 있는 법정에서 자국에게 귀속되는 것으로 주장되는 작위 또는 부작위로 인한 사망 기타 인적 피해 또는 유무형의 재산상의 피해에 대한 금전적 배상에 관한 소송에 있어서 관할권 면제를 원용할 수 없다.
② 법정지국 내에서 잠정적이라 하더라도 법적 보호 조치를 향유하는 특허, 공업의장, 상품 또는 기업의 명칭, 상표, 저작권 또는 기타 형태의 지적 또는 산업소유권에 대한 그 국가의 여하한 권리의 결정, 관할권 면제를 원용할 수 없다.
③ 관계국 간에 별도의 합의가 없는 한, 국가는 자국에 의해 소유되거나 운영되는 선박에 의한 화물운송과 관련된 소송에 있어 그 소송원인의 발생시 그 선박이 비상업적 공무 목적 이외의 용도로 사용된 경우, 타국의 권한있는 법정에서 관할권 면제를 원용할 수 없다.
④ 국가는 관계국들간에 특별한 합의가 있거나 또는 분쟁당사자들이 서면상으로 별도의 합의를 하는 경우 또는 그 법인의 설립문서 또는 규칙이 그 같은 규정을 포함하고 있는 경우, 상기의 소송에서 관할권면제를 원용할 수 있다.

정답 ①
해설 관계국들 간에 별도의 합의가 없는 한, 국가는 타국의 권한 있는 법정에서 자국에게 귀속되는 것으로 주장되는 작위 또는 부작위로 인한 사망 기타 인적 피해 또는 **유형의 재산상의 피해**에 대한 금전적 배상에 관한 소송에 있어서 관할권 면제를 원용할 수 없다.

0336

국가 및 그 재산의 관할권 면제에 관한 국제연합 협약상 제한적 면제에서 면제를 원용할 수 없는 사유가 아닌 것은?

> 국가가 외국의 자연인 또는 법인과 상업적 거래에 관한 분쟁을 중재재판에 부탁하기로 명시적 합의를 하는 경우

① 중재협정의 효력, 해석 또는 적용
② 중재결정
③ 중재절차
④ 중재결정의 확인 또는 파기

정답 ②

해설 중재합의
국가가 상업적 거래에 관련된 중재에 부탁하기로 외국의 자연인 또는 법인과 서면으로 합의한 경우, 그 국가는
가. 중재합의의 유효성
나. 중재절차
다. 중재판정의 확인 또는 폐기
에 관련한 소송에서 권한 있는 타국재판소 관할권으로부터의 면제를 원용할 수 없다.

0337

국가 및 그 재산의 관할권 면제에 관한 국제연합 협약상 국가에 의해 소유 또는 운영되는 선박에 대한 설명으로 옳지 않은 것은?

① 선박을 소유하거나 운영하는 국가는 그 선박의 운영과 관련된 소송에 있어서 그 소송원인의 발생시 선박이 비상업적 공무 목적 이외의 용도로 사용된 경우, 타국의 권한있는 법정에서 관할권면제를 원용할 수 없다.
② 군함 및 해군보조함들에 대해서는 적용되지 않으며, 국가에 의해 소유 또는 운영되고 당분간 오로지 비상업적 공무를 위해 사용되는 기타 선박들에 대해 적용되지 않는다.
③ 관계국 간에 별도의 합의가 없는 한, 국가는 자국에 의해 소유되거나 운영되는 선박에 의한 화물운송과 관련된 소송에 있어 그 소송원인의 발생시 그 선박이 비상업적 공무 목적 이외의 용도로 사용된 경우, 타국의 권한있는 법정에서 관할권 면제를 원용할 수 없다.
④ 국가는 국유 선박 및 화물 그리고 그 소유주들이 향유하는 모든 방어수단, 시효 및 책임의 한계를 주장할 수 있다.

정답 ④

해설 국가는 **자국의 사유의** 선박 및 화물 그리고 그 소유주들이 향유하는 모든 방어수단, 시효 및 책임의 한계를 주장할 수 있다.

0338

국가 및 그 재산의 관할권 면제에 관한 국제연합 협약상 강제조치로부터의 국가면제에 대한 설명으로 타당하지 않은 것은?

① 타국 법정에서의 소송과 관련하여 국가의 재산에 대해서는 압류 또는 억류와 같은 여하한 판결 전 강제조치도 취해질 수 없다.
② 타국 법정에서의 소송과 관련하여 국가의 재산에 대해서는 압류, 억류 또는 집행과 같은 여하한 판결 후 강제조치라도 취하여질 수 없다.
③ 강제조치에 대한 동의가 요구되는 경우, 관할권 행사에 대한 동의는 강제조치를 취하는 데 대한 동의를 포함하지 않는다.
④ 국가가 소송의 대상이 되는 청구의 만족을 위하여 재산을 할당하거나 특정한 경우에 강제조치를 할 수 없다.

정답 ④
해설 국가가 소송의 대상이 되는 청구의 만족을 위하여 재산을 할당하거나 특정한 경우. 강제조치할 수 있다.

0339

국가 및 그 재산의 관할권 면제에 관한 국제연합 협약상 판결 후 강제조치 대상이 될 수 있는 것은?

① 그 국가가 그러한 조치의 집행에 대하여 명시적으로 동의한 경우
② 그 국가가 소송의 대상이 되는 청구의 만족을 위하여 재산을 할당하였거나 특정한 경우
③ 그 판결 후 강제조치가 오로지 그 소송이 상대로 하고 있는 단체와 관련을 가지는 재산에 대해서만 취하여질 수 있는 경우
④ 그 재산이 특별히 상업적 공무 목적 이외의 용도를 위해 국가에 의해 사용되거나 그 같이 의도되었고 법정지국의 영토상에 존재하는 것이 확인된 경우

정답 ④
해설 그 재산이 **특별히 비상업적 공무 목적 이외의 용도**를 위해 국가에 의해 사용되거나 그 같이 의도되었고 법정지국의 영토상에 존재하는 것이 확인된 경우

0340

국제법상 국가면제에 관한 설명으로 옳지 않은 것은?

① 국가면제에는 재판관할권과 함께 입법관할권으로부터의 면제도 포함된다.
② 초기에는 절대적 면제를 인정하였으나 오늘날에는 제한적 면제를 인정하는 방향으로 전환되었다.
③ 제한적 면제를 부여하기 위하여 국가행위를 상업적 행위와 권력적 행위로 구분하고 있다.
④ 1972년 '유럽국가면제협약'은 제한적 면제의 입장에서 면제가 인정되지 않는 경우를 명시하고 있다.

정답 ①
해설 국가면제에는 재판(사법)관할권과 함께 집행(행정)관할권으로부터의 면제도 포함된다.

0341

국가 및 그 재산의 관할권 면제에 관한 국제연합 협약에 대한 설명으로 타당하지 않은 것은?

① 외교면제와 마찬가지로 국가면제는 묵시적으로 포기될 수 있다.
② 국가면제 포기의 효력은 최종심까지 유지된다.
③ 본소를 제기한 국가는 반소에 대해 면제를 주장할 수 없다.
④ 재판권 면제에 대해 포기했다고 하더라도 재산에 대한 면제는 별도의 포기를 요한다.

정답 ①
해설 외교면제와 달리 국가면제는 묵시적으로 포기될 수 있다.

0342

다음 중 국가면제에 대한 설명으로 옳지 않은 것은?

① 국제체포영장 사건(2000)은 현직 대통령의 인적 면제가 적용된 사례이다.
② 피노체트 사건(1999)에서 영국대법원은 전직 국가원수의 사적 행위에 대한 형사관할권 면제를 제한하였다.
③ Mighell v. Sultan of Johore 사건에서 영국법원은 민사재판에서 현직 국가원수의 사적 행위에 대한 국가면제 적용을 인정하였다.
④ Al-adsani사건에서 영국법원은 UN국가면제 협약 제12조에 근거하여 법정지국 영토 외에서 발생한 사건에 대해서는 국가면제가 제한되지 아니한다고 판시하였다.

정답 ①

해설 국제체포영장 사건(2000)은 현직 외무부 장관의 인적면제가 적용된 사례이지만 현직 대통령의 인적면제에 대한 근거로 원용될 수 있는 판례이다.

10 | 외교면제

0343
다음 중 접수국에서의 외교면제에 관한 설명으로 옳지 않은 것은?
① 외교사절의 파견절차에서 아그레망을 거부하려면 정당한 사유가 있어야 하며, 파견국에 대해 거부 이유를 제시해야 한다.
② 모든 외교직원은 사절단의 직원으로서 외교관 신분을 가진 자를 뜻한다.
③ 모든 외교사절은 원칙적으로 접수국의 형사처벌을 받지 않는다.
④ 외교공관의 비호권은 인정되지 않는다.

[정답] ①
[해설] 외교사절의 파견절차에서 아그레망을 거부하려면 정당한 사유가 있어야 하나, 파견국에 대해 거부이유를 제시할 필요는 없다.

0344
외교면제에 관한 설명으로 옳지 않은 것은?
① 신임장이란 접수국가의 원수에게 파견국 원수가 보내는 사절 개인에 대한 문서이다.
② 외교사절은 접수국에 도착하여 신임장 부본을 접수국의 외교통상부에 제출한 다음 신임장 정본은, 대사, 공사의 경우는 접수국의 국가원수에게, 대리대사의 경우는 접수국의 외교통상부장관에게 각각 제출한다.
③ 신임장을 제정한 때부터 외교관의 기능을 시작할 수 있다.
④ 특별외교 사절 역시 아그레망과 신임장 제정이 필요하다.

[정답] ④
[해설] 특별외교사절은 아그레망도 신임장 제정도 필요하지 아니한다.

0345

외교면제에 관한 설명으로 옳지 않은 것은?

① 1961년 외교관계에 관한 비엔나협약에서, 외교관의 공적 행위에 관한 면제는 그 직무 종료 후에도 계속된다.
② 외교사절의 특권, 면제는 입국시부터 시작되나, 직무는 신임장을 제정할 때 개시된다.
③ 접수국은 합리적인 규모 내에서 피접수국이 공관을 유지할 것을 요구할 수 있다.
④ 외교공관의 비호권은 관습법적으로 인정된다.

> 정답 ④
> 해설 외교공관의 비호권은 일반적으로 인정되지 아니한다.

0346

다음 중 외교면제의 설명으로 틀린 것은?

① 국가가 외국으로부터의 정치범이나 정치적 난민을 자국 영역 내에서 비호하는 것을 외교적 비호라고 한다.
② 외국의 영역 내에서 비호를 받을 개인의 일반적 권리가 국제법상 인정되지는 않지만 '강제송환금지원칙'은 난민이 그 생명이나 자유가 위협받을 우려가 있는 국가로 송환 당하지 않을 제한적인 권리를 내포하고 있다.
③ 외교적 비호권은 조약이나 일반관습법으로 인정되지 않지만, 임의규범이므로 접수국과 파견국의 합의에 기초하여 외교적 비호권을 인정할 수 있다.
④ 외교공관 내에서는 원칙적으로 접수국 법률이 적용되나, 조약이나 관습법에 의해 제한될 따름이다.

> 정답 ①
> 해설 국가가 외국으로부터의 정치범이나 정치적 난민을 자국 영역 내에서 비호하는 것을 **영토적 비호**라고 한다.

0347

다음 중 접수국에서의 외교관의 면책과 특권에 대한 설명으로 옳지 않은 것은?

① 1961년 외교관계에 관한 비엔나협약은 비상사태 시 접수국 관헌이 강제로 외교공관에 출입할 수 있는지에 대해 명문 규정을 두고 있다.
② 외교공관의 불가침권은 외교업무를 원활히 수행하기 위한 것이다.
③ 일반국제법상 외교공관은 정치적 망명처로 이용될 수 없다.
④ 불가침의 대상이 되는 공관지역은 공관 및 관저의 부속대지와 건물, 그리고 그 구성물 및 공관이 보유한 교통수단, 임차한 경우를 포함한다.

[정답] ①

[해설] 1961년 외교관계에 관한 비엔나협약은 비상사태 시 접수국 관헌이 강제로 외교공관에 출입할 수 있는지에 대해 **명문규정을 두지 않았다.**

0348

외교관의 면책과 특권에 대한 설명으로 옳지 않은 것은?

① 외교공관은 파견국 영토의 연장이 아니며, 접수국의 치외법권 지역이 아니다.
② 외교 임무에 관련된 기록문서와 재산들도 불가침성을 누린다.
③ 접수국은 공용을 위한 공관의 자유로운 통신을 허용하며 보호하여야 한다.
④ 비호권 사건에서 국제사법재판소는 외교공관의 비호권이 일반관습법상 존재한다고 판시하였다.

[정답] ④

[해설] 비호권 사건에서 국제사법재판소는 외교공관의 비호권이 **일반관습법상 존재하는지 명확하지 아니하다고** 판시하였다.

0349

외교관의 면책과 특권에 대한 설명으로 틀린 것은?

① 국제사법재판소는 테헤란 영사 사건에서 외교공관의 불가침은 절대적이지만, 공관장의 동의 없이도 특별한 경우에는 외교공관에 진입할 수 있다고 판시하였다.
② 무선송신기는 접수국의 동의를 얻어야 설치, 사용할 수 있다.
③ 접수국의 관리는 공관장의 동의 없이는 공관 지역에 들어갈 수 없다.
④ 접수국은 공관 지역을 보호하기 위해 모든 적절한 조치를 취할 특별한 의무가 있다.

정답 ①

해설 국제사법재판소는 테헤란 영사 사건에서 외교공관의 불가침은 절대적이므로 공관장의 동의 없이는 외교공관에 진입할 수 없다고 판시하였다.

0350

외교관의 면책과 특권에 대한 설명으로 틀린 것은?

① 공관지역, 공관 내의 설비 및 기타 재산과 공관의 수송수단은 수색, 징발, 차압 또는 강제집행으로부터 면제된다.
② 외교공관의 비호권은 일반적으로 인정되지 아니한다.
③ 특정인을 공관장으로 파견하고자 할 경우, 파견국의 동의를 얻어야 한다.
④ 외교관은 접수국의 형사재판관할권으로부터 면제를 향유한다.

정답 ③

해설 파견국은 특정인을 공관장으로 파견하고자 할 경우, **접수국의 동의를 얻어야 한다**.

0351

비호권 사건과 관련한 설명으로 옳지 않은 것은?

① 페루에서 혁명이 발생하자 토레가 콜롬비아 대사관에 망명을 신청하였고, 콜롬비아는 토레에게 외교적 비호를 부여하고 페루에게 통행증 발급을 요청한 사건으로 이에 페루는 이를 거부하고 토레의 자국에의 인도를 요청한 사건이다.
② 외교공관의 비호권 및 지역관습법의 성립 및 적용요건이 쟁점이었고, 치외법권은 현대국제법에서 일반적으로 받아들여지는 원칙이 아니다.
③ 지역 국제관습법이 성립될 수 있다 보았으며 요건으로 묵시적인 행동만으로도 충분하다고 보았다.
④ ICJ는 콜롬비아가 지역관습법의 존재 및 페루가 그 관습에 적극적으로 참여하고 있음을 입증하지 못해 외교적 비호 법적 근거가 명확하지 않다고 보았다.

정답 ③

해설 지역 국제관습법이 성립될 수 있다 보았으며 요건으로 **적극적인 행동이 요구**된다고 보았다.

0352

다음 보기에 대한 설명으로 옳지 않은 것은?

> B국에 주재하는 A국의 외교관 甲이 사적인 여행을 하다가 음주운전으로 인하여 B국 국민 乙에게 중상을 입힘

① B국 경찰관은 현장검증 등에 있어서 甲에게 임의로 협력할 것을 요구할 수는 있지만, 원칙적으로 신체를 구속하거나 체포할 수 없다.
② A국은 甲에 대한 형사재판관할권의 면제를 포기할 수 없다.
③ B국은 甲에 대하여 민사소송 및 행정소송을 제기할 수 없다.
④ 외교관은 절대적 신체 불가침권과 면제를 향유하며 음주운전 사고라 할지라도 이러한 특권면제로부터 배제되지 아니한다.

정답 ②

해설 A국은 甲에 대한 형사재판관할권의 **면제를 포기할 수 있다**.

0353

영사관계에 대한 설명으로 틀린 것은?

① 영사의 직무는 자국의 이익보호, 정보수집, 여권과 사증발급, 공증호적사무 등이다.
② 영사관사는 외교공관과 마찬가지로 절대적으로 불가침이다.
③ 1963 '영사관계에 관한 비엔나협약'에서 영사관사는 불가침을 인정하고 있다.
④ 영사기관의 공간이나 용구류, 재산은 접수국이 재량에 따라 수용할 수 있다.

[정답] ②
[해설] 영사관사는 불가침이지만, 절대적 불가침인 외교공관과 달리 화재 등 긴급한 경우는 출입할 수 있다고 인정된다.

0354

영사에 대한 비엔나 협약상의 내용에 대한 설명으로 옳지 않은 것은?

① 재류국 영사기관의 공간 수용에 대하여 영사관의 기능수행을 방해하지 않아야 하며, 합리적인 보상이 있어야 한다.
② 영사행낭은 불가침이나, 절대적 불가침인 외교행낭과 달리, 합당한 이유가 있는 경우 개봉을 요구할 수 있다.
③ 양국간 통상, 무역 관계를 협의하기 위한 대표는 외교사절이 아니다.
④ 영사제도는 역혁적으로 중세유럽의 길드에서 유래한 것으로서 상업상의 이익을 보호하고 상사분쟁을 중재하는 것이 주된 임무였다.

[정답] ③
[해설] 양국간 통상, 무역 관계를 협의하기 위한 대표는 외교사절의 일종이다.

0355

영사에 대한 설명으로 틀린 것은?

① 외교사절과 영사 모두 국제법상 국가의 기관이다.
② 외교사절의 파견에는 원칙적으로 아그레망을 요하나 영사의 파견에는 이를 요하지 아니한다.
③ 영사관계 수립은 명시적 국가승인은 아니지만, 묵시적인 국가승인으로 인정된다.
④ 외교사절은 신임장을 제정하여야 그 업무를 개시하는데 비해 영사는 접수국의 영사인가를 받아야 그 직무를 개시할 수 있다.

정답 ③
해설 영사관계 수립은 명시적은 물론이고, 묵시적인 국가승인으로도 인정되지 아니한다.

0356

영사에 대한 비엔나 협약상 옳지 않은 것은?

① 영사관사라 함은 소유권에 관계없이 영사기관의 목적에만 사용되는 건물과 더불어 부속토지 등도 포함한다.
② 영사관원에 대하여 형사소송 절차가 개시된 경우 그는 관할 당국에 출두해야 한다.
③ 영사관원에 대하여 형사소송 절차가 개시된 경우, 영사직무의 수행에 가능한 최소한의 지장을 주는 방법으로 진행돼야 한다.
④ 영사기관장의 계급을 총영사, 영사, 부영사의 3계급으로 나누고 있다.

정답 ④
해설 영사기관장의 계급을 총영사, 영사, 부영사, 영사대리의 4계급으로 나누고 있다.

0357

영사에 대한 내용으로 틀린 것은?

① 영사기관의 특권면제와 영사관의 특권면제를 구분하여 규정하고 있다.
② 영사의 직무수행은 상대국의 인가에 의하며 외교관계 개설의 동의는 영사관계 개설을 포함하나 별도의 의사표시가 있는 때에는 그러하지 아니한다.
③ 영사에게 신임장을 교부하여 파견한다.
④ 위임장의 제출에 대해 접수국은 인가장을 교부하거나 위임장에 그 뜻을 기입한다.

정답   ③
해설   영사에게는 위임장을 교부하여 파견한다.

0358

영사에 대한 설명으로 타당하지 않은 것은?

① 영사기관의 장의 임명절차는 파견국에, 승인절차는 접수국에 맡기고 있어 이에 관한 국제법규가 존재하지 아니한다.
② 영사는 원칙적으로 신체의 불가침을 향유하나 중죄를 범하고 접수국 사법부의 결정이 있는 경우 미결구금할 수 있다.
③ 영사는 접수국의 비정치적 기관과 접촉하나, 외교사절은 정치적 기관과 접촉한다.
④ 영사의 외국인 영사취임은 불가능하다.

정답   ④
해설   영사는 외국인의 영사취임도 가능하다.

0359

영사의 직무에 대한 설명으로 옳지 않은 것은?

① 외교관은 사적, 공적 행위의 면제가 가능한 데 반하여, 영사는 공적 행위만 면제가 가능하다.
② 영사는 모든 공적 행위에 대해 면제를 향유하는 것은 아니고, 공적 행위 중에서도 단지 영사직무에 관해서만 면제를 향유한다.
③ 외교사절에 파견에는 아그레망을 요하나 영사파견에는 아그레망을 요하지 아니한다.
④ 접수국은 외교사절에 대해서는 기피인물을 선언할 수 있지만, 영사에 대해서 기피인물을 선언할 수 없다.

정답 ④
해설 접수국은 외교사절, 영사에 대해서 기피인물을 선언할 수 있다.

0360

영사에 대한 설명으로 타당하지 않은 것은?

① 외교관은 사적 행위에 대해서도 면제가 인정되나, 영사는 공적 행위 중 영사직무에 대해서만 면제가 인정된다.
② 영사도 원칙적으로 신체의 불가침권을 향유한다.
③ 신체의 불가침권에 대한 예외적 제한이 비엔나협약에 명시되어 있어 상대적 불가침권을 가진다.
④ 영사행낭의 불가침은 절대적이다.

정답 ④
해설 외교행낭의 불가침은 절대적이나 **영사행낭은 개봉을 요구하거나 반송할 수 있다.**

0361

1963년 영사에 대한 비엔나협약상의 내용이 아닌 것은?

① 협약 제36조 제1항에 따르면 파견국의 영사관할 구역 내에서 파견국의 국민이 체포, 구금, 유치, 구속되는 경우 접수국의 권한있는 당국은 그 국민이 파견국의 영사기관에 통보할 것을 요청하면 지체없이 통보하여야 한다.
② LaGrand case(2001)에서 독일은 미국이 영사협약 제36조 제1항의 의무를 위반하였음을 이유로 ICJ에 제소하였다.
③ 영사관원은 구금, 유치, 구속된 파견국의 국민을 방문, 면담, 교신, 법적 대리를 주선할 권리를 가진다.
④ 구금, 유치, 구속된 국민을 대신하여 영사관원이 직권으로 그러한 조치를 취할 수 있다.

[정답] ④
[해설] 구금, 유치, 구속된 국민을 대신하여 영사관원이 그러한 조치를 취하는 것에 동 국민이 명시적으로 반대할 경우 조치를 삼가야 한다.

0362

군함의 특권과 면제에 대한 설명으로 틀린 것은?

① 연안국의 관헌은 함장의 동의 없이는 함 내에 들어갈 수 없다.
② 보통범죄인에 대해서는 비호권을 갖지 않으나, 정치범죄인의 비호권은 인정된다는 견해가 다수설이다.
③ 연안국의 사법권은 함 내의 모든 민·형사사건뿐 아니라 군함 자체에 대한 사건에도 미치지 아니한다.
④ 군함 내에서 발생한 범죄에 관하여는 군함 또는 기국에 관할권이 있으며, 연안국의 국민이 함 내에서 저지른 범죄를 처벌하기 위하여 연안국으로 안치할 수도 있다.

[정답] ④
[해설] 군함 내에서 발생한 범죄에 관하여는 군함 또는 기국에 관할권이 있으며, 연안국의 국민이 함 내에서 저지른 범죄를 처벌하기 위하여 기국으로 이것을 안치할 수도 있다.

0363

다음 중 명예영사에 대한 설명으로 적절하지 않은 것은?

① 직업영사 외에 대체로 접수국의 주민 중에서 선임된다.
② 명예영사도 영사로서 전임영사와 동일한 직무를 수행할 수 있고, 또 전임영사에 적용되는 많은 규정은 명예영사에게도 적용된다.
③ 명예영사의 공관과 신체도 불가침성이 인정된다.
④ 영사의 업무를 명예로 위촉받고 상업이나 기타의 영업에 종사할 수 있으며, 봉급은 받지 않고 수당의 성질을 가진 보수를 받을 뿐인 명예영사로 구분할 수 있다.

정답 ③
해설 명예영사의 공관과 신체는 불가침성이 없다.

0364

영사관계에 대한 비엔나협약의 내용 설명으로 옳지 않은 것은?

① 신체의 불가침성에도 중대한 제한이 있는데, 영사가 중대한 범죄를 범하고 권한있는 사법당국의 결정이 있는 경우에는 그를 체포하거나 미결구금할 수 있다.
② 영사공관과 마찬가지로 영사기관장의 개인적 주거는 영사공관에 포함된다.
③ 영사의 주거와 개인적 서류에 대해서는 불가침성이 인정되지 아니한다.
④ 영사공관은 본조에 규정된 범위 내에서 불가침이며, 화제 및 기타 신속한 보호조치를 필요로 하는 재해가 발생한 경우, 영사기관장의 동의가 있는 것으로 추정될 수 있다.

정답 ②
해설 영사공관과 달리 영사기관장의 개인적 주거는 **영사공관에 포함되지 아니한다**.

0365

영사의 면제와 특권에 대한 설명으로 옳지 않은 것은?

① 영사 공관의 수용에 있어서 접수국은 영사기간의 공관이나 비품·재산 및 수송수단을 국방 또는 공익목적을 위해 수용할 수 있다.
② 접수당국은 중대한 이유가 있는 경우 영사 행낭을 개봉하거나 발송지로 반송할 것을 요구할 수 있다.
③ 영사는 그의 영사 관할구역 밖에서 직무를 수행할 수 없다.
④ 영사에게는 사법절차 또는 행정절차의 과정에서 증인으로 출두하도록 요구할 수 없다.

정답 ④
해설 영사에게는 사법절차 또는 행정절차의 과정에서 증인으로 출두하도록 요구할 수 있다.

0366

다음 중 영사원조에 대한 설명으로 타당하지 않은 것은?

① 비엔나협약에서 보장하는 영사와 파견국 국민간의 상호 통신 및 접촉의 자유를 영사원조라고 한다.
② 영사는 접수국 내에서 자국 국민과 자유로이 통신하며 접촉할 수 있고, 이에 상응하여 파견국의 국민은 자국 영사와 자유로이 통신하고 접촉할 수 있어야 한다.
③ 접수국은 체포 혹은 구금 외국인이 영사접견을 요청하는 경우와 영사의 요청으로 파견국 영사에게 통보할 의무를 질 따름이다.
④ 영사원조란 영사에게 통보할 것인지의 여부에 대한 결정권이 체포 혹은 구금된 외국인에게 있음을 의미하는 것으로 해석된다.

정답 ③
해설 접수국은 체포 혹은 구금 외국인이 그같이 요청하는 경우에 한하여 파견국 영사에게 통보할 의무를 질 따름이다.

0367

1969년 뉴욕에서 "특별사절에 관한 협약"상 특별사절의 면제와 특권의 설명으로 틀린 것은?

① 정부수반, 외무장관 그리고 '기타 높은 직급의 인물들'이 파견국의 특별사절단에 참가하는 경우, 그들은 접수국 또는 제3국에서 본 뉴욕협약이 부여하고 있는 것 이외에 국제법이 부여하는 편의와 특권·면제를 향유한다.
② 특별사절단의 구성원은 공적 직무 밖에서의 자동차 사용으로부터 야기되는 손해배상청구소송에 대해서도 면제를 향유한다.
③ 이동의 자유는 특별사절단의 임무수행을 위해 필요한 범위 내에서만 허용된다.
④ 특별사절단의 공관의 불가침은 화재 혹은 기타 재난이 발생하였는데, 특별사절단의 장과 연락이 두절된 경우, 그의 동의가 있는 것으로 추정된다.

정답 ②

해설 특별사절단의 구성원은 공적 직무 밖에서의 자동차 사용으로부터 야기되는 손해배상청구소송에 대해서는 면제를 향유하지 못한다.

0368

UN의 특권과 면제에 관한 협약에 의해 규율되는 사항이 아닌 것은?

① UN과 그 재산 및 자산은 '모든' 소송으로부터 면제되는데 UN 자신과 UN 재산에 대해서는 절대적 면제가 부여되고 있지만, 국가와 국가재산에 대해 형성되고 있는 제한적 면제이론도 적용되는 추세이다.
② UN의 공관은 불가침이다.
③ UN의 문서는 어디에 소재하든 불가침이며, UN에 속하거나 UN이 보유하고 있는 모든 서류는 대부분의 경우 어디에 소재하든 불가침이다.
④ UN은 공적 서한과 다른 공적 통신은 검열대상이 되지 아니한다.

정답 ①

해설 UN과 그 재산 및 자산은 '모든' 소송으로부터 면제되는데 UN 자신과 UN 재산에 대해서는 절대적 면제가 부여되며, 국가와 국가재산에 대해 형성되고 있는 제한적 면제이론은 적용되지 아니한다.

11 | 국가책임

0369

위법행위 책임에 대한 설명으로 타당하지 않은 것은?

① 국가의 모든 일방행위는 자국에 대한 국제의무를 형성한다.
② 작위적 행위에 한하여 국제의무 위반이 있다면 국가책임이 성립한다.
③ 긴급피난은 위법성 조각사유의 하나에 해당한다.
④ 국가는 '기속의사'가 있는 일방행위에 대해 구속된다.

[정답] ②

[해설] 작위, 부작위를 떠나 국제의무 위반이 있는 경우 위법성 조각사유가 없다면 국가책임이 성립한다.

0370

국가책임에 대한 설명으로 옳지 않은 것은?

① ILC 초안은 국가책임의 성립요건으로 작위 또는 부작위 행위의 국가로의 귀속, 국제의무 위반이라는 두 가지 요건만을 규정하고 있다.
② 모든 국가기관의 직무상 행위는 국제법에 의하여 국가의 행위로 간주된다.
③ ILC 초안에 의하면 국가기관이 자신의 권한을 벗어나거나 상부 지시를 위반하여 어떤 행위를 하였다 해도 국제법상 국가의 행위로 간주되지 않는다.
④ 대세적 의무의 도입으로 손해가 발생하지 않아도 국가책임을 원용할 수 있다는 견해가 유력하며, 따라서 국가책임의 성립요건으로 볼 수 없다는 견해가 지배적이다.

[정답] ③

[해설] ILC초안에 의하면 국가기관이 자신의 권한을 벗어나거나 상부지시를 위반하여 어떤 행위를 하였다할지라도 국제법상 국가의 행위로 간주된다.

0371

국가책임에 대한 설명으로 옳지 않은 것은?

① 국가의 명령, 지시, 통제에 의한 행위, 공공당국의 부재 또는 마비로 인해 공권력 행사가 요구되는 상황에서의 사인에 의한 행위의 경우 그 행위는 국가로 귀속되어 국가행위로 간주된다.
② 2001년 UN국제법위원회(ILC)의 '국가책임 초안'은 국가책임 발생 요소로 행위의 국제의무 위반만을 규정하고 있다.
③ 전통국제법은 피해국의 책임을 인정하는 개별적 책임원칙이 지배한다.
④ 국가에 대한 국제형사책임은 직접 피해국이 아닌 국제기구나 국제사회가 가해국에게 책임을 묻는다는 것에 그 특징이 있다.

정답 ②

해설 2001년 UN국제법위원회(ILC)의 '국가책임초안'은 국가책임 발생 요소로 행위의 **국가귀속성과 국제의무 위반**을 규정하고 있다. 또한 국가의 명령, 지시, 통제에 의한 행위(ILC초안 제8조), 공공당국의 부재 또는 마비로 인해 공권력 행사가 요구되는 상황에서의 사인에 의한 행위(ILC초안 제9조)의 경우 그 행위는 국가로 귀속되어 국가행위로 간주된다.

0372

국가책임에 대한 설명으로 타당하지 않은 것은?

① 국가의 행위로 귀속되는 여하한 국제법 위반행위에 대해서도 국가는 책임을 진다.
② 외국인이 제기한 소송의 수리를 부당하게 거부하는 것은 소위 '재판의 거부'에 해당된다.
③ 피해의 발생이 사인의 행위로 인한 것이라도 국가가 그러한 행위를 방지하기 위하여 상당한 주의의무를 다하지 않은 경우 국제책임이 발생할 수 있다.
④ 국제의무의 위반은 작위에 의해서만 야기될 수 있다.

정답 ④

해설 국제의무의 위반은 작위뿐만 아니라 부작위에 의해서도 야기될 수 있다.

0373

국가책임에 대한 설명이 옳지 않은 것은?

① 하위직 행정공무원의 행위일지라도 그 직무 범위내의 행위인 경우에는 그 직무 범위내의 행위인 경우에는 그 효과는 국가에 귀속된다.
② 사인의 행위와 관련하여, 국가가 사전에 위법행위를 상당한 주의로 방지하지 않았거나 사후에 침해된 법익에 대하여 적절한 국내적 구제를 다하지 않은 경우에 국가책임이 발생할 수 있다.
③ 손해의 발생이라는 요건은 물질적인 손해에 국한하여 요구된다.
④ 국제사법재판소(ICJ)는 코르푸(Corfu)해협 사건에서 국가의 부작위에 의한 책임을 인정하였다.

[정답] ③
[해설] 손해의 발생이라는 요건은 반드시 물질적인 손해의 발생을 요구하는 것이 아니고 비물질적, 정신적 손해만 발생한 경우에도 이 요건을 충족한다.

0374

국가책임에 대한 설명으로 옳지 않은 것은?

① 국제법 위반행위가 국제법 주체에게 귀속되어야 한다.
② 국가귀속성이 요건이므로 국가기관의 행위가 아니라 할지라도 국가에 귀속되는 경우 국가책임이 발생할 수 있다.
③ 핵실험 사건은 프랑스가 남태평양에서 실시한 대기권 내 핵실험에 대해 1973년 오스트레일리아와 뉴질랜드가 동 실험이 국제법 위반이라고 하는 판결 및 동 판결이 있기까지의 가보전조치 명령을 ICJ에 요청한 사건이다.
④ 트레일제련소 사건은 사기업의 환경오염행위에 대해 소속국가의 국가책임이 인정되지 않은 사례이다.

[정답] ④
[해설] 트레일제련소 사건은 사기업의 환경오염행위에 대해 소속국가의 국가책임을 인정한 사례이다

0375

국가책임에 대한 설명으로 옳지 않은 것은?

① 사인의 행위자체만으로는 원칙적으로 국가책임이 성립하지 않는다.
② 국가는 사인의 행위에 대해 상당한 주의를 기울임으로써 문제의 발생을 사전에 예방해야 한다.
③ 상당한 주의의무는 사전적 예방조치만을 그 내용으로 한다.
④ 집요한 불복국가는 특정 관습법상 의무로부터 이탈할 수 있다.

정답 ③
해설 상당한 주의의무는 사전적 예방과 사후적 구체조치를 내용으로 한다.

0376

2001년 국제위법행위에 대한 국가책임 규정초안에 의한 국제위법행위의 위법성 조각사유에 관한 설명으로 옳지 않은 것은?

① UN헌장에 부합하는 합법적인 자위조치는 위법성이 조각된다.
② 불가항력의 상황이 이를 원용하는 국가의 행위에 기인한 경우 위법성이 조각되지 아니한다.
③ 대항조치가 위법성 조각사유로 원용되기 위해서는 사전에 위반국에서 의무의 이행을 요청하여야 한다.
④ 무력사용에 의한 대항조치라도 위법성이 조각된다.

정답 ④
해설 무력사용에 의한 대항조치는 위법성을 조각하지 않는다.

0377

국가책임에 대한 설명으로 타당하지 않은 것은?

① 국제의무의 위반은 작위뿐만 아니라 부작위에 의해서도 발생한다.
② 국가책임은 다른 국가에 대한 직접침해에 의해서만이 발생한다.
③ 사인의 행위라 할지라도 국가가 상당한 주의의무를 다하지 않은 경우 국가책임이 발생할 수 있다.
④ 외국인의 소송을 거부하는 경우, 재판절차가 불공정하거나 부당하게 지연될 경우, 명백히 불공정한 판결의 경우, 피고에 대한 유죄판결을 집행하지 않을 경우, 국가책임이 성립한다.

> 정답   ②
> 해설   국가책임은 다른 국가에 대한 간접침해에 의해서도 발생할 수 있다.

0378

2001년 국제법위원회(ILC)에서 채택한 '국제위법행위에 대한 국가책임에 관한 규정초안'의 내용에 대한 설명으로 타당하지 않은 것은?

① 공공당국의 부재 또는 직무이행이 불가능한 상황의 사인이라도 국가의 행위로 간주되며, 이를 '사실상 국가기관인 사인'이라 표현한다.
② 국가책임의 성립요건으로 고의 또는 과실을 규정하고 있다.
③ 중앙정부의 기관뿐만 아니라 지방자치단체 또는 연방국가의 구성국의 행위에 의해서도 국가책임이 성립한다.
④ 정권장악에 성공한 반란단체의 행위는 당해 국가의 행위로 간주된다.

> 정답   ②
> 해설   국가책임의 성립요건으로 고의 또는 과실을 규정하고 있지 아니한다.

0379

국가책임 초안에 대한 설명으로 옳지 않은 것은?

① 국가의 모든 국제위법행위는 그 국가의 국제책임을 발생시킨다.
② 국가의 행위가 국제법에 따라 국가에 귀속되고, 국가의 국제의무 위반을 구성하는 경우 국가의 국제위법행위가 존재한다.
③ 국가의 행위가 작위 또는 부작위를 구성하는 경우 국가의 국제위법행위가 존재한다.
④ 국가행위의 국제위법성의 결정에는 국내법이 적용되는데, 그러한 결정은 그 행위의 국제법상 적법성에 의하여 영향받지 않는다.

정답   ④
해설   국가행위의 국제위법성의 결정에는 국제법이 적용되는데, 그러한 결정은 그 행위의 국내법상 **적법성에 의하여 영향받지 않는다.**

0380

국가책임 초안 중 국가기관에 대한 설명으로 옳지 않은 것은?

① 모든 국가기관의 행위는 국제법상 그 국가의 행위로 간주된다.
② 기관이 국가조직상 어떠한 위치를 차지하고 있는지 여부에 따라 국가의 귀속성이 결정된다.
③ 기관은 당해 국가의 국내법에 따라 그 같은 지위를 가진 모든 개인을 포함한다.
④ 당 국가의 국내법에 따라 기관은 그 같은 지위를 가진 모든 단체를 포함한다.

정답   ②
해설   그 기관이 입법, 행정, 사법 또는 기타 다른 기능을 수행하는지 여부, 그 기관이 국가조직상 어떠한 위치를 차지하고 있는지 여부, 그 기관의 성격이 중앙정부기관 또는 지방정부기관인지를 불문한다.

0381

국가책임 초안의 설명으로 틀린 것은?

① 국가기관은 아니지만 당해 국가의 법에 의하여 정부권한을 행사할 권한을 부여받은 개인 또는 실체의 행위는 국제법상 당해 국가의 행위로 간주된다.
② 당해 국가의 법에 의하여 정부권한을 행사할 권한을 부여받은 개인 또는 실체의 행위는 그 개인 또는 실체가 구체적 경우에 있어서 그러한 자격으로 행동하는 경우에 한한다.
③ 타국에 의하여 한 국가의 통제 하에 놓여진 기관의 행위는, 그 기관이 자신이 그 통제에 놓여진 국가의 정부권한(공권력)의 행사로서 행동하는 경우, 국제법상 통제국의 행위로 간주된다.
④ LaGrand 사건 (1999년)에서 ICJ가 미연방에 대해 LaGrand의 사형집행을 막기 위해 모든 조치를 할 것을 명령하면서 애리조나 주지사의 관할에 대해 미연방은 본 명령을 주지사에게 전달할 의무는 없다고 판시했다.

정답 ④

해설 LaGrand 사건 (1999년)에서 ICJ가 미연방에 대해 LaGrand의 사형집행을 막기 위해 모든 조치를 할 것을 명령하면서 애리조나 주지사의 관할에 대해 미연방은 본 명령을 주지사에게 전달할 의무가 **있다고** 판시했다.

0382

국가책임 초안의 설명으로 틀린 것은?

① 국가기관 또는 정부권한을 행사하도록 권한을 위임받은 개인 또는 실체의 행위는 그 기관, 개인 또는 실체가 그 자격으로 행동하는 경우, 그 행위자가 자신의 권한을 넘어서거나 또는 지시를 위반한다면, 국제법상 그 국가의 행위로 간주될 수 없다.
② 판례 상 Tinoco 사건에서 중재재판관은 코스타리카의 Tinoco 대통령이 합법적인 정부지출을 위해서가 아닌 개인적인 용도로 인출하였음을 분명한 시점에서 이루어진 영 은행의 대출은 영 정부가 코스타리카 정부에게 그 반환을 요구할 수 없다고 판결하였다.
③ 개인 또는 집단의 행위는 그들이 그 행위를 수행함에 있어서 사실상 한 국가의 지시를 받거나 그 지시 또는 통제 하에서 행동하는 경우 국제법상 그 국가의 행위로 간주된다.
④ 개인 또는 집단이 공적기관의 부재 또는 직무수행이 불가능할 때, 정부권한(공권력)의 행사가 요구되는 상황에서 사실상 그러한 권한을 행사하는 경우, 그러한 사인 또는 사인단체의 행위는 국제법상 국가의 행위로 간주된다.

정답 ①

해설 국가기관 또는 정부권한(공권력)을 행사하도록 권한을 위임받은 개인 또는 실체의 행위는 그 기관, 개인 또는 실체가 그 자격으로 행동하는 경우, 그 행위자가 자신의 권한을 넘어서거나 또는 지시를 위반한다 하더라도, 국제법상 그 **국가의 행위로 간주된다**.

0383

국가책임 초안 상 반란단체의 행위에 대한 설명으로 틀린 것은?

① 한 국가의 신정부를 구성하게 되는 반란단체의 행위는 국제법상 그 국가의 행위로 본다.
② 기존국가의 영토의 일부 또는 그 국가의 관할하의 영토에서 신생국 수립에 성공한 반란단체 또는 기타 단체의 행위는 국제법상 그 신생국의 행위로 본다.
③ 문제된 단체의 행위와 어떻게 관련되었든, 제4조 내지 제9조에 의하여 그 국가의 행위로 간주될 수 있는 모든 행위가 국가로 귀속되는 것에 영향을 미치지 않는다.
④ Military and Paramilitary Activities in and against Nicaragua 사건(1986년)에서 ICJ는 반군에 대한 전반적인 통제만으로는 국가귀속을 초래하기에는 충분하다고 판단하였다.

정답 ④

해설 Military and Paramilitary Activities in and against Nicaragua 사건(1986년)에서 ICJ는 반군에 대한 전반적인 통제만으로는 국가귀속을 초래하기에는 불충분했다고 판단하였다. 즉, 실효적 통제를 가지고 있음을 입증해야 한다.

0384

국가책임에 관한 설명 중 옳지 않은 것은?

① 국가의 행위가 국제의무에 의하여 당해 국가에게 요구되는 바와 합치되지 않는 경우, 그 의무의 연원 또는 성격과는 관계없이, 그 국가의 국제의무 위반이 존재한다.
② 국가의 행위는 행위의 발생시 국가가 당해 의무에 구속되지 아니한다면, 국제의무 위반에 해당하지 아니한다.
③ 국제의무의 연원에는 조약규정, 국제관습 법규만을 포함한다.
④ Nuclear Test 사건(1974년)에서 프랑스 정부가 남태평양 지역에서 더 이상 핵실험을 하지 않겠다는 선언을 공개적으로 몇 차례 천명한 바 있는데, 이는 ICJ는 '대세적'인 '법적 약속'으로 볼 수 있다.

정답 ③

해설 국제의무의 연원에는 조약규정, 국제관습 법규, 국제법질서 내에서 적용되는 일반원칙, 일방적 행위가 모두 포함된다.

0385

국가책임의 시간적 연장에 대한 설명으로 틀린 것은?

① 계속적 성격을 갖지 않는 국가행위로 인한 국제의무의 위반은, 그 효과가 지속된다고 할지라도 그 행위가 종결된 시점에 발생한다.
② 계속적 성격을 갖는 국가행위로 인한 국제의무의 위반은, 그 행위가 계속되고 국제의무와 합치하지 않는 상태로 남아있는 전 기간 동안에 걸쳐 연장된다.
③ 국가에게 일정한 사건을 방지할 것을 요구하는 국제의무의 위반은 그러한 사건이 발생하는 때에 발생하며, 그러한 사건이 계속되어 그 의무와 불합치하는 상태로 남아있는 전 기간 동안에 걸쳐 연장된다.
④ 전체적으로 위법한 것으로 정의되는 일련의 작위 또는 부작위를 통한 국가의 국제의무 위반은 다른 작위 또는 부작위와 함께 위법행위를 구성하기에 충분한 작위 또는 부작위가 발생하였을 때 성립한다.

정답 ①

해설 계속적 성격을 갖지 않는 국가행위로 인한 국제의무의 위반은, 그 효과가 지속된다 할지라도 그 행위가 **수행된** 시점에 발생한다.

0386

타국의 불법행위에 대한 설명으로 옳지 않은 것은?

① 국제위법행위를 실행하는 타국을 지원하거나 원조하는 국가는 당해 국가가 그 국제위법행위의 상황을 인식하고 그렇게 행동하고 그 행위가 당해 국가가 실행하였더라도 국제적으로 위법할 경우, 그러한 행위에 대하여 국제적으로 책임을 진다.
② 타국이 국제위법행위를 실행하도록 타국을 지시하고 통제한 국가는 당해 국가가 그 국제위법행위의 상황을 인식하고 그렇게 행동하고, 당해 국가가 실행하였더라도 그 행위는 국제적으로 위법할 경우 그 행위에 대하여 국제적으로 책임을 진다.
③ 타국으로 하여금 어떠한 행위를 실행하도록 강제한 국가는 그러한 강제가 없었다면 그 행위는 강제한 국가의 국제위법행위가 되고, 강제를 당한 국가는 그 행위의 상황을 인식하고 그렇게 행위하였을 것을 전제로 그 행위에 대하여 국제적으로 책임을 진다.
④ 문제의 행위를 실행한 국가 또는 기타 국가들에게 본 조항들의 타 규정에 의하여 부과되는 국제책임에 영향을 미치지 않는다.

정답 ③

해설 타국으로 하여금 어떠한 행위를 실행하도록 강제한 국가는 그러한 강제가 없었다면 그 행위는 강제당한 국가의 국제위법행위가 되고, **강제를 한 국가는** 그 행위의 상황을 인식하고 그렇게 행위하였을 것을 전제로 그 행위에 대하여 국제적으로 책임을 진다.

0387

위법성 조각사유의 설명으로 옳지 않은 것은?

① 한 국가가 타국의 행위실행에 대해서 한 유효한 동의는 그 행위가 그 동의의 범위 내에서 실행되는 한, 전자의 국가와 관련하여 그 행위의 위법성이 조각된다.
② 국가의 행위가 국제연합헌장과 합치되는 합법적 자위조치에 해당한다면, 그 국가행위의 위법성이 조각된다.
③ 국가의 행위가 타국에 대한 대응조치에 해당하는 경우, 그 범위 내에서는 타국에 대한 국제의무와 합치되는 한 국가행위의 위법성이 조각된다.
④ 행위가 불가항력, 즉 그 상황에서의 의무 이행을 실질적으로 불가능하게 만드는 국가의 통제를 넘어서는 저항할 수 없는 힘 또는 예상하지 못한 사건의 발생에 기인한 경우에는 국제의무와 합치되지 않는 국가행위의 위법성이 조각된다.

[정답] ③

[해설] 위법성 조각사유의 전제가 국가의 법률행위가 국제의무에 위반이지만 그 행위가 위법성에 해당되지 않는 사유를 의미한다. 즉, 국가의 행위가 타국에 대한 대응조치에 해당하는 경우, 그 범위 내에서는 타국에 대한 **국제의무와 합치되지 않는 국가행위의 위법성**이 조각된다.

0388

위법성 조각사유 중 불가항력의 원용할 수 없는 것에 대한 설명이 아닌 것은?

① 불가항력의 상황이 이를 원용하는 국가의 행위에만 의하거나 또는 다른 요소와 결합된 행위에서 기인하는 경우는 주장을 원용할 수 없다.
② 당해 국가가 그 같은 상황 발생의 위험을 수락한 경우는 주장을 원용할 수 없다.
③ 중앙정부의 실효적 통제를 벗어난 반란이나 내란도 의무의 이행을 불가능하게 만들 수는 있다.
④ Serbian Loans 사건(1929년)에서 PCIJ는 제1차 세계대전 때문에 세르비아가 공채를 상환하는 것이 불가능했다는 주장은 받아들였다.

[정답] ④

[해설] Serbian Loans 사건(1929년)에서 PCIJ는 제1차 세계대전 때문에 세르비아가 공채를 상환하는 것이 불가능했다는 주장은 **받아들이지 않았다**.

0389

위법성 조각사유 중 조난에 대한 설명으로 틀린 것은?

① 행위자가 위난 상황에 처하여 자신이나 그의 보호 하에 맡겨진 다른 사람들의 생명을 구하기 위한 다른 합리적 방법이 없는 경우, 당해 국가의 국제의무와 합치되지 아니하는 국가행위의 위법성이 조각된다.
② 위난 상황이 이를 원용하는 국가의 행위에만 의하거나 또는 다른 요소와 결합된 행위에서 기인하는 경우 주장을 원용할 수 없다.
③ 문제된 행위가 그에 상당하거나 또는 더욱 커다란 위험을 발생시킬 우려가 있는 경우에 주장을 원용할 수 없다.
④ 문제의 피난행위는 '중대하고도 절박한' 위험에 대항하여 '본질적' 이익을 수호하기 위한 유일한 방법이어야 한다.

정답 ④

해설 긴급피난에 대한 설명이다.

0390

위법성 조각사유 중 긴급상황에 대한 설명이 틀린 것은?

① Torrey Canyon 호 사건(1967년)에서 영국 해협에 좌초한 라이베리아 유조선의 기름 유출 우려로 영국 정부는 몇 차례 해난 구조 시도 후 폭격했는데 이를 긴급피난으로 주장했지만 라이베리아 정부는 이를 인정하지 않았다.
② 그 행위가 중대하고 급박한 위험으로부터 국가의 본질적 이익을 보호하기 위한 유일한 방법이어야 한다.
③ 그 행위가 의무 이행의 상대가 되는 국가나 국가들 또는 국제공동체 전체의 본질적 이익을 심각하게 훼손하지 않는 경우이어야 한다.
④ 긴급상황은 어떠한 경우에도, 문제된 국제의무가 긴급상황의 원용 가능성을 배제하는 경우 또는 그 국가가 긴급상황의 발생에 기여한 경우에는 국가의 위법성을 조각시키기 위한 사유로 원용될 수 없다.

정답 ①

해설 Torrey Canyon 호 사건(1967년)에서 영국 해협에 좌초한 라이베리아 유조선의 기름 유출 우려로 영국 정부는 몇 차례 해난 구조 시도 후 폭격했는데 라이베리아 정부도 아무런 항의를 제기하지 않았다.

0391

국가책임에 관한 설명으로 옳지 않은 것은?

① 국제위법행위의 법적 결과는 위반된 의무를 이행해야 할 책임국의 계속적 의무에 영향을 주지 않는다.
② 국제위법행위에 책임이 있는 국가는 행위가 계속되고 있는 경우 이를 중지할 것과 상황에 따라 필요한 경우에는, 재발 방지에 대한 적절한 확인과 보증의 의무를 진다.
③ 책임 있는 국가는 국제위법행위로 인한 피해에 대하여 적절한 배상의무를 진다.
④ 손해는 국가의 국제위법행위로 인한 물질적 또는 정신적 손해를 모두 포괄한다.

정답 ③
해설 책임 있는 국가는 국제위법행위로 인한 피해에 대하여 **완전한** 배상의무를 진다.

0392

국가책임에 관한 설명으로 옳지 않은 것은?

① 책임국은 국가책임에 따른 의무를 준수하지 못한 것을 정당화하기 위하여 국내법 규정에 의존할 수 없다.
② 국가책임에 규정된 책임 있는 국가의 의무는 특히 국제의무의 성격과 내용 및 위반상황에 따라 다른 한 국가나 복수의 국가들 또는 국제공동체 전체를 상대로 부과된다.
③ 국가책임상 국가의 국제책임에 따라 국가가 아닌 개인이나 실체에 대하여 직접 부여될 수 있는 어떠한 권리에 영향을 미치지 않는다.
④ 국제의무 위반은 그 자체로는 의무를 종료한다.

정답 ④
해설 국제의무 위반은 그 자체로는 의무를 종료시키지 아니한다.

0393

국가책임법 상 손해배상에 관한 설명으로 옳지 않은 것은?

① 국제위법행위로 인한 피해에 대한 완전한 배상은 본 장의 규정에 따라 원상회복, 금전배상, 만족의 형식을 단독적으로 또는 복합적으로 취한다.
② 국제위법행위에 책임이 있는 국가는 원상회복, 즉 그 위법행위가 실행되기 전에 존재하던 상황을 복구할 의무를 부담한다.
③ 금전배상은 원상회복이 실질적으로 불가능하지 않은 경우에 한한다.
④ 만족 대신 원상회복에 따른 이익에 비하여 원상회복이 현저히 불균형한 부담을 수반하지 않는 경우에 한한다.

정답 ④
해설 금전배상 대신 원상회복에 따른 이익에 비하여 원상회복이 현저히 불균형한 부담을 수반하지 않는 경우에 한한다.

0394

국가책임법 상 손해배상에 관한 설명으로 옳지 않은 것은?

① 국제위법행위에 책임이 있는 국가는 그로 인한 손해가 원상회복에 의하여 전보되지 않는 범위 내에서는, 금전배상을 해야 할 의무를 부담한다.
② 금전배상은 확정될 수 있는 범위 내의 상실이익을 포함하여 금전적으로 산정될 수 있는 모든 손해를 포괄한다.
③ 국제위법행위에 책임이 있는 국가는 그 행위로 인한 피해가 금전배상만으로 전보될 수 없는 경우, 이에 대하여 사죄를 제공할 의무를 진다.
④ 사죄는 위반의 인정, 유감의 표시, 공식사과 또는 기타 적절한 방식으로 행해질 수 있다.

정답 ③
해설 국제위법행위에 책임이 있는 국가는 그 행위로 인한 피해가 **원상회복 또는 금전배상으로 전보될 수 없는 경우**, 이에 대하여 사죄를 제공할 의무를 진다. 사죄는 피해와 불균형을 이루어서는 아니되며, 책임 있는 국가에게 모욕이 되는 형태를 취해서는 아니된다.

0395

다음 중 국가책임에 관한 설명으로 틀린 것은?

① 손해배상을 결정함에 있어서는, 피해국 또는 손해배상 요구와 관련된 모든 개인 또는 실체의 고의 또는 과실에 의한 작위 또는 부작위가 피해에 기여한 바를 참작하여야 한다.
② 일반 국제법상의 강행규범에 의하여 부과된 의무에 대한 국가의 중대한 위반에 따른 국제책임에 적용된다.
③ 의무의 위반은 그것이 책임 있는 국가에 그 의무의 총체적 또는 조직적인 불이행이 수반되는 경우에 중대한 것으로 본다.
④ 피해국을 제외한 그 어떤 국가도 그러한 중대한 위반에 창설된 사태를 합법으로 승인하거나 그러한 사태를 유지하는데 원조를 제공해서는 안된다.

정답 ④

해설 '그 어떤 국가'도 그러한 중대한 위반에 창설된 사태를 합법으로 승인하거나 그러한 사태를 유지하는데 원조를 제공해서는 안된다.

0396

국가책임법상 의무에 대한 설명으로 옳지 않은 것은?

① 국가들은 제40조상의 의미에 해당하는 모든 중대한 위반을 합법적 수단을 통하여 종료시키기 위해 협력하여야 한다.
② 어떠한 국가도 제40조상의 의미에 해당하는 중대한 위반에 의하여 발생한 상황을 적법한 것으로 인정한다거나 또는 그러한 상황의 유지를 위한 원조나 지원을 하여서는 아니 된다.
③ 언급된 다른 결과 및 본 장이 적용되는 위반이 발생시키는 결과에 영향을 미치지 않는다.
④ 피해국 이외의 국가가 의무위반국의 책임을 원용할 때, 금전적 손해배상, 피해국에 의한 청구의 통고, 청구의 허용성, 청구권의 상실의 규정이 적용된다.

정답 ④

해설 피해국 이외의 국가가 의무위반국의 책임을 원용할 때, 피해국에 의한 청구의 통고, 청구의 허용성, 청구권의 상실의 규정이 적용된다. 즉, 피해국 이외의 국가는 금전적 손해배상을 청구할 수 없다.

0397

손해를 입은 국가에 의한 책임추궁에 대한 설명으로 틀린 것은?

① 국가는 위반된 의무가 개별적으로 그 국가를 상대로 하는 것이거나 또는 피해국으로서 타국의 책임을 추궁할 수 있다.
② 국가는 위반된 의무가 당해 국가를 제외한 일단의 국가들 또는 국제공동체 전체를 상대로 하는 것으로 피해국으로서 타국의 책임을 추궁할 수 있다.
③ 의무의 위반이 당해 국가에 특별히 영향을 줄 때 타국의 책임을 추궁할 수 있다.
④ 그 의무의 위반이 그 의무가 상대로 하는 모든 다른 국가들의 입장을 그 의무의 추후 이행과 관련하여 급격하게 변경시키는 성질을 지닌 경우 줄 때 타국의 책임을 추궁할 수 있다.

정답 ②

해설 국가는 위반된 의무가 **당해 국가를 포함하는** 일단의 국가들 또는 국제공동체 전체를 상대로 하는 것으로 피해국으로서 타국의 책임을 추궁할 수 있다.

0398

국가책임 초안에 대한 설명으로 옳지 않은 것은?

① 타국의 책임을 추궁하는 피해국은 그 국가에게 자국의 청구권을 통지하여야 한다.
② 피해국은 특히 위법행위가 계속되고 있는 경우, 그 중지를 위하여 책임 있는 국가가 취해야 할 행위를 적시할 수 있다.
③ 피해국은 특히 위법행위가 계속되고 있는 경우, 규정에 따라서 취해져야 할 배상을 형성하는 행동을 적시할 수 있다.
④ 청구의 허용성이 수락되기 위해서는 유일한 원칙인 청구국적을 준수하여야 한다.

정답 ④

해설 청구의 허용성이 수락되기 위해서는 **청구국적과 국내구제수단완료의 두 원칙을 준수하여야 한다.**

0399

국가책임의 추궁에 대한 설명으로 옳지 않은 것은?

① 당해 청구가 청구의 국적성과 관련하여 적용되는 원칙에 따라 제기되지 아니한 경우, 국가책임이 추궁될 수 없다.
② 당해 청구가 국내구제완료의 원칙이 적용되는 것이고 어떠한 이용가능하고 효과적인 모든 국내적 구제가 완료되지 않은 경우, 국가책임이 추궁될 수 없다.
③ 피해국이 유효하게 청구를 포기한 경우, 책임을 추궁할 권리의 상실된다.
④ 피해국이 자신의 행위에 의하여 청구권의 소멸에 유효하게 명시적으로 간주되는 경우에 한하여, 책임을 추궁할 권리의 상실된다.

정답 ④
해설 피해국이 자신의 행위에 의하여 청구권의 소멸에 유효하게 묵인한 것으로 간주되는 경우, 책임을 추궁할 권리의 상실된다.

0400

국가책임에 대한 설명으로 옳지 않은 것은?

① 동일한 국제위법행위에 의하여 복수의 국가가 손해를 입었을 경우, 각 손해국은 개별적으로 국제위법행위를 실행한 국가의 책임을 개별적으로 추궁할 수 있다.
② 복수의 국가가 동일한 국제위법행위에 책임이 있는 경우, 그 행위에 관하여는 국가들이 공동으로 책임이 추궁될 수 있다.
③ 어떠한 피해국도 금전배상을 통하여 자신이 입은 손해 이상으로 배상받는 것을 허용하지 아니한다.
④ 다른 책임 있는 국가에게 구상할 권리에 영향을 미치지 않는다.

정답 ②
해설 복수의 국가가 동일한 국제위법행위에 책임이 있는 경우, 그 행위에 관하여는 각 국가의 책임이 추궁될 수 있다.

0401

국가책임 초안에 대한 설명으로 틀린 것은?

① 위반된 의무가 당해 국가를 포함한 국가집단에 대하여 부담하는 것이고, 그 의무는 그 국가들의 집단적 이익의 보호를 위하여 수립된 경우, 손해를 입은 국가 이외의 어떠한 국가도 타국의 책임을 추궁할 수 있다.
② 위반된 의무가 국제공동체 전체에 대하여 부담하는 것일 경우, 손해를 입은 국가 이외의 어떠한 국가도 타국의 책임을 추궁할 수 없다.
③ 책임을 추궁할 수 있는 국가는 책임 있는 국가에 대하여 제30조에 따른 국제위법행위의 중지와 재발 방지에 대한 확인과 보증을 청구할 수 있다.
④ 책임을 추궁할 수 있는 국가는 책임 있는 국가에 대하여 손해를 입은 국가 또는 위반된 의무의 수익자를 위한 전조들에 따른 배상의무의 이행을 청구할 수 있다.

정답 ②
해설 위반된 의무가 국제공동체 전체에 대하여 부담하는 것일 경우, 손해를 입은 국가 이외의 어떠한 국가도 타국의 **책임을 추궁할 수 있다**.

0402

대응조치에 대한 설명으로 옳지 않은 것은?

① 손해를 입은 국가는 오직 국제위법행위에 책임 있는 국가가 제2부에 따른 의무를 준수하도록 하기 위하여 당해국가에 대한 대응조치를 취할 수 있다.
② 대응조치는 조치를 취하는 국가가 책임있는 국가에 대한 국제의무는 계속 이행함을 원칙으로 한다.
③ 대응조치는 가능한 한 문제된 의무의 이행을 재개시킬 수 있는 방법으로 취해져야 한다.
④ 대항조치는 기본적으로 '주관적' 내지는 '자기 평가적'이어서 제3자의 판단이나 평가를 요하지 아니한다.

정답 ②
해설 대응조치는 조치를 취하는 국가가 책임있는 국가에 대한 국제의무를 당분간 이행하지 않는 것에 한정된다.

0403

대응조치가 영향을 주어서는 안되는 것으로 평가되지 못한 것은?

① 국제연합헌장에 구현되어 있는 무력의 위협 또는 무력의 행사를 삼가할 의무
② 기본적 인권을 보호할 의무
③ 복구가 허용되는 인도적 성격의 의무
④ 일반국제법상의 강행규범에 따른 기타 의무

[정답] ③
[해설] 복구가 금지되는 인도적 성격의 의무

0404

대응조치에 대한 설명으로 옳지 않은 것은?

① 대응조치는 국제위법행위의 심각성과 문제되는 권리를 고려하여, 입은 피해에 비례하여야 한다.
② 대응조치를 취하기에 앞서 피해국은 제43조에 따라 책임 있는 국가에게 의무를 이행할 것을 요구하여야 한다.
③ 대응조치를 취하기에 앞서 피해국은 대응조치를 취하기로 한 모든 결정을 UN안보리에 통고하고, 당해 국가에 협상을 제안하여야 한다.
④ 손해를 입은 국가는 자국의 권리를 보호하기 위하여 필요한 긴급대응조치를 취할 수 있다.

[정답] ③
[해설] 대응조치를 취하기에 앞서 피해국은 대응조치를 취하기로 한 모든 결정을 **책임국에게** 통고하고, 당해 국가에 협상을 제안하여야 한다.

0405

대응조치에 대한 설명으로 옳지 않은 것은?

① 국제위법행위가 중지된다면, 대응조치가 취하여질 수 없고, 이미 취해진 경우라면 지체없이 중단되어야 한다.
② 분쟁이 당사자에게 구속력 있는 결정을 내릴 수 있는 권한을 가진 법원 또는 재판소에 계쟁 중인 경우라면, 대응조치가 취하여질 수 없고, 이미 취해진 경우라면 지체없이 중단되어야 한다.
③ 책임 있는 국가가 분쟁해결 절차를 신의성실하게 이행하지 않는 경우에는 대응조치가 적용되지 않는다.
④ 대응조치는 책임 있는 국가가 국제위법행위와 관련하여 의무를 통고하는 즉시 종료되어야 한다.

[정답] ④
[해설] 대응조치는 책임 있는 국가가 국제위법행위와 관련하여 제2부상의 의무를 이행하는 즉시 종료되어야 한다.

12 | 외교보호

0406
외교보호 초안에 대한 설명으로 옳지 않은 것은?

① 외교적 보호를 행사할 권리를 갖는 국가는 국적국이다.
② 국가는 피해일자와 공식청구 제기일자에 그 국가에서 합법적이고 상시적으로 거주 중인 무국적자에 대하여 외교적 보호를 행사할 수 있다.
③ 국가는 국제적으로 승인된 기준에 따라 그 국가에 의하여 난민으로 인정된 자에 대하여 외교적 보호를 행사할 수 있다.
④ 난민의 상주국의 국제위법행위로 인한 피해와 관련하여서는 외교보호에 적용되지 않는다.

[정답] ④
[해설] 난민의 국적국의 국제위법행위로 인한 피해와 관련하여서는 외교보호에 적용되지 않는다.

0407

외교보호의 설명으로 틀린 것은?

① 국가는 피해 일자로부터 공식 청구 제기일자까지 계속하여 그 국가의 국적자인 사람에 대하여 외교적 보호를 행사할 권리를 갖는데, 국적이 양 일자에 모두 존재하는 경우, 계속성은 추정된다.
② 국가는 피해 일자에는 자국민이 아니었으나, 공식 청구 제기일자에는 자국민인 개인에 대하여 외교적 보호를 행사할 수 있다.
③ 개인의 현재 국적국은 그 개인이 이전 국적국의 국민이고 현재 국적국의 국민이 아닌 때에 입은 피해에 대해서도 이전 국적국에 대하여 외교적 보호권을 행사할 수 있다.
④ 국가는 공식 청구 제기일자 후에 피청구국의 국적을 취득한 자에 대하여 외교적 보호를 행사할 권리가 더 이상 없다.

정답 ③

해설 개인의 현재 국적국은 그 개인이 이전 국적국의 국민이고 현재 국적국의 국민이 아닌 때에 입은 피해에 대하여 이전 국적국에 대하여 **외교적 보호권을 행사할 수 없다**.
② 국가는 피해 일자에는 자국민이 아니었으나, 공식 청구 제기일자에는 자국민인 개인에 대하여 외교적 보호를 행사할 수 있다. 단, 그 개인이 전임국의 국적을 보유하고 있었거나, 이전 국적을 상실하고 청구 제기와 관련이 없는 이유로 국제법에 불합치하지 않는 방법으로 국적국의 국적을 취득한 경우에 한한다.

0408

외교보호에 대한 설명으로 옳지 않은 것은?

① 이중 또는 복수국적자의 국적국은 그 국적자와 관련하여 국적국이 아닌 국가에 대하여 외교적 보호를 행사할 수 있다.
② 이중 또는 복수국적자와 관련하여 둘 또는 그 이상의 국적국이 공동으로 외교적 보호를 행사할 수 있다.
③ 국적국은 자국의 국적이 피해 일자와 공식청구 제기일자 양일에 우세하지 않다면 그 개인이 국적자인 다른 국가에 대하여 그 개인과 관련하여 외교적 보호를 행사할 수 없다.
④ Merge Claim 사건(1955년)에서 복수국적자 상호 간은 한 당사국이 타 국적국을 상대로 그를 위한 청구를 제기할 수 없는 것으로 판시하고 있다.

정답 ④

해설 Merge Claim 사건(1955년)에서 복수국적자와 더욱 실효적 관련을 맺고 있는 한 국적국이 그렇지 아니한 타 국적국을 상대로 그를 위한 **청구를 제기할 수 있는 것**으로 판시하고 있다.

0409

다음 중 법인의 외교보호에 대한 설명으로 옳지 않은 것은?

① 회사에 대한 외교적 보호의 목적상, 국적국은 회사가 그 국내법에 따라 설립된 국가를 의미한다.
② 회사가 다른 국가 또는 국가들의 국적인에 의해 지배되고 있고 설립지국에 실질적인 사업활동이 없는 경우, 그리고 그 회사의 본점 소재지 및 재무지배소재지가 모두 다른 국가에 위치하는 경우 그 국가가 국적국으로 간주된다.
③ 국가는 피해일자로부터 공식청구 제기일자까지 계속하여 자국 또는 전임국의 국적인 회사와 관련하여 외교적 보호를 행사할 권리를 갖으며, 그 국적이 양 일자에 모두 존재하는 경우 계속성은 추정된다.
④ 국가는 공식청구 제기일자 후에 피청구국의 국적을 취득한 회사에 대해서도 외교적 보호를 행사할 수 있다.

[정답] ④
[해설] 국가는 공식청구 제기일자 후에 피청구국의 국적을 취득한 회사에 대하여 외교적 보호를 행사할 권리가 더 이상 없다.

0410

다음 중 외교보호 초안상의 보기에 적합한 국가는?

> 국가는 (ㄱ)에 자국 국적이었고, 그 피해의 결과로 (ㄴ)의 법에 따라 더 이상 존재하지 않는 회사에 대하여는 계속적으로 외교적 보호를 행사할 권리를 갖는다.

	(ㄱ)	(ㄴ)
①	피해일자	설립지국
②	제소일자	본점소재지국
③	피해일자	청구국
④	제소일자	설립지국

[정답] ①
[해설] 국가는 **피해일자**에 자국 국적이었고, 그 피해의 결과로 **설립지국**의 법에 따라 더 이상 존재하지 않는 회사에 대하여는 계속적으로 외교적 보호를 행사할 권리를 갖는다.

0411

외교보호 초안상 주주의 외교보호에 대한 설명으로 옳지 않은 것은?

① 회사의 주주의 국적국은 회사의 피해와 관련하여 주주에 대하여 외교적 보호를 행사할 권리가 없다.
② 회사가 피해와 관련없는 이유로 설립지국의 법에 따라 더 이상 존재하지 않는 경우는 외교보호를 청구할 수 있다.
③ 회사가 피해일자에 피해를 야기한 책임이 있다고 주장되는 국가의 국적을 갖고 있었고, 그 국가에서의 사업 수행을 위한 전제조건으로서 그 국가에서의 설립이 요구된 경우, 외교보호를 청구할 수 없다.
④ 국가의 국제위법행위가 회사 자체의 권리와 별개로 주주의 권리에 직접적인 피해를 야기하는 경우, 그 주주의 국적국은 그 자국민에 대하여 외교적 보호를 행사할 권리를 갖는다.

[정답] ③

[해설] 회사가 피해일자에 피해를 야기한 책임이 있다고 주장되는 국가의 국적을 갖고 있었고, 그 국가에서의 사업 수행을 위한 전제조건으로서 그 국가에서의 설립이 요구된 경우는 **외교보호를 청구할 수 있다**.

0412

외교보호상 국내수준 완료의 원칙에 대한 설명으로 옳지 않은 것은?

① 국가는 자국 국적인에 대한 피해와 관련하여 그 피해를 입은 자가 모든 국내 구제를 완료하기 전에는 국제청구를 제기할 수 없다.
② 국내 구제란 피해를 야기한 책임이 있다고 주장되는 국가의 사법적 또는 행정적 법원이나 기관 앞에서 그 피해를 입은 자에게 개방된 법적 구제를 의미하는데, 그 법원 또는 기관이 일반적인지 특별한지 여부를 불문한다.
③ 국제 청구 또는 그 청구에 관한 선언적 판결에 대한 요청이 자국 국적인의 피해에 우세하게 기초하여 제기되는 경우, 국내 구제는 완료되어야 한다.
④ 국가는 피해일자와 공식청구 제기일자에 그 국가에서 합법적이고 상시적으로 거주 중인 무국적자는 국내구제를 완료를 제기할 필요 없다.

[정답] ④

[해설] 국가는 피해일자와 공식청구 제기일자에 그 국가에서 합법적이고 상시적으로 거주 중인 무국적자 모든 국내구제를 완료하기 전에는 국제청구를 제기할 수 없다.

0413

다음 중 외교보호상 국내 구제의 원칙의 예외가 아닌 것은?

① 실효적 보상을 제공하는 합리적으로 이용가능한 국내 구제 수단이 없거나, 국내 구제수단이 실효적 보상의 합리적인 가능성을 제공하지 않는 경우
② 구제절차에 부당한 지연이 있으며, 이것이 책임이 있다고 주장되는 국가에 귀속되는 경우
③ 피해 일자에 피해자와 책임이 있다고 주장되는 국가 사이에 관련성 있는 연결고리가 존재하지 않는 경우
④ 피해자가 국내구제 수단을 거절할 경우

정답 ④
해설 피해자가 국내 구제수단에서 명백히 배제된 경우
책임이 있다고 주장되는 국가가 국내 구제완료의 요건을 포기한 경우

0414

선원이 국제위법행위로 인해 선박에 발생한 피해와 연관되어 피해를 입은 경우에 해결 방법으로 적절하지 않은 것은?

① 선원의 국적국의 외교보호권
② 선박의 국적국의 외교보호권
③ 선박의 위법행위의 가해국의 외교보호권
④ 선원이 무국적자인 경우, 상주국의 외교보호권

정답 ③
해설 선원의 국적국이 외교적 보호권을 행사할 권리는 국적과 상관없이 그 선원을 대신하여 보상을 구할 선박의 국적국의 권리에 의해 영향을 받지 않는다.

0415

외교보호와 직무보호에 대한 설명으로 옳지 않은 것은?

① 외교보호는 국제불법 행위로 입은 개인손해의 배상을 국적 국가가 추구하는 것이다.
② 직무보호는 국제기구 공무원이 입은 불법행위 손해를 국제기구와 국적 국가가 추구하는 것이다.
③ 외교보호와 직무보호 양자 모두 교섭이나 국제소송 등의 방법을 이용한다.
④ 외교보호와 직무보호 양자간 충돌을 해결하는 국제법 규칙은 없으며 학설상으로도 대립이 있다.

정답 ②
해설 직무보호는 국제기구 공무원이 입은 불법행위 손해를 국제기구가 추구하는 것이다.

0416

외교보호에 대한 설명으로 옳지 않은 것은?

① 국가는 외교보호 초안 규정에 따라 외교적 보호를 행사할 권리를 갖는다.
② 외교적 보호를 행사할 권리를 갖는 국가는 국적국이다.
③ 외교보호 초안 규정에 따라 국가는 자국민이 아닌 사람에 대해서도 외교적 보호를 행사할 수 있다.
④ 외교적 보호권은 자국민이 외국에서 입은 손해를 국가가 자신의 직접손해와 간접손해로 인정하여, 가해국에 대해 적절한 구제를 요구할 수 있는 '국가'의 국제법상 권리이다.

정답 ④
해설 외교적 보호권은 자국민이 외국에서 입은 손해를 국가가 자신의 **간접손해**로 인정하여, 가해국에 대해 적절한 구제를 요구할 수 있는 '국가'의 국제법상 권리이다.

0417

외교보호 초안상의 국적국에 대한 설명으로 틀린 것은?

① 자연인에 대한 외교적 보호의 목적상, 국적국은 그 자연인이 국제법에 불합치하지 않는 방법으로 그 국가의 법에 따라 출생, 혈통, 귀화, 국가승계 또는 다른 방법으로 취득한 국적의 국가를 의미한다.
② 국가는 피해 일자로부터 공식 청구 제기일자까지 계속하여 그 국가의 국적자인 사람에 대하여 외교적 보호를 행사할 권리를 갖는다.
③ 국적이 양 일자에 모두 존재하는 경우라 할지라도, 완전하게 계속성이 추정될 수 없다.
④ 국가는 피해 일자에는 자국민이 아니었으나, 공식 청구 제기일자에는 자국민인 개인에 대하여 외교적 보호를 행사할 수 있다.

정답 ③
해설 국적이 양 일자에 모두 존재하는 경우, 계속성은 추정된다.

0418

외교보호 초안상의 국적국에 대한 설명으로 옳지 않은 것은?

① 개인이 전임국의 국적을 보유하고 있었거나, 이전 국적을 상실하고 청구 제기와 관련이 없는 이유로 국제법에 불합치하지 않는 방법으로 국적국의 국적을 취득한 경우에 한한다.
② 개인의 현재 국적국은 그 개인이 이전 국적국의 국민이고 현재 국적국의 국민이 아닌 때에 입은 피해에 대하여, 이전 국적국에 대해서도 외교적 보호권을 행사할 수 있다.
③ 국가는 공식 청구 제기일자 후에 피청구국의 국적을 취득한 자에 대하여 외교적 보호를 행사할 권리가 더 이상 없다.
④ 자연인의 경우와 달리 진정한 관련성을 요구하지는 않는다.

정답 ②
해설 개인의 현재 국적국은 그 개인이 이전 국적국의 국민이고 현재 국적국의 국민이 아닌 때에 입은 피해에 대하여 **이전 국적국에 대하여 외교적 보호권을 행사할 수 없다**.

0419

외교보호 초안상의 국적국에 대한 설명으로 타당하지 않은 것은?

① 이중 또는 복수국적자의 국적국은 그 국적자와 관련하여 국적국이 아닌 국가에 대하여 외교적 보호를 행사할 수 있다.
② 이중 또는 복수국적자와 관련하여 둘 또는 그 이상의 국적국이 공동으로 외교적 보호를 행사할 수 있다.
③ 국적국은 자국의 국적이 피해 일자와 공식청구 제기일자 양일에 우세하지 않다면 그 개인이 국적자인 다른 국가에 대하여 그 개인과 관련하여 외교적 보호를 행사할 수 없다.
④ 국제법상 최근 판례에서 복수국적자와 더욱 실효적 관련을 맺고 있는 한 국적국이 그렇지 않은 다른 국적국을 상대로 청구 제기의 가능성을 부정하고 있다.

정답 ④
해설 최근 판례는 복수국적자와 더욱 실효적 관련을 맺고 있는 한 국적국이 그렇지 않은 다른 국적국을 상대로 **청구 제기의 가**능성 인정하고 있다.

0420

외교보호 초안상의 국가에 대한 설명으로 옳지 않은 것은?

① 국가는 피해일자와 공식청구 제기일자에 그 국가에서 합법적이고 상시적으로 거주 중인 무국적자에 대하여 외교적 보호를 행사할 수 없다.
② 국가는 국제적으로 승인된 기준에 따라 그 국가에 의하여 난민으로 인정된다.
③ 난민의 국적국의 국제위법행위로 인한 피해와 관련하여서는 적용되지 않는다.
④ 피해일자와 공식청구 제기일자에 그 국가에서 합법적이고 상시적으로 거주 중인 자에 대하여 외교적 보호를 행사할 수 있다.

정답 ①
해설 국가는 피해일자와 공식청구 제기일자에 그 국가에서 합법적이고 상시적으로 거주 중인 무국적자에 대하여 **외교적 보호**를 행사할 수 있다.

0421

외교보호 초안상의 회사의 국적국에 대한 설명으로 타당하지 않은 것은?

① 회사에 대한 외교적 보호의 목적상, 국적국은 회사가 그 국내법에 따라 설립된 국가를 의미한다.
② 회사가 다른 국가 또는 국가들의 국적인에 의해 지배되고 있고 설립지국에 실질적인 사업활동이 없는 경우, 그리고 그 회사의 본점소재지 및 재무지배소재지가 모두 다른 국가에 위치하는 경우 그 국가가 국적국으로 간주된다.
③ 국가는 피해일자로부터 공식청구 제기일자까지 계속하여 자국 또는 전임국의 국적인 회사와 관련하여 외교적 보호를 행사할 권리를 갖는데, 그 국적이 양 일자에 모두 존재하는 경우라도 계속성은 추정되지 아니한다.
④ 국가는 공식청구 제기일자 후에 피청구국의 국적을 취득한 회사에 대하여 외교적 보호를 행사할 권리가 더 이상 없다.

정답 ③
해설 국가는 피해일자로부터 공식청구 제기일자까지 계속하여 자국 또는 전임국의 국적인 회사와 관련하여 외교적 보호를 행사할 권리를 갖는데, 그 국적이 양 일자에 모두 존재하는 경우 계속성은 추정된다.

0422

외교보호 초안상의 회사의 국적국에 대한 설명으로 타당하지 않은 것은?

① 회사가 피해와 관련없는 이유로 설립지국의 법에 따라 더 이상 존재하지 않는 경우, 회사의 주주의 국적국은 회사의 피해와 관련하여 주주에 대하여 외교적 보호를 행사할 권리가 없다.
② 회사가 피해일자에 피해를 야기한 책임이 있다고 주장되는 국가의 국적을 갖고 있었고, 그 국가에서의 사업 수행을 위한 전제조건으로서 그 국가에서의 설립이 요구된 경우, 회사의 주주의 국적국은 회사의 피해와 관련하여 주주에 대하여 외교적 보호를 행사할 권리가 없다.
③ 국가의 국제위법행위가 회사 자체의 권리와 별개로 주주의 권리에 간접적인 피해를 야기하는 경우, 그 주주의 국적국은 그 자국민에 대하여 외교적 보호를 행사할 권리를 갖는다.
④ 이러한 원칙들은 회사가 아닌 법인의 외교적 보호에 대하여 적절하게 적용할 수 있다.

정답 ③
해설 국가의 국제위법행위가 회사 자체의 권리와 별개로 주주의 권리에 **직접적인 피해**를 야기하는 경우, 그 주주의 국적국은 그 자국민에 대하여 외교적 보호를 행사할 권리를 갖는다.

0423

외교보호 초안상의 회사의 국적국에 대한 설명으로 타당하지 않은 것은?

① 국가는 자국 국적인 또는 초안 규정 제8조에 언급된 다른 사람에 대한 피해와 관련하여 그 피해를 입은 자가 초안 규정 제15조를 조건으로 모든 국내 구제를 완료하기 전에는 국제청구를 제기할 수 없다.
② "국내 구제"란 피해를 야기한 책임이 있다고 주장되는 국가의 사법적 또는 행정적 법원이나 기관 앞에서 그 피해를 입은 자에게 개방된 법적 구제를 의미한다.
③ 그 법원 또는 기관이 일반적인지 특별한지 여부를 불문한다.
④ 국제 청구 또는 그 청구에 관한 선언적 판결에 대한 요청이 자국 국적인 또는 초안 규정 무국적자와 난민에 언급된 다른 사람의 피해에 우세하게 기초하여 제기되는 경우, 국내구제는 완료할 필요는 없다.

정답 ④

해설 국제 청구 또는 그 청구에 관한 선언적 판결에 대한 요청이 자국 국적인 또는 초안 규정 무국적자와 난민에 언급된 다른 사람의 피해에 우세하게 기초하여 제기되는 경우, **국내구제는 완료되어야 한다.**

0424

외교보호 초안상 국내 구제의 원칙의 예외에 해당하지 않은 것은?

① 실효적 보상을 제공하는 합리적으로 이용가능한 국내 구제 수단이 없거나 국내 구제수단이 실효적 보상의 합리적인 가능성을 제공하지 않는 경우
② 구제절차에 부당한 지연이 있으며, 이것에 대한 책임이 없다고 주장되는 국가에 귀속되는 경우
③ 피해 일자에 피해자와 책임이 있다고 주장되는 국가 사이에 관련성 있는 연결고리가 존재하지 않는 경우
④ 피해자가 국내 구제수단에서 명백히 배제된 경우

정답 ②

해설
• 구제절차에 부당한 지연이 있으며, 이것이 **책임이 있다고 주장되는 국가에 귀속되는 경우**
• 책임이 있다고 주장되는 국가가 국내 구제 완료의 요건을 포기한 경우

0425

외교보호초안 상의 내용에 대한 설명으로 틀린 것은?

① 국제위법행위의 결과로서 발생한 피해에 대한 보상을 확보하기 위해 국제법에 따라 외교적 보호 이외의 조치 또는 절차를 이용할 수 있는 국가, 자연인, 법인 또는 다른 실체의 권리, 역시 이 초안 규정의 영향을 받는다.
② 이 초안 규정은 투자보호를 위한 조약 규정과 같은 국제법의 특별규칙과 양립하지 않는 범위에서는 적용되지 않는다.
③ 선원이 국제위법행위로 인해 선박에 발생한 피해와 연관되어 피해를 입은 경우, 선원의 국적국이 외교적 보호권을 행사할 권리는 국적과 상관없이 그 선원을 대신하여 보상을 구할 선박의 국적국의 권리에 의해 영향을 받지 않는다.
④ 외교적 보호를 행사할 권리를 갖는 국가는 특히 중대한 피해가 발생한 경우, 외교적 보호를 행사하는 가능성을 충분히 고려해야 한다.

정답 ①

해설 국제위법행위의 결과로서 발생한 피해에 대한 보상을 확보하기 위해 국제법에 따라 외교적 보호 이외의 조치 또는 절차를 이용할 수 있는 국가, 자연인, 법인 또는 다른 실체의 권리는 이 초안 규정의 영향을 받지 않는다.

0426

외교보호 초안에 대한 설명으로 타당하지 않은 것은?

① 「Vattel의 의제」에서 시작된 외교적 보호권은 전통국제법하에서 국제법의 주체가 될 수 없었던 개인을 보호하기 위한 것이다.
② 일단 국가가 국제재판소에서 자국민을 위하여 사건을 떠맡게 되면, 국제재판소의 눈으로 보면 그 국가와 법인이 유일한 청구인이다.
③ 가해국이 청구국에 배상금을 지급하는 경우, 그 배상금은 국제법상 청구국의 것이며, 배상금을 피해자들에게 배분할 것인지의 여부 그리고 그 배분기준을 정하는 문제는 청구국의 국내법에 의하여 결정한다.
④ 국제법이 최근 수 십년간 개인에게 권리를 부여하는 방향으로 크게 발전하여 옴으로 인하여 원래는 외국인대우의 최소기준의 위반으로 주장되는 행위에 국한된 외교보호의 물적범위도 그 후 특히 국제적으로 보장되는 인권을 포함하도록 확대되었다.

정답 ②

해설 일단 국가가 국제재판소에서 자국민을 위하여 사건을 떠맡게 되면, 국제재판소의 눈으로 보면 그 국가가 유일의 청구인이다. (Mavromatis Palestine Concessions 사건, PCIJ, 1924)

0427

외교보호 초안에 대한 설명으로 타당하지 않은 것은?

① 국민이 외교적 보호를 청구하는 경우에도 국적국은 외교적 보호를 개시할 국제법적 의무는 없으며, 외교적 보호의 요청이 없어도 국적국은 자신의 권리행사로서 외교적 보호를 개시할 수 있다.
② 회사의 국적국은 그 국내법에 의거하여 설립이 허용된 국가 또는 그 영역 내에 영업의 본거지를 두고 대부분의 중요한 결정이 내려지는 국가이다.
③ 설립지와 본점소재지가 일치하지 않는 경우, 일차적으로 설립지국가가 회사의 국적 국가. 설립지국가 이외에 타국가가 국적국가로 간주되기 위해서는 회사가 타국가의 국민에 의해 지배되고, 설립지국가에서는 실질적인 영업활동이 없고, 회사의 본점소재지와 재무지배소재지 양자 모두 그 타국가에 위치할 것의 세 가지 요건을 충족해야 한다.
④ 설립지와 본점소재지가 일치하지 않는 경우, 설립지 국가는 회사의 국적국가로서 외교보호권을 행사할 수 있다.

정답 ④

해설 설립지와 본점소재지가 일치하지 않는 경우, 설립지 국가는 회사의 국적국가로서 **외교보호권을 행사할 수 없다**.

0428

다음 중 외교보호 초안에 대한 설명으로 타당하지 않은 것은?

① 법인은 외교보호 상 자연인의 경우와 달리 진정한 관련성을 요구하지는 않는다.
② 국적법 충돌의 일정문제에 관한 헤이그협약에 의거 국가는 자국민의 타국적국에 대해서는 외교보호를 행사할 수 없다.
③ Nottebohm 사건에서 제3국은 이중국적자의 국적 중에서 그가 통상 거주하는 국가의 국적이나 아니면 그가 사실상 가장 긴밀한 관련을 맺고 있는 것으로 보이는 국가의 국적을 승인해야 한다고 판시하였다.
④ 국민이 외교적 보호를 청구하는 경우에 국적국은 외교적 보호를 개시할 국제법적 의무가 있다.

정답 ④

해설 국민이 외교적 보호를 청구하는 경우에도 국적국은 외교적 보호를 개시할 **국제법적 의무가 없다**.

0429

1970년 Barcelona Traction co. 사건에 대한 설명으로 타당하지 않은 것은?

① 문제의 회사가 스페인에서 파산선고를 받고 또 설립지 국가에서는 재산관리 상태에 놓여 있기는 하지만, 청산이 뒤따르지 않는 한 회사는 계속 존재한다.
② 문제의 침해행위는 주주에 대한 것이지 회사 자체를 대상으로 한 것은 아니기 때문에 벨기에 정부의 원고자격이 인정되었다.
③ 회사가 설립지 국가로부터 침해를 입는 경우에 있어서는 회사의 국적국가가 국제청구를 제기한다는 일은 발생하지 않을 것이다.
④ 회사는 편의상 특정 국가에 설립될 수 있는데, 이런 경우에는 회사의 국적국가보다는 그 주주들의 국적국가가 국제청구를 제기함에 있어 더 큰 이해관계를 가진다는 비판이 제기되었다.

정답 ②
해설 문제의 침해행위는 회사 자체에 대한 것이지 주주를 대상으로 한 것은 아니기 때문에 벨기에 정부의 원고자격이 인정되지 아니한다.

0430

2006년 외교보호초안의 태도에 대한 설명으로 옳지 않은 것은?

① 회사가 침해를 받은 경우, 주주의 국적국가는 회사가 회사에 대한 침해와 관련 없는 이유로 설립지국의 법에 따라 없어진 경우에는 외교보호가 허용되지 아니한다.
② 회사에 대한 침해와 관련 없는 이유로 설립지국의 법에 따라 없어진 경우인데, 여기에서의 소멸은 법적 소멸을 의미한다.
③ 주주 자체의 권리가 침해된 경우, 주주의 국적국가들은 자국민 주주를 위해 외교보호를 행사할 권리가 있다.
④ 어떠한 권리들이 회사와 별개로 주주에게 속하는지 결정지어야 할 법체계가 무엇인지에 대해 ILC는 대부분의 경우, 이것이 설립지 국가의 국내법에 의해 결정될 문제라고 언급하고 있다.

정답 ①
해설 회사가 침해를 받은 경우 주주의 국적국가는 회사가 회사에 대한 침해와 관련 없는 이유로 설립지국의 법에 따라 없어진 경우에 허용된다.

0431

외교적 보호권의 행사요건에 대한 설명으로 타당하지 않은 것은?

① 개인 또는 회사는 피해를 입을 당시 청구국의 국적을 가지고 있었어야 하고, 개인 또는 회사는 피해시점으로부터 이 청구에 관한 판결시점까지 청구국의 국적을 그대로 유지하여야 한다.
② 피해자의 국적국이 외교적 보호권을 행사하기 위해서는 가해국의 국내구제절차를 모두 그리고 성실하게 마쳐야 한다는 국제관습법상 원칙이다.
③ ILC 외교보호초안 제5조와 제10조는 "구제수단 완료를 하는 일자"까지로 명시하고 있다.
④ 가해국의 주권과 재판관할권을 존중하고, 외교적 보호권을 가장하여 가해국의 국내문제에 시기상조적 외교적 개입이 이루어짐을 방지함에 그 취지가 있다.

정답 ③

해설 ILC 외교보호초안 제5조와 제10조는 "공식청구를 제기하는 일자"까지로 명시하고 있다.
④ 가해국의 주권과 재판관할권을 존중하고, 외교적 보호권을 가장하여 가해국의 국내문제에 시기상조적 외교적 개입이 이루어짐을 방지함에 그 취지가 있다. (국제재판소의 관할권 흠결을 주장하여 사건심리를 봉쇄할 수 있는 선결적 항변의 수단)

0432

외교적 보호권의 행사요건에 대한 설명으로 타당하지 않은 것은?

① 국가기관이 직접 입은 피해는 국내구제를 완료할 필요가 없다.
② 간접침해요소와 직접침해요소가 혼합되어 청구가 제기되는 경우, 외교보호초안 제14조 3항은 '압도적 우세' 기준 제시. 즉 국가간 청구가 압도적으로 사인에 대한 침해에 기초하여 제기되는 경우에는 국내적 구제를 완료해야 한다.
③ 외교보호초안 제14조 3항에서 조약의 해석과 적용에 관한 결정만을 구하는 경우에도 국내구제완료의 원칙이 적용됨을 명백히 해야 한다.
④ 1989년 Ellectronica Sicula 사건에서 미국이 이탈리아의 조약위반을 이유로 ICJ에 제소하며 직접침해에 해당한다고 주장했으며 이에 ICJ는 수용했다.

정답 ④

해설 1989년 Ellectronica Sicula 사건에서 미국이 이탈리아의 조약위반을 이유로 ICJ에 제소하며 직접침해에 해당한다고 주장했으나 ICJ는 배척했다.

0433

외교적 보호권에 대한 설명으로 타당하지 않은 것은?

① 국내구제절차란 가해국의 국내법이 제공하는 '법적 보호의 전체계'를 의미. 피해자 개인은 가해국의 사법적 구제절차뿐만 아니라 행정기관의 구제절차도 모두 거칠 것이 요구한다.
② 권리구제가 목적이 아닌 은혜적 시혜적 조치를 포함하여 가해국에 완료해야 할 국내구제수단이 사실상 존재하지 않는다면 동 원칙은 처음부터 적용될 수 없다.
③ 국내구제완료원칙의 예외로 국내구제수단완료 요건의 포기가 있다.
④ 국가는 외국인과의 계약을 통해서 국내구제완료원칙을 포기할 수 있다.

정답 ②

해설 권리구제가 목적이 아닌 은혜적 시혜적 조치는 제외. 가해국에 완료해야 할 국내구제수단이 사실상 존재하지 않는다면 동 원칙은 처음부터 적용될 수 없다.

0434

외교적 보호권에 대한 설명으로 타당하지 않은 것은?

① 외교보호의 포기는 묵시적으로 표현되거나, 피고 국가의 행동으로 추론될 수 있다.
② 1989년 Ellectornia Sicula 사건에서 ICJ는 국내구제수단완료는 국제관습법의 중요한 원칙이므로 포기가 쉽게 추정되거나 묵시될 수 없음을 지적하고 있다.
③ 가해국의 주권을 존중할 필요가 없는 경우, 국내구제수단완료의 원칙은 피해자와 가해국 사이에 자발적 관련성이 존재하고 있었던 경우에 적용되는 원칙이다.
④ 1955년 Aerial Incident 사건에서 이스라엘의 상업 항공기가 불가리아 상공에서 격추되었는데, 불가리아 정부가 ICJ 제소전 국내국제수단을 완료해야 한다고 주장했고, 이에 이스라엘은 동 원칙을 인정했다.

정답 ④

해설 1955년 Aerial Incident 사건에서 이스라엘의 상업항공기가 불가리아 상공에서 격추되었는데, 불가리아 정부가 ICJ 제소 전 국내국제수단을 완료해야 한다고 주장했으나, 이스라엘은 동 원칙은 자발적이고 의식적이고 의도적인 관련성을 창설한 경우에만 적용된다고 항변했다.

0435

외교적 보호권에 대한 설명으로 타당하지 않은 것은?

① 불가항력으로 외국영토에 들어간 경우와 관련성이 가해국 정부의 위법행위에 의해 창설되는 경우, 가해국의 주권을 존중해야 한다.
② 강제납치, 자국에 주둔하고 있는 외국군대로부터 피해를 입은 경우, 외국의 우주물체에 의하여 자국 내에서 피해를 입은 경우, 어선 상선이 공해상에서 외국군함으로부터 공격을 받은 경우, 가해국의 주권을 존중할 필요가 없다.
③ 가해국의 권리구제절차가 명백히 쓸모없거나 혹은 명백히 실효성이 없는 경우, 국내구제절차에 '국내법상' 장애물이 존재하는 경우이다.
④ 구제수단 운영이 부당하게 지연되는 경우로 단, 학설과 달리 1959년 Interhandel 사건에서 스위스 정부가 ICJ에 제소한 후 미국 연방최고재판소가 9년 만에 사건에 대한 심리를 명하자 ICJ는 스위스가 외교적 보호권을 행사할 수 없다고 판시했다.

정답 ①

해설 불가항력으로 외국영토에 들어간 경우와 관련성이 가해국정부의 위법행위에 의해 창설되는 경우, 가해국의 주권을 존중할 필요가 없다.

0436

국적에 관한 설명으로 옳지 않은 것은?

① 국적은 국가가 자국민뿐만 아니라 외국인에 대해서도 외교보호를 제공할 수 있으며, 역외입법관할권 행사를 위한 기초로서 기능할 수 있다.
② 국가는 해외에 나가 있는 자국민의 행위를 규율하기 위한 법을 제정할 수 있다.
③ 국적은 국가의 역외입법관할권 행사를 위한 기초로서 기능할 수 있다.
④ ICJ는 노테봄 사건(1955)에서 개인과 그 국적국 사이에 '진정한 관련(genuine link)'이 존재하는 경우에만 외교보호권이 발생한다고 판시하였다.

정답 ①

해설 국적은 국가가 원칙적으로 **자국민에 대해서만 외교보호를** 제공할 수 있으며, 역외입법관할권 행사를 위한 기초로서 기능할 수 있다.

13 | 국 적

0437
국적에 관한 설명으로 틀린 것은?

① ICJ는 Barcelona Traction Co. 사건(1979)에서, 법인의 경우에는 진정한 관련이 요구되지 않는다고 하였다.
② 이중국적자의 경우 국적국 상호간에는 원칙적으로 외교적 보호권이 금지된다.
③ 튀니지-모로코 국적포고령 사건(1923)에서 PCIJ는, 그 국적이 국제법상 실효적으로 기능하기 위해서는 국적에 관한 국내법이 국제조약, 국제관습 및 국적에 관하여 일반적으로 인정된 법의 일반원칙에 일치된 것으로서 타국에 의하여 승인된 것이어야 한다고 판시하였다.
④ 이중국적자의 경우, 최근 관행에 의하면 '지배적인 국적국'이라는 증명이 있는 경우 타방에 대해 보호권을 발동할 수 있다.

[정답] ②

[해설] 이중국적자의 경우 국적국 상호간에는 원칙적으로 **외교적 보호권이** 제한한다.
③ 튀니지-모로코 국적포고령 사건(1923)에서 PCIJ는, 국적의 부여,박탈은 원칙적으로 각 국가의 국내관할권에 유보된 영역에 속하는 것이긴 하지만, 그 국적이 국제법상 실효적으로 기능하기 위해서는 국적에 관한 국내법이 국제조약, 국제관습 및 국적에 관하여 일반적으로 인정된 법의 일반원칙에 일치된 것으로서 타국에 의하여 승인된 것이어야 한다고 판시하였다.

0438

국적에 관한 설명으로 옳지 않은 것은?

① 유럽동맹조약 제17조는 "회원국의 국적을 보유한 모든 사람은 동맹의 시민이 됨. 동맹의 시민권은 국내 시민권을 대신하는 것이 아니라 이를 보충한다"고 규정하고 있다.
② 1948년 세계인권선언 제15조는 "모든 사람은 국적을 가질 권리를 가지고 있다. 그 누구도 자의적으로 국적을 박탈당하지 아니하며, 다만, 국적을 변경할 권리는 제한된다"고 선언하고 있다.
③ 대부분의 국제법학자들은 동 선언이 수많은 나라들의 헌법 구성에 직접적인 영향을 미쳤으며 인권에 관한 국제적 규범의 기초가 됨으로써 국제관습법의 지위를 지니고 있는 것으로 평가하고 있다.
④ 개인에 대한 국적부여에 있어 진정한 관련(genuine link)이 주된 쟁점이 되었던 사건은 노테봄(Nottebohm) 사건이다.

정답 ②

해설 1948년 세계인권선언 제15조는 "모든 사람은 국적을 가질 권리를 가지고 있다. 그 누구도 자의적으로 국적을 박탈당하지 아니하며, 국적을 변경할 권리를 거부당하지 아니한다"고 선언하고 있다.

0439

국적에 관한 설명으로 옳지 않은 것은?

① 튀니지-모로코 국적법 사건에서 PCIJ는 국적의 부여, 박탈을 전적으로 한 국가의 국내관할권에 유보된 영역에 속하나, 그렇다고 하여 국적을 부여 또는 박탈할 수 있는 권리가 무제한인 것은 아니며 국제법과 법의 일반원칙의 제한을 받는다고 하였다.
② 회사나 법인의 국적 결정에는 일반적으로 영업지 기준이 이용되고 있다.
③ 국적은 외교보호와 역외입법관할권 행사의 근거로 기능한다는 점에서 중요성을 가진다.
④ 우리나라 국적법은 부모양계혈통주의를 원칙으로 하고 있다

정답 ②

해설 회사나 법인의 국적 결정에는 일반적으로 설립지 또는 본점소재지 기준이 이용되고 있다.

0440

국적에 관한 설명으로 틀린 것은?

① 1955년 ICJ의 Nottebohm 사건에서도 국제법상 국적문제는 원칙적으로 오직 한 국가의 관할권에 유보된 사항이라고 판시하였다.
② 이중국적자에 대한 병역의무 부과의 경우 국제법상 문제가 없지만, 이중국적자가 어느 한 국가에서 병역을 필하였으면 다른 체약국에서 재차 징집당하지 않도록 1930년 '이중국적의 일정 경우에 있어서의 군사적 의무에 관한 의정서'가 체결되어 있다.
③ 1923년 PCIJ의 튀니지와 모로코의 국적법령에 관한 사건에서도 국적 문제는 국제문제라는 견해를 밝힌 바 있다.
④ 1923년 PCIJ의 튀니지와 모로코의 국적법령에 관한 사건에서 국적 부여 기준에 대하여 국제법규율이 미칠 수 있음을 보여주었다.

정답 ③

해설 1923년 PCIJ의 튀니지와 모로코의 국적법령에 관한 사건에서도 국적 문제는 국내문제라는 견해를 밝힌 바 있다.

0441

국적에 관한 설명으로 틀린 것은?

① 이중국적자의 경우 가해국이 국적국인 경우 원칙적으로 상호 외교보호권을 주장할 수 없으며, 제3국이 가해국인 경우 국적국은 모두 제3국에 대해 외교적 보호권을 주장할 수 있다.
② 국제사법재판소(ICJ)는 노테봄 사건에서 한 국가가 귀화에 의해 자국적을 취득한 개인을 위하여 외교적 보호에 나서기 위해서는 해당 국가와 개인간에 '진정한 관련'이 존재하여야 한다는 취지로 판시하였다.
③ 회사의 경우 원칙적으로 회사의 국적국이 외교적 보호권을 발동할 수 있으며, 다만 주주의 국적국은 법인이 법적으로 소멸한 경우라도 외교적 보호권을 발동할 수 없다.
④ 개인의 국적은 원칙적으로 해당 국가의 국내법에 따라 부여된다.

정답 ③

해설 회사의 경우 원칙적으로 회사의 국적국이 외교적 보호권을 발동할 수 있는데, ICJ에 의하면 국적국은 '설립지국' 또는 '본점소재지국'이며, 주주의 국적국은 법인이 법적으로 소멸한 경우 예외적으로 외교적 보호권을 발동할 수 있다.

0442

국제법상 외국인 재산의 수용에 관한 설명으로 옳지 않은 것은?

① 수용의 대상이 되는 재산은 동산, 부동산은 포함되나, 무체재산 등은 제외된다.
② 내외국인 간 및 외국인 상호간의 비차별은 합법적 수용요건으로 간주되고 있다.
③ 제3세계 국가들은 수용과 관련된 분쟁은 수용국의 국내법에 따라 해결되어야 한다고 주장하고 있다.
④ 일반국제법상 국유화의 요건은 공익, 비차별, 보상임. 보상금액에 대해서는 국제관습법상 확립되어 있지 않으나, 보상 자체는 국제법상 확립된 요건이다.

[정답] ①
[해설] 수용의 대상이 되는 재산은 동산, 부동산, 무체재산 등이 모두 포함된다.

0443

외국인 재산의 수용(收用)에 관한 설명으로 옳지 않은 것은?

① 외국인 재산에 대한 수용은 국가가 사회적,경제적 동기에서 취하는 것으로, 일정한 공공목적을 달성하기 위하여 외국인의 재산 및 재산권을 직접 탈취하거나 국가 및 공공기관의 관리,통제하에 두는 것을 목적으로 한다.
② 일반적으로 수용과 국유화는 개념 차이가 없으며, 양자는 혼용되어 사용되고 있다.
③ 1938년 멕시코가 미국의 석유산업을 국유화하자 당시 미국의 헐(Hull) 국무장관은 "외국인 자산의 수용시에는 국내법상 신속하고, 충분하며, 완전한 보상이 요구된다"고 주장하였는데, 이를 흔히 'Hull 공식' 또는 'PAE 공식'이라고 한다.
④ 수용의 대상이 될 수 있는 '재산'의 개념에는 동산, 부동산, 특허, 저작권 등의 무체재산(無體財産)이 포함한다.

[정답] ③
[해설] 1938년 멕시코가 미국의 석유산업을 국유화하자 당시 미국의 헐(Hull) 국무장관은 "외국인 자산의 수용시에는 **국제법상 신속하고, 충분하며, 효과적인 보상이 요구된다**"고 주장하였는데, 이를 흔히 'Hull 공식' 또는 'PAE 공식'이라고 한다.

0444

다음 중 외국인 재산 수용에 대한 사례로 옳지 않은 것은?

> 재산의 강제적 취득에는 이르지 아니하나 외국 투자가의 재산권 행사를 실질적으로 침해하는 현지국의 조치는 흔히 '위장된 수용' 혹은 '잠행적 수용'이라고 부르고 있다.

① 상당 기간에 걸친 현지 정부의 간섭으로 외국 투자가가 사업을 포기하는 경우
② 외국인 투자에 대해 몰수에 가까울 정도의 중과세를 부과하는 경우
③ 이윤이나 원금의 본국송출을 단기간이라도 금지하는 경우
④ 은행계좌의 동결, 파업, 공장폐쇄, 노동력 부족과 같은 방해행위

정답 ③

해설 이윤이나 원금의 본국송출을 장기간 금지하는 경우

0445

외국인의 출입국에 관한 설명으로 옳지 않은 것은?

① 국가는 외국인의 입국을 허용해야 할 일반국제법상 의무가 있다.
② 국가들은 조약을 통해서 국민의 상호입국을 허용할 의무를 부담할 수 있다.
③ 국가는 적법하게 입국한 외국인의 출국을 특별한 사유가 없는 한 제한할 수 없다.
④ 추방에 있어서 '적절한 이유'가 있어야 한다는 것이 일반적 견해이나 엄격한 사법심사까지 요한다고 보는 것은 아님. 국가의 영토주권으로부터 유래되는 권리가 추방권이기 때문이다.

정답 ①

해설 국가는 외국인의 입국을 허용해야 할 **일반국제법상 의무가 없다.**

0446

국가계약위반과 국가책임의 관계를 설명한 내용으로 옳지 않은 것은?

① 정부 측의 계약위반이 사인도 할 수 있는 그런 성질의 위반인 경우, 이것 자체는 국가책임을 야기하지 아니한다.
② 국가계약의 위반 또는 파기가 정부권력의 자의적 혹은 차별적 남용으로 평가되는 경우, 즉 사인 자격으로 범할 수 없는 그런 성질의 계약위반인 경우에는 원칙적으로 피해자가 가해국의 국내구제수단을 완료한 후에야 피해자의 본국정부가 외교보호권을 행사할 수 있다.
③ 국가계약의 위반이 정부의 권력적 행위에 의하여 단행될때 그 목적이 수용(국유화)에 있고 동시에 수용의 요건을 충족시키는 경우에는 국가책임이 발생한다.
④ 국가가 타국 국민(투자자)에 대해 부담한 단지 계약상의 의무를 위반하더라도 조약 위반의 책임을 지기로 국가들은 합의할 수 있다.

[정답] ③
[해설] 국가계약의 위반이 정부의 권력적 행위에 의하여 단행되더라도 그 목적이 수용(국유화)에 있고 동시에 수용의 요건을 충족시키는 경우에는 **국가책임이 발생하지 않는다**.

0447

국제법상 외국인의 재산수용에 대한 설명으로 틀린 것은?

① 동산·부동산·무체재산 특허·저작권 등의 지적재산권 등이 모두 포함된다.
② 대체로 전통국제법의 입장은 공공목적 또는 공익을 합법적 수용의 한 요건으로 보고 있다.
③ 내외국인간의 또는 외국인 상호 간의 비차별은 여전히 합법적인 수용의 한 요건으로 간주되고 있다.
④ 국제법에서 수용이라 함은 재산의 강제적 취득이며, 이에 이르지 아니하는 사용·수익·처분의 부당한 방해는 포함하지 아니한다.

[정답] ④
[해설] 국제법에서 수용이라 함은 재산의 강제적 취득뿐만 아니라, 이에 이르지 아니하는 사용·수익·처분의 부당한 방해를 포함한다.

0448

보상에 대한 국제법의 일반적인 설명으로 타당하지 않은 것은?

① 수용 내지 국유화가 그 어떤 종류의 선량한 공공목적을 위해 단행된다고 해도 보상의무가 면제되는 것은 아니다.
② 제1차 세계대전 이전, 자본 수출국인 선진국들은 자국민의 해외 재산과 투자를 보호하기 위해 후진국들을 상대로 사유재산신성의 원칙을 적용했다.
③ 외국인의 재산은 존중되어야 하지만, 만약 그것을 수용할 때에는 일정 요건은 국가의 판단에 의해 판단된다.
④ 수용의 공공목적성, 차별대우 금지, 적절한 보상 등을 준수해야 한다는 국제관습법규가 형성되었다.

정답 ③
해설 외국인의 재산은 존중되어야 하며, 만약 그것을 수용할 때에는 **일정 요건을 충족해야** 한다.

0449

국적에 대한 설명으로 옳지 않은 것은?

① 개인은 자국의 국적법상 국적이탈의 자유를 가지며, 일반국제법상 국적은 개인이 임의로 포기할 수 있는 성격이다.
② 국적을 개인의 권리로도 파악하는 현대 국제법에서 국가의 자의적이거나 차별적인 국적 박탈은 금지된다.
③ 국적 이탈 및 변경권은 단지 이는 국적 변경을 위한 대 국가적 성격의 청구권을 의미하는 것이지, 당연히 국가가 받아주어야 할 의무를 내포하는 단계에는 아직 이르지 못하고 있다.
④ 일단 무국적자의 존재를 인정하고 그들의 지위를 개선시키기 위해 1954년 「무국적자 '지위'에 관한 협약」이, 무국적의 발생 자체를 방지·감소하기 위해 1961년 「무국적자 '감소'에 관한 협약」이 체결되었다.

정답 ①
해설 개인은 자국의 국적법상 국적이탈의 자유를 가지나, 일반국제법상 국적은 개인이 임의로 포기할 수 있는 것은 아니다.

0450

외국인 추방에 대한 국제법적 입장에 대한 설명으로 옳지 않은 것은?

① 추방은 합법적으로 거주하고 있는 외국인이 국가안보, 공공질서 또는 공중도덕을 해치는 경우에만 가능한지 여부는 국제법 상의 규정은 모호하다.
② 일반국제법은 외국인의 '집단적' 추방을 금지하는 것으로 보인다.
③ 국가가 외국인을 추방하는 경우, 본국 정부는 그들을 받아들일 의무가 있다는 것이 일반적 견해이다.
④ 1966년 "시민적 · 정치적 권리에 관한 국제규약"에서는 합법적으로 본규약의 당사국의 영토 내에 있는 외국인은 법률에 따라서 내려진 결정에 의해서만 그 영토에서 추방될 수 있으며, 그에게는 자기의 추방에 반대하는 이유를 제출하여 권한있는 기관에 의해 심사하게 하는 것이 허용되어야 한다.

정답 ②

해설 일반국제법은 외국인의 '집단적' 추방을 금지하지 않는 것으로 보이지만 유럽인권협약 제4의정서 등에서 보이는 것처럼, 관련 국가 간에 조약을 통하여 이를 금지시킬 수 있다.

0451

제노사이드협약(Genocide Convention)에 대한 설명으로 틀린 것은?

① 제노사이드라는 것은 국민적, 인종적, 민족적 또는 성적 집단의 전부를 말살할 의도를 가지고 이루어진 행위를 말한다.
② 국제연합은 제2차 세계대전 직후 비인도적인 행위가 두 번 다시 반복되지 않도록 해야 한다는 결의에서 1946년 12월 제1회 국제연합총회에서 제노사이드는 국제연합의 정신과 목적에 반하고 또한 문명세계에 의해 유죄로 인정된 국제법상의 범죄라고 선언하였다.
③ 1948년 12월 9일의 제3회 국제연합총회에서 '집단살해죄의 방지와 처벌에 관한 협약'(Convention on the Prevention and Punishment of the Crime of Genocide)이 채택되고, 1951년 1월 발효되었다.
④ 일찍이 라파엘 렘킨이 집단 학살이라는 용어를 처음 정의하고 활동을 전개하였으며 그 운동의 결과로 결국 국제법으로 금지되었고 현재 협약에 가입한 국가는 모두 137개국이다.

정답 ①

해설 제노사이드(집단학살)라는 것은 국민적, 인종적, 민족적 또는 **종교적 집단**의 전부 또는 일부를 말살할 의도를 가지고 이루어진 행위를 말한다(2조).

14 | 인권법

0452
제노사이드협약(Genocide Convention)의 조문에 대한 설명으로 틀린 것은?
① 체결국은 전시상황 아래의 행해진 것을 집단학살로 규정하고, 이것을 방지하고 국제법상의 범죄임을 확인하여 처벌할 것을 약속하다.
② 집단살해 또는 제3조에 열거된 기타 행위는 범죄인 인도의 목적으로 정치적 범죄로 인정치 않는데, 체약국은 이러한 경우에 실시 중인 법률 또는 조약에 따라서 범죄인 인도를 허가할 것을 서약한다.
③ 집단살해 또는 제3조에 열거된 기타 행위에 대해 혐의가 있는 자는 그러한 행위가 영토 내에서 행해진 국가의 권한 있는 재판소에 의하거나 또는 국제형사재판소의 관할권을 수락한 체약국에 관해서는 관할권을 가지는 동 재판소에 의하여 심리된다.
④ 체약국은 국제연합의 권한있는 기관에 대해 그러한 기관이 집단살해 또는 제3조에 열거된 기타 행위의 어떤 것이라도 이를 방지 또는 억압하기 위하여 적당하다고 인정하는 국제연합헌장에 의한 조치를 취하도록 요구할 수 있다.

[정답] ①
[해설] 체결국은 집단 학살이 평시에 행하여졌든가 **전시에 행하여졌든가를** 불문하고, 이것을 방지하고 국제법상의 범죄임을 확인하여 처벌할 것을 약속하다.

0453

제노사이드협약(Genocide Convention)상 집단살해의 정의에 속하지 않은 것은?

① 집단구성원을 살해하는 것
② 집단구성원에 대하여 중대한 육체적인 경우에 한하여 위해를 가하는 것
③ 전부 또는 일부에 육체적 파괴를 초래할 목적으로 의도된 생활조건을 집단에게 고의로 부과하는 것
④ 집단 내에 있어서의 출생을 방지하기 위하여 의도된 조치를 과하는 것

정답 ②
해설 집단구성원에 대하여 중대한 육체적 또는 정신적인 위해를 가하는 것

0454

제노사이드협약(Genocide Convention)상 처벌하는 행위에 속하지 않은 것은?

① 집단살해
② 집단살해를 범하기 위한 공동 모의
③ 집단살해를 범하는 것의 직접 한편 공연한 교사
④ 집단살해를 찬양한 행위

정답 ④
해설 집단살해, 집단살해의 공범, 집단살해를 범하기 위한 공동 모의, 집단살해를 범하는 것의 직접 한편 공연한 교사, 집단살해의 미수

0455

구유고슬라비아 국제형사재판소(ICTY)에 대한 설명으로 옳지 않은 것은?

① 구유고슬라비아 국제형사재판소(ICTY)은 유엔 안전보장이사회 결의 제827호에 의해 1993년 5월에 설치된 국제형사재판소이다.
② 2017년 12월 31일부로 모든 1심 재판을 마치고 해산하였다.
③ 1991년 이후의 구(舊)유고슬라비아 영역 내에서 행해진 민족 정화나 집단 강간 등의 심각한 국제인도법 위반에 대해 책임을 가지는 사람을 소추, 처벌한다.
④ 국제연합 헌장 제7장 아래에서 행동하는 총회에 의한 비군사적 조치의 일환으로 총회의 보조기관의 형태로 설치한다.

정답 ④

해설 국제연합 헌장 제7장 아래에서 행동하는 안전보장이사회에 의해 비군사적 조치의 일환으로 안전보장이사회의 보조기관(국제연합 헌장 제29조)의 형태로 설치한다.

0456

구유고슬라비아 국제형사재판소(ICTY)에 대한 설명으로 옳지 않은 것은?

① ICTY는 재판국, 검찰국, 서기국으로 구성되어 있다.
② 법정에는 3곳의 재판부와 1곳의 상소 재판부가 있는데, 재판부의 재판장은 상소 재판부의 재판장도 겸하고 있다.
③ 대상 관할로는 제네바 조약을 중대하게 위반한 행위, 전쟁법규, 관례를 위반한 행위, 집단 학살죄, 인도에 대한 죄, 침략범죄 등이다.
④ 구유고슬라비아 국제형사재판소은 사형만 제외한 가석방이 없는 종신 징역형까지 범죄자에게 부과할 수 있다.

정답 ③

해설 대상 관할로는 제네바 조약을 중대하게 위반한 행위, 전쟁법규, 관례를 위반한 행위, 집단 학살죄, 인도에 대한 죄 등이다. 구유고슬라비아 국제형사재판소은 국내법원보다 우위에 있다. 최초의 현직 국가원수인 피고인 유고슬라비아 대통령 슬로보단 밀로셰비치가 2006년 3월 11일, 옥중에서 사망했다.

0457

세계인권선언에 대한 설명으로 틀린 것은?

① 세계인권선언은 1948년 12월 10일에 유엔 총회에서 채택된 세계인권선언문인데, 제2차 세계대전이 끝나고 나서, 추축국들이 저지른 만행이 세상에 알려지자, 이와 같은 비극이 다시 반복되는 것을 막기 위해서 만들어졌다.
② 선언은 그 자체로서는 법적 구속력을 갖고 있지 않은 결의문이지만, 전 세계 국가와 국민들이 모두 이루고자 하는 목표를 나타낸다는 권위를 가진다.
③ 세계인권선언을 골격으로 하여 경제적 사회적 및 문화적 권리에 관한 국제규약, 시민적 및 정치적 권리에 관한 국제규약을 비롯하여 많은 인권조약들이 탄생하였지만, 선언의 내용은 국제관습법의 지위를 갖는다고 볼 수 없다.
④ 1946년 선출된 유엔 인권위원회의 의장이자 프랭클린 D. 루스벨트의 영부인이었던 엘리너 루스벨트가 선언문의 기안에 큰 구실을 한 것으로 알려진다.

[정답] ③

[해설] 세계인권선언을 골격으로 하여 경제적 사회적 및 문화적 권리에 관한 국제규약, 시민적 및 정치적 권리에 관한 국제규약을 비롯하여 수많은 인권 조약들이 탄생했고 선언의 내용이 거의 모든 국가의 헌법에 반영되어 있다는 점에서 선언의 내용이 하나의 **국제관습법의 지위를 갖는다고 볼 수 있다**.

① 세계인권선언은 1948년 12월 10일에 유엔 총회에서 채택된 세계 인권 선언문이다. 제2차 세계대전이 끝나고 나서, 추축국들이 저지른 만행이 세상에 알려지자, 이와 같은 비극이 다시 반복되는 것을 막기 위해서 만들어졌다. 수많은 소중한 생명이 참혹하게 죽은 끔찍한 전쟁을 치른 후 국적을 불문하고 모두가 함께 지켜야 할 하나의 윤리 기준을 세우기 위한 선언이었다.

0458

세계인권선언에 대한 설명으로 틀린 것은?

① 1948년 6월 UN인권위원회에 의하여 완성된 후, 몇 차례의 수정을 거쳐 1948년 12월 UN총회에서 만장일치로 채택된 세계인권선언(Universal Declaration of Human Rights)은 보편적인 국제기구에 의하여 주창된 최초의 포괄적인 인권문서이다.

② 세계인권선언은 법적인 구속력을 가지는 협약을 만들어 회원국의 서명을 받는 일이 어렵다는 현실적인 이유 때문에 '선언'이라는 형식을 취하였다.

③ 시민적·정치적 권리에는 생명, 자유 및 신체의 안전에 관한 권리(제3조), 사생활의 비밀과 자유보장(제12조), 사유재산권(제17조), 언론의 자유(제19조), 사상·양심·종교의 자유(제18조), 집회·결사의 자유(제20조)와 거주이전의 자유(제13조) 등을 선언하고 있고 또한 제21조는 교육권을 구체화하고 있다.

④ 경제·사회 및 문화적 권리는 "모든 사람은 사회의 일원으로서 사회보장제도에 관한 권리를 가지며, 국가적 노력과 국제적 협력을 통하여 그리고 각국의 조직과 자원에 따라 자신의 존엄성과 인격의 자유로운 발전을 위하여 불가결한 경제적, 사회적 및 문화적 권리의 실현에 관한 권리를 가진다"라는 포괄적인 선언을 하고 있다.

정답 ③

해설 시민적·정치적 권리들이고 다른 하나는 경제적·사회적·문화적 권리들이다. 시민적·정치적 권리에는 생명, 자유 및 신체의 안전에 관한 권리(제3조), 사생활의 비밀과 자유보장(제12조), 사유재산권(제17조), 언론의 자유(제19조), 사상·양심·종교의 자유(제18조), 집회·결사의 자유(제20조)와 거주이전의 자유(제13조) 등을 선언하고 있다. 또한 **제21조는 참정권을 구체화**하고 있는데, 첫째는 개인들이 직접적으로 또는 대표자를 통해 간접적으로 자신들의 정부에 참정권을 행사할 수 있는 권리이고, 둘째는 국민의 뜻이 국가권력의 정당성의 근거라는 선언이며, 셋째는 모든 정부는 보편적인 참정권행사에 의한 정기적이고 진정한 선거를 실시할 의무를 진다는 내용이다.

② 세계인권선언은 법적인 구속력을 가지는 협약을 만들어 회원국의 서명을 받는 일이 어렵다는 현실적인 이유 때문에 '선언'이라는 형식을 취하였지만, 이 선언은 그것이 갖는 도덕성 및 법적·정치적 중요성 때문에 인류의 자유와 존엄성을 향한 투쟁의 역사적 이정표로 인정받아 왔으며, 채택된 후 50여 년이 지난 오늘날 UN이나 국제여론, 국제NGO 등에 의하여 사실상 선언상의 의무가 국제적으로 강제되다시피 하고 있다.

④ 경제·사회 및 문화적 권리는 제22조 이하에 규정하고 있다. 제22조는 "모든 사람은 사회의 일원으로서 사회보장제도에 관한 권리를 가지며, 국가적 노력과 국제적 협력을 통하여 그리고 각국의 조직과 자원에 따라 자신의 존엄성과 인격의 자유로운 발전을 위하여 불가결한 경제적, 사회적 및 문화적 권리의 실현에 관한 권리를 가진다"라는 포괄적인 선언을 하고 있다. 이어서 모든 사람이 일할 권리(제23조), 동일한 일에 대하여 동등한 보수를 받을 권리(제23조), 필요한 경우에는 사회보장제도에 의하여서 생활보조를 받을 권리(제25조), 근로시간의 합리적 제한과 정기적인 휴식·여가를 누릴 권리(제24조), 교육을 받을 권리(제26조), 문화적 권리(제27조) 등을 구체적으로 천명하고 있다.

세계인권선언은 위와 같이 다양한 권리들을 인정하고 있지만, 이러한 권리가 절대적인 권리라고 선언하지는 않았다. 즉 국가가 법을 통해 이러한 권리들의 행사를 제한할 수 있다. 그러나 제29조 제2항은 제한이 행해질 수 있는 경우를 '오직 다른 사람의 권리와 자유를 존중하고 보장하기 위한 목적으로 행하여지는 경우'에 한정하고 있다. 다시 말하면 제한은 민주주의 사회에서의 도덕, 사회질서 및 공공복리에 합치하여야 한다. 이어서 제30조는 "이 선언 속의 어떠한 규정도 이 선언에서 선포된 권리와 자유를 파괴하는 활동에 참여하거나, 혹은 그러한 행위를 할 수 있는 권리를 국가나 개인 또는 어떤 단체에 부여하는 뜻으로 해석되어서는 아니 된다"라고 규정함으로써 제한의 요건을 더욱 구체화하고 있다. 그러므로 만약 어떤 정부가 단지 특정인권을 부정할 목적으로 그러한 인권의 행사를 제한한다면 그 자체만으로도 세계인권선언을 위반하는 것이 된다.

0459

세계인권선언에 대한 설명으로 틀린 것은?

① 모든 사람은 자기 나라 내에서 어디든 갈 수 있고, 어디에서나 살 수 있는 자유를 누릴 권리가 있다.
② 모든 사람은 박해를 피해 다른 나라에서 피난처를 구할 권리와 그것을 누릴 권리를 가졌는데, 그러나 이 권리는 순수하게 비정치적인 범죄로 제기된 법적 소추, 또는 유엔의 목적과 원칙에 위배되는 행위로 제기된 법적 소추의 경우에는 적용되지 않는다.
③ 모든 사람은 국적을 가질 권리가 있지는 않지만 어느 누구도 함부로 자신의 국적을 빼앗기지 않으며, 또한 자신의 국적을 바꿀 권리를 부정당하지 않는다.
④ 모든 사람은 다른 사람들과 공동으로 그리고 단독으로 재산을 소유할 권리가 있고, 어느 누구도 자기 재산을 함부로 빼앗기지 않는다.

정답 ③

해설 모든 사람은 국적을 가질 권리가 있다. 어느 누구도 함부로 자신의 국적을 빼앗기지 않으며, 또한 자신의 국적을 바꿀 권리를 부정당하지 않는다.
④ 모든 사람은 다른 사람들과 공동으로 그리고 단독으로 재산을 소유할 권리가 있다. 어느 누구도 자기 재산을 함부로 빼앗기지 않는다.

0460

경제적·사회적 및 문화적 권리에 관한 국제규약에 대한 설명으로 틀린 것은?

① 경제적·사회적 및 문화적 권리에 관한 국제 규약(International Covenant on Economic, Social and Cultural Rights, ICESCR)은 1966년 12월 16일 유엔 총회에서 채택된 다자간 조약이다.
② 세계인권선언보다는 훨씬 많고 종합적인 경제적, 사회적 문화적 권리를 포함하고 있다.
③ 권리 실현에 있어서 당사국의 경제 현실은 고려대상으로 전제하지 않고, 당사국이 "권리의 완전한 실현을 점진적으로 달성하기 위하여", "자국의 가용자원이 허용하는 최대한도"까지 필요한 조치를 취할 것이 요구된다.
④ 개발도상국들은 외국인에 대하여는 규약상의 권리보장을 유예할 수 있도록 하였다.

정답 ③

해설 권리 실현에 있어서 당사국의 경제현실을 감안할 수밖에 없다고 보아 당사국이 "권리의 완전한 실현을 점진적으로 달성하기 위하여", "자국의 가용자원이 허용하는 최대한도"까지 필요한 조치를 취할 것이 요구된다.
② 세계인권선언보다는 훨씬 많고 종합적인 경제적, 사회적 문화적 권리를 포함하고 있는데, 일할 권리, 좋은 환경에서 일할 권리, 노동조합을 만들고 가입할 권리, 사회보장을 받을 권리, 가정이 보호받을 권리, 적절한 생활수준을 향유할 권리, 육체적, 정신적 건강을 위해서 이용가능한 최대한의 보호를 받을 권리, 모든 사람이 교육받을 권리, 문화생활에 참여할 수 있는 권리 등이 있다.

0461

경제적·사회적 및 문화적 권리에 관한 국제규약에 대한 설명으로 틀린 것은?

① 모든 사람은 자결권을 가지며, 이 권리에 기초하여 모든 사람은 그들의 정치적 지위를 자유로이 결정하고, 또한 그들의 경제적, 사회적 및 문화적 발전을 자유로이 추구한다.
② 개발도상국은, 인권과 국가 경제를 충분히 고려하여 이 규약에서 인정된 경제적 권리를 어느 정도까지 자국의 국민이 아닌 자에게 보장할 것인가를 결정할 수 있다.
③ 이 규약의 어떠한 당사국에서 법률, 협정, 규칙 또는 관습에 의하여 인정되거나 또는 현존하고 있는 기본적 인권에 대하여는, 이 규약이 그러한 권리를 인정하지 아니하거나 또는 그 인정의 범위가 보다 협소하다는 것에 대해서는 예외적으로 인정할 수 있다.
④ 이 규약의 당사국은 경제사회이사회가 규약당사국 및 관련 전문기구와 협의한 후, 이 규약의 발효 후 1년 이내에 수립하는 계획에 따라, 자국의 보고서를 각 단계별로 제출한다.

정답 ③

해설 이 규약의 어떠한 당사국에서 법률, 협정, 규칙 또는 관습에 의하여 인정되거나 또는 현존하고 있는 기본적 인권에 대하여는, 이 규약이 그러한 권리를 인정하지 아니하거나 또는 그 인정의 범위가 보다 협소하다는 것을 구실로 동 권리를 제한하거나 또는 훼손하는 것이 허용되지 아니한다.

0462

경제적·사회적 및 문화적 권리에 관한 국제규약에 대한 설명으로 틀린 것은?

① 경제사회이사회는 인권과 기본적 자유의 분야에서의 국제연합헌장 상의 책임에 따라, 전문기구가 동 기구의 활동영역에 속하는 이 규약 규정의 준수를 달성하기 위하여 성취된 진전사항을 이사회에 보고하는 것과 관련하여, 당해 전문기구와 협정을 체결할 수 있다.
② 경제사회이사회는 제16조 및 제17조에 따라 각국이 제출하는 인권에 관한 보고서 및 제18조에 따라 전문기구가 제출하는 인권에 관한 보고서 중 국제연합 사무총장의 검토, 일반적 권고, 또는 정보를 위하여 적당한 보고서를 UN사무총장에 송부할 수 있다.
③ 이 규약은 국제연합의 모든 회원국, 전문기구의 모든 회원국, 국제사법재판소 규정의 모든 당사국 또한 국제연합총회가 이 규약에 가입하도록 초청한 기타 모든 국가들의 서명을 위하여 개방된다. 이 규약은 비준되어야 하는데, 비준서는 국제연합사무총장에게 기탁된다.
④ 보고서에는 전문기구의 권한있는 기관이 채택한 규정의 행에 관한 결정 및 권고의 상세를 포함할 수 있다.

정답 ②

해설 경제사회이사회는 제16조 및 제17조에 따라 각국이 제출하는 인권에 관한 보고서 및 제18조에 따라 전문기구가 제출하는 인권에 관한 보고서 중 국제연합 인권위원회의 검토, 일반적 권고, 또는 정보를 위하여 적당한 보고서를 **인권위원회**에 송부할 수 있다.

0463

시민적 및 정치적 권리에 관한 국제규약 선택 의정서에 관한 설명으로 틀린 것은?

① 규약에 열거된, 어떤 권리가 침해되었다고 주장하는 개인들은 국내적 구제조치 없이도, 이사회에 심리를 위한 서면 통보를 제출할 수 있다.
② 이사회는 이 의정서에 따른 통보가 익명이거나 통보제출권의 남용 또는 규약 규정과 양립할 수 없는 것으로 간주될 경우에는 그러한 통보를 허용할 수 없는 것으로 간주한다.
③ 이사회는 이 의정서에 따라 제출된 통보에 대하여 규약 규정을 위반하고 있는 것으로 주장되는 당사국의 주의를 환기한다.
④ 이사회는 개인 및 관련 당사국으로부터 입수된 모든 서면정보를 참고하여 이 의정서에, 따라 접수된 통보를 심리한다.

정답 ①

해설 규약에 열거된 어떤 권리가 침해되었다고 주장하는 개인들은 모든 이용가능한 국내적 구제조치를 완료하였을 경우 이사회에 심리를 위한 서면 통보를 제출할 수 있다.

0464

다음 보기의 내용을 옳지 않게 설명한 것은?

> 시민적 및 정치적 권리에 관한 국제규약 선택 의정서에서 이사회는 개인으로부터의 어떠한 통보도 심리하지 않는다.

① 동일 문제가 다른 국제적 조사 또는 해결절차에 따라 심사되고 있지 아니한다.
② 개인이 모든 이용가능한 국내적 구제조치를 완료하였을 것, 다만 이 규칙은 구제조치의 적용이 불합리하게 지연되는 경우에는 적용되지 않는다.
③ 이사회는 이 의정서에 따라 통보를 심사할 때에는 비공개 회의를 갖는다.
④ 이사회는 관련 당사국에 한하여 이사회의 견해를 송부한다.

정답 ④

해설 이사회는 관련 **당사국과 개인에게 이사회**의 견해를 송부한다. 이사회는 개인 및 관련 당사국으로부터 입수된 모든 서면정보를 참고하여 이 의정서에 따라 접수된 통보를 심리한다.

0465

국제인권법상 시민적·정치권 권리(B규약)과 개인청원 제도에 대한 설명으로 틀린 것은?

① 개인청원제도 또는 개인의 국가고발제도라 함은 인권보호조약의 실효성 확보를 위해 조약상의 권리나 자유를 침해당한 개인이 조약에 예정된 절차에 따라 인권을 침해한 국가를 고발하거나 청원하는 제도를 의미한다.
② 개인청원제도를 도입한 취지는 기본적으로 인권보호조약의 실효성을 확보하기 위한 것이고, 인권조약은 조약 준수의 최대의 보장자로 당사국을 예정하고 따라서 국제절차가 최초의 구제수단이 된다.
③ 개인청원제도는 1953년에 발효한 "유럽인권협약", 1966년 체결된 "시민적·정치적 권리를 위한 인권규약"(이하 B규약)상의 권리 보호를 위한 "B규약 선택의정서", 1987년에 발효한 "고문방지협약"에 규정되어 있다.
④ 당사국이 자국 영역 또는 관할내의 개인에 대하여 충분한 보호를 하지 못한 경우 그 피해를 구제받지 못한 개인이 최후 수단으로 이용할 수 있게 하자는 취지로 볼 수 있다.

정답 ②

해설 개인청원제도를 도입한 취지는 기본적으로 인권보호조약의 실효성을 확보하기 위한 것이다. 인권조약은 조약 준수의 최대의 보장자로 당사국을 예정하고 있다. 따라서 **국제절차가 최초의 구제수단이 될 수는 없다.** 그러나 당사국이 자국 영역 또는 관할내의 개인에 대하여 충분한 보호를 하지 못한 경우 그 피해를 구제받지 못한 개인이 최후 수단으로 이용할 수 있게 하자는 취지로 볼 수 있다.

0466

국제인권 시민적·정치적 권리를 위한 인권규약(B규약)과 개인청원제도에 대한 설명으로 틀린 것은?

① 의정서에 따른 통보가 규약 규정과 양립할 수 없는 경우에도 이러한 개인통보를 허용할 수 있다.
② 규약에 열거된 권리가 침해되었다고 주장하는 개인은 모든 이용 가능한 국내적 구제조치를 완료하였을 경우 규약인권위원회에 심리를 위한 서면통보를 제출할 수 있다.
③ 규약에 규정된 권리에 대한 위반의 '피해자임을 주장하는 개인'으로 부터 청원을 수리한다.
④ 동일문제가 다른 국제적 조사 또는 해결절차에 따라 심사되고 있지 않아야 한다.

> **정답** ①
>
> **해설** ① 조약규정과의 양립
> 의정서에 따른 통보가 규약 규정과 양립할 수 없는 것으로 간주되는 경우에는 **이러한 통보를 허용할 수 없다**(제3조). 이는 청원이 인적관할, 물적관할, 장소적 관할, 시간적 관할을 모두 충족해야 한다는 의미이다. 첫째, 인적관할의 문제로서 응소국은 당사국이어야 하고 개인청원을 인정한다는 선언을 했어야 한다. 둘째, 조약에서 정하는 권리 또는 자유의 침해를 내용으로 하지 않는 청원은 물적관할권의 흠결이 적용된다. 셋째, 조약불소급의 원칙상 조약이 당사국에 발효된 이후에 그리고 당사국에 의한 탈퇴의 효력이 발생하기 이전의 행위에 대해서만 인권위원회가 심의할 수 있다. 다만, 청원인에 대한 권리침해가 지속적인 경우 관할권을 인정한다.(지속적 침해이론에 입각한 관할권) 넷째, B 규약은 영토 내에 있으며 그 관할하에 있는 모든 개인에 대해 규약의 권리를 보호한다. 청원인은 당사국의 영토 및 관할하에 소재하고 있어야 한다.
>
> ② 국내구제절차의 완료
> 규약에 열거된 권리가 침해되었다고 주장하는 개인은 모든 이용 가능한 국내적 구제조치를 완료하였을 경우 규약인권위원회에 심리를 위한 서면통보를 제출할 수 있다(2조). 단, 구제조치의 적용이 불합리하게 지연되는 경우 적용되지 않는다(제5조제2항 b의 단서). 피해자가 체포된 이후 4년 반 이상이나 최종판결이 선고되지 않은 것은 불합리한 지연으로서 사건을 심리할 수 있다고 보았다(Weiz v.Uruguay 사건).
>
> ③ 청원인
> 규약에 규정된 권리에 대한 위반의 '피해자임을 주장하는 개인'으로부터 청원을 수리한다(제1조). 피해자와 신청인간에 충분한 연관성(a sufficient link)이 있으면 피해자가 신청서를 직접 제출할 수 없는 경우에도 동 피해자를 위한 대리인의 신청서를 접수한다. 법인은 청원의 주체가 될 수 없다. 임박한 피해를 주장하는 개인도 청원을 제출할 수 있다. B규약 인권위원회는 핵무기의 네덜란드 배치가 B규약 제6조를 침해한다고 주장하는 6588명 명의의 청원에 대한 결정에서 청원인은 국가의 작위 또는 부작위가 권리의 향유에 불리한 효과를 갖거나 또는 그러한 효과가 임박한(imminent) 것임을 보여주어야 한다고 하였다.
>
> ④ 다른 국제절차와의 중복 금지
> 동일문제가 다른 국제적 조사 또는 해결절차에 따라 심사되고 있지 않아야 한다(제5조 제2항a호). 법정에 따라 상이한 결과가 나올 가능성을 배제하고, 각 국제기관간의 갈등 방지를 목적으로 한다. 위원회의 관행에 의하면 다른 국제기관이 사실관계를 심사하지 않는 한 '다른 국제절차에서 심사중'인 것으로 보지 않으며, 다른 국제절차에 부탁된 사안이라도 청원인이 이를 취소하면 B규약 인권위원회는 심의할 권한을 갖는다. 또한 과거에 심사하였더라도 현재 심의중이 아니면 동일사항으로 취급하지 않는 경향을 보이고 있다. 일부 체약국들은 과거에 심사된 사안이 다시 인권위원회에서 검토되는 것을 막기 위해 유보를 가하고 있다.

0467

국제인권 시민적·정치적 권리를 위한 인권규약(B규약)과 개인청원제도에 대한 설명으로 틀린 것은?

① 청원권이 남용된 경우에조차 수리를 거부할 수 없다.
② 개인청원의 본안심리절차는 청원인이 청원서를 작성하여 인권위원회에 제출함으로써 개시된다.
③ 위원회의 기본 임무는 규약상 권리의 위반에 관한 청원을 심리하고 그 위반 사실을 확인하고 선언하는 것이다.
④ 인권위원회가 채택한 최종 견해는 일정한 절차에 따라 공표될 수 있다.

정답 ①

해설 ① 청원권 남용 및 익명 청원의 금지
청원권이 남용된 경우 수리를 거부할 수 있다(제3조). 과거 위원회가 수리거부한 사안과 동일하거나 유사한 사안을 청원하는 경우, 청원인의 주장이 포괄적 성격을 가지고 피해자 자격을 가졌는지에 대해 실증하는 바가 없는 경우 그 진실성에 대한 의문을 정당화시키고 청원권의 남용을 구성한다. 한편, 개인청원제도는 궁극적으로 개인이 입은 피해의 구제가 목적이므로 구체적인 구제대상이 존재하지 않는 것이므로 익명청원(anonymous petitions)의 경우 이를 심리거부 사유로 보고 있다(제3조).

② 본안심리절차
개인청원의 본안심리절차는 청원인이 청원서를 작성하여 인권위원회에 제출함으로써 개시된다. 본안심리는 서면심리가 원칙이다(제5조 제1항). 개인청원이 인권이사회에 의해 수리된 다음, 그 수리통지를 받은 피청원국은 6개월 이내에 개인청원에 대한 설명서 혹은 성명서를 제출할 수 있다(제4조제2항). 인권위는 이 규정을 국가의 정보제공의무로 해석하고 있다. 그러나, 6개월 이내에 설명서를 제출하지 않는 경우 인권위는 개인이 제출한 정보만으로 청원의 허용성 여부를 판단할 수 있다.

③ 최종 견해의 채택
위원회의 기본 임무는 규약상 권리의 위반에 관한 청원을 심리하고 그 위반사실을 확인하고 선언하는 것이다. 나아가 인권이사회는 존재한다고 확인된 위반행위에 대한 구제를 위하여 적절한 권고를 행할 권한을 가질 수 있다. 최종견해에는 책임자의 처벌 및 피해자에 대한 보상, 피해자의 권리회복, 권리를 침해하지 않겠다는 약속, 권리를 침해하는 법률의 개정을 포함할 수 있다. 1995년 손종규 대 대한민국 사건의 '최종견해'에서 손종규의 행위를 제3자개입금지조항으로 처벌한 것은 B규약 제19조 제2항이 보장한 표현의 자유를 침해한 것이라는 견해를 표명하고, 손종규에 대한 금전배상을 포함한 실질적인 구제조치, 제3자개입금지조항의 재검토등을 요구하였다.

④ 최종 견해의 공표
인권위원회가 채택한 최종 견해는 일정한 절차에 따라 공표될 수 있다(제6조). 다만, 제6조가 "인권위원회는 제45조에 의한 연례 보고서에 이 의정서에 근거한 활동의 개요를 포함한다"라고만 규정하여 공표의 내용과 형식에 대한 명확한 규정을 두고 있지 않다. 특히 위원회 최종견해의 '전문'(a full text)을 연례 보고서에 기재할 수 있는가가 문제되나 위원회는 제6조의 목적상 전문의 기재가 가능하다고 해석하고 있다.

0468

국제인권 시민적·정치적 권리를 위한 인권규약 (B규약)에 대한 설명으로 틀린 것은?

① 1996년 현재 B규약의 가입국은 보편성이 요구되면서 더 많은 가입국을 요망하고 있다.
② B규약상의 개인청원 제도는 피해자인 자연인, 피해자가 아닌 제3자, 법인, NGOs의 청원적격을 인정하고 있다.
③ 서면심리와 비공개를 원칙으로 하고 있어서 실체적 진실발견 측면에서 한계가 있다.
④ 절차의 지연으로 개인청원 제도의 실효성을 반감시킬 뿐 아니라 개인청원제도의 활성화를 막고 있다.

정답 ②

해설 ① 조약의 보편성의 한계
1996년 현재 B규약의 가입국은 135개국이고, 이중 선택의정서 수락국은 약 66%인 89개국이다. 당사국의 수가 점점 증가하고 있으나, 인권조약의 보편성을 확보하기 위해서는 더 많은 국가들이 가입해야 하며, 특히 인권유린국이라 비난을 받는 국가들의 가입이 중요하다.

② 엄격한 개인청원 허용성 요건
B규약상의 개인청원제도는 피해자인 자연인만이 청원인 적격을 가지며, **피해자가 아닌 제3자, 법인, NGOs의 청원적격은 부인된다**. 즉 청원인적격을 가지기 위해서는 직접희생자여야 한다. 이는 개인청원제도가 활성화되는데 가장 중요한 장애물이 되고 있다. 인권위원회는 선택의정서의 해석을 통해 허용성 요건을 보다 완화하기 위해 노력해 왔다. 절차규칙 제90조 제1항 b호에 의하면 피해자는 본인 혹은 '대리인'(representative)을 선임하여 청원을 제출할 수 있다. 대리권을 부여받지 않은 경우에도 피해자와 밀접한 가족관계에 있는 자가 피해자를 대신하여 청원을 제출할 수 있음을 인정하고 있다.

③ 본안심리절차의 객관성 확보 문제
서면심리와 비공개를 원칙으로 하고 있어서 실체적 진실발견 측면에서 한계가 있다. 본안심리절차에 있어서 당사자에 대한 직접신문이나 증인신문 등 구두심리절차가 없다. 다만, 구두심리절차를 전면적으로 도입하는 것은 무기대등의 원칙에 반할 우려도 있다. 청원인은 피청원국에 비해 열악한 지위에 처할 수밖에 없고, 개인에 대한 소송구조제도도 마련되어 있지 못하기 때문이다.

④ 절차의 신속성 확보문제
절차의 지연으로 개인청원제도의 실효성을 반감시킬 뿐 아니라 개인청원제도의 활성화를 막고 있다. 위원회는 몇 가지 제도적 개선 노력을 기울여 왔다. 첫째, 특별보고관제도를 운영하고 있다. 특별보고관은 비회기중에 접수되는 청원사건의 허용성 여부에 대한 간략한 보고서를 작성하여 보고하는 임무를 담당한다. 둘째, 5인으로 구성된 작업단을 통해 허용성 여부를 결정한다. 셋째, 여러 사건에 대한 병합심리방법을 도입하고 있다. 절차규칙 제88조 제2항에 의거하여 동일하거나 유사한 사건에 대해서는 병합심리 한다. 넷째, 약식결정문을 채택한다.

0469

인종차별철폐협약에 대한 설명으로 틀린 것은?

① 유엔은 1963년 먼저 모든 형태의 인종차별 철폐 선언을 총회에서 채택함으로써 인종차별 철폐를 위한 국제공동체의 보편적 입장을 확인하고 2년 후인 1965년 12월 21일 인종차별 철폐 협약을 총회에서 만장일치로 채택했다.

② 인종차별철폐협약은 인종차별을 "인종, 피부색, 혈통 또는 민족이나 종족을 이유로 구별, 배척, 제한 또는 우선권을 주는 말하는데, 이는 정치, 경제, 사회, 문화 또는 기타 공공생활의 분야에서 평등하게 인권과 기본적 자유의 인정, 향유 또는 행사를 무효화시키거나 침해하는 목적 또는 효과를 가지는 경우"로 정의하고 있다.

③ 체약국이 자국의 시민과 비시민을 구별하여 어느 한쪽에의 배척, 제한 또는 우선권을 부여하는 행위에는 인종차별철폐협약이 적용되지 아니한다.

④ 이 협약은 체약국에 사람이나 조직에 의한 인종차별을 후원하거나 옹호 또는 지지하지 않을 의무를 명시적 또는 묵시적으로 부과하고 있다.

[정답] ④

[해설] 이 협약은 체약국에 사람이나 조직에 의한 인종차별을 후원하거나 옹호 또는 지지하지 않을 의무뿐 아니라 인종차별을 야기하거나 영구화하는 효과를 가진 법규를 개정, 폐기할 의무와 같이 국가가 주체가 되는 의무와 민간이나 집단 또는 조직에 의한 인종차별행위가 발생하지 않도록 적절한 입법을 포함한 모든 적절한 수단으로 금지하고 종결시킬 의무를 **명시적으로 부과하고 있다.** (제2조). 이행감시기구로 인종차별철폐위원회를 만들었으며, 국가 간 고발제도와 개인의 고발제도를 인정하고 있다. 국가 간 고발은 자동적으로 인정되지만, 개인의 고발은 체약국의 특별선언이 있어야 인정된다.

0470

인종차별철폐협약에 대한 설명으로 틀린 것은?

① 협약 제5조에서는 법원 및 기타 모든 사법기관 앞에서 평등한 대우를 받을 권리, 정부 관리에 의해 자행되거나 또는 단체에 의해 자행되는 폭행, 신체적 피해로부터 보호를 받을 권리가 제시되어 있다.
② 우리나라는 1978년 12월 5일 유보 없이 이 협약에 가입했고 1979년 1월 4일부터 이 협약의 적용을 받고 있다.
③ 대한민국 정부는 우리나라에서 인종차별과 관련한 작위에 의한 책임만을 근거하고 있다.
④ 국내법에 따라 동등한 지위를 부여받는 사람들 사이에 인종차별에 근거한 정치적 권리 및 참정권, 선거권에의 차별을 받지 아니할 권리들을 예시하고 있다.

정답 ③

해설 대한민국 정부는 우리나라에서 **인종차별과 관련한 작위 및 부작위 책임을 모두** 지고 있다.
④ 국내법에 따라 동등한 지위를 부여받는 사람들 사이에 인종차별에 근거한 정치적 권리 및 참정권, 선거권에의 차별을 받지 아니할 권리 특히 혼인 및 배우자의 선택권, 사상, 양심 및 종교의 자유에 대한 권리, 평화적인 집회와 결사의 자유에 관한 권리, 노동조합 및 가입권, 주거에 관한 권리, 교육과 훈련에 대한 권리, 실업에 대한 보호, 동일 노동, 동일 임금을 받을 권리를 포함하는 기타 민권들을 예시하고 있다.

0471

유엔 여성차별철폐협약에 대한 설명으로 틀린 것은?

① 유엔헌장(1945)과 세계인권선언(1948), 그리고 주요한 국제인권협약(사회권협약, 자유권협약 1966)은 모두 기본적 인권과 인간의 존엄성, 그리고 남성과 여성의 동등한 권리를 보장하고 있다.
② 모든 사람은 자유롭고 평등하게 태어났으며 성별이나 인종, 사상 등에 의해 차별받지 않도록 할 것을 국가의 의무로 하고 있는데, 그밖에도 유엔은 많은 결의안과 선언문과 권고문을 채택하고 남녀평등을 이룩하려고 해왔다.
③ 유엔여성지위 위원회가 다년간의 논의를 거쳐 마련한 여성협약은 1979년 유엔총회에서 채택되었다.
④ 여성협약은 전문과 30개 조항으로 이루어져 있는데, 2005년 11월 말 현재 한국을 포함하여 전 세계 180개국이 이 협약에 가입해 있고, 북한은 아직 미발효 상태이며, 이 협약은 우리나라에서는 국내법과 같은 효력을 갖게 된다.

정답 ④

해설 여성차별철폐협약은 전문과 30개 조항으로 이루어져 있는데, 2005년 11월 말 현재 한국과 북한을 포함하여 전 세계 180개국이 이 협약에 가입해 있고, 우리나라가 비준한 국제협약은 국내법과 같은 효력을 갖게 된다.

0472

여성차별철폐협약에서 당사 국가의 의무가 아닌 것은?

① 헌법이나 법률에 성평등 원칙을 명시하고, 성평등을 실현해야 한다.
② 모든 여성차별을 금지하는 조치 (처벌을 포함해서) 취해야 한다.
③ 차별당했을 때 구제조치를 제공한다.
④ 여성차별적인 관습과 관행을 점진적 폐지를 권고하지만 법과 규칙은 즉시, 폐지하거나 수정해야 한다.

정답 ④

해설
① 헌법이나 법률에 성평등 원칙을 명시하고, 성평등을 실현해야 함 (제2조 a항)
② 모든 여성차별을 금지하는 조치 (처벌을 포함해서) 취해야 함 (제2조 b항)
③ 차별당했을 때 구제조치 제공 (제2조 c항)
④ 여성차별적인 법과 규칙, 관습과 관행은 **폐지하거나 수정해야** (제2조 f항)
　모든 형태의 여성차별을 없애는 것은 국가의 의무 (제2조)
　여성차별적인 형법의 조항은 폐기해야 (제2조 g항)

0473

고문방지협약에 대한 설명으로 틀린 것은?

① 당사국들은 협약상의 고문은 육체적 고문만을 의미하며, 국내법으로도 이런 행위들을 범죄로 보고 방지해야 한다.
② '고문'은 이 협약에서는 "공무원이나 그 밖의 공무수행자가 직접 또는 이러한 자의 교사·동의·묵인 아래, 신체적·정신적 고통을 가하는 행위"를 말한다.
③ 고문을 받을 위험이 있는 나라로 개인을 추방·송환·인도하는 일을 금지한다.
④ 그 밖의 형태의 잔혹한·비인도적인 또는 굴욕적인 대우나 처벌 등 일부 조항은 적용되지 않는다.

정답 ①

해설
당사국들은 고문뿐만이 아니라 공식 명칭 그대로 잔혹하거나 비인도적이거나 굴욕적인 대우나 처벌도 방지해야 하며, 국내법으로도 이런 행위들을 범죄로 보고 방지 해야한다.
② '고문'은 이 협약에서는 "공무원이나 그 밖의 공무수행자가 직접 또는 이러한 자의 교사·동의·묵인 아래, 어떤 개인이나 제3자로부터 정보나 자백을 얻어내기 위한 목적으로, 개인이나 제3자가 실행하였거나 실행한 혐의가 있는 행위에 대하여 처벌을 하기 위한 목적으로, 개인이나 제3자를 협박·강요할 목적으로, 또는 모든 종류의 차별에 기초한 이유로, 개인에게 고의로 극심한 신체적·정신적 고통을 가하는 행위"를 말한다.

0474

고문 및 그 밖의 잔혹한·비인도적인 또는 굴욕적인 대우나 처벌의 방지에 관한 협약에 대한 설명으로 틀린 것은?

① 이 협약은 1984년 12월 10일 유엔 총회에서 채택되고, 20번째 국가가 비준한 1987년 6월 26일 발효되었는데, 이 협약이 발효된 날을 기념하여 매년 6월 26일을 세계 고문 희생자 지원의 날로 기념하고 있다.
② 이 협약의 제1조에서 고문을 정의하는데, 공무원이나 공무수행자의 실행·동의·묵인에 따라 사람에게 극심한 신체적·정신적 고통을 가하는 일체의 행위를 고문으로 정의하지만, 합법적인 제재조치로 인해 초래되는 고통은 고문에 포함되지 않는다.
③ 제2조에서는 당사국은 관할권이 미치는 모든 영역에 대해 고문을 방지하기 위한 입법·행정·사법 및 그 밖의 조치를 취하도록 하고, 비상상황이나 상관의 명령이 고문의 정당화 사유가 될 수 있다는 것을 예외로 규정하였다.
④ 제3조에서는 당사국은 고문받을 위험이 있다고 믿을 만한 상당한 이유가 있는 국가로 개인을 추방하거나 송환·인도할 수 없도록 규정하고, 제4조에서 고문행위가 형사상 범죄행위가 되도록 하였다.

정답 ③

해설 제2조에서는 당사국은 관할권이 미치는 모든 영역에 대해 고문을 방지하기 위한 입법·행정·사법 및 그 밖의 조치를 취하도록 하고, **비상상황이나 상관의 명령이 고문의 정당화 사유가 될 수 없다는 것을** 규정하였다.
④ 제3조에서는 당사국은 고문받을 위험이 있다고 믿을 만한 상당한 이유가 있는 국가로 개인을 추방하거나 송환·인도할 수 없도록 규정하고, 제4조에서 고문행위가 형사상 범죄행위가 되도록 하였다. 제7조에서 고문혐의자가 국내 영토 내에 있을 때 다른 나라로 인도하지 않는 경우에는 혐의자를 반드시 기소하도록 규정한다.

- 어떤 개인이나 제3자로부터 정보나 자백을 받아내기 위한 목적
- 어떤 개인이나 제3자가 저질렀거나 저질렀다고 의심되는 행위에 대해 행위자를 처벌하기 위한 목적
- 어떤 개인이나 제3자를 위협하거나 강압하기 위한 목적
- 어떤 형태로든 차별에 근거한 이유

0475

고문 및 그 밖의 잔혹한·비인도적인 또는 굴욕적인 대우나 처벌의 방지에 관한 협약에 대한 설명으로 틀린 것은?

① 고문방지협약상의 의무 이행에 관한 국가보고서를 검토하고, 고문행위가 이루어지고 있다는 정보에 대해 조사하기 위해 고문방지협약 제2장에 따라 고문방지위원회를 설치하였다.
② 고문방지협약 선택의정서(OPCAT)가 2002년 12월 8일 유엔 안보리에서 채택되었다.
③ 구금장소에 정기적으로 방문하는 것이 고문을 근절하는 효과적인 수단이 될 수 있다는 발상에서 선택의정서가 채택되었다.
④ 선택의정서에서는 국제적으로는 유엔 고문방지소위원회에서, 국내적으로는 국가예방기구(NPM)가 구금장소를 정기적으로 방문하여 고문을 방지하기 위한 권고를 할 수 있도록 하였다.

정답   ②
해설   고문방지협약 선택의정서(Optional Protocol to the Convention against Torture, OPCAT)가 2002년 12월 8일 유엔 총회에서 채택되었다.

0476

국제인권법인 경제적·사회적·문화적 권리규약(A규약)의 이행제도에 대한 설명으로 틀린 것은?

① 보고제도(정기적 보고제도)는 UN사무총장에게 보고 후, 경사리 검토와 점진적 적용을 의미한다.
② 국가간고발 제도와 개인의 국가고발제도는 선언국가만 발동할 수 있다.
③ 사실심사절차는 위원회 직권으로 영토방문조사가 가능하다.
④ 국가간고발 제도와 개인의 국가고발 제도는 언제든 철회가능하고, 언제든 선언 가능하며, 역사적으로 2008년 선택의정서를 통해 도입하였다.

정답   ③
해설   사실심사절차는 동의 후 영토방문조사가 가능하다.

0477

다음 중 국제인권협약의 설명으로 틀린 것은?

① 국제인권조약 대부분은 체약국들이 조약상의 인권기준을 충족시키기 위해 얼마나 노력을 기울이는지를 감시하는 이행감시체제를 마련하고 있다.
② 이러한 이행감시체제는 국제사법심사와 달리 체약국을 구속하는 것은 아니지만 국가에 정기적으로 인권의 국내적 인권 상황을 보고하도록 하고, 이에 대한 의견을 제시하거나 회람시킬 수 있다.
③ 국가들은 자국의 이해관계가 결부되지 않는 한 타국의 인권상황에 소극적이라는 점을 고려할 때 비록 법적 구속력은 없지만 이러한 이행감시체제는 국가들의 인권 증진을 위한 노력을 독려하는 역할을 수행한다고 할 수 있다.
④ 국제인권조약의 몇몇은 인권침해를 당한 개인이 국내적 구제절차를 통해 인권침해를 구제받지 못하는 경우, 그러한 조약들이 설립하고 있는 이행감시체제에 이의 구제를 위한 선언할 수 있는 제도를 마련하고 있다.

정답 ④

해설 국제인권조약의 몇몇은 인권침해를 당한 개인이 국내적 구제절차를 통해 인권침해를 구제받지 못하는 경우 그러한 조약들이 설립하고 있는 이행감시체제에 **이의 구제를 위한 통보(communication)를 할 수 있는 제도를** 마련하고 있다.

0478

다음 중 국제인권협약의 설명으로 틀린 것은?

① '개인통보제도'를 두고 있는 조약으로는 유엔 자유권규약 제1선택의정서, 유엔 사회권규약 선택의정서, 인종차별철폐협약, 여성차별철폐협약 선택의정서, 고문방지협약, 장애인권리협약 선택의정서 등이 있다.
② 1948년 12월 UN 총회는 「인권에 대한 보편적 선언」을 채택하였는데, 이 선언은 UN 결의안의 성격을 띠며, 따라서 구속력은 없다.
③ UN 인권위원회는 1946년 총회의 보조기관으로 설치되어 1947년 세계인권선언문을 작성하였고, 이 문서는 1948년 총회에서 채택되었다.
④ UN은 2006년 총회 산하기관으로서의 인권이사회를 설치하여 인권위원회를 대체하게 되었다.

정답 ③

해설 UN 인권위원회는 1946년 **경제사회이사회 보조기관으로** 설치되어 1947년 세계인권선언문을 작성하였고, 이 문서는 1948년 총회에서 채택되었다. UN은 2006년 총회 산하기관으로서의 인권이사회를 설치하여 인권위원회를 대체하게 되었다.

0479

자유권규약(B규약) 선택의정서의 개인통보 제도에 대한 설명으로 틀린 것은?

① 자유권규약 제28조에서 이른바 규약인권위원회(Human Rights committee)를 설치하고 체약국에 정치적으로 자유권규약 내용준수 보고서를 유엔 사무총장에게 제출하고 사무총장은 이를 규약인권위원회에 넘겨 이 위원회가 보고서를 심사하고 체약국에 의견을 제시하는 이른바 국가 보고 의무를 정하고 있다.
② 자유권규약은 제41조에서 국가간 고발제도를 두고 있어 원칙적으로는 규약의 체약 당사국 일방이 타방 체약 당사국에서의 자유권규약의 위반을 안보리에 고발할 수 있도록 하고 있다.
③ 국가 간 고발제도는 자유권규약 가입 시 국가들이 선택할 수 있어 고발국과 피고발국 어느 한 국가라도 이를 수락하지 않으면 이용할 수 없고 국가들 사이의 우호 관계를 고려해 현재까지 이용된 바가 거의 없다.
④ 자유권규약은 협약에서 정하는 위와 같은 국가의 보고제도, 국가간 고발제도 이외에 자유권규약과 관련성을 가지고 있지만 형식적으로는 별도의 조약인 자유권규약 선택의정서를 마련하고 있다.

정답 ②

해설 자유권규약은 제41조에서 국가간 고발제도를 두고 있어 원칙적으로는 규약의 체약당사국 일방이 타방 체약당사국에서의 자유권규약의 위반을 **규약인권위원회에 고발할 수 있도록** 하고 있다.

④ 자유권규약은 협약에서 정하는 위와 같은 국가의 보고 제도, 국가 간 고발 제도 이외에 자유권규약과 관련성을 가지고 있지만 형식적으로는 별도의 조약인 자유권규약선택의정서를 마련하고 있고 이 선택의정서를 수락한 국가에 의한 인권침해를 받은 개인은 직접 서면으로 규약인권위원회에 이 침해 사건의 논의를 신청하는 '개인통보제도(individual petitions 또는 individual communications)'를 정하고 있다. 이러한 신청이 받아들여지면 규약인권위원회는 그 사건에서의 자유권규약의 위반 여부를 논의하고, 위반이 있는 경우 해결을 위해 위원회의 '견해(views)'를 인권침해국과 피해자에게 송부하게 됩니다. 그리고 이는 원칙적으로 일반에 공개됩니다. 이러한 견해는 법적인 구속력이 없는 것이나 개인으로부터 직접 신청된 내용을 객관적으로 판단한 결과로서 국제사회의 주의를 환기하고 여론을 형성한다는 점에서 장기적으로는 점진적인 인권 개선의 효과를 가진다고 할 수 있습니다.

0480

자유권규약(B규약) 선택의정서의 개인통보 제도에 대한 설명으로 틀린 것은?

① 개인이 자유권규약위원회에 개인통보를 위해서는 통보자는 침해국에서 침해구제를 위한 국내적 수단 필요없이, 구두 또는 서면으로 통보해야 하며, 동일한 사건에 대해 다른 국제적인 조사 절차가 진행되고 있지 않아야 한다는 요건을 충족해야 한다.
② 규약인권위원회는 검토 후 침해국의 주의를 환기하고 침해국은 6개월 이내에 위원회에 설명을 포함하는 견해를 제출할 수 있다.
③ 개인통보 제도는 비록 선택의정서라는 별도의 조약에 가입한 국가와 관련해서만 인정된다는 것과 규약인권위원회의 견해는 법적 구속력을 갖지 않는다는 점에서 현실적 한계를 가진다고도 할 수 있다.
④ 자유권규약인권위원회가 갖는 국제적인 위상과 국제여론에 미치는 영향력은 국제인권의 발전에 기여해 왔고 이에 그 업무량도 증가하는 추세를 보여왔으며 소수자 인권, 사형, 동성애, 범죄인 인도 등과 같은 논쟁적인 문제를 다루어왔다.

정답 ①

해설 개인이 자유권규약위원회에 개인통보를 위해서는 (1) 침해국이 자유권규약의 선택의정서의 당사국이어야 하고, (2) 통보자는 반드시 통보 이전 침해국에서 침해구제를 위한 국내적 수단을 다 강구한 후에, (3) 구두가 아닌 서면으로 통보해야 하며, (4) 동일한 사건에 대해 다른 국제적인 조사 절차가 진행되고 있지 않아야 한다는 요건을 충족해야 한다.

0481

규약인권위원회에서 다루어진 인종적 소수자 차별과 관련된 사건은?

① 손종규 사건
② Toonen v. Australia
③ Estrella v. Uruguay
④ Lovelace v. Canada

정답 ④

해설
- 손종규 사건 (Communications No. 518/1992), 노동쟁의조정법상의 제3자 개입 금지
- 김근태 사건 (Communications No. 574/1994), 국가보안법 제7조 (반국가단체 고무, 찬양)
- 박태훈 사건 (Communications No. 628/1995), 국가보안법 제7조 (반국가단체 고무, 찬양)
- Mohammed Ajaz, Amir Jamil (Communications No. 664/1995)
- 이정은 사건 (Communications No. 1119/2002), 국가보안법 제7조 (반국가단체 고무, 찬양)

[규약인권위원회에서 다루어진 중요 사건]
- Estrella v. Uruguay (고문)
- Lovelace v. Canada (인종적 소수자 차별)
- Toonen v. Australia (동성애)
- Ng v. Canada (독가스에 의한 사형)
- Judge v. Canada (사형과 추방)

0482

경제적, 사회적 및 문화적 권리에 관한 국제규약 선택의정서에 대한 설명으로 옳지 않은 것은?

① 당사국의 관할 하에 있는 자로서, 규약에 명시된 경제적, 사회적, 문화적 권리에 대한 동 당사국의 침해의 피해자임을 주장하는 개인이나 일단의 개인들은 본인이 직접 통보해야 한다.
② 저작자가 명백한 불이익을 당했음을 나타내지 않는 통보의 경우, 위원회는 그것이 일반적 중요성을 갖는 중대한 문제를 제기한다고 판단되지 않는 한, 필요하다면 그것에 대한 심리를 거부할 수 있다.
③ 위원회는 관련 당사국과 무관하게 통보를 허용할 수 없다고 판단하지 않는 한, 이 의정서에 따라 비밀리에 제출받은 통보에 대해 관련 당사국의 주의를 환기시킨다.
④ 대리인이 개인이나 일단의 개인들을 대신해서 통보를 제출할 경우, [통보] 저작자가 되는 그 대리인이 그(들)의 동의 없이 그(들)을 대신해서 행동함을 정당화할 수 없는 한, 그(들)의 동의가 있어야 한다.

정답 ①

해설 당사국의 관할 하에 있는 자로서, 규약에 명시된 경제적, 사회적, 문화적 권리에 대한 동 당사국의 침해의 피해자임을 주장하는 개인이나 일단의 개인들은 직접 또는 대리인을 통해 통보를 제출할 수 있다.

0483

경제적, 사회적 및 문화적 권리에 관한 국제규약 선택의정서에서 국가간 통보에 대한 설명으로 틀린 것은?

① 이 의정서의 당사국은 규약상의 의무 불이행에 관한 당사국 간의 통보를 접수하고 심리할 위원회의 권한을 인정한다는 것을 이 조에 의거하여 언제라도 선언할 수 있는데, 이 조에 의거한 통보는 자국과 관련하여 위원회의 권한을 인정하는 선언을 한 당사국에 의해서 제출될 경우에만 접수되고 심리될 수 있다.
② 이 의정서의 다른 당사국이 규약상의 의무를 이행하지 않는다고 판단하는 당사국은 서면 통보에 의해 해당 문제에 대해 그 당사국의 주의를 환기시킬 수 있으며, 또한 위원회에 그 문제를 고지할 수 있다.
③ 통보 접수국이 최초의 통보를 접수한 후 3개월 이내에 관련 두 당사국을 만족시킬 만큼 해당 문제가 해결되지 않을 경우, 어느 한 국가는 위원회 및 상대방 국가에 대한 통지를 통해 해당 문제를 위원회에 이첩할 권리를 가진다.
④ 위원회는 해당 문제와 관련하여 가용한 모든 국내적 절차와 구제방법이 사용되고 소진되었음을 확인한 후에만 이첩 받은 문제를 처리한다. 단, 구제방법의 적용이 부당하게 지연되는 경우에는 예외이다.

정답 ③

해설 통보 접수국이 최초의 통보를 접수한 후 6개월 이내에 관련 두 당사국을 만족시킬 만큼 해당 문제가 해결되지 않을 경우, 어느 한 국가는 위원회 및 상대방 국가에 대한 통지를 통해 해당 문제를 위원회에 이첩할 권리를 가진다.

0484

다음 중 아동의 권리이행을 위한 4개의 일반원칙에 들어가지 않는 것은?

① 당사국은 자국의 관할권 안에서 아동 또는 그의 부모나 후견인의 인종 피부색 성별, 언어 종교, 정치적 또는 기타의 의견 민족적, 인종적 또는 사회적 출신 재산, 무능력, 출생 또는 기타의 신분에 관계없이 그리고 어떠한 종류의 차별을 함이 없이 이 협약에 규정된 권리를 존중하고 각 아동에게 보장하여야 한다,
② 아동에 관한 모든 활동에 있어서 아동의 최선의 이익이 최우선적으로 고려되어야 한다.
③ 아동이 교육에 관한 고유의 권리를 가지고 있음을 인정한다.
④ 자신의 견해를 형성할 능력이 있는 아동에 대하여 본인에게 영향을 미치는 모든 문제에 있어서 자신의 견해를 자유스럽게 표시할 권리를 보장하며 아동의 견해에, 대하여는 아동의 연령과 성숙도에 따라 정당한 비중이 부여되어야 한다.

정답 ③
해설 아동이 생명에 관한 고유의 권리를 가지고 있음을 인정한다.

0485

이주노동자권리협약상 특정 이주노동자 그룹에 들어가지 않는 것은?

① 월경노동자　　　　　　② 산업보완노동자
③ 순회노동자　　　　　　④ 특정사업노동자

정답 ②
해설 계절노동자

0486

해당 인권협약의 이행을 위한 모니터링에 대한 설명으로 틀린 것은?

① 세계인권위원회는 1969년에 최초의 감시위원회로 인종차별철폐를 감독하기 위한 기구이다.
② 사회권위원회는 경제사회이사회의 모니터링 위임업무를 위해 1987년 수립되었다.
③ 자유권위원회는 자유권의 모니터링을 위해 1976년에 설립되었다.
④ 여성차별철폐위원회는 1982년 이후 여성차별철폐협약의 업무를 위해 이행을 수행하고 있다.

[정답] ①
[해설] 인종차별철폐위원회는 1969년에 최초의 감시위원회로 인종차별철폐를 감독하기 위한 기구이다.

0487

각 인권조약의 보고서 검토에 대한 공통점이 아닌 것은?

① 당사국은 최초보고서를 유엔 공용어 중 한 언어로 작성하여 유엔 사무총장에게 제출해야 한다.
② 회기시작 이전, 위원회는 서면질의서를 작성하여 보고서 검토대상국에게 이를 보낸다.
③ 당사국들은 서면질의서에 대한 응답을 서면형식으로 제출한다.
④ 보고서 검토절차는 송부로 완료된다.

[정답] ④
[해설] 보고서 검토절차는 최종견해의 채택으로 완료된다.

0488

다음 중 국제인권협약에 대한 설명으로 타당하지 않은 것은?

① 개인통보절차는 당사국이 결정할 수 있는 선택사항이다.
② 자유권위원회는 자유권규약의 제1선택의정서에 가압한 당사국에 의한 인권침해를 주장하는 개인통보를 받아 심사할 수 있다.
③ 진정은 인권침해 피해자의 서면동의나 혹은 인권침해 피해자가 그러한 동의를 표명하지 못하는 상황에 처한 경우에도, 제3자에 의한 진정은 성립되지 못한다.
④ 고문방지협약과 여성차별철폐협약은 이들 조약이 보장하는 인권들이 당사국에 의해 심각하고, 중대하며 조직적으로 보장하는 인권들이 당사국에 의해 심각하고, 중대하다는 사실에 대한 정보를 입수한 경우, 자발적으로 조사를 실시할 수 있다.

[정답] ③

[해설] 진정은 인권침해 피해자의 서면동의나 혹은 인권침해 피해자가 그러한 동의를 표명하지 못하는 상황에 처한 경우, 그 피해자를 대신하여 제3자에 의한 진정이 이루어질 수 있다.

0489

협약의 해석 및 적용에 관한 국가간의 분쟁을 해결하는 것은 설명한 것 중 틀린 것은?

① 고문방지협약, 여성차별철폐협약 등은 국가 간의 분쟁시 우선 협상을 통해 해결할 것을 권고하고 있다.
② 협상에 성공하지 못할 경우, 중재를 통하여 해결하도록 하고 있다.
③ 분쟁당사국들이 6개월 이내 중재를 통해 합의를 하지 못할 경우, 당사국들 중 한쪽이 안보리에 이 분쟁을 회부할 수 있다.
④ 국가는 조약의 비준 혹은 가입시 건언을 통하여 동조항의 적용을 배제할 수 있다.

[정답] ③

[해설] 분쟁당사국들이 6개월 이내 중재를 통해 합의를 하지 못할 경우, 당사국들 중 한쪽이 국제사법재판소에 이 분쟁을 회부할 수 있다.

0490

주요 국제인권협약 중 우리나라의 미발효 협약은?

① 경제적 · 사회적 · 문화적 권리규약(A규약) 선택의정서
② 여성차별철폐협약 선택의정서
③ 아동권리협약 제1선택의정서[아동의 무력충돌 참여]
④ 고문방지협약

정답 ①

해설 2013년 5월에 발효된 UN 사회권규약 선택의정서(이하 "선택의정서")는 사회권의 이런 모습을 급진적으로 전환한다. 이 선택의정서는 "모든 인간의 권리와 기초적 자유가 지닌 보편성, 불가분성, 상호의존성, 상호관련성을 재확인"(선택의정서 전문)하면서 자유권/사회권이라는 이분법이나 사회권의 프로그램 규정화라는 그간의 논의를 넘어서고자 하였다. 사회권 또한 즉시 실현 가능한 구체적인 권리로 재규정될 필요가 있음에 국제사회가 합의하였음을 선언한 것이다. 개인진정절차는 선택의정서의 이런 방침을 구체화하는 가장 두드러진 제도이다. 우리나라는 아직 미가입된 상황이다.

0491

1948년 세계인권선언에 대한 설명으로 옳지 않은 것은?

① 세계인권선언은 1948년 12월 10일에 유엔 총회에서 채택된 세계 인권 선언문이다.
② 선언은 그 자체로서는 법적 구속력을 갖고 있지 않은 결의문이지만, 전 세계 국가와 국민들이 모두 이루고자 하는 목표를 가지고 있다.
③ 세계인권선언을 골격으로 하여 경제적 사회적 및 문화적 권리에 관한 국제규약, 시민적 및 정치적 권리에 관한 국제규약을 비롯하여 수 많은 인권조약들이 탄생했고 선언의 내용이 거의 모든 국가의 헌법에 반영되어 있다.
④ 선언의 내용이 국제관습법의 지위를 아직 갖는다고 볼 수 없다.

정답 ④

해설 선언의 내용이 하나의 **국제관습법의 지위**를 갖는다고 볼 수 있다.

0492

세계인권선언에 대한 설명으로 틀린 것은?

① 인권선언문은 전문과 본문의 30개 조에 개인의 기본적인 자유와 함께 노동권적 권리, 생존권적 권리를 오늘날의 진보적인 국가의 헌법에서 규정하는 인권보장과 같이 자세히 규정하고 있다.
② 세계 인권 선언은 유엔의 결의로서 비록 직접적인 법적 구속력은 없으나 오늘날 대부분의 국가 헌법 또는 기본법에 그 내용이 각인되고 반영되어 실효성이 크다.
③ 국제연맹의 국제 연맹 규약에는 인권에 관한 일반적인 규정이 있다.
④ 1991년 대법원 판례에서, 전 세계적으로 세계인권선언은 국제관습법으로 인정되고 있고, 국제관습법은 대한민국 헌법상 법률의 효력을 갖는다는 것을 인정하지 않았다.

[정답] ③
[해설] 국제연맹의 규약에는 인권에 관한 일반적인 규정이 없었다.

0493

세계인권선언의 성격으로 옳지 않은 것은?

① 유엔 총회의 결의는 무조건 권고가 아니라, 절대 다수가 찬성하면 국제관습법으로 인정되어, 전 세계 모든 국가에서 법률로서의 효력을 갖는다.
② ICJ의 판례인 United States Diplomatic and Consular Staff in Tehran ICJ Reports (1980)에서 사람들로부터 자유를 불법적으로 박탈하고 그들을 신체적으로 속박하여 학대하는 것은 그 자체 명백히 UN헌장의 원칙들과 양립하지 아니할 뿐만 아니라 세계인권선언에 천명된 근본원칙들과도 양립하지 아니한다고 판시하였다.
③ 선언에서의 권리들이 아무런 제약없이 행사될 수 있는 절대적 권리로 선언하고 있다.
④ 선언에서의 권리는 국가가 법을 통해서 이러한 권리를 제한할 수 있으며 다만 제29조 제2항에서 이런 제한이 오직 다른 사람의 권리와 자유를 존중하고 보장하기 위할 때만 가능하다고 하고 있는 즉 민주사회의 도덕, 사회질서, 공공복리에 부합하여야 한다고 강조한다.

[정답] ③
[해설] 선언에서의 권리들이 아무런 제약없이 행사될 수 있는 절대적 권리로 선언하고 있지 않다.

0494

경제적, 사회적 및 문화적 권리에 관한 국제규약에 대한 설명으로 틀린 것은?

① 사회권 규약 또는 A규약이라고도 한다.
② 세계인권선언보다 훨씬 많고 종합적인 경제적, 사회적 문화적 권리를 포함하고 있다.
③ '누구나 문화생활에 참여할 권리', '과학적·문화적·예술적 작품에서 생기는 이익을 보호받을 권리', '과학연구와 창조적 활동의 자유' 등이다.
④ 권리 실현에 있어서 당사국의 경제현실을 감안할 수밖에 없다고 보아 당사국이 권리의 완전한 실현을 점진적으로 달성하기 위하여, 자국의 가용자원이 허용하는 최대한도까지 필요한 조치를 취할 것이 요구된다.

정답 ③

해설 지문의 설명은 사회권 규약이다. 일할 권리, 좋은 환경에서 일할 권리, 노동조합을 만들고 가입할 권리, 사회보장을 받을 권리, 가정이 보호받을 권리, 적절한 생활수준을 향유할 권리, 육체적, 정신적 건강을 위해서 이용가능한 최대한의 보호를 받을 권리, 모든 사람이 교육받을 권리, 문화생활에 참여할 수 있는 권리 등이 있다.

참고

사회권

사회권규약 제15조와 지침서에 따라 문화적·과학적 권리에 관한 질의목록은 8가지의 주제를 제시했다. 이 중 7개 단체가 가장 큰 관심을 갖고 중점적으로 다룬 주제는 사회권규약 제15조 3항에 해당하는 '창조적 활동에 필수적인 자유'의 침해 상황이었다. 질의목록의 4가지 주제가 온·오프라인에서 벌어지는 개인의 예술적·창조적 표현의 자유가 침해되는 상황을 언급하고 있다. 영상물등급위원회에 의한 의무적 등급분류체계 등 전형적인 표현의 자유 침해 사례들에 대한 언급도 있었으나, 평범한 시민들의 일상적인 표현 행위나 창조적 활동이 제한되거나 억압받는 사례들을 열거하면서, 사회권규약 제15조 3항을 보다 폭넓은 사례에 적용가능토록 적극적인 해석을 하였다.

0495

사회권 규약에 대한 설명으로 타당하지 않은 것은?

① 개발도상국들은 외국인에 대하여는 규약상의 권리보장을 유예할 수 있도록 하였다.
② 인권에 대해 포괄적인 내용을 담고 있다.
③ 국가가 점진적으로 보장해야 하는 의무를 규정하지만, 각 국의 상황에 따라 즉각적 자동적으로 보장되는 것은 아닐 수도 있다.
④ 각국의 조건이 다르다면 규약의 이행을 위한 공통적인 의무는 성립되지 아니한다.

정답 ④
해설 각국의 조건이 다르다고 해도 규약의 이행을 위한 **최선의 조치를 해야할 의무**가 있다는 점은 분명하다.

0496

사회권 규약에 대한 설명으로 옳지 않은 것은?

① 선택의정서는 이 규약의 이행을 보완하기 위해 만든 별도의 조약을 말한다.
② 선택의정서는 해당국가에 의해 사회권 규약에 보장된 권리를 침해당했다고 주장하는 개인이나 집단, 또는 그들의 권리를 옹호하는 제삼자가 유엔 사회권위원회에 권리침해를 진정할 수 있는 방법과 절차를 담고 있다.
③ 한국 정부는 사회권 규약에 가입하고 난 후 당사국의 의무사항으로서 사회권의 이행 여부에 대한 보고서가 유엔사회권위원회에 미제출된 상태이다.
④ 노동관계법을 사회권 규약에 합치되도록 즉각 개정할 것, 노조활동에 대한 과도한 제한을 해제할 것, 근로기준법과 최저임금법의 적용을 확대할 것 등이 사회권 규범 선택의정서의 내용이다.

정답 ③
해설 한국 정부는 사회권 규약에 가입하고 난 후 당사국의 의무사항으로서 사회권을 얼마나 잘 보장하고 있는지에 대한 보고서를 1993년 처음으로 유엔사회권위원회에 제출했다.

0497

사회권 규약에 대한 설명으로 옳지 않은 것은?

① 자유권 규약에 대해서는 담당하는 위원회(Human Rights Committee)를 처음부터 두었는데, 사회권 규약에 대해서는 담당 기구를 두지 않고 경제사회이사회가 맡았다.
② 1987년에 와서 '유엔 사회권위원회'가 활동을 시작하게 됐다.
③ 선택의정서는 해당 국제조약의 이행을 보완하기 위해 만드는 부속된 조약이다.
④ 주요 국제인권조약은 대부분 개인 진정 절차에 관한 선택의정서를 두고 있다.

정답 ③
해설 선택의정서는 해당 국제조약의 이행을 보완하기 위해 만드는 **독립된 조약**을 말한다.

0498

사회권 규약에 대한 설명으로 옳지 않은 것은?

① 선택의정서가 발효되면 해당 국제조약이나 의정서를 비준한 국가를 대상으로 모든 사람이 진정을 제출할 수 있다.
② 국내의 모든 구제절차를 거친 후에 진정서를 제출하는 것이 원칙이나, 예외적으로 국내 구제 절차가 불합리하게 지연되거나 그 효과성이 없음이 명백하거나 당사자가 그런 절차를 이용할 수 없을 경우에는 제출할 수 있다.
③ 사회권 규약은 개인 진정에 대한 자유권규약보다 선택의정서를 먼저 만들었는데, 1966년 채택하고, 1976년 발효되었다.
④ 사회권 규약은 그보다 40여 년이나 늦은 2008년에 와서야 선택의정서를 채택했고, 그 발효를 위한 10개국을 채우는데 또 4년이 걸린 것이다.

정답 ③
해설 자유권 규약은 개인 진정에 대한 선택의정서를 먼저 만들었는데, 1966년 채택하고, 1976년 발효되었다.

0499

사회권규약의 허용기준에서 사회권위원회는 진정이 불가함을 선포하는 경우가 아닌 것은?

① 국내 구제책의 소진 이후 1년 안에 진정이 제출되지 않은 경우
② 진정의 주제가 되는 사실이 해당 당사국에서 선택의정서의 발효 이전에 발생한 경우
③ 동일한 사안이 사회권위원회 또는 여타의 국제적 조사나 해결 절차 하에서 검토됐거나 검토되고 있는 경우
④ 사회권 규약의 조항에 부적합한 경우

정답 ②

해설 진정의 주제가 되는 사실이 해당 당사국에서 선택의정서의 **발효 이후에 발생한 경우**. 단 발효 이후에도 해당 사실이 계속되고 있다면 가능하다.
이외에도 명백하게 근거가 잘못된 경우, 충분하게 구체적이지 않거나 대중 매체가 유포한 보도에 전적으로 기초한 경우, 진정을 제출할 권리의 남용인 경우, 익명인 경우 또는 서면이 아닌 경우 등이 있다.

0500

사회권 규약의 선택의정서에 대한 설명으로 옳지 않은 것은?

① 규약에 열거된 어떤 권리가 침해되었다고 주장하는 개인들은 조건 없이 이사회에 심리를 위한 서면 통보를 제출할 수 있다.
② 이사회는 이 의정서에 따른 통보가 익명이거나 통보제출권의 남용 또는 규약규정과 양립할 수 없는 것으로 간주될 경우에는 그러한 통보를 허용할 수 없는 것으로 간주한다.
③ 이사회는 개인 및 관련 당사국으로부터 입수된 모든 서면정보를 참고하여 이 의정서에 따라 접수된 통보를 심리한다.
④ 이사회는 동일 문제가 다른 국제적 조사 또는 해결절차에 따라 심사되고 있지 않을 경우, 개인으로부터의 어떠한 통보도 심리하지 않는다.

정답 ①

해설 규약에 열거된 어떤 권리가 침해되었다고 주장하는 개인들은 **모든 이용 가능한 국내적 구제조치를 완료하였을 경우** 이사회에 심리를 위한 서면 통보를 제출할 수 있다.

0501

자유권규약에 대한 설명으로 옳지 않은 것은?

① 자유권 규약 제40조는 가입 국가에게 동 규약에 대한 이행여부를 알 수 있도록 보고서 제출을 선택화하고 있다.
② 자유권 규약 위원회는 보고서를 검토한다.
③ 위원회는 보고서를 검토한 다음 당사국에 대하여 최종 견해를 발표하고 이행을 촉구한다.
④ 자유권 규약 제40조는 제도 이외에 규약 위원회로 하여금 필요하다고 인정될 때 일반적인 의견을 낼 수 있도록 하고 있다.

[정답] ①

[해설] 자유권 규약 제40조는 가입 국가에게 동 규약을 얼마나 성실히 이행했는가를 알 수 있도록 보고서 제출을 **의무화**하고 있다.

0502

자유권 규약에 대한 설명으로 옳지 않은 것은?

① 자유권 규약의 해석과 적용의 원칙에 대하여 일반적인 논평을 낸다.
② 인권 침해를 당한 개인이 자유권 규약 위원회에 진정을 제출하여 위원회가 이를 검토하고 준사법적 결정을 내린다.
③ 개인통보 제도는 의무사항으로 개인이 이 제도를 이용하기 위해서는 자유권규약 가입국은 선택 의정서에도 동시에 가입하여야 한다.
④ 국가 간 통보 제도는 자유권 규약 제41조 내지 제43조는 규약 가입국의 규약 위반 행위가 있을 시 규약의 다른 가입국의 통보 제도를 인정한다.

[정답] ③

[해설] 개인통보 제도는 **선택사항**으로 개인이 이 제도를 이용하기 위해서는 자유권규약 가입국은 선택 의정서에도 동시에 가입하여야 한다.

0503

자유권규약에 대한 설명으로 옳지 않은 것은?

① 경제 사회 문화적 권리 위원회(The Committee on Economic, Social and Cultural Rights)는 유엔의 전문기구이다.
② 경제적, 사회적 및 문화적 권리에 관한 국제규약(ICESCR)은 1966년 12월 16일 유엔 총회에서 채택된 다자간 조약이다.
③ A규약은 이른바 생존권적 기본권을 대상으로 노동 기본권·사회 보장권·생활 향상·교육권 등을 각 체약국이 그들의 입법 조치로써 실현 달성할 것을 내용으로 하며, 이의 실시 상황을 국제 연합에 보고할 것을 의무화하였다.
④ 자유권규약 제6조 생명권의 취지는 인권의 핵심인 생명권에 대해 규정한 것으로서 세계 인권선언 제3조 "모든 사람은 생명권과 신체의 자유와 안전을 누릴 권리가 있다"는 조항 가운데 생명에 대한 권리 부분을 수용하고 있다.

[정답] ①
[해설] 경제 사회 문화적 권리 위원회(The Committee on Economic, Social and Cultural Rights)는 유엔의 인권기구이다.

0504

사회권 규약의 선택의정서에 대한 설명으로 옳지 않은 것은?

① 제1선택의정서에 가입한 경우, 해당 국가의 국민은 규약상의 권리침해를 당했으며 국내에서 해결할 수 없는 경우 인권위원회에 직접 청원할 수 있다.
② 제1선택의정서는 "개인청원(individual communication)"이라고 하는데, 이 절차에 따라 위원회는 개인이 제출한 사건을 심사하여 해당 국가에 대해 권고를 제시하기도 하다
③ 제1선택의정서는 1966년 12월 16일에 채택되고 1976년 3월 23일에 발효되었다.
④ 우리나라는 1990년 4월 10일에 가입하였고 우리나라는 개인청원을 제출한 경우가 아직 없다.

[정답] ④
[해설] 우리나라는 1990년 4월 10일에 가입하였고 우리나라 국민은 양심적 병역거부, 국가보안법 등과 관련하여 개인청원을 제출한 바 있다.

0505

사회권규약의 선택의정서에 대한 설명으로 옳지 않은 것은?

① 제2선택 의정서는 사형제도 철폐에 관한 것으로, 2012년 3월 11일 현재 우리나라는 가입되어 있지 않았다.
② 세계 인권선언 제27조는 모든 사람은 공동체의 문화생활에 자유롭게 참여하고, 예술을 감상하며, 과학의 진보와 그 혜택을 향유할 권리를 가진다고 규정하고 있다.
③ 사회권 제13조 교육의 권리의 취지의 조항은 세계 인권선언 제26조에서 규정하고 있는 교육에 관한 권리를 보다 구체화한 것이다.
④ 사회보장 조항에 대한 취지는 규약의 당사국은 자국민에 한하여 권리를 가지는 것임을 인정한다.

[정답] ④
[해설] 사회보장 조항에 대한 취지는 규약의 당사국은 모든 사람이 사회보험을 포함한 사회보장에 대한 권리를 가지는 것을 인정한다.

0506

유엔인권이사회에 대한 설명으로 타당하지 않은 것은?

① 보편적 정례검토(Universal Periodic Review: UPR)는 유엔에 가입한 문제 제기된 회원국가를 대상으로 인권 상황을 4년마다 한번씩 정기적으로 검토하는 제도이다.
② 보편적 정례검토에서는 정부가 제출한 보고서, 유엔기구에서 제출한 보고서, NGO 및 국가인권기구의 보고서 등이 참조된다.
③ 인권이사회의 이사국들로 구성된 실무집단과 모든 유엔 회원국이 해당 국가의 인권상황에 대해 발언할 수 있다.
④ 심사 후에는 "결과보고서(outcome report)"의 형태로 심사 중에 이루어진 대화의 내용을 공개한다.

[정답] ①
[해설] 보편적 정례검토(Universal Periodic Review: UPR)는 유엔에 가입한 전 회원국가를 대상으로 인권 상황을 4년마다 한번씩 정기적으로 검토하는 제도이다.

0507

유엔인권이사회에 대한 설명으로 타당하지 않은 것은?

① "결과보고서(outcome report)"는 해당 국가에 대해 다른 국가들이 제시한 질문, 논평, 권고 등과 해당 국가의 응답이 포함되어 있다.
② 심사를 받은 국가는 결과보고서에 담긴 권고들을 실천할 의무를 진다.
③ 국가들이 보편적 정례회의에 지속적으로 협조하지 아니한 경우에, 인권이사회에서는 직권으로 조치를 취하지 못한다.
④ 자유권과 관련된 국가의 인권 상황이 다른 영역과 함께 이 절차에서 다루어지고 결과보고서에 포함된다.

> **정답** ③
> **해설** 국가들이 보편적 정례회의에 지속적으로 협조하지 않는 경우, 인권이사회에서는 **필요한 조치를** 결정하게 된다.

0508

유엔인권이사회에 대한 설명으로 타당하지 않은 것은?

① 유엔인권이사회가 마련하고 있는 인권보장메커니즘 중에는 국가별 또는 주제별로 독립전문가를 선임하여 해당 국가나 주제에 관하여 감독하고 권고를 하도록 하는 제도가 있는데, 이것을 특별절차(special procedure)라고 한다.
② 청원절차(complaint procedure)는 "모든 종류의 인권과 기본적 자유의 심각하고 신뢰할만한 침해가 지속적인 패턴을 가지고 일어날 때" 이 문제를 다루려는 목적으로 〈인권이사회 결의문 5/1〉에 의해 만들어졌다.
③ 청원절차는 개인들은 공개적으로 청원을 제출하고, 피해자를 중심으로 절차가 시의적절하게 이루어지게 되어 있다.
④ 두 가지의 실무집단이 제출된 청원을 처리하는데, 먼저, 5명의 전문가 실무집단(Working Group on Communications)과 상황에 대한 실무집단(Working Group on Situations)이 청원의 내용과 국가가 제출한 응답을 검토하고 이에 대한 보고서를 이사회에 제출하게 한다.

> **정답** ③
> **해설** 청원절차는 개인들은 **비밀로 청원을** 제출하고, 피해자를 중심으로 절차가 시의적절하게 이루어지게 되어 있다.
> ④ 두 가지의 실무집단이 제출된 청원을 처리하는데, 먼저, 5명의 전문가가 3년 임기로 개인청원에 대한 실무집단(Working Group on Communications)을 구성하여 일년에 2번씩 5일동안 만나 청원내용의 심의적격여부를 검토한 다음으로, 5명의 구성원이 1년의 임기로 구성된 상황에 대한 실무집단(Working Group on Situations)이 일년에 2번 5일동안 만나 청원의 내용과 국가가 제출한 응답을 검토하고 이에 대한 보고서를 이사회에 제출하게 한다.

0509

경제적, 사회적, 문화적 권리에 대한 설명으로 틀린 것은?

① 노동자의 권리는 강제노동으로부터의 자유, 일자리의 수락이나 선택을 자유롭게 결정할 수 있는 권리, 동일 가치의 노동에 대해 동일한 보수와 공정한 임금을 받을 권리, 여가에 대한 권리 및 노동시간의 합리적인 제한에 대한 권리, 안전하고 건강한 노동조건에 대한 권리, 노동조합을 결성하고 가입할 권리, 파업할 권리 등이 포함된다.
② 사회보장과 사회보호에 대한 권리는 자의적이거나 비합리적인 이유로 사회보장 혜택을 거부당하지 않을 권리, 실업, 질병, 노령 혹은 기타 개인이 통제할 수 없는 상황에서 생계수단이 결핍되는 경우에 적절한 보호를 평등하게 받을 수 있는 권리 등이 포함된다.
③ 경제에 대한 권리는 의료기관, 의료물품 및 의료서비스에 접근할 권리, 건강한 직업적, 환경적 조건에 대한 권리, 전염성 질병으로부터의 보호, 성과 생식(reproductive) 건강에 관련된 권리 등이 포함된다.
④ 문화적 권리는 문화생활에 참여할 권리, 과학적 진보를 공유하고 그로 인한 혜택을 누릴 권리, 과학이나 문학, 예술 작품에서 발생하는 저작자의 정신적, 물질적 이익을 보호하는 것 등이 포함된다.

정답 ③

해설 건강에 대한 권리는 의료기관, 의료물품 및 의료서비스에 접근할 권리, 건강한 직업적, 환경적 조건에 대한 권리, 전염성 질병으로부터의 보호, 성과 생식(reproductive) 건강에 관련된 권리 등이 포함된다.

0510

국제인권법에 대한 설명으로 타당하지 않은 것은?

① 세계인권선언은 포괄적인 범위의 시민적, 문화적, 경제적, 정치적, 사회적 권리들을 서로 구별을 두지 않고 하나의 국제인권문서에 담고 있다.
② 1993년 비엔나 세계인권회의에서는 "모든 인권은 보편적이고 불가분적이고 상호의존적이며 상호연관되어 있다"는 것과, "국제사회는 전세계적으로 동등한 조건과 같은 무게의 중요성을 두고 공정하고 평등하게 인권을 취급해야 한다" 는 것을 확인하였다.
③ 국제적으로 인정된 경제적, 사회적, 문화적 권리의 법적인 내용을 명료화하고 이 권리들을 실행하는 메카니즘과 방법들을 개발하는데에 상당한 진전이 이루어지게 되었다.
④ 제2차 세계대전 후의 인권문제는 정치적 고려와 경제적 이해관계의 측면에서 다루어진다.

정답 ④

해설 제2차 세계대전 후의 인권문제는 정치적 고려가 선행되기는 하였으나 더 이상 **경제적 이해관계의 측면에서 다루어지지는 않게 되었다.**

0511

경제적, 사회적, 문화적 권리와 시민적, 정치적 권리의 차이점이 아닌 것은?

① 서구의 시장경제는 시민적, 정치적 권리에 더 큰 중점을 두는 경향이 있었고, 반면 동구권의 중앙계획경제는 경제적, 사회적, 문화적 권리의 중요성을 강조했다.
② 시민적, 정치적 권리에 대해서는 국가가 단순히 개인의 자유를 간섭하지 않기만 하면 되는 것인 반면 경제적, 사회적, 문화적 권리에 대해서는 높은 수준의 투자가 필요한 것처럼 이야기되곤 하였다.
③ 시민적, 정치적 권리가 경제적, 사회적, 문화적 권리에 비해 모호하고 불분명하다.
④ 사실상 모든 인권의 향유가 서로 연결되어 있습니다. 예를 들어, 어떤 사람이 읽고 쓰는 능력이 없다면, 직장을 구하거나, 정치적 활동에 참여하거나, 표현의 자유를 행사하기가 더 어려운 경우가 많다.

정답 ③
해설 경제적, 사회적, 문화적 권리가 시민적, 정치적 권리에 비해 모호하고 불분명하다.

0512

제3세대 인권에 해당하지 않는 것?

① 개발(발전)에 대한 권리
② 평화에 대한 권리
③ 인류공동유산에 대한 권리
④ 공정한 재판을 받을 권리

정답 ④
해설 공정한 재판을 받을 권리는 제1세대 인권으로서 정치적 권리에 포함되어 있다.

0513

세계인권선언에 대한 설명으로 틀린 것은?

① 세계인권선언은 1948년 제3차 UN총회에서 채택되었다.
② 시민적, 정치적 권리보다 높은 비중을 두고 있다.
③ 민족자결권 존중 규정은 1966년 국제인권규약에서 명시하였다.
④ 세계인권선언은 UN총회결의로서 법적 구속력이 있다.

> **정답** ④
> **해설** 세계인권선언은 UN총회결의이므로 법적 구속력이 없다.

0514

지역적 인권보장제도에 대한 설명으로 옳지 않은 것은?

① 미주인권협약에 의하면 인권위원회 및 인권법원이 설치되어 있으므로, 인권법원에 대한 개인제소권은 인정하고 있다.
② 개인의 직접제소권은 제11의정서에서 규정되었고, 제9의정서는 개인의 인권법원 제소권을 인정하였으나 우선 인권위원회에 청원을 제기하도록 하였다.
③ 아프리카인권 헌장은 제3세대 인권에 대한 규정을 두고 있으며 인권법원은 설치하지 아니하였다.
④ 유럽인권협약은 국제인권규약을 이행하기 위한 조약으로 A규약에 해당하는 인권조항을 두지 않았는데, 1961년의 유럽사회헌장에서 규정하였다.

> **정답** ①
> **해설** 미주인권협약에 의하면 개인은 미주인권법원에 제소할 수 없고, 인권위원회 및 인권법원이 설치되어 있으나, 인권법원에 대한 개인제소권은 인정하지 않았다.

0515

1966년 시민적 및 정치적 권리에 관한 국제규약에 대한 설명으로 틀린 것은?

① 국가 간 통보제도는 모든 국가에게 고발의무를 규정하고 있다.
② 한국도 1990년에 가입하여 당사국이 되었다.
③ 규약 제1조에는 자결권에 관한 규정을 두고 있다.
④ 각 당사국은 규약상 권리를 실현하기 위해 취한 조치와 진전 상황에 관하여 UN사무총장에게 보고서를 제출하여야 한다.

[정답] ①
[해설] 국가 간 통보제도는 B규약 제41조를 수락한 국가 상호간에 권리로서 인정되는데, 즉, 모든 국가에게 고발의무를 규정한 것이 아니다.

0516

시민적, 정치적 권리에 관한 국제규약(B규약)의 이행감독 장치에 관한 설명으로 옳지 않은 것은?

① 국가간 고발제도, 개인의 국가고발제도, 보고서 검토라는 세 가지 이행감독 장치를 갖고 있다.
② B규약 선택의정서 제41조에 대해 수락선언을 한 국가 간에 적용되지만, 단 동 수락선언은 언제든지 철회될 수 있다.
③ 개인의 국가고발제도를 이용하기 위해서는 B규약에 열거되어 있는 특정 권리를 침해당했다고 주장하는 경우여야 하며, 국내구제수단을 완료는 필수 요소가 아니다.
④ 손종규 사건에서 B규약 인권위원회는 손종규의 행위를 제3자 개입금지조항으로 처벌한 것은 표현의 자유 침해라는 견해를 제시하였다.

[정답] ③
[해설] 개인의 국가고발제도를 이용하기 위해서는 B규약에 열거되어 있는 특정 권리를 침해당했다고 주장하는 경우여야 하며, 국내구제수단을 완료하여야 한다.

0517

개인청원제도(또는 개인의 국가고발제도)에 관한 설명으로 틀린 것은?

① 동일 문제가 다른 국제적 조사 또는 해결절차에 따라 심사되고 있지 않아야 하며, 법정에 따라 상이한 결과가 나올 가능성을 배제하고, 각 국제기관 간의 갈등 방지를 목적으로 한다.
② 궁극적으로 개인이 입은 피해의 구제가 목적이므로 익명 청원의 경우 구제대상이 존재하지 않아 심리거부 사유로 보고 있다.
③ 본안심리는 서면심리와 구두심리가 원칙이다.
④ 인권위원회의 권고는 법적 구속력은 없으나, 국가들에 대한 정치적 압박수단으로서 그 실효성이 입증되고 있다.

정답 ③
해설 본안심리는 서면심리가 원칙이다.

0518

다음의 설명으로 틀린 것은?

> 경제적, 사회적, 문화적 권리에 관한 국제규약(ICESCR)과 시민적, 정치적 권리에 관한 국제규약(ICCPR)에 동일한 내용으로 규정된 사항

① 모든 민족은 자결권을 가진다.
② 당사국은 규약상의 권리의 실현을 위한 조치 및 상태 등에 대한 보고서를 UN사무총장에게 보고한다.
③ ICESCR은 당사국들의 능력 내에서 점진적인 보호를 위해 노력할 것을 규정하고 있고, ICCPR은 원칙상 즉시 적용할 것을 정하고 있다.
④ 양규약 모두 내외국인 상호간 차별이 허용된다.

정답 ④
해설 ICESCR에서만 내외국인 상호간 차별이 허용된다.

0519

1966년 '시민적, 정치적 제권리에 관한 국제규약'에 관한 설명으로 틀린 것은?

① 인권위원회를 설치하고 있다.
② 인권이사회 위원의 임기는 4년이며 재선될 수 있다.
③ 인권이사회는 동일 국가의 국민을 2인 이상 포함할 수 없다.
④ B규약 제41조를 수락한 국가 상호간에만 국가 간 통보제도가 적용된다.

정답 ①
해설 인권이사회를 설치하고 있다.

0520

인권과 관련된 규약들에 대한 설명으로 틀린 것은?

① 국제인권규약의 A규약과는 달리 B규약에는 재산권에 관한 구체적 조항은 없다.
② A규약은 지적재산권 보호에 관한 매우 원칙적인 규정을 두고 있다.
③ 인종차별철폐협약은 보고서제도, 국가 간 통보제도, 개인청원제도 규정 등을 특징으로 하고 있고, 여성차별철폐협약은 보고서제도, 당사국 간 분쟁시 ICJ에 제소, 개인청원제도 없는 것을 그 특징으로 하고 있다.
④ 고문방지협약은 보고서제도, 국가 간 고발, 개인청원제도, 강제송환금지, 의무적 보편관할권 등을 그 특징으로 하고 있다.

정답 ①
해설 국제인권규약의 A규약과 B규약 모두 재산권에 관한 구체적 조항은 없다.

0521

인권보호를 위한 1966년의 B규약 및 그 선택의정서에 관한 설명으로 틀린 것은?

① 시민적, 정치적 권리에 관한 규약(B규약)은 각국의 의무이행 여부의 감독을 위해 인권위원회를 설치하고 있다.
② B규약은 선택된 당사국들에 대하여 자국의 인권상황 전반에 대해 UN사무총장에게 보고를 제출하도록 의무화하고 있다.
③ B규약은 또한 규약상의 의무를 이행하지 않는 당사국을 상대로 다른 회원국이 그 시정을 촉구하고 이에 불응하는 경우, 이를 인권위원회에 부탁할 수 있는 이른바, '국가 간 고발제도'를 두고 있다.
④ 국내적 구제절차가 부당하게 지연되고 있는 경우에는 국내적 구제절차를 완료할 필요없이 개인청원제도를 이용할 수 있다.

정답 ②

해설 B규약은 모든 당사국들에 대하여 자국의 인권상황 전반에 대해 UN사무총장에게 보고를 제출하도록 의무화하고 있다.

15 | 난민법

0522
국제난민법에 관한 설명으로 옳지 않은 것은?

① 1967년 난민 지위에 관한 의정서는 1951년 난민협약에 비해 난민의 개념을 더 넓게 정의하고 있다.
② UNHCR규정의 목적을 위한 난민지위 결정은 UN총회와 경제사회이사회의 지침을 따르는 UN난민고등판무관의 특권이며, 난민협약의 목적을 위한 특정 집단과 인원의 난민자격의 결정은 체약당사국의 특권이다.
③ 난민협약은 정치적 난민과 경제적 난민을 보호대상으로 한다.
④ 강제송환금지원칙의 예외로는 국가안보에 위해를 가할 것으로 인정되는 자, 중대한 비정치적 범죄를 저지른 자, 난민자격에서 배제되는 자 등이 있다.

정답 ③
해설 난민협약은 정치적 난민만을 보호대상으로 한다.

0523
다음 중 난민에 대한 설명으로 타당하지 않은 것은?

① UNHCR은 당사국의 동의가 있어야 구호 조치를 취할 수 있다.
② 난민이 당국에 지체없이 출석하여 불법적인 입국에 대해 상당한 이유를 제시하는 경우에는 불법 입국을 이유로 하여 처벌할 수 없다.
③ 제네바 난민협약상 난민은 상주국가 밖에 있는 무국적자로서, 종전의 상주국가로 돌아갈 수 없거나 또는 그러한 공포로 인하여 종전의 상주국가로 돌아가는 것을 원하지 아니하는 자를 의미한다.
④ 외교공관의 비호는 일반국제법이나 지역관습법으로 인정된다.

정답 ④
해설 외교공관의 비호는 일반국제법이나 지역관습법으로 인정되지 않는다.

0524

국제법상 난민에 관한 설명으로 옳지 않은 것은?

① 전쟁범죄인, 중죄인, 반국제연합행위자 등은 난민으로 분류될 수 없다.
② 난민에 관한 일반적 자격요건을 구비한 자라도 난민으로서 보호할 수 없는 자는 난민의 자격이 배제된다.
③ 입국 시에는 난민이 아니더라도 거주국에 체류하며 난민으로 인정된 자와 결합하거나 또는 정치적 의견을 표명하는 등의 활동으로 인해 박해를 받을 공포를 갖는 '현장난민'도 포함된다.
④ 난민의 자격요건으로는 박해로 인한 공포로 인해 국적국 또는 상주권에 위치할 것 등이 있다.

정답 ④

해설 난민의 자격요건으로는 박해로 인한 공포로 인해 **국적국** 또는 상주권 **밖에** 위치할 것 등이 있다.

0525

국제법상 난민에 관한 설명으로 틀린 것은?

① 인종, 종교, 국적, 특정사회 집단의 구성원 신분, 정치적 의견 등으로 인한 박해가 난민의 자격요건 중 하나가 될 수 있다.
② 어떠한 경우에도 난민이 관계당국에 지체없이 출두하여 정당한 이유를 제시하면 당해국은 당사자를 불법입국을 이유로 처벌할 수 없다.
③ 위임난민이란 UN난민고등판무관(UNHCR)의 보호를 받는 난민을 말한다.
④ UNHCR은 반드시 정치적 난민을 조건으로 영토국과 합의하에 국제적 보호를 필요로 하는 사람들을 보호하는 역할을 한다.

정답 ④

해설 UNHCR은 반드시 정치적 난민이 아니더라도 영토국과 합의하에 국제적 보호를 필요로 하는 사람들을 보호하는 역할을 한다.

0526

1951년 난민협약에 관한 설명으로 옳지 않은 것은?

① 무국적자에 대해서도 난민 지위를 부여할 수 있다.
② 체약국은 합법 여부를 불문하고 그 영역에 있는 난민의 추방은 금지된다.
③ 체약국은 인종, 종교, 국적, 특정 사회집단의 구성원 신분 또는 정치적 의견을 이유로 그 생명 또는 자유가 위협받고 있는 영역으로부터 직접 온 난민으로서 허가 없이 그 영역에 입국하거나 또는 그 영역 내에 있는 자에 대해 불법 입국을 이유로 형벌을 과해서는 아니된다.
④ 난민협약 제33조에 규정된 강제송환금지의 원칙은 강행규범으로 인정되지는 아니한다.

정답 ②

해설 체약국은 합법적으로 그 영역에 있는 난민의 추방만 금지되는데, 즉, **불법체류 난민은 추방가능하다.**

0527

난민의 보호 연혁에 관한 설명으로 타당하지 않은 것은?

① 1921년 국제연맹은 '고등판무관'을 설치하였으며, 난센이 고등판무관으로 임명되어 난민에게 여행증명서를 발급해 주었다.
② 고등판무관은 UN총회의 보조기관으로 1951년에 설립되었으며, 사무총장의 지명에 따라 '총회'에서 선출된다.
③ 1951년에 '난민지위에 관한 협약' 1967년 '난민지위에 관한 의정서'가 채택되어 난민을 국제적으로 보호하고 있다.
④ 난민지위협약은 1951년 이전에 아시아·아프리카 지역에서 발생한 난민을 보호대상으로 하였으나, 67년 의정서는 그러한 시간적·장소적 제약을 제거하였다.

정답 ④

해설 난민지위협약은 1951년 이전에 **유럽지역**에서 발생한 난민을 보호대상으로 하였으나, 67년 의정서는 그러한 시간적·장소적 제약을 제거하였다.

0528

난민법상 자격배제에 대한 조항의 설명으로 타당하지 않은 것은?

① 전쟁범죄인은 평화에 대한죄, 인도에 대한죄, 전시범죄를 범한 개인을 전쟁범죄인이라 한다.
② 중죄를 범한 자는 그가 비정치범죄인인 경우 그를 난민으로 보호해 주면 형사사법의 국제적 협력을 저해하게 되므로 중범죄인을 난민으로 보호로부터 배제한 것이다.
③ 중범죄는 피난국에 입국하는 것이 허가된 후에 범한 것을 요구한다.
④ 국제연합의 목적과 원칙에 반하는 행위를 한 자도 난민으로 보호를 받지 못한다.

정답 ③

해설 중범죄는 피난국에 입국하는 것이 허가되기 전에 범한 것임을 요한다.

0529

난민의 자격상실에 대한 대상이 아닌 것은?

① 국적국의 보호를 다시 이용한 자
② 상실한 국적을 다시 취득한 자
③ 국제난민 기구에 보호를 받은 자
④ 신국적을 취득하고 신국적국이 보호를 받는 자

정답 ③

해설 국제난민기구가 활동 중에 내린 난민 적격성에 대한 결정은 이 조항의 요건을 충족하는 자에게 부여된 난민의 지위를 방해하지 아니한다. 고등판무관의 권한은 제A항에 규정된 자가 다음의 것에 해당하는 경우 적용되지 아니한다.

(a) 그가 자발적으로 국적국의 보호를 다시 받고 있는 경우. 또는
(b) 국적을 상실한 후, 자발적으로 국적을 회복한 경우. 또는
(c) 그가 새로운 국적을 취득하고 또한 새로운 국적국의 보호를 받는 경우. 또는
(d) 그가 박해를 받을 우려가 있다는 공포 때문에 거주하고 있는 국가를 떠나거나 또는 그 국가 밖에서 체류하고 있다가 자발적으로 그 국가에 재정착한 경우. 또는
(e) 그가, 난민으로 인정되게 된 관련 사유가 소멸되었기 때문에, 개인적인 사유 이외에 국적국의 보호를 받기를 계속 거부할 다른 이유를 더 이상 입증할 수 없을 경우. (순수한 경제적인 성격의 이유는 용납되지 않는다.) 또는
(f) 무국적자가, 난민으로 인정되게 된 관련 사유가 소멸되어 종전의 상주국으로 돌아갈 수 있기 때문에, 개인적인 사유 이외에 그 국가로 돌아가기를 계속 거부할 다른 이유를 더 이상 입증할 수 없는 경우

0530

국제 난민법상 일반적 보호에 대한 설명으로 타당하지 않은 것은?

① 입국할 시 국가는 외국인에게 입국을 허용해야 할 국제법적 의무는 없다.
② 난민이 관계 당국에 지체없이 출두하여 정당한 이유를 제시해도 당해국은 당사자를 불법입국을 이유로 처벌할 수 있다.
③ 합법적으로 체약국 영토에 있는 난민은 국가안보나 공공질서 상의 이유가 아닌 한 원칙적으로 추방할 수 없다.
④ 입국의 적법 여부를 떠나서 생명이나 자유가 위협받는 영역으로 난민을 강제로 송환해서는 안된다.

정답 ②

해설 어떠한 경우에도 난민이 관계당국에 지체없이 출두하여 정당한 이유를 제시하면 당해국은 당사자를 불법입국을 이유로 처벌할 수 없다.

0531

난민의 개념으로 타당하지 않은 것은?

① 난민이란 정치적 사상·인종·종교·국적 등을 이유로 국적국으로부터 박해를 받거나 박해를 받을 현저한 우려가 있어 외국에 거류하며 국적국으로의 송환을 희망하지 않고 외국의 비호를 구하는 사람들이다.
② 난민은 원칙적으로 정치적 난민만을 의미하나, 광의로는 그 밖의 다양한 이유로 난민의 지위에 있는 사람들을 모두 지칭한다.
③ 협약난민이란 1951년 제네바 난민조약에 의해 보호를 받는 난민, 즉, 정치적 난민을 의미한다.
④ 현장난민이란 UN난민고등판무관(UNHCR)의 보호를 받는 난민을 말한다.

정답 ④

해설 위임난민이란 UN난민고등판무관(UNHCR)의 보호를 받는 난민을 말한다.

0532

다음 중 난민법에 대한 설명으로 옳지 않은 것은?

① 난민을 인도주의적 견지에서 보호하려는 노력은 국제연맹에서 최초로 시도되었다.
② 국제난민법 체계는 1951년에 '난민지위에 관한 협약'과 1967년'난민지위에 관한 의정서'가 채택되었다.
③ 1951년 제네바 조약은 협약난민으로 주로 정치적 박해에 한하며, 시간적, 장소적 적용범위를 제한하고 있다.
④ UNHCR은 위임난민은 보호에 제한을 두고 있다.

정답 ④
해설 UNHCR은 위임난민으로 제한을 두지 않는다.

0533

난민의 정의에 대한 설명으로 틀린 것은?

① 광의의 난민은 '난민지위협약'에 의해 보호되는 협약상 난민, 난민 신청자, 무국적자, 자연재해나 개발계획 등으로 인한 국내 피난민을 의미한다.
② 국가는 외국인의 영토국 영역 내 입경 여부에 대한 결정권을 가진다.
③ 비호권은 국제법상 확립되었으며, 성문화되어 있다.
④ 협약상 난민은 인종,종교, 국적 또는 특정 사회집단의 구성원 신분 또는 정치적 의견 때문에 충분한 근거가 있는 박해 받을 공포로 인하여, 국적국 밖에 있는 (국적보유)자로서, 국적국의 보호를 받을 수 없거나 또는 그러한 공포로 인하여 그 국적국의 보호를 받는 것을 원하지 아니하는 자를 의미한다.

정답 ③
해설 비호권은 국제법상 확립되지 않았으며, 성문화 되지 아니한다.

0534

다음 중 난민의 지위에 대한 설명으로 타당하지 않은 것은?

① 협약 난민은 상주국가 밖에 있는 무국적자로서, 종전의 상주 국가로 돌아갈 수 없거나 또는 그러한 공포로 인하여 종전의 상주국가로 돌아가는 것을 원하지 아니하는 자를 의미한다.
② 제네바 난민의정서는 협약상 규정된 난민 발생의 시간적, 장소적, 제한을 제거함으로써 적용 대상 난민의 범위를 확장하고 있다.
③ 난민의 인정 요건으로 박해받을 공포에 대한 충분한 근거를 요구하지 아니한다.
④ 박해는 인종, 종교, 국적, 특정 사회 집단의 구성원의 신분 또는 정치적 의견으로 인한 박해이어야 한다.

[정답] ③
[해설] 난민의 인정 요건으로 박해받을 공포에 대한 **충분한 근거가 있어야 한다.**

0535

난민에 대한 설명으로 옳지 않은 것은?

① 입국 시에는 난민이 아니더라도 거주국에 체류하며 난민으로 인정된 자와 결합하거나 또는 정치적 의견을 표명하는 등의 활동으로 인해 박해를 받을 공포를 갖는 '현장난민'도 포함한다.
② 박해는 인간의 본질적 존엄성에 대한 중대한 침해나 차별을 야기하는 행위이다.
③ 난민신청자는 박해를 받을 공포를 객관적으로 충분한 근거를 제시하여 입증할 필요는 요구하지 아니한다.
④ 난민이 되고자 하는 자가 입경하여 난민 지위를 신청하면 난민 신청자가 된다.

[정답] ③
[해설] 난민신청자는 박해를 받을 공포를 객관적으로 충분한 근거를 제시하여 입증해야 한다.

0536

다음 중 난민에 대한 설명으로 타당하지 않은 것은?

① 협약과 관계없이, 체약국은 각자 국내법으로 난민 인정 절차와 기관 등을 규정한다.
② 체약국이 협약상 난민인지 여부를 판단하여 난민 지위 부여를 결정하면 체약국 국내법상 난민 지위를 취득한다.
③ 국적국의 외교적 보호를 받지 못하는 난민에 대해 협약은 일반 외국인보다 포괄적인 보호를 규정한다.
④ 체약국은 외국인에게 일반적으로 부여되는 대우와 동등한 최혜국대우를 할 필요는 없다.

정답 ④
해설 체약국 내에서 외국인에게 일반적으로 부여되는 대우와 **동등한 최혜국대우를 유지**한다.

0537

다음 UNHCR의 설명으로 옳지 않은 것은?

① UN난민최고대표(UNHCR)는 1950년 경제사회이사회 결의에 의해 설립된 보조기관이다.
② 체약국이 난민에 관한 임무를 수행하는데 협조하고 이를 감독하는 일반적 임무를 수행한다.
③ 협약상 규정된 순수한 정치적 난민과 무국적자는 1차적으로 거주지국이, 2차적으로는 UNHCR이 난민의 국적국을 대신하여 외교적, 영사적 기능을 보충적 수행한다.
④ 난민신청자를 접촉, 자문하고 수용국의 의사 확인 절차에 참여하며, 정착국을 물색하는 역할을 한다.

정답 ①
해설 UN난민최고대표(UNHCR)은 1950년 **총회 결의에 의해 설립된 보조기관**이다.
④ 난민신청자를 접촉, 자문하고 수용국의 의사 확인 절차에 참여하며, 정착국을 물색하는 동안 UN난민수용소에 임시 수용하고, 정착국과의 교섭이 끝나면 난민여행증명서를 발급하여 정착국에 인도한다.

0538

국제난민법상 위임난민의 보호에 대한 설명이 틀린 것은?

① UNHCR은 유엔 총회와 경사리 결의에 의한 위임 권한에 의거, 협약 난민과 유사한 상황에 처한 경제적 난민이나 국내 피난민 등 넓은 의미의 난민도 위임난민을 포함하여 보호한다.
② UNHCR은 체류국의 동의 또는 묵인하에, 난민수용소 설치 등 난민에 대한 인도적 보호 및 구호활동을 실시한다.
③ 중장기적으로 자발적인 본국 귀환 및 재통합, 체류국 현지 통합 또는 제 3국 정착 사업을 실시한다.
④ 외교공관의 비호는 국제관습법으로 인정되고 있다.

정답 ④
해설 외교공관의 비호는 일반국제법이나 지역관습법으로 인정되지 아니한다.

0539

대한민국의 난민의 보호에 대한 설명이 타당하지 않은 것은?

① 한국은 2012년 아시아 국가로서는 최초로 '난민의 지위와 처우에 관한 법률'을 제정했다.
② 입국심사를 받을 때 법무부장관에게 난민 지위를 신청한다.
③ 대한민국에 체류하는 외국인으로서 1년 이내에 출입국 관리사무소, 외국인 보호소 등에 신청한다.
④ 난민 신청부터 대법원 확정까지 2-5년간 장기화되면서 체류 기간 연장이나 취업 자격 취득을 목적으로 난민시청 절차를 남용하는 위장 난민 사례가 존재한다.

정답 ②
해설 입국심사를 받을 때 **출입국관리소장에게** 난민지위를 신청한다.

0540

1951년 난민협약에 관한 설명으로 옳지 않은 것은?

① 무국적자에 대해서도 난민 지위를 부여할 수 있다.
② 체약국은 그 영역에 있는 난민의 추방은 금지되는데, 불법체류 난민 역시 추방을 금지한다.
③ 체약국은 인종, 종교, 국적, 특정 사회집단의 구성원 신분 또는 정치적 의견을 이유로 그 생명 또는 자유가 위협받고 있는 영역으로부터 직접 온 난민으로서 허가 없이 그 영역에 입국하거나 또는 그 영역 내에 있는 자에 대해 불법 입국을 이유로 형벌을 과해서는 안 된다.
④ 난민협약에 규정된 강제송환금지의 원칙은 강행규범으로 인정되지는 아니한다.

정답 ②

해설 체약국은 합법적으로 그 영역에 있는 난민의 추방만 금지됨(합법난민추방금지). 즉, **불법체류 난민은 추방이 가능하다.**

0541

국제난민법상 난민에 대한 설명이 잘못된 것은?

① 난민협약은 정치적·경제적 난민만을 보호대상으로 한다.
② 강제송환금지원칙의 예외로는 국가안보에 위해를 가할 것으로 인정되는 자, 중대한 비정치적 범죄를 저지른 자, 난민자격에서 배제되는 자 등이 있다.
③ UNHCR은 당사국의 동의가 있어야 구호조치를 취할 수 있다.
④ 난민이 당국에 지체없이 출석하여 불법적인 입국에 대해 상당한 이유를 제시하는 경우에는 불법 입국을 이유로 하여 처벌할 수 없다.

정답 ①

해설 난민협약은 정치적 난민만을 보호대상으로 한다.

16 | 영토의 취득

0542
영역의 권원에 관한 설명으로 옳지 않은 것은?
① 선점의 대상은 무주지인데 반해 시효의 대상은 주인국가가 있는 영토이다.
② 미국이 러시아로부터 알래스카를 구매한 것은 할양에 해당된다.
③ 현재의 영토분쟁이 과거에 행해진 선점에 기초한 경우가 있으므로 현재에도 문제가 된다.
④ Chamizal 사건(1911)은 자연적 작용 또는 선점과 관련된 사건이다.

정답 ④
해설 Chamizal 사건(1911)은 자연적 작용 또는 **시효**와 관련된 사건이다.

0543
다음 중 국제법상 선점에 대한 설명으로 틀린 것은?
① 무주지에 대한 선점이 성립하기 위해서는 영유 의사와 실효적 지배가 요구된다.
② 선점 시 이해관계국에게 통고해야 하는가의 여부에 대해서는 논란이 있으나 일반국제법상 확립된 원칙이라고 하기는 어렵다.
③ 클리퍼튼 섬 사건(1932)같이 완전한 무인도의 경우 주권의 천명만으로 충분하지 못하다고 하였다.
④ 서부사하라 사건에서 ICJ는 국가 단계에까지 이르지는 못했지만 사회정치적 조직을 갖추고 있는 종족이 살고 있는 땅은 무주지로 간주될 수 없다고 하였다.

정답 ③
해설 클리퍼튼 섬 사건(1932) 같이 완전한 무인도의 경우 주권의 **천명만으로 충분하다고** 하였다.

0544

선점에 의해 영토를 취득하기 위한 요건에 관한 설명으로 옳지 않은 것은?

① 해당 토지를 자국의 영토로 하겠다는 영유 의사가 있어야 한다.
② 클리퍼튼 섬 사건(1931)에서 중재위원회는 공해상의 무인도인 클리퍼튼 섬의 경우에는 정주나 통치행위가 필요없고, 주권의 천명만으로 시리효적 지배 요건을 충족한다고 하였다.
③ 무주지란 정치, 사회적 지배조직이 없는 지역을 의미한다.
④ 사전에 국가의 위임을 받거나 사후에 국가의 추인을 받는 경우라도 사인이나 사조직에 의한 선점은 불가능하다.

정답 ④
해설 사전에 국가의 위임을 받거나 사후에 국가의 추인을 받는 경우 사인이나 사조직에 의한 선점도 가능하다.

0545

다음 중 영토의 취득에 관한 설명으로 옳지 않은 것은?

① '하몬주의'(Harmon doctrine)란 국제하천의 상류국이 자국의 영토주의를 이유로 하천수를 배타적으로 이용하고 이로 인한 하류국의 피해에 대해서는 상류국이 어떠한 국제법상 책임도 지지 않는다는 내용이지만 현재는 지지되지 않는다.
② 두 국가 간에 국경을 형성하는 강에서 '점진적 증가'가 발생하는 경우 국경선도 그에 따라 점진적으로 변경된다.
③ 탈베그원칙은 국제관습법이다.
④ 1970년 우호관계선언에서 '도출'되는 원칙에서 UN헌장 위배 여부에 관계없이 즉, 설사 합법적인 무력의 위협 또는 사용이라고 하더라도, 일체의 무력의 위협 또는 사용으로 인한 영토의 취득을 무효로 한다고 규정했다.

정답 ③
해설 탈베그원칙은 국제관습법이 아니다.

0546

영토에 관한 설명으로 틀린 것은?

① Chamizal사건에서 중재법원은 시효에 의한 미국 측의 영토 취득을 부인하였다.
② 프레아 비헤아 사원 사건에서 지도상의 국경이 애초에 합의 자연국경과 상이하였고 이에 태국이 이를 묵인하지 않아서, 이에 따라 지도상의 국경을 양국 간 국경선으로 승인하지 아니하였다.
③ 가항수로의 중간선을 국경선으로 하는 원칙을 'Thalweg원칙'이라 하는데, Uti Possidetis원칙은 '지금 갖고 있는 것을 앞으로도 갖는다'는 뜻으로, 남미 지역국가들 상호간에 옛 행정구역을 국경선으로 하기로 합의한 것을 의미한다.
④ 선점은 무주지를, 시효는 주권자가 있는 영토를 객체로 한다.

[정답] ②
[해설] 프레아 비헤아 사원 사건에서 지도상의 국경이 애초에 합의 자연국경과 상이하였으나 태국이 이를 묵인하였다고 보고 지도상의 국경을 양국 간 국경선으로 승인하였다.
① Chamizal사건에서 중재법원은 시효에 의한 미국 측의 영토 취득을 부인하였는데, 동 사건은 미국과 멕시코 양국의 경계인 리오그란데 강의 수로가 급격히 변경되면서 종래 멕시코 영역이던 Charmizal Tract 지역이 Thalweg원칙의 적용으로 미국에 속하는 상황이 되자 중재재판에 회부한 사건으로, 미국은 시효로 인한 동 지역의 권원획득을 주장하였지만 거부되었고, 급작스런 수로 변경으로 인한 영역증가도 인정되지 못했다.

0547

선점에 관한 판례나 사건이 아닌 것은?

① 팔마스 섬 중재판결
② PCIJ의 동부 그린란드 사건
③ ICJ의 서부사하라의 지위에 관한 권고적 의견
④ Chamizal사건

[정답] ④
[해설] 시효에 관련된 사건이다.

0548

지역권(servitude)에 대한 설명으로 옳지 않은 것은?

① 국제관습법에 의해서도 창설될 수 있는데, 인도령 통항권사건에서 통항권이라는 지역권은 인도와 프로투갈 간 양자관습법에 의해 창설된 것이다.
② 지역권은 영투주권에 대한 특별한 제한이므로 포괄적 제한을 설정하는 조차지와 구별된다.
③ 국제하천 및 국제운하는 지역권의 일종이다.
④ 국제하천의 이용에 있어서 상류국은 일정한 제한을 받는데, 상류국은 하천을 자유이용하고, 하류국의 권리나 이익을 침해하지 아니할 의무는 일반적으로 인정되지 아니한다.

[정답] ④
[해설] 국제하천의 이용에 있어서 상류국은 일정한 제한을 받는데, 상류국은 하천을 자유이용하되, 하류국의 권리나 이익을 침해하지 아니할 의무가 있다.

0549

영토에 대한 설명으로 옳지 않은 것은?

① 영토분쟁은 어느 쪽 당사자가 더욱 실효적인 지배를 행사해왔는지, 즉 '상대적 권원'을 기준으로 판단할 수밖에 없는 경우가 많다.

② 망끼에-에끄레오 사건(1953)에서 영국이 동 제도(諸島)에서 수차례 형사재판권을 행사하고 이곳에 지은 가옥을 과세대상으로 삼았으며 이 지역에서의 부동산매매계약이 지방행정 당국의 통제를 받도록 한 것은 영국이 이들 섬에 대해 국가적 기능을 행사한 것이며, 이는 프랑스의 권원에 비해 우선한다고 하였다.

③ 리기탄-시파단 섬 사건(2002)에서 ICJ는 인도네시아의 두 섬에 대한 거북보존포고령, 조류보호지구 지정 등 환경 관련 국내입법을 영토에 대한 주권적 권한의 실효적 행사로 인정하면서, 이를 말레이시아가 자국의 어부들이 전통적으로 두 섬 주위를 사용해왔다는 주장에 비해 우월한 권원으로 인정하였다.

④ 1919년 미국-멕시코 간 차미잘 중재사건은 시효에 관한 사건으로 동 사건은 미국과 멕시코 양국의 경계인 리오그란데 강의 수로가 급격히 변경되면서 종래 멕시코 영역이던 차미잘(Charmizal Tract)지역이 Thalweg원칙의 적용으로 미국에 속하는 상황이 되자 중재재판에 회부한 사건이며, 미국은 시효로 인한 동 지역의 권원획득을 주장하였지만 거부되었고, 급작스런 수로 변경으로 인한 영역증가도 인정되지 못했다.

[정답] ③

[해설] 리기탄-시파단 섬 사건(2002)에서 ICJ는 **말레이시아**의 두 섬에 대한 거북보존포고령, 조류보호지구 지정 등 환경 관련 국내입법을 영토에 대한 주권적 권한의 실효적 행사로 인정하면서, 이를 **인도네시아**가 자국의 어부들이 전통적으로 두 섬 주위를 사용해왔다는 주장에 비해 우월한 권원으로 인정하였다.

0550

〈라누호 중재사건〉에 대한 설명으로 틀린 것은?

① 프랑스가 라누호의 유로를 변경시키자 스페인이 반대하여 분쟁이 발생하였다.
② 국제하천 이용에 관한 국제법 원칙이 쟁점이었다.
③ 중재법원은 수량을 변경시키지 않았기 때문에 프랑스의 행위를 적법하다고 보았는데, 즉, 관건은 단순한 이용 체계의 문제가 아니라 하류국의 이익 침해 문제로 해석했다.
④ 중재법원은 상류국은 하류국의 이익과 무관하게 어떠한 범위 내에서도 국제하천수를 이용할 수 있다고 하였다.

[정답] ④

[해설] 중재법원은 상류국은 하류국의 이익을 침해하지 않는 범위 내에서 국제하천수를 이용할 수 있다고 하였다.
③ 스페인은 수량이 결과적으로 변동이 없다고 하더라도 국제관습법상 유역국의 동의 없이 라누호의 물의 기존 이용체제를 본질적으로 변경할 수 없다고 하였는데, 중재법원은 수량을 변경시키지 않았기 때문에 프랑스의 행위를 적법하다고 보았는데, 즉, 관건은 단순한 이용 체계의 문제가 아니라 하류국의 이익 침해 문제로 해석했다.

0551

서부사하라 사건(1975)에 대한 설명으로 타당하지 않은 것은?

① 정치적, 사회적 조직화가 이루어져 있고 인민을 대표하는 족장을 가진 부족의 거주지는 무주지가 아니다.
② 국가에 의한 선점의 주체는 국가이며, 사전에 국가의 위임을 받거나 사후에 국가의 추인을 받으면 사인이나 사조직이 선점할 수 있다.
③ 영유 의사를 요하지 아니한다.
④ 통고의 요건성은 부인하지만, 당사국 또는 제3국에게 승인 또는 거절의 기회를 부여함으로써 국제분쟁을 미연에 방지한다는 견지에서 통고의 요건성을 긍정하는 것이 타당하다.

[정답] ③

[해설] 영유의사를 요한다.

0552

다음 중 영토의 권원에 대한 설명으로 옳지 않은 것은?

① 무주지는 언제든지 선점이 될 수 있다.
② 공공물은 심해저를 제외한 공해처럼 선점의 대상이 될 수는 없지만 모든 국가에게 원칙적으로 자유로운 접근과 이용이 허락된다.
③ 인류의 공동유산은 심해저처럼 천연자원 개발에 있어 국가의 자유로운 접근을 허용한다.
④ 바다는 단지 육지 영토의 종물이며, 따라서 해안이 동시에 적법하게 취득되지 않는 한 인접 바다는 그 자체로는 점령, 할양, 매매 혹은 국가승계의 대상이 될 수 없다.

[정답] ③
[해설] 인류의 공동유산은 심해저처럼 천연자원 개발에 있어 **국가의 자유로운 접근을 배제**한다.

0553

영토의 취득조건 중 자연작용에 대한 설명이 잘못된 것은?

① 탈베크 원칙상에서 국경하천 위에 세워진 다리의 경계를 결정하는 경우에는 다리의 경계는 하천의 경계와 수직으로 일치시키는 것이 판례상으로 타당하다.
② 자연작용 중 점진적 증가는 강의 진로가 점진적으로 이동함으로써 충적 퇴적물이 형성되어 영토가 추가되는 경우이다.
③ 급격한 전위는 자연작용으로서 강진로의 갑작스러운 변경, 또는 화산활동에 의해 섬이 생기는 등을 말한다.
④ 두 국가의 국경에서 형성되고 있는 강이 점진적 증가로 인한 경우, 항행과 항행 불가의 하천을 막론하고 수로의 중앙을 따른다.

[정답] ④
[해설] 두 국가의 국경에서 형성되고 있는 강이 점진적 증가로 인한 경우, 항행이 가능한 경우에는 선박의 항행이 가능한 수로의 중앙을 따른다.

0554

국제법상 탈베크(thalweg) 원칙의 설명으로 틀린 것은?

① 국제접속 하천의 국경선이 항행 가능한 하천인 경우, 가항수로의 중간선에 의해 획정한다.
② 탈베크 원칙의 예외로 하천의 유수가 홍수 등으로 급격하게 그 수로를 변경한 경우 국경선은 원래의 위치로부터 변경되지 않는다.
③ 항행이 불가능한 경우에는 강의 중앙이 국경선을 이룬다.
④ 국경하천에서 급격한 전위가 발생하는 경우에는 국경선이 바로 변경된다.

정답 ④

해설 국경하천에서 급격한 전위가 발생하는 경우에는 원래의 국경선이 그대로 유지된다.

0555

영토의 취득중 선점에 대한 설명이 잘못된 것은?

① 선점이란 국가가 무주지를 취득하는 것을 말하는데 무주지에는 처음부터 어떤 국가에도 귀속되어 본 일이 없는 땅과 어떤 국가가 버린 땅으로 구분된다.
② 유기란 어떤 땅이 국가에 의해 버려진 상황을 의미한다.
③ 유기를 인정하기 위해서는 당해 지역에 대해 주변 국가가 주권을 행사하지 않는다는 인정의 객관적 요건 및 당해 지역을 버린다는 의사(animus) 등 심리적·주관적 요건이 병행된다.
④ West Sahara 사건에서 ICJ는 권고적 의견에서 아프리카 식민지화 기간 중 국가단계에 이르지는 못하였지만 사회적이나 정치적으로 조직을 갖춘 종족이나 민족이 살고 있는 땅은 무주지로 간주되지 않았다고 확인하였다.

정답 ③

해설 유기를 인정하기 위해서는 당해 지역에 대해 국가가 주권을 행사하지 않는다는 객관적 요건 및 당해 지역을 버린다는 의사(animus) 등 심리적·주관적 요건이 병행된다.

0556

영토의 취득중 선점의 요건에 대한 설명이 잘못된 것은?

① 선점을 위해 국가는 주권자로서 행동하려는 의사와 실효적 지배가 요구된다.
② 실효적 지배의 요건은 국제정치 환경의 변화에 따라 점점 엄격해져 가고 있다.
③ 선점을 위한 요건으로 이해관계국에 대한 통보는 일반국제법상의 확립된 요건이다.
④ Clipperton Island 사건에서 프랑스의 행동은 주권천명이었는데 이 천명만으로 프랑스의 주권을 취득하기에 충분하다고 중재재판관은 판결하였다.

[정답] ③
[해설] 선점을 위한 요건으로 이해관계국에 대한 통보는 일반국제법상의 확립된 요건으로 보기 어렵다.

0557

영토의 취득중 시효에 대한 설명이 잘못된 것은?

① 사실 상황을 존중하는 전통 국제법의 한 표현이다.
② 선점의 대상은 무주지, 시효의 대상은 주인국가가 있는 영토이다.
③ 시효의 완성에는 원소유국의 명시적 인정이 필요하다.
④ 시효는 실효적 지배, 즉 점유 개시 시에 선의일 것이 요구되지 아니한데, 즉, 최초의 점유에 기망이나 폭력이 섞여 있었더라도 이는 진행과 성립을 방해하지 아니한다.

[정답] ③
[해설] 시효의 완성에는 금반언(estoppel)의 효과를 갖는 원소유국의 묵인이 필요하다.

0558

상대적 권원에 대한 설명으로 옳지 않은 것은?

① 지도의 증거력은 자신의 입장을 강화하기 위해 증거자료를 제출하는데 가장 빈번한 문제가 되는 것은 과거에 작성한 지도의 증거로서의 가치인데, Clipperton Island 사건에서 멕시코가 제출한 지도는 공적 성격이 확인되지 않는다는 이유로 배척되었다.
② 역사적 권원은 영토분쟁에서 국가들은 자국 혹은 그 선조들이 예부터 문제의 영토에 대해 주권자로 행사하여 왔고 남들도 그렇게 인식하고 있다는 사실을 말한다.
③ 근접성(contiguity)은 문제의 영토에 근접한 국가에게 유리한 확신을 불러일으킨다.
④ 일국이 특정 영토에 대한 주권을 수립함에 있어 경쟁국의 승인, 묵인, 금반언이 결정적인 역할을 수행할 수 있다.

[정답] ③
[해설] 근접성(contiguity)은 상황에 따라서는 문제의 영토에 근접한 국가에게 유리한 '추정'을 불러일으킬 수는 있다.

0559

정복에 대한 설명으로 타당하지 않은 것은?

① 정복이란 '국가 간'의 오로지 '무력사용에 의한' 영토 취득을 말한다.
② 정복을 위한 요건은 동맹국을 포함하여 적국의 모든 저항세력이 소멸되어 전쟁이 끝났어야 한다.
③ 공식적인 병합 또는 편입조치의 공포 등의 의사표시는 불필요하다.
④ 오늘날 침략, 즉 UN헌장 제2조 4항에 위배되는 무력사용에 의한 정복은 불법이며 무효이다.

[정답] ③
[해설] 공식적인 병합 또는 편입조치의 공포 등으로 정복의 의사가 표시되어야 한다.

0560

다음 중 정복에 대한 설명으로 타당하지 않은 것은?

① 전시점령은 UN헌장에 위배되지 아니하는 무력사용에 의한 군사점령도 여전히 불법이다.
② UN헌장에 위배되는지의 여부에 관계없이, 일체의 무력의 위협 또는 사용은 영토의 취득을 무효로 만든다.
③ 어떠한 국가도 일체의 무력의 위협 또는 사용에 의한 영토취득을 합법으로 승인하지 않을 법적 의무를 부담한다.
④ 1980년 안전보장이사회는 결의안을 통해 예루살렘의 지위를 변경시키기 위한 이스라엘의 조치는 무효라고 선언했다.

정답 ①

해설 전시점령은 그것이 UN헌장에 위배되는 무력사용에 의하여 초래되는 경우에만 불법으로 따라서 UN헌장에 위배되지 아니하는 무력사용에 의한 군사점령은 여전히 합법이다.

0561

국제법상 결정적 시점에 대한 설명으로 옳지 않은 것은?

① 영토의 주권자를 결정짓는 국제소송에서 이는 영토주권의 소재가 결정적으로 확인되는 시점을 지칭한다.
② 결정적 시점 직전의 기간에 실효적 권원을 가지고 있었음을 입증할 수 있는 당사국에게 우월한 권리가 인정되며, 결정적 시점 이후의 당사국의 행동들 역시 증거능력을 인정받는다.
③ 결정적 시점의 이론은 제시된 증거를 허용하거나 배척하는 절차 규칙처럼 작용하는데, 이는 '증거로 채택될 수 있는 행위의 시간적 경계'를 의미한다.
④ 결정적 시점 바로 직전의 기간에 대하여 유효한 권원임을 입증하는 것만으로 족하며, 그 이전의 모든 관련 기간에 걸쳐 주권의 존재를 입증할 필요는 없다는 점에서도 결정적 시점은 소송에서 중요성을 갖는다.

정답 ②

해설 결정적 시점 직전의 기간에 실효적 권원을 가지고 있었음을 입증할 수 있는 당사국에게 우월한 권리가 인정되며, 결정적 시점 이후의 당사국의 행동들은 증거능력을 인정받지 못한다.

17 | 국가승계

0562

국제조약의 승계에 관한 비엔나협약의 내용으로 옳지 않은 것은?

① 조대국은 조대지의 국제관계에 대해 책임을 지기 때문에, 비엔나협약의 정의에 따르면 조대 혹은 조대지 반환도 국가승계의 영역에 포함시킬 수 있다.
② 국가승계가 발생할 수 있는 상황은 영토 일부의 이전, 신생독립국, 국가통합, 국가분리 등 네 가지로 나눌 수 있다.
③ 국가분리는 분리독립과 분열을 포괄하는 개념으로 1983년 비엔나 협약에서는 영토 일부의 이전, 신생독립국, 국가통합, 분리독립, 분열 등 다섯 가지로 설정하고 있다.
④ 신생독립국이란 함은 국가승계 일자 직전에 그 국제관계에 대해서 전임국가가 책임을 지고 있었던 종속영토의 승계국 식민지 상태에서 독립한 국가를 지칭한다.

[정답] ①
[해설] 조차국은 조차지의 국제관계에 대해 책임을 지기 때문에, 비엔나협약의 정의에 따르면 조차 혹은 조차지 반환도 국가승계의 영역에 포함시킬 수 있을 것이다.

0563

1978년 국제조약의 승계에 관한 비엔나협약의 내용으로 옳지 않은 것은?

① 국가승계는 일반국제법 하의 국가의 통상적인 권리·의무를 침해하지 않는다.
② 비엔나협약은 국제법에 부합되게, 특히 UN헌장에 수록된 국제법의 원칙들에 부합되게 발생하는 국가승계의 효과에만 적용된다.
③ 비엔나협약은 1969년 비엔나 조약법 협약의 예에 따라 '국가들간'에 서면으로 체결되는 조약에 대해서만 적용된다.
④ 국가와 국제법의 타주체 간에 체결되는 조약 역시 국가승계에 관한 비엔나협약의 적용대상이다.

정답 ④
해설 국가와 국제법의 타주체간에 체결되는 조약과 구두로 체결되는 조약은 비엔나협약의 적용대상에서 제외된다.

0564

국제조약의 승계에 관한 비엔나협약의 내용으로 옳지 않은 것은?

① 어떤 조약이 비엔나협약 적용의 결과로서 어떤 국가에 대해 구속력이 인정되지 않더라도 이로 인하여 당해 국가가 당해 조약에 담겨진 국제관습법상의 의무를 이행해야 할 의무는 훼손되지 않는다.
② 비엔나협약은 국제기구창설조약에도 적용되지만, 다만 이로 인하여 당해기구 회원국지위의 취득에 관한 규칙 혹은 당해 기구의 기타 관련 규칙은 침해당하지 않는다.
③ 비엔나협약은 국제법에 부합되게, 특히 UN헌장에 규정된 국제법원칙에 부합되게 발생하는 국가승계에 대해서만 적용되는데, 비엔나협약은 시간적으로 동협약 발효 후에 발생하는 국가승계에 대해서만 적용된다.
④ 국가승계가 발생한 경우 승계국의 참여를 예정하는 조항이 조약에 미리 삽입되어 있을 수 있는데, 이런 경우, 승계국은 관련 조약의 문제의 조항에 따라 자신의 조약승계를 타방당사국에게 조건없이 조약승계를 수락할 수 있다.

정답 ④
해설 국가승계가 발생한 경우 승계국의 참여를 예정하는 조항이 조약에 미리 삽입되어 있을 수 있는데, 이런 경우, 승계국은 관련 조약의 문제의 조항에 따라 자신의 조약승계를 타방당사국에게 통고하거나 서면으로 조약승계를 수락할 수 있다.

0565

처분적 조약의 성격으로 옳지 않은 것은?

① '영토'에 대한 권리 혹은 의무를 다루는 조약, 즉 처분적 조약은 주권자의 변경에 의하여 영향을 받지 아니하며, 승계발생 유형에 관계없이 승계국에게 자동적으로 이전된다.
② 영토에 관련된 조약은 영토에 부착된 것으로서, 이는 일단 유효하게 성립되면 그것을 만든 국가와 운명을 같이 하지 않는다는 점에서 일종의 객관적 체제를 창설한다.
③ 영토에 관련된 권리는 국경선체제, 비무장지대, 통과, 항행, 어업을 비롯한 경제적 이용, 군사적 사용 등이 언급되고 있다.
④ 처분적 조약은 그 당사자들이 합의에 의해서는 종료될 수 없다.

정답 ④
해설 처분적 조약의 자동승계 원칙은 그 같은 조약의 효력이 영원한 것임을 의미하는 것은 아니다. 처분적 조약도 그 당사자들이 자유로운 합의에 의해 종료될 수 있다. 비엔나 협약은 처분적 조약을 두 가지로 분류한다.

0566

처분적 조약의 성격으로 옳지 않은 것은?

① 국경선 관련 조약은 조약에 의하여 수립된 국경선 그리고 국경선체제와 관련하여 조약에 의하여 수립된 권리·의무는 승계의 영향을 받지 아니한다.
② 국경선은 당사국 간에 합의가 없는 한 변경되지 않는다는 국경선 신성의 원칙에 기초한다.
③ 사정의 근본적 변경은 국경선수립조약의 종료 및 탈퇴를 위한 근거로서 원용될 수 있다.
④ 국경선 자동승계 원칙은 영토를 취득하는 국가는 그 영토의 경계도 자동 승계한다는 더 넓은 원칙의 일부이다.

정답 ③
해설 사정의 근본적 변경은 국경선수립조약의 종료 및 탈퇴를 위한 근거로서 원용될 수 없다.

0567

지역권 설정조약에 대한 설명으로 옳지 않은 것은?

① 다른 국가들의 특정한 이익을 위하여 수립되고, 영토에 부착된 조약상의 권리·의무는 국가승계의 영향을 받지 아니하나 예외적으로 외국군대기지 설정조약은 승계되지 아니한다.
② 국제법상의 지역권은 원칙적으로 대인적이다.
③ 영토에 부착된 조약상의 권리 또는 의무와 그렇지 아니한 권리 또는 의무를 구분하는 것이 어려울 수 있다.
④ Gabclkovo-Nagymaros 사건에서 ICJ는 이 조약은 그것의 적용대상인 다뉴브 강 지역에 부착되는 권리와 의무를 창설하였으며, 따라서 이 조약 자체는 국가 승계에 의해 영향받을 수 없으며, "하천의 용수권 혹은 항행에 관한 조약은 통상적으로 영토적 조약의 범주에 포함될 수 있는 후보로 간주된다는 ILC의 견해를 인용했다.

정답 ②

해설 국제법상의 지역권은 원칙적으로 대물적이다.

0568

1978년 국제조약의 승계에 관한 비엔나협약의 내용으로 옳지 않은 것은?

① 영토 일부의 이전 할양, 시효 등의 사유로 한 국가의 영토의 일부가 타국가의 영토의 일부로 되는 경우에는 조약의 승계는 발생하지 아니할 것이다.
② 승계 시에 발효 중이던 전임국가의 조약들은 상실한 영토 부분에 대해서는 더 이상 효력이 없다.
③ 승계 시에 발효 중이던 승계국의 조약들은 새로이 취득한 영토에까지 연장 적용되지 않는다.
④ 인권조약은 전임국가의 영토 내의 사람들에게 부착된다.

정답 ③

해설 승계 시에 발효 중이던 승계국의 조약들은 새로이 취득한 영토에까지 연장 적용된다.

0569

신생독립국의 조약승계방식의 내용으로 옳지 않은 것은?

① 신생독립국은 조약승계의 취지를 문제된 조약의 기탁소에 통고함으로써 전임국가가 체결해 놓은 식민지 관련 다자조약을 승계할 수 있다.
② 신생독립국의 다자조약승계가 조약의 객체 및 목적과 양립할 수 없거나 그 승계로 인하여 조약운용의 조건이 근본적으로 변경된다는 것이 그 조약으로부터 혹은 다른 방법으로 입증되는 경우에는 신생독립국은 그 같은 다자조약을 승계할 수 없다.
③ 전임국가가 타국가와 체결해 놓은 식민지 관련 양자조약을 신생독립국이 승계하기 위해서는, 신생독립국과 그 타국 사이에 합의가 있어야 하는데, 이러한 합의는 명시적 합의임을 요한다.
④ 식민지가 그 독립 전에 제한된 조약 체결권을 부여 받을 수 있는데, 그와 같은 권한에 의거하여 체결된 조약은 독립으로 인하여 영향을 받지 않는다.

정답 ③

해설 전임국가가 타국가와 체결해 놓은 식민지 관련 '양자'조약을 신생독립국이 승계하기 위해서는, 신생독립국과 그 타국 사이에 합의가 있어야 하는데, 이러한 합의는 **명시적 합의임을 요하지 않고, 행동으로부터 추론될 수도 있다.**

0570

국가들의 통합에 대한 설명으로 옳지 않은 것은?

① 국가들의 통합시 둘 이상의 국가가 통합하여 한 개의 승계국을 형성하는 경우에는 먼저, 승계시에 발효 중이던 전임국가들의 '일체의' 조약은 승계국에게로 승계되어 효력을 지속한다.
② 승계가 인정되는 경우라 할지라도, 조약이 승계국의 영토 전체에 대해 효력을 지속하는지, 아니면 기존에 적용되었던 영토 부분에 대해서만 적용되는지는 다자조약의 경우에는, 영토 전부분에 대해서 효력을 지속한다.
③ 합병은 두 개 이상의 국가가 결합하여 하나의 새로운 국가를 형성하는 것으로 종래의 국가들은 소멸하고 그 대신 하나의 신국가가 성립한다.
④ 병합은 한 국가가 다른 국가에게 결합되는 것으로 피병합국은 병합국에게 흡수되어 소멸하고, 병합국은 종전대로 동일한 국가로서 존속한다.

정답 ②

해설 승계가 인정되는 경우라 할지라도, 조약이 승계국의 영토 전체에 대해 효력을 지속하는지, 아니면 기존에 적용되었던 영토부분에 대해서만 적용되는지는 다자조약의 경우에는, 승계국이 당해 조약이 그 영토 전체에 대하여 적용될 것임을 기탁소에 통고'하지 않는 한, **통합 전에 적용되었던 영토 부분에 대해서만 효력을 지속한다.** '양자'조약의 경우에는 승계국과 타방당사국이 달리 '합의'하지 않는 한, 통합 전에 적용되었던 영토 부분에 대해서만 효력을 지속한다.

0571

국가의 분리에 대한 설명으로 옳지 않은 것은?

① 승계시에 전임국가의 영토 전체에 대하여 발효 중이던 조약은 신국가에게 효력을 지속한다.
② 분리독립과 분열을 구분하지 아니한 것은 분리독립에 관련된 이 규정은 국제관습법과 충돌한다.
③ 한 국가의 영토의 어떤 부분이 분리된 뒤에도 전임국가가 계속해서 존재하는 경우, 승계발생시 전임국가에 대하여 발효 중이던 일체의 조약은 그의 잔존 영토에 대하여 계속해서 효력을 갖는다.
④ ILC는 국가들의 통합이 합병만 포함되는 것으로 설명하고 있다.

[정답] ④

[해설] ILC는 국가들의 통합이 합병뿐만 아니라 **병합도 포함하는** 것으로 설명하고 있다.
① 승계시에 전임국가의 영토 '전체'에 대하여 발효 중이던 조약은 신국가에게 효력을 지속한다. 또한 '신국가로 된 영토 부분'에 대해서만 발효 중이던 전임국가의 조약은 오로지 당해 신국가에 대해서만 효력을 지속한다.
② 분리독립과 분열을 구분하지 아니한 것은 분리독립에 관련된 이 규정은 국제관습법과 충돌한다. 종래 국제관습법은 분리독립국에게 백지출발주의를 허용했기 때문이다.
③ 한 국가의 영토의 어떤 부분이 분리된 뒤에도 전임국가가 계속해서 존재하는 경우, 즉 분리독립의 경우, 승계발생시 전임국가에 대하여 발효 중이던 일체의 조약은 그의 잔존 영토에 대하여 계속해서 효력을 갖는다.

0572

1983년 국가재산·국가문서·국가부채의 승계에 대한 내용으로 옳지 않은 것은?

① 1983년 비엔나협약에 대해 서구제국은 서명 또는 비준을 거부하고 있다.
② 국가재산이란 국가승계 당시의 전임국가의 국내법에 따르면 당해 전임국가의 소유로 인정되는 재산, 권리 및 이익을 말한다.
③ 국제관습법상 국가재산은 동산·부동산 가릴 것 없이 승계국으로 이전되는 것을 원칙으로 전임국가의 영토 내에 있던 제3국의 국가재산을 포함한다.
④ 관련 국가들이 달리 합의하거나 혹은 적절한 국제기구가 달리 결정하지 않는 한, 전임국가의 국가재산은 보상 없이 승계국으로 이전된다.

[정답] ③

[해설] 국제관습법상 국가재산은 동산·부동산 가릴 것 없이 승계국으로 이전되는 것이 원칙이다. 그러나 전임국가의 영토 내에 있던 **제3국의 국가재산은 국가승계의 적용을 받지 아니한다.**
① 1983년 비엔나협약에 대해 서구제국은 서명 또는 비준을 거부하고 있다. 동협약이 국가부채의 승계만을 다루고 있을 뿐이며, 사인들에 대한 국가부채의 승계에 대해서는 아무런 실체적 기준도 제공하지 않기 때문이다.
④ 관련 국가들이 달리 합의하거나 혹은 적절한 국제기구가 달리 결정하지 않는 한, 전임국가의 국가재산은 '보상 없이' 승계국으로 이전된다. 관련 국가들이 달리 합의하거나 혹은 적절한 국제기구가 달리 결정하지 않는 한, 전임국가의 국가재산은 '국가승계가 이루어진 일자부로' 승계국으로 이전된다.

0573

국가재산 · 국가문서 · 국가부채의 승계에 대한 내용으로 옳지 않은 것은?

① 영토 일부의 이전시 상호간의 합의에 의하여 해결하고, 합의가 없으면, 이전된 영토 내에 위치하고 있는 전임국가의 국유부동산과 이전된 영토에 대한 활동과 관련된 전임국가의 국유동산은 승계국으로 이전된다.
② 신생독립국은 승계가 발생하는 영토 안에 위치하고 있던 전임국가의 국유부동산은 신생독립국으로 이전되고, 승계영토 밖에 위치한 것으로서, 식민지가 되기 이전에는 그 영토에 속하였으나 식민기간 중에 전임국가의 국유재산으로 된 부동산은 신생독립국으로 이전된다.
③ 국가들의 통합에서 전임국가들의 국유재산은 동산 · 부동산 가릴 것 없이 승계국으로 이전된다.
④ 분리 독립시 합의가 없으면, 분리된 영토 외에 위치한 국유부동산은 신국가에게로 이전되며, 또한 승계영토에 대한 전임국가의 활동과 관련한 국유동산도 신국가에게로 이전된다.

정답 ④

해설 분리 독립
 a. 합의가 없으면, 분리된 영토 내에 위치한 국유부동산은 신국가에게로 이전되며, 또한 승계영토에 대한 전임국가의 활동과 관련한 국유동산도 신국가에게로 이전된다.
 b. 그 밖의 동산은 형평한 비율로 신국가에게로 이전된다.해설
② 신생독립국은 승계가 발생하는 영토 안에 위치하고 있던 전임국가의 국유부동산은 신생독립국으로 이전되고, 승계영토 밖에 위치한 것으로서, 식민지가 되기 이전에는 그 영토에 속하였으나 식민기간 중에 전임국가의 국유재산으로 된 부동산은 신생독립국으로 이전된다.
 c. 승계영토 밖에 위치한 것으로서, 그 창설에 식민지영토가 기여한 전임국가의 부동산은 식민지영토가 기여한 바에 비례하여 신생독립국으로 이전된다.
 d. 승계영토에 대한 전임국가의 활동과 관련한 국유동산은 신생독립국으로 이전된다.
③ 국가들의 통합
전임국가들의 국유재산은 동산 · 부동산 가릴 것 없이 승계국으로 이전된다.

0574

국가문서의 승계에 대한 내용으로 옳지 않은 것은?

① 영토 일부의 이전은 당사국간의 합의와 무관하게 이전되는 영토의,통상적 행정을 위하여 승계국의 처분 하에 두어져야 하는 전임국가의 국가문서는 승계국으로 이전된다.
② 국가들의 통합시 전임국가들의 국가문서는 승계국으로 이전된다.
③ 분리 독립시 합의가 없으면, 분리된 영토의 통상적 행정을 위하여 당해 영토 내에 있어야만 하는 전임국가의 국가문서는 신국가에게로 이전되며, 또한 분리된 영토와 직접적으로 관계있는 전임국가의 국가문서도 신국가에게로 이전된다.
④ 분열시 국가들의 민족들이 향유하는 개발, 그들의 역사에 관한 정보, 문화적 유산에 대한 권리를 침해해서는 안 된다.

정답 ①

해설 영토 일부의 이전은 상호간의 합의에 의하여 해결하고, 합의가 없으면, 이전되는 영토의 통상적 행정을 위하여 승계국의 처분 하에 두어져야 하는 전임국가의 국가문서는 승계국으로 이전된다.

0575

국가재산·국가문서·국가부채의 승계상 국가의 분열에 대한 설명으로 옳지 않은 것은?

① 전임국가의 부동산은 그 소재지 신국가에게로 이전된다.
② 전임국가의 영토 밖에 위치한 국유부동산은 반분하여 신국가들에게로 이전된다.
③ 특정 영토 부분에 대한 전임국가의 활동과 관련한 전임국가의 그 밖의 국유부동산은 당해 영토를 승계한 신국가에게로 이전된다.
④ 전임국가의 그 밖의 국유동산은 형평한 비율로 신국가들에게로 이전된다.

정답 ②

해설 전임국가의 영토 밖에 위치한 국유부동산은 형평한 비율로 신국가들에게로 이전된다.

0576

국가부채의 승계에 관한 국제협약상의 내용이 옳지 않은 것은?

① 영토 일부의 이전의 경우, 상호간의 합의에 의하여 해결하고, 합의가 없으면, 전임국가의 국가부채는 형평한 비율로, 특히 그 국가부채와 관련하여 승계국가에게로 이전되는 재산·권리·이익을 고려하여 승계국으로 이전된다.
② 신생독립국은 전임국가의 활동과 관련있는 국가부채와 신생독립국에게로 이전되는 재산·권리·이익 사이의 관련성을 고려하여 국가부채는 신생독립국에게로 이전된다.
③ 분리 독립에서 합의가 없으면, 전임국가의 국가부채는 형평한 비율로, 특히 그 국가부채와 관련하여 신국가에게로 이전되는 재산·권리·이익을 고려하여 신국가에게로 이전된다.
④ 국가들의 통합시 전임국가들의 국가부채는 승계국으로 이전된다.

정답 ②

해설 신생독립국은 전임국가의 활동과 관련있는 국가부채와 신생독립국에게로 이전되는 재산·권리·이익 사이의 관련성을 고려하여 그들 간의 합의에서 달리 규정하지 않는 한 전임국가의 어떤 국가부채도 **신생독립국에게로 이전되지 않는다.**

0577

1978년에 체결된 '조약승계에 관한 비엔나협약'의 내용으로 틀린 것은?

① 국가분리를 분리독립과 분열로 나누어 놓았으며 병합에 대해서는 특별한 규정을 두지 않고 있다.
② 영토의 일부이전 시 조약국경이동 원칙이 적용된다.
③ 신생독립국의 의사에 의해 조약을 승계할 수 있다.
④ 분리독립에 대해서도 계속주의를 적용하는 것은 국제관행과 일치하지 아니한다.

정답 ①

해설 국가승계가 발생할 수 있는 상황은 영토 일부의 이전, 신생독립국, 국가통합, 국가분리 등 네 가지로 나눌 수 있다.

0578

국가승계에 대한 설명으로 옳지 않은 것은?

① 일정한 영토가 종국적 변경에 따라 그 영토에 부착된 권리, 의무가 전임국가에서 신국가로 계승되는 것이다.
② 어느 영토의 국제관계의 책임이 한 국가에서 타국가로 대체되는 것이다.
③ 국가승계는 할양, 신생독립국과 같이 전임국이 소멸되지 아니하는 경우에도 문제될 수 있다.
④ 무주지 선점과 마찬가지로 일정한 권리, 의무의 승계가 인정된다.

정답 ④

해설 무주지 선점과 달리 일정한 권리, 의무의 승계가 인정된다.

0579

신생독립국의 주도적 결정 방식의 설명으로 타당하지 않은 것은?

① Nyerere 방식은 1961년 탕카니카 대통령 Nyerere는 자국(즉, 승계국)이 독립 후 2년 기간 내에 상호 합의로 미리 폐기 또는 수정되지 않는 한 국제관습법에 관한 사항을 제외하고는 그 기간 이후에는 모두 실효된 것으로 처리하고, 단 2년 동안은 기존 조약을 상호주의적으로 잠정적용하겠다고 발표했다.
② Zambia 방식은 1964년 잠비아는 자국이 기존 조약을 소멸했다고 판단하지 않는 한 계속 적용을 인정한다고 UN에 통고하였다.
③ Zambia 방식은 언제까지 소멸 여부를 판단하겠다는 기한은 밝히지 않았다.
④ 일방적 선언만으로는 타국에 대해 법적 구속력을 강제할 수 없다는 한계를 지니고 있었다.

정답 ③

해설 Zambia 방식은 언제까지 소멸 여부를 판단하겠다는 기한이 드러났다.

0580

국가승계에 대한 설명으로 타당한 것은?

① 국가의 일부 분리에 있어서 선행국 영토 전체에 유효한 조약은 각 승계국의 승계통고에 의해 효력을 가진다.
② 새로 독립한 국가는 승계 통고에 의해 기존 다자조약의 당사자로 될 수 있다.
③ 승계국이 선임국의 영역 일부를 승계한 경우에는 선임국의 비국경조약이 해당 영역에 계속 적용된다.
④ 국가문서의 승계상 원칙은 승계되고 제3국의 국가문서도 승계된다.

정답 ②

해설
① 국가의 일부 분리에 있어서 선행국 영토 전체에 유효한 조약은 분리된 영토에서 **효력이 상실된다**.
③ 승계국이 선임국의 영역 일부를 승계한 경우에는 선임국의 비국경조약이 해당 영역에 계속 적용되지 아니한다.
④ 국가문서의 승계상 원칙은 승계되지만 예외적으로 제3국의 국가문서문서는 **승계되지 않는다**.

0581

조약승계에 관한 비엔나 협약의 설명으로 타당하지 않은 것은?

① 기존 국가간 영토의 일부 이전의 경우 선행국의 조약은 해당 지역에 대해 적용이 종료되고 대신 승계국의 조약이 새로이 확장 적용된다.
② 백지출발주의(CLEAN STATE PRINICIPLE)은 종속관계로부터 독립한 신생국의 경우 과거 자국 영역에 종속되던 조약을 계속 따를 의무가 없다.
③ 복수의 국가가 통합되는 경우에는 기존 적용되던 조약은 전체 지역에서 그대로 적용된다.
④ 기존 국가 영역의 일부가 분리해서 별도의 승계국을 형성하는 국가분리의 경우 계속성의 원리를 적용해 선행국 전역에 적용되던 조약은 승계국 모두에게 적용되며, 일부에만 적용되던 조약은 해당지역에만 적용된다.

정답 ③

해설 복수의 국가가 통합되는 경우에는 기존 적용되던 조약은 해당 지역에서 그대로 적용된다.

0582

국경조약 및 영토 제도의 승계에 대한 설명으로 옳지 않은 것은?

① 국가 승계시 기존 조약의 효력에 대해서는 승계국의 태도에 따라 다양한 법원칙이 적용될 수 있으나 국경조약과 국제제도에 대해서만은 기존 조약의 내용이 계속되어야 한다는 원칙이 인정된다.
② 인권조약의 자동승계 여부는 20세기 말 이후 최근의 국가승계과정에서 자동승계로 처리되고 있다.
③ 〈리비아/차드〉 사건에서 리비아는 차드 북부 AOUZOU 지역을 역사적으로 자국령이라고 주장하며 침범했는데, ICJ는 국경획정조약은 영구한 효력을 갖는다고 말하며 차드의 편을 들어주었다.
④ 원칙적으로 조약국경이동원칙을 적용하여 서독이 체결한 조약의 적용 범위에 동독을 포함시켰다.

정답 ②

해설 인권조약의 자동승계 여부는 20세기 말 이후 최근의 국가승계과정에서 **자동승계보다는 해당 국가의 개별 결정에 따라** 처리되었다.
③ 〈리비아/차드〉 사건에서 리비아는 차드 북부 AOUZOU 지역을 역사적으로 자국령이라고 주장하며 침범했는데, 그러나 차드는 프랑스로부터 자국이 독립할 당시 체결된 우호선린협정에 국경조항이 포함되어 있으며 그 내용이 계속 구속력을 갖는다고 주장한 반면 리비아는 이 조약이 해당 지역의 국경을 획정하는 내용의 조항이 포함되지 않는다고 주장했으나, ICJ는 국경획정조약은 영구한 효력을 갖는다고 말하며 차드의 편을 들어주었다.

0583

국유재산과 부채의 승계에 대한 설명으로 타당하지 않은 것은?

① 영토 일부에 대한 국가승계의 경우는 따로 협의가 없다면 국가재산은 승계되고 부채의 경우는 먼저 합의, 합의 없다면 승계된 국가에 분배된다.
② 신생 독립국의 경우, 신생국 내외에 위치하는 선행국의 재산 모두 승계되고, 부채의 경우 합의가 없는 한 신생국으로 이전되지 않는다.
③ 국가통합의 경우는 재산과 부채 모두 신생국으로 이전된다.
④ 영토 일부가 분리독립하는 경우, 합의에 의해 승계되고, 합의가 없다면 승계지역 내 부동산은 승계국 것이고 부채는 합의가 없다면 형평한 비율로 배분된다.

정답 ①

해설 영토 일부에 대한 국가 승계의 경우는 따로 협의가 없다면 국가재산은 승계되고 부채의 경우는 먼저 합의, 합의 없다면 **형평한 비율로 분배**된다.

0584

각종 국가승계와 관련된 설명으로 옳지 않은 것은?

① 구소련의 소멸은 분리독립으로 보는 것이 일반적 견해이며 러시아 공화국은 구소련의 조약과 UN 상임이사국 지위에 대해 별도의 가입절차를 밟았다.
② 발트 3국은 이른바 '복귀이론'을 주장하면서 구소련이 체결한 일체의 조약에 대한 승계를 거부하였다.
③ 서독은 동독이 체결한 모든 조약을 소멸시키기보다는 여러 가지 사정을 종합적으로 고려하여 소멸 또는 승계하였다.
④ 국가재산의 승계상 국제관습법의 원칙은 동산, 부동산을 불문하고 승계국으로 이전된다.

[정답] ①

[해설] 구소련의 소멸은 분리독립으로 보는 것이 일반적 견해이며 러시아 공화국은 구소련의 조약과 UN 상임이사국 지위를 모두 승계하였다.

0585

국가채무의 승계에 대한 설명으로 틀린 것은?

① 영토 일부의 이전은 각국의 합의한 비율로 승계국에 이전된다.
② 신생독립국에게 이전되지 않는다.
③ 국가통합은 국가채무가 이전된다
④ 분리독립은 형평한 비율로 승계국에 이전된다.

[정답] ①

[해설] 영토일부의 이전은 형평한 비율로 승계국에 이전된다.

0586

유엔 회원국 지위에 관한 설명으로 타당하지 않은 것은?

① 영토의 일부 이전 또는 상실은 유엔 회원국 지위에는 영향이 없다.
② 신생독립국은 별도로 가입한다.
③ 합병은 전임국이 모두 UN 회원국이라도, 각각 UN 회원국에 가입해야 한다.
④ 병합의 경우에는 병합국이 UN 회원국이고, 피병합국 회원이 아니라면 승계국인 병합국 UN 회원국 지위를 유지한다.

정답 ③
해설 합병은 전임국이 모두 UN 회원국이면, UN 회원국의 지위를 유지한다.

0587

1978년에 체결된 '조약승계에 관한 비엔나협약'의 내용으로 틀린 것은?

① 국가분리를 국가통합 방식에 있어 1983년 국가재산·문서·부채에 관한 비엔나협약과 동일하다.
② 영토의 일부이전 시 조약국경이동원칙이 적용된다.
③ 신생독립국의 의사에 의해 조약을 승계할 수 있다.
④ 분리독립에 대해서도 계속주의를 적용하는 것은 국제관행과 일치하지 아니한다.

정답 ①
해설 국가승계가 발생할 수 있는 상황은 영토 일부의 이전, 신생독립국, 국가통합, 국가분리 등 네 가지로 나눌 수 있다.

0588

국가승계에 대한 설명으로 옳지 않은 것은?

① 일정한 영토가 종국적 변경에 따라 그 영토에 부착된 권리, 의무가 전임국가에서 신국가로 계승되는 것이다.
② 어느 영토의 국제관계의 책임이 한 국가에서 타국가로 대체되는 것이다.
③ 국가승계는 할양, 신생독립국과 같이 전임국이 소멸되지 아니하는 경우에도 문제될 수 있다.
④ 무주지 선점과 마찬가지로 일정한 권리, 의무의 승계가 인정된다.

[정답] ④
[해설] 무주지 선점과 달리 일정한 권리, 의무의 승계가 인정된다.

18 | 해양법

0589

1982년 UN해양법협약의 특징으로 옳지 않은 것은?

① 심해저는 미국 등 선진국의 반대로 개발이 추진되지 못하였으며, 선진국들은 이행협정을 제정하는 데 성공함으로써 인류의 공동유산적 성격을 약화시키고 상업적 성격을 강화시켰다.
② 영해의 폭을 12해리까지 확대할 수 있다.
③ 대륙붕 수역을 설정하여 여러 자원 관할을 통합하였다.
④ 군도수역을 설정하여 군도국가의 이익을 도모하였다.

[정답] ③
[해설] 배타적 경제수역을 설정하여 여러 가지 자원관할을 통합하였다.

0590

1958년 제네바(Geneva) 해양법회의에서 채택된 협약에 포함되지 않은 것은?

① 영해 및 접속수역
② 공해
③ 공해상의 어업 및 생물자원의 보존
④ 심해저

[정답] ④
[해설] 심해저가 인류의 공동유산으로 등재된 것은 1982년 협약으로 1958년 1차 해양법 회의에서는 대륙붕이 하나의 협약 체제로 구성된다.

0591

해양법상 내수에 대한 설명으로 옳지 않은 것은?

① 연안국은 내수에 있는 외국의 상선에 대해 완전한 민·형사 관할권을 수행할 수 있다.
② 내수는 연안국의 영토와 분리된 것으로 인식된다.
③ 직선기선을 설정함에 따라 내수로 편입된 수역이 존재하는 경우, 이 수역에서는 무해통항권이 인정된다.
④ 외국 상선이 연안국의 내수에서 영해를 통과하는 경우, 연안국은 이에 대해 관할권을 가진다.

[정답] ②
[해설] 내수는 연안국의 영토로 인식된다.

0592

국제하천에 관한 설명으로 틀린 것은?

① 2개국 이상을 흐르는 강으로 항행이 가능한 것을 의미한다.
② 국제하천은 항행을 위한 하천과 비항행적 하천으로 분류된다.
③ 국제하천의 종류로는 국경하천과 연속하천이 있다.
④ 1982년 해양법협약에서 관습법규들을 성문화하였다.

[정답] ④
[해설] 1921년 바르셀로나협약에서 관습법규들을 성문화하였다.

0593

해양법상 만에 대한 설명으로 옳지 않은 것은?

① 만의 내부수역은 영해로서 연안국의 배타적 주권이 미친다.
② 만을 둘러싼 육지가 동일국에 속해야 만으로 인정될 수 있다.
③ 만구의 폭은 24해리를 초과하지 않아야 한다.
④ 만의 굴곡은 해안선의 단순한 굴곡 이상이어야 하고 만입은 만구를 직경으로 한 반원의 면적보다 넓어야 한다.

[정답] ①
[해설] 만의 내부수역은 내수로서 연안국의 배타적 주권이 미친다.

0594

군도수역에 대한 설명으로 타당하지 않은 것은?

① 군도항로대에 있어서 국가항공기의 상공비행의 자유가 인정되지 않는다.
② 군도수역이란 군도기선 내측의 수역을 의미한다.
③ 하나의 길이는 100해리를 초과할 수 없으며 총 기선수의 3% 이내에서 최대 125해리까지 확장될 수 있다.
④ 군도국가는 군도직선기선을 설정할 수 있으며, 이러한 기선의 길이는 100해리를 초과할 수 없다.

[정답] ①
[해설] 군도항로대에 있어서 국가항공기의 **상공비행의 자유가 인정**된다.

0595

군도기선에 대한 설명으로 옳지 않은 것은?

① 군도국가의 최외곽도서 및 암초의 최외곽점을 연결하는 선을 의미한다.
② 군도기선으로부터 영해, EEZ 및 대륙붕의 폭이 획정된다.
③ 군도기선의 내측 수역을 군도수역이라 한다.
④ 바다와 육지의 면적 비율은 1:1에서 1:9 사이여야 한다.

[정답] ④
[해설] 육지와 바다의 면적 비율은 1:1에서 1:9 사이여야 한다.

0596

1982년 UN해양법협약상 영해(領海)에 대한 설명으로 옳지 않은 것은?

① 해안선이 깊게 굴곡이 지거나 잘려 들어간 지역 또는 해안을 따라 가까이 섬이 흩어져 있는 지역에서는 직선기선을 채택할 수 있다.
② 영해의 폭을 측정하는 방법으로 통상기선을 기준으로 하는 경우 일반적으로는 항행에 편리하다는 실제적 이유때문에 원호식 방법이 많이 이용된다.
③ 군함의 무해통항권 인정 여부 및 방식에 대한 명시적 규정은 없다.
④ 영해의 폭에 관한 12해리의 규정은 영해의 폭이 예외 없이 12해리여야 한다는 것을 의미한다.

[정답] ④
[해설] 영해의 폭에 관한 12해리의 규정은 영해의 폭이 예외 없이 12해리여야 한다는 것을 의미하지는 않다.

0597

직선기선에 관한 설명으로 옳지 않은 것은?

① ICJ는 카타르-바레인 해양경계획정 사건(2001)에서 직선기선은 통상기선의 예외로서 제한적으로 적용되어야 한다고 하였다.
② 직선기선은 간출지까지 그리고 간출지로부터는 설정할 수 있으나, 간출지에 등대나 영구적으로 해면 위에 있는 유사 시설이 세워진 경우에는 그러하지 아니한다.
③ ICJ는 영국과 노르웨이 어업사건(1951)에서 합법성을 인정하였다.
④ 해안선이 깊게 굴곡이 지고 잘려 들어간 지역, 혹은 해안을 따라 아주 가까이에 섬이 섬이 산재하고 있는 지역에서는 채택할 수 있다.

[정답] ②
[해설] 직선기선은 간출지까지 그리고 **간출지로부터는 설정할 수 없으나**, 간출지에 등대나 영구적으로 해면 위에 있는 유사 시설이 세워진 경우에는 그러하지 아니한다.

0598

영해에서 외국 선박의 무행통항권에 관한 설명으로 타당하지 않은 것은?

① 선박은 연안국의 사전허가나 연안국에 대한 사전통고 없이도 외국 영해를 무해하게 통과할 권리를 향유한다.
② 통항은 계속적이고 신속하여야 하나, 다만 정선이나 닻을 내리는 행위가 통상의 항행에 부속되는 경우, 불가항력이나 조난으로 인하여 필요한 경우, 위험하거나 조난상태에 있는 인명,선박 또는 항공기를 구조하기 위한 경우에는 통항에 포함된다.
③ 우리나라 영해 및 접속수역법은 외국의 군함 또는 비상업용 정부 선박이 우리나라 영해를 통항하고자 할 경우 그 통항 3일 전까지 법무부 장관에서 통과하도록 하고 있다.
④ 통과통항과 달리 무해통항은 일시 정지될 수 있으며, 이러한 권리를 연안국의 보호권이라 한다.

[정답] ③
[해설] 우리나라 영해및접속수역법은 외국의 군함 또는 비상업용 정부선박이 우리나라 영해를 통항하고자 할 경우 그 통항 3일 전까지 **외교부** 장관에서 **통과**하도록 하고 있다.

0599

1982년 UN해양법협약상 통과통항권에 대한 설명으로 옳지 않은 것은?

① 통과통항권은 모든 선박과 항공기가 향유한다.
② 통과통항은 무해통항의 경우와 마찬가지로 계속적이고 신속해야 한다.
③ 해협연안국은 필요한 경우 해협 내에 항로대를 지정하고, 통항분리방식을 설정할 수 있다.
④ 무해통항과 마찬가지로 잠수함은 통과통항이 인정되는 수역을 항행하는 경우 잠항할 수 있다.

정답 ④

해설 무해통항과 달리 잠수함은 통과통항이 인정되는 수역을 항행하는 경우 잠항할 수 있다.

0600

국제해협에 관한 설명으로 틀린 것은?

① 제3차 UN해양법회의에서 새롭게 도입된 제도이다.
② 해협연안국의 본토와 그의 섬 사이에 형성되어 있는 국제해협으로서 당해 섬 외측으로 유사한 편의의 공해 또는 EEZ 통과항로가 존재하는 경우, 당해 해협에서는 통과통항이 인정되지 않는다.
③ 해협국은 해협에 통항로(sea lane)를 지정하고 분리통항 방법을 설정할 수 있다.
④ 국제해협의 통과방식은 자유통항, 무해통항, 통과통항의 세 가지로, 국제해협 안에 공해 또는 EEZ가 있는 경우 당해 수역에서는 무해통항이 인정된다.

정답 ④

해설 국제해협의 통과방식은 자유통항, 무해통항, 통과통항의 세 가지로, 국제해협 안에 공해 또는 EEZ가 있는 경우 당해 수역에서는 **자유통항**이 인정된다.

0601

UN해양법협약상의 통항제도에 관한 설명으로 옳지 않은 것은?

① 직선기선에 의하여 종래 내수로 인정되지 않았던 수역이 내수로 포함되는 경우 이 수역에서는 외국선박의 자유통항권이 인정된다.
② 공해 또는 배타적 경제수역의 일부분과 공해 또는 배타적 경제수역의 다른 부분 사이의 국제항행에 이용되는 해협에서는 선박의 통과통행이 인정된다.
③ 공해에서는 모든 국가의 선박 및 항공기에 대하여 자유통항권이 인정된다.
④ 잠수함 또는 잠수함행용 기기가 외국 영해에서 무해통항권을 행사하기 위해서는 국기를 게양하고 항행해야 하는데, 그렇지 않은 경우 유해한 행위로 인정된다.

정답 ①
해설 직선기선에 의하여 종래 내수로 인정되지 않았던 수역이 내수로 포함되는 경우 이 수역에서는 **외국선박의 무해통항권이** 인정된다.

0602

무해통항과 통과통항권 비교로 적절하지 않은 것은?

① 무해통항권은 영해에서, 통과통항권은 해협에서 인정되나 해협에서 무해통항권이 인정되는 경우도 있다.
② 통과통항권은 원칙적으로 일시정지 될 수 없다.
③ 통과통항권에 대해서만 연안국의 보호권이 인정된다.
④ 무해통항에서는 항공기의 상공비행이 인정되지 아니하나 통과통항에서는 상공비행이 인정된다.

정답 ③
해설 무해통항권에 대해서만 연안국의 보호권이 인정된다.

0603

접속수역에 대한 설명으로 타당하지 않은 것은?

① 영해기선으로부터 24해리 범위내에서 설정할 수 있다.
② 연안국이 당연히 갖게 되는 수역이 아니라 연안국의 선포를 요한다.
③ 접속수역의 해저로부터 역사적 유물을 반출하는 행위는 연안국의 영토나 영해에서의 법령위반행위로 추정될 수 있다.
④ 접속수역은 연안국의 영토 및 영해에서 관세, 재정, 무역, 위생에 관한 법령의 위반을 방지하기 위해, 그리고 위반시 처벌하기 위해 도입된 것으로, 해양자원의 이용 및 해양과학조사를 위한 것은 배타적 경제수역(EEZ)이다.

정답 ④
해설 접속수역은 연안국의 영토 및 영해에서 관세, 재정, **출입국**, 위생에 관한 법령의 위반을 방지하기 위해, 그리고 위반시 처벌하기 위해 도입된 것으로, 해양자원의 이용 및 해양과학조사를 위한 것은 배타적 경제수역(EEZ)이다.

0604

접속수역에 대한 설명으로 옳지 않은 것은?

① 1958년 영해 및 접속수역에 관한 조약은 접속수역의 폭을 기선으로부터 최대 12해리 이내로 제한하였다.
② 1982년 UN해양법협약에 의하면 접속수역은 영해기선으로부터 최대 24해리까지 설정될 수 있다.
③ 1982년 해양법협약은 경계획정에 대해 명문 규정을 두고 있다.
④ 접속수역에서 연안국은 관세, 재정, 출입국, 위생법규 위반에 관한 사항에 대해 관할권을 행사할 수 있다.

정답 ③
해설 1982년 해양법협약은 경계획정에 대해 **특별한 규정을 두지 아니하였다**.

0605

배타적 경제수역(EEZ)에 관한 설명으로 옳지 않은 것은?

① 1982년 제3차 UN해양법협약에서, 최초로 규정되었으며, 단, ICJ는 튀니지－리비아 대륙붕사건과 리비아－몰타 대륙붕사건을 통해 배타적 경제수역 제도가 1982년 협약발효 이전에 이미 국제관습법상 확립된 것으로 인정하였다.
② 원칙적으로 영해기선으로부터 200해리를 벗어날 수 없다.
③ 연안국은 배타적 경제수역(EEZ)상의 해저, 해상, 하층토 및 그 상부수역의 생물 및 무생물 등의 천연자원인 탐사, 개발, 보존 및 관리를 목적으로 하는 '주권적 권리'를 보유한다.
④ 체약국에 한하여 EEZ에서 항행, 상공비행의 자유와 해저전선 및 관선 부설의 자유를 가진다.

정답 ④
해설 체약국, 비체약국 가릴 것 없이 '모든 국가'는 EEZ에서 항행, 상공비행의 자유와 해저전선 및 관선 부설의 자유를 가진다.

0606

배타적 경제수역(EEZ)에 관한 설명으로 옳지 않은 것은?

① 서로 마주보거나 인접한 연안을 가진 국가 간의 EEZ경계획정은 형평한 해결에 이르기 위하여 ICJ규정 제38조에 언급된 국제법을 기초로 하여 합의에 의한다.
② 배타적 경제수역제도는 1982년 UN해양법협약에서 최초로 도입되었다.
③ 배타적 경제수역에서 어업법령 위반에 대한 연안국의 처벌에는 관련국간 달리 합의하지 않는 한 금고 또는 벌금 등이 포함되지 아니한다.
④ 타국은 연안국의 동의 없이는 배타적 경제수역 내에서 해양과학 조사를 행할 수 없다.

정답 ③
해설 배타적 경제수역에서 어업법령 위반에 대한 연안국의 처벌에는 관련국간 달리 합의하지 않는 한 금고 또는 다른 형태의 체형이 포함되지 아니한다.

0607

1982년 '해양법협약'상 배타적 경제수역에 관한 설명으로 옳지 않은 것은?

① 배타적 경제수역은 영해기선으로부터 200해리를 초과할 수 없다.
② 연안국은 배타적 경제수역에서 해상, 하층토, 상부수역, 상공에 대해서는 주권을 행사할 수 있다.
③ 인간이 거주할 수 없거나 독자적인 경제활동을 유지할 수 없는 바위섬은 배타적 경제수역을 가지지 아니한다.
④ 모든 국가는 일정한 제한에 따를 것을 조건으로 항행, 상공 비행의 자유 등을 향유한다.

[정답] ②
[해설] 연안국은 배타적 경제수역에서 해상, 하층토, 상부수역에 대해서는 주권을 행사할 수 있지만 상공에 대해서는 주권을 행사할 수 없다.

0608

1982년 UN해양법협약상 서로 마주보고 있거나 인접한 연안을 가진 국가 간의 배타적 경제수역 및 대륙붕의 경계획정에 관한 규정에 대한 설명으로 옳지 않은 것은?

① 영해 및 EEZ의 경계에 대해 동일한 규정을 두고 있다.
② 형평한 해결에 이르기 위하여, 국제사법재판소 규정 제38조에 언급된 국제법을 기초로 하는 합의에 의하여 이루어진다.
③ 관련국 간에 발효 중인 협정이 있는 경우, 배타적 경제수역의 경계획정에 관련된 사항은 그 협정의 규정에 따라 결정된다.
④ 1958년 공해 및 대륙붕에 관한 협약과 달리 1982년 해양법협약상 중첩대륙붕 경계획정 기준으로 중간선이나 등거리선 원칙은 도입되지 않았다.

[정답] ①
[해설] 대륙붕 및 EEZ의 경계에 대해 동일한 규정을 두고 있다.

0609

대륙붕에 관한 설명으로 옳지 않은 것은?

① 대륙붕은 영해기선으로부터 350해리를 넘거나, 혹은 2,500미터 등심선으로부터 150해리를 넘을 수 없다.
② ICJ는 북해대륙붕 사건(1969)에서 대륙붕은 육지영토의 자연적 연장임을 강조하였다.
③ 연안국은 대륙붕을 탐사하고 그 천연자원을 개발할 주권적 권리를 가짐에 따라서 타국은 연안국의 명시적 동의 없이는 그러한 활동을 할 수 없다.
④ 대륙붕의 범위에 상부 수역은 포함되지 아니한다.

정답 ①
해설 대륙붕은 영해기선으로부터 350해리를 넘거나, 혹은 2,500미터 등심선으로부터 100해리를 넘을 수 없다.

0610

해양법에 관한 국제연합협약상 대륙붕과 배타적 경제수역 비교로 적절하지 않은 것은?

① 대륙붕과 배타적 경제수역제도 모두 천연자원에 대한 연안국의 주권을 인정한다.
② 대륙붕의 외측 한계는 영해기선으로부터 200해리를 초과할 수 있으나, 배타적 경제수역은 영해기선으로부터 200해리를 초과할 수 없다.
③ 인간이 거주할 수 없거나 독자적인 경제활동을 유지할 수 없는 암석은 대륙붕과 배타적 경제수역을 가질 수 없다.
④ 대향 또는 인접한 연안을 가진 국가 간의 대륙붕이나 배타적 경제수역의 경제획정은 국제사법재판소(ICJ) 규정 제38조에 언급된 국제법을 기초로 하여 합의를 통해 이루어진다.

정답 ①
해설 대륙붕과 배타적 경제수역제도 모두 천연자원에 대한 **연안국의 주권적 권리를** 인정한다.

0611

UN해양법협약에 규정된 해양경계획정 원리에 관한 설명으로 타당하지 않은 것은?

① 대륙붕의 범위는 대륙변계의 외측 한계가 200해리에 미달하면 기선으로부터 200해리까지로 한다.
② 영해기선으로부터 최대 24해리까지 접속수역을 설정할 수 있다.
③ 200해리의 범위 외에서 대륙붕과 배타적 경제수역의 구간은 겹치지 아니한다.
④ 대륙붕의 외측한계는 영해기선으로부터 200해리를 초과하는 경우 350해리를 초과하지 않거나 초과하더라도 2,500m 등심선으로부터 100해리까지 가능하다.

[정답] ③
[해설] 200해리의 범위 내에서는 대륙붕과 배타적 경제수역이 겹친다. 범위외에서도 겹칠 수 있다.

0612

공해에 관한 설명으로 타당하지 않은 것은?

① 연안국의 관할권을 확대시키는 배타적 경제수역 등의 제도의 도입으로 공해가 확대되었다.
② 공해자유의 원칙은 중세 이후 오랜 세월 동안 형성되어 왔다.
③ 국제심해저의 등장으로 해저부분은 제한되고 있다.
④ 공해상에서 비상업적 목적의 정부 선박은 기국의 배타적 관할 하에 있으며 이에 대해서는 어떠한 예외도 없다.

[정답] ①
[해설] 연안국의 관할권을 확대시키는 배타적 경제수역 등의 제도의 도입으로 공해가 축소되었다.

0613

공해에 관한 설명으로 옳지 않은 것은?

① UN해양법협약은 선박의 등록에 있어 선박과 기국 간에 진정한 관련(genuine link) 조건을 도입하고 있다.
② 공해상의 선박에 대하여는 그 국기 국가의 배타적 관할권이 적용된다.
③ 공해는 공공재의 성격을 가진다.
④ 로터스호 사건(1927)에서 PCIJ는 프랑스가 주장하는 바의 관행이 있는 것은 사실이나 이것이 국제관습법으로 성립하였는지는 확실치 않다고 하였다.

> **정답** ③
> **해설** 공해는 **공공물**의 성격을 가진다. 공공물은 도로, 하천, 항만, 공원, 천연기념물 따위와 같이 일반 사회의 여러 사람이나 단체가 다 같이 소유하거나 이용하는 물건이나 시설을 말한다. 공공재는 시장 기구를 통하지 않고 공공 부문으로부터 공급되어 모든 사람이 공동으로 누리는 재화를 말한다.

0614

UN해양법협약상 해적에 대한 설명으로 옳지 않은 것은?

① 공해 또는 국가관할권 밖의 장소에서 행해진 해적 행위에 대하여 적용된다.
② 해적행위의 주체에는 사선은 물론 사항공기의 승무원과 승객도 포함되는 것으로 규정하고 있다.
③ 해양법 협약의 체약국가는 해적행위를 자국 법원에서 자국의 국내법을 적용하여 처벌할 수 있다.
④ 해적행위 진압은 국가의 '재량'이며 국내형사법 완비 의무에 대한 규정은 없다.

> **정답** ③
> **해설** 모든 국가는 해적행위를 자국 법원에서 자국의 국내법을 적용하여 처벌할 수 있다.

0615

추적권에 대한 설명으로 옳지 않은 것은?

① 추적권은 추적당하는 외국 선박이 그 기국 또는 제3국의 영해에 들어감과 동시에 소멸한다.
② 추적권과 관련된 사건으로는 '아임 얼론(I'm Alone)호 사건'과 '베링해 해구중재 사건'을 들 수 있다.
③ 추적권은 피추적선이 배타적 경제수역 또는 대륙붕 상에 있어서 그곳에 적용되는 연안국의 법령을 위반한 경우에 적용된다.
④ 무전에 의한 통고만으로는 정선명령이 되기에 충분하며, 추적은 정선 명령을 내린지 않아도 개시할 수 있다.

정답   ④
해설   무전에 의한 통고만으로는 정선명령이 되기에 충분하지 않으며, 추적은 정선명령을 내린 후가 아니면 개시할 수 없다.

0616

추적권(right of hot pursuit)에 대한 설명으로 옳지 않은 것은?

① 추적권이 인정되는 선박 또는 항공기는 군함, 군용항공기 또는 특히 추적권이 부여된 공선이나 공항공기에 한한다.
② 자선이 관할수역 내에서 추적을 받기 시작한다면 추적개시 당시 관할수역 외부에 있던 모선을 추적하는 것도 가능하는데, 이를 '추정적 존재이론'이라고 한다.
③ 추적은 중단되어서는 안 되며 계속적 추적이어야 하며, 추적이 중단되지 않는 한 공해에까지 계속 추적할 수 있다.
④ 추적권은 공해에서만 행사할 수 있고, 피추적선이 기국 또는 제3국의 배타적 경제수역 내에 들어가면 소멸된다.

정답   ④
해설   추적권은 공해에서만 행사할 수 있으며, 피추적선이 기국 또는 제3국의 영해 내에 들어가면 소멸된다.

0617

국제법 상 해역에 대한 설명으로 옳지 않은 것은?

① 군도수역을 규정함으로써 군도국가의 이익을 도모하였다.
② 배타적 경제수역과 심해저제도를 규정하고 있다.
③ 접속수역의 외측한계를 영해기선으로부터 24해리까지로 확대하였다.
④ 영해의 심해저개발은 국제적으로 관리되므로 자유 개발이 허용되지 아니한다.

정답 ④
해설 심해저개발은 국내법상으로 관리되므로 자유 개발이 허용된다.

0618

국제해양법에 대한 설명으로 타당하지 않은 것은?

① 국제해협에서의 통과통항권은 항공기의 통항도 포함된다.
② 암석(Rocks)은 배타적 경제역과 대륙붕은 갖으나, 영해와 접속수역은 가지지 아니한다.
③ 군함이 영해의 통항에 관한 연안국의 법령을 준수하지 않고, 연안국의 준수요청도 무시하는 경우에 연안국은 그 군함을 영해로부터 즉각 퇴거하도록 요구할 수 있다.
④ 원칙적으로 연안국은 내수에서 외국선박에 대해 무해통항권을 보장할 의무가 없다.

정답 ②
해설 암석(Rocks)은 배타적 경제역과 대륙붕은 갖지 않으나, 영해와 접속수역은 가진다.

0619

다음 해양법에 대한 설명 중 옳지 않은 것은?

① 연안국의 주권은 영토와 내수 밖의 영해라고 하는 인접해역, 군도국가의 경우에는 군도수역 밖의 영해라고 하는 인접해역에까지 미친다.
② 모든 국가는 이 협약에 따라 결정된 기선으로부터 12해리를 넘지 아니하는 범위에서 영해의 폭을 설정할 권리를 가진다.
③ 영해의 바깥한계는 기선상의 동일한 점으로부터 영해의 폭과 같은 거리에 있는 모든 점을 연결한 선으로 한다.
④ 환초상에 위치한 섬 또는 가장자리에 암초를 가진 섬의 경우, 영해의 폭을 측정하기 위한 기선은 연안국이 공인한 해도상에 적절한 기호로 표시된 암초의 바다쪽 저조선으로 한다.

[정답] ③
[해설] 영해의 바깥한계는 기선상의 가장 가까운 점으로부터 영해의 폭과 같은 거리에 있는 모든 점을 연결한 선으로 한다.

0620

다음 해양법에 대한 설명 중 옳지 않은 것은?

① 해안선이 깊게 굴곡이 지거나 잘려들어간 지역, 또는 해안을 따라 아주 가까이 섬이 흩어져 있는 지역에서는 영해기선을 설정함에 있어서 적절한 지점을 연결하는 직선기선의 방법이 사용될 수 있다.
② 해안선이 매우 불안정한 곳에서는, 바다쪽 가장 바깥 저조선을 따라 적절한 지점을 선택할 수 있으며, 그 후 저조선이 후퇴하더라도 직선기선은 이 협약에 따라 연안국에 의하여 수정될 때까지 유효하다.
③ 직선기선 안에 있는 해역은 내수제도에 의하여 규율될 수 있을 만큼 육지와 충분히 밀접하게 관련되어야 한다.
④ 직선기선은 간조노출지까지 또는 간조노출지로부터 설정할 수 없는데, 그 사례로 영구적으로 해면위에 있는 등대나 이와 유사한 시설이 간조노출지에 세워진 경우 또는 간조노출지 사이의 기선설정 등이다.

[정답] ④
[해설] 직선기선은 간조노출지까지 또는 간조노출지로부터 설정할 수 없지만, 영구적으로 해면위에 있는 등대나 이와 유사한 시설이 간조노출지에 세워진 경우 또는 간조노출지 사이의 기선 설정이 일반적으로 국제적인 승인을 받은 경우에는 그러하지 아니하다.

0621

다음 해양법에 대한 설명 중 옳지 않은 것은?

① 영해기선의 육지쪽 수역은 그 국가의 내수의 일부를 구성한다.
② 만입면적이라 함은 만입해안의 저조선과 만입의 자연적 입구의 양쪽 저조지점을 연결하는 선 사이에 위치한 수역의 넓이를 말한다.
③ 만입의 안에 있는 섬은 만입수역의 일부로 본다.
④ 만의 자연적 입구 양쪽의 저조지점간의 거리가 24해리를 넘지 아니하는 경우, 폐쇄선을 두 저조지 점간에 그을 수 있으며, 이 안에 포함된 수역은 영해로 본다.

정답 ④

해설 만의 자연적 입구 양쪽의 저조지점간의 거리가 24해리를 넘지 아니하는 경우, 폐쇄선을 두 저조지 점간에 그을 수 있으며, 이 안에 포함된 수역은 내수로 본다.

0622

다음 해양법에 대한 설명 중 옳지 않은 것은?

① 만의 자연적 입구 양쪽의 저조지점간의 거리가 24해리를 넘는 경우, 24해리의 직선으로서 가능한 한 최대의 수역을 둘러싸는 방식으로 만안에 24해리 직선기선을 그어야 한다.
② 역사적 만에 대하여 또는 제7조에 규정된 직선기선제도가 적용되는 경우에는 적용하지 아니한다.
③ 역사적 만의 판례로 엘살바도르, 온두라스, 니카라과 해양 경계확정사건이다.
④ 근해시설과 인공섬은 영구적인 항만시설로 본다.

정답 ④

해설 근해시설과 인공섬은 영구적인 항만시설로 보지 아니한다.

0623

다음 해양법에 대한 설명 중 옳지 않은 것은?

① 간조노출지의 전부 또는 일부가 본토나 섬으로부터 영해의 폭을 넘지 아니하는 거리에 위치하는 경우, 그 간조노출지의 저조선을 영해기선으로 사용할 수 없다.
② 간조노출지 전부가 본토나 섬으로부터 영해의 폭을 넘는 거리에 위치하는 경우, 그 간조노출지는 자체의 영해를 가지지 아니한다.
③ 두 국가의 해안이 서로 마주보고 있거나 인접하고 있는 경우, 양국간 달리 합의하지 않는 한 양국의 각각의 영해 기선상의 가장 가까운 점으로부터 같은 거리에 있는 모든 점을 연결한 중간선 밖으로 영해를 확장할 수 없다.
④ 연안국이거나 내륙국이거나 관계없이 모든 국가의 선박은 이 협약에 따라, 영해에서 무해통항권을 향유한다.

정답 ①

해설 간조노출지의 전부 또는 일부가 본토나 섬으로부터 영해의 폭을 넘지 아니하는 거리에 위치하는 경우, 그 **간조노출지의 저조선을 영해기선으로 사용할 수 있다.**

0624

다음 해양법 중 무해통항에 대한 설명 중 옳지 않은 것은?

① 무해통항은 내수에 들어가지 아니하거나 내수 밖의 정박지나 항구시설에 기항하지 아니하고 영해를 횡단하는 것을 의미한다.
② 무해통항 중 내수를 향하여 또는 내수로부터 항진하거나 또는 이러한 정박지나 항구시설에 기항하는 것을 포함하지 아니한다.
③ 정선이나 닻을 내리는 행위가 통상적인 항행에 부수되는 경우, 불가항력이나 조난으로 인하여 필요한 경우, 또는 위험하거나 조난상태에 있는 인명·선박 또는 항공기를 구조하기 위한 경우에는 통항에 포함된다.
④ 잠수함과 그 밖의 잠수항행기기는 영해에서 해면 위로 국기를 게양하고 항행한다.

정답 ②

해설 무해통항 중 내수를 향하여 또는 내수로부터 항진하거나 또는 이러한 **정박지나 항구시설에 기항하는 것을 포함한다.**

0625

다음 해양법에 대한 설명 중 옳지 않은 것은?

① 필요한 경우 자국의 영해에서 무해통항권을 행사하는 외국선박에 대하여, 선박통항을 규제하기 위하여 지정된 항로대와 규정된 통항분리방식을 이용하도록 요구할 수 있다.
② 연안국은 항로대와 통항분리방식을 해도에 명시할 경우, 이를 공표할 의무는 없다.
③ 외국의 핵추진선박과 핵물질 또는 본래 위험하거나 유독한 그 밖의 물질을 운반중인 선박은 영해에서 무해통항권을 행사하는 경우, 이러한 선박에 대하여 국제협정이 정한 서류를 휴대하고 또한 국제협정에 의하여 확립된 특별예방조치를 준수한다.
④ 연안국의 형사관할권은 일부 경우를 제외하고는 영해를 통항하고 있는 외국선박의 선박 내에서 통항중에 발생한 어떠한 범죄와 관련하여 사람을 체포하거나 수사를 수행하기 위하여 그 선박내에서 행사될 수 없다.

[정답] ②
[해설] 연안국은 이러한 항로대와 통항분리방식을 해도에 명시하고 이를 **적절히 공표**한다.

0626

다음 해양법에 대한 설명 중 옳지 않은 것은?

① 연안국은 선장이 요청하면 어떠한 조치라도 이를 취하기 전에 선박 기국의 외교관이나 영사에게 통고하고, 이들과 승무원간의 연락이 용이하도록 하는데, 긴급한 경우 이러한 통고는 조치를 취하는 동안에 이루어질 수도 있다.
② 영해에 정박하고 있거나 내수를 떠나 영해를 통항중인 외국선박에 대하여 자국법에 따라 민사소송절차를 위하여 강제집행이나 나포를 할 수 있는 연안국의 권리를 침해하지 아니한다.
③ 군함이 영해통항에 관한 연안국의 법령을 준수하지 아니하고 그 군함에 대한 연안국의 법령준수 요구를 무시하는 경우라도, 국가면제에 해당하기 때문에 연안국은 그 군함에 대하여 영해에서 즉시 퇴거할 것을 요구할 수 없다.
④ 접속수역은 영해기선으로부터 24해리 밖으로 확장할 수 없다.

[정답] ③
[해설] 군함이 영해통항에 관한 연안국의 법령을 준수하지 아니하고 그 군함에 대한 연안국의 법령준수 요구를 무시하는 경우, 연안국은 그 군함에 대하여 영해에서 즉시 **퇴거할 것을 요구할 수 있다**.

0627

다음 해양법에 대한 설명 중 옳지 않은 것은?

① 해협이 해협연안국의 섬과 본토에 의하여 형성되어 있는 경우, 항행상 및 수로상 특성에서 유사한 편의가 있는 공해 통과항로나 배타적경제수역 통과항로가 그 섬의 바다쪽에 있으면 통과통항을 적용하지 아니한다.
② 계속적이고 신속한 통과의 요건은 해협연안국의 입국조건에 따라서 그 국가에 들어가거나 그 국가로부터 나오거나 되돌아가는 것을 목적으로 하는 통항은 해협통항에서 배제된다.
③ 해양과학조사선과 수로측량선을 포함한 외국선박은 통과통항중 해협연안국의 사전허가 없이 어떠한 조사활동이나 측량활동도 수행할 수 없다.
④ 국제기구는 해협연안국과 합의된 항로대와 통항분리방식만을 채택할 수 있으며, 그 후 해협연안국은 이를 지정, 설정 또는 대체할 수 있다.

정답 ②
해설 계속적이고 신속한 통과의 요건은 해협연안국의 입국조건에 따라서 그 국가에 들어가거나 그 국가로부터 나오거나 되돌아가는 것을 목적으로 하는 해협통항을 배제하지 아니한다.

0628

다음 해양법에 대한 설명 중 옳지 않은 것은?

① 군도기선 안에는 주요한 섬을 포함하며 수역의 면적과 육지면적의 비율이 1대1에서 9대1 사이어야 한다.
② 국제해양법재판소 해저분쟁재판부와 제11부 제5절에 언급된 그 밖의 모든 재판부나 중재재판소는 제11부 제5절에 따라 회부된 모든 문제에 대하여 관할권을 가진다.
③ 기선은 간조노출지와 연결하여 설정할 수 없지만, 영구적으로 해면위에 있는 등대나 이와 유사한 시설이 간조노출지에 설치되어 있거나, 전체적 또는 부분적으로 간조노출지가 가장 가까운 섬으로부터 영해폭을 넘지 아니하는 거리에 있는 경우에는 그러하지 아니하다.
④ 군도국가는 해도나 지리적 좌표목록을 적절히 공표하고, 그 사본을 국제해양법 지정된 국가에게 기탁한다.

정답 ④
해설 군도국가는 이러한 해도나 지리적 좌표목록을 적절히 공표하고, 그 사본을 국제연합 사무총장에게 기탁한다.

0629

다음 해양법중 군도수역에 대한 설명 중 옳지 않은 것은?

① 대륙붕을 제외한 영해, 접속수역, 배타적경제수역의 폭은 제47조에 따라 그은 군도기선으로부터 측정한다.
② 군도항로대 통항제도는 다른 면에 있어서 군도항로를 포함한 군도수역의 지위 또는 군도수역, 군도수역의 상공·해저 및 하층토와 이에 포함된 자원에 대한 군도국가의 주권행사에 영향을 미치지 아니한다.
③ 모든 선박과 항공기는 이러한 항로대와 항공로에서 군도항로대 통항권을 향유한다.
④ 군도항로대 통항이라 함은 공해나 배타적경제수역의 어느 한 부분과 공해나 배타적경제수역의 다른 부분과의 사이에서 오로지 계속적이고 신속하게 방해받지 아니하고 통과하기 위한 목적으로 통상적 방식의 항행권과 비행권을 이 협약에 따라 행사함을 말한다.

정답 ①

해설 영해, 접속수역, 배타적경제수역과 **대륙붕의 폭은** 제47조에 따라 그은 군도기선으로부터 측정한다.

0630

다음 해양법에 대한 설명 중 옳지 않은 것은?

① 항로대와 항공로는 통항로의 입구지점으로부터 출구지점까지의 일련의 연속축선에 의하여 정하는데, 군도항로대를 통항 중인 선박과 항공기는 통항중 이러한 축선의 어느쪽으로나 12해리 이상을 벗어날 수 없다.
② 해저의 상부수역, 해저 및 그 하층토의 생물이나 무생물 등 천연자원의 탐사, 개발, 보존 및 관리를 목적으로 하는 주권적 권리와, 해수·해류 및 해풍을 이용한 에너지생산과 같은 이 수역의 경제적 개발과 탐사를 위한 그 밖의 활동에 관한 주권적 권리가 있다.
③ 협약의 관련 규정에 규정된 관할권은 인공섬, 시설 및 구조물의 설치와 사용, 해양과학조사, 해양환경의 보호와 보전 등이 있다.
④ 배타적 경제수역은 영해기선으로부터 200해리를 넘을 수 없다.

정답 ①

해설 항로대와 항공로는 통항로의 입구지점으로부터 출구지점까지의 일련의 연속축선에 의하여 정하는데, 군도항로대를 통항 중인 선박과 항공기는 통항중 이러한 축선의 어느쪽으로나 25해리 이상을 벗어날 수 없다.

0631

다음 해양법상의 배타적 경제수역에 대한 설명 중 옳지 않은 것은?

① 배타적 경제수역에서 연안국은 인공섬과 제56조에 규정된 목적과 그 밖의 경제적 목적을 위한 시설과 구조물을 건설하고, 이에 관한 건설·운용 및 사용을 허가하고 규제하는 배타적 권리를 가진다.
② 연안국은 인공섬, 시설 및 구조물에 대하여 관세·재정·위생·안전 및 출입국관리 법령 등 접속수역에 관한 관할권을 제외한 배타적 관할권을 가진다.
③ 연안국은 자국의 배타적경제수역에서의 생물자원의 허용어획량을 결정한다.
④ 내륙국은 모든 관련국의 경제적·지리적 관련상황을 고려하고 이 조 및 제61조, 제62조의 규정에 따라 형평에 입각하여 동일한 소지역이나 지역내 연안국의 배타적경제수역의 생물자원 잉여량중 적절한 양의 개발에 참여할 권리를 가진다.

[정답] ②
[해설] 연안국은 인공섬, 시설 및 구조물에 대하여 관세·재정·위생·안전 및 출입국관리 법령에 관한 **관할권을 포함한** 배타적 관할권을 가진다.

0632

다음 해양법에 대한 설명 중 옳지 않은 것은?

① 서로 마주보고 있거나 인접한 연안을 가진 국가간의 배타적경제수역 경계획정은 공평한 해결에 이르기 위하여, 국제사법재판소규정 제38조에 언급된 국제법을 기초로 하는 합의에 의하여 이루어진다.
② 연안국의 대륙붕은 영해 밖으로 영토의 자연적 연장에 따라 대륙변계의 바깥끝 까지, 또는 대륙변계의 바깥끝이 200해리에 미치지 아니하는 경우, 영해기선으로부터 200해리까지의 해저지역의 해저와 하층토로 이루어진다.
③ 해저에 있는 대륙붕의 바깥한계선을 이루는 고정점은 영해기선으로부터 350해리를 넘거나 2500미터 수심을 연결하는 선인 2500미터 등심선으로부터 100해리를 넘을 수 없다.
④ 대륙붕이 영해기선으로부터 200해리 밖으로 확장되는 경우, 연안국은 경도와 위도 좌표로 표시된 고정점을 연결하여 그 길이가 30해리를 넘지 아니하는 직선으로 대륙붕의 바깥한계를 그어야 한다.

[정답] ④
[해설] 대륙붕이 영해기선으로부터 200해리 밖으로 확장되는 경우, 연안국은 경도와 위도 좌표로 표시된 고정점을 연결하여 그 길이가 **60해리**를 넘지 아니하는 직선으로 대륙붕의 바깥한계를 그어야 한다.

0633

유엔해양법에서 대륙붕 대한 설명 중 옳지 않은 것은?

① 연안국은 대륙붕을 탐사하고 그 천연자원을 개발할 수 있는 대륙붕에 대한 주권적 권리를 행사한다.
② 언급된 권리는 연안국이 대륙붕을 탐사하지 아니하거나 그 천연자원을 개발하지 아니하더라도 다른 국가는 연안국의 명시적인 동의없이는 이러한 활동을 할 수 없다는 의미에서 배타적 권리이다.
③ 대륙붕에 대한 연안국의 권리는 실효적이거나 관념적인 점유 또는 명시적 선언에 의존하지 아니한다.
④ 대륙붕에 대한 연안국의 권리는 그 상부수역이나 수역 상공의 법적 지위에 영향을 미친다.

정답 ④
해설 대륙붕에 대한 연안국의 권리는 그 상부수역이나 수역 상공의 법적 지위에 영향을 미치지 아니한다.

0634

다음 해양법에 대한 설명 중 옳지 않은 것은?

① 연안국은 대륙붕의 탐사와 대륙붕의 천연자원 개발, 그리고 관선에 의한 오염의 방지, 경감 및 통제를 위한 합리적 조치를 취할 권리에 따라 이러한 전선이나 관선의 부설이나 유지를 방해할 수 없다.
② 대륙붕에서 위의 관선 부설경로의 설정은 연안국의 동의를 받아야 한다.
③ 서로 마주보고 있거나 인접한 연안국간의 대륙붕 경계획정은 공평한 해결에 이르기 위하여, 국제사법재판소규정 제38조에 언급된 국제법을 기초로 하여 합의에 의하여 이루어진다.
④ 공해에서 각국은 인공섬과 그 밖의 시설 건설을 허용하지 아니한다.

정답 ④
해설 공해에서 각국은 국제법상 허용되는 인공섬과 그 밖의 시설 건설의 자유를 향유한다.

0635

다음 해양법에 대한 설명 중 옳지 않은 것은?

① 연안국이거나 내륙국이거나 관계없이 모든 국가는 공해에서 자국기를 게양한 선박을 항행시킬 권리를 가진다.
② 어느 국기를 게양할 자격이 있는 선박은 그 국가의 국적을 가지지만, 그 국가와 선박 간에 국적은 진정한 관련을 요구하지 아니한다.
③ 선박은 진정한 소유권 이전 또는 등록변경의 경우를 제외하고는 항행중이나 기항중에 그 국기를 바꿀 수 없다.
④ 2개국 이상의 국기를 편의에 따라 게양하고 항행하는 선박은 다른 국가에 대하여 그 어느 국적도 주장할 수 없으며 무국적선으로 취급될 수 있다.

정답 ②
해설 어느 국기를 게양할 자격이 있는 선박은 그 국가의 국적을 가지는데, 그 국가와 선박 간에는 진정한 관련이 있어야 한다.

0636

해양법협약에서 공해에 대한 설명 중 옳지 않은 것은?

① 국제연합, 국제연합 전문기구 또는 국제협력기구의 기를 게양하고 그 기구의 공무에 사용되는 선박에 관련된 문제에는 영향을 미치지 아니한다.
② 공해에 있는 군함은 기국 외의 어떠한 국가의 관할권으로부터도 완전히 면제된다.
③ 국가가 소유하거나 운용하는 선박으로서 정부의 비상업적 업무에만 사용되는 선박은 공해에서 기국 외의 어떠한 국가의 관할권으로부터도 완전히 면제된다.
④ 공해에서 발생한 선박의 충돌 또는 선박에 관련된 그 밖의 항행사고로 인하여 선장 또는 그 선박에서 근무하는 그 밖의 사람의 형사책임이나 징계책임이 발생하는 경우, 관련자에 대한 형사 또는 징계절차는 그 선박의 기국이나 그 관련자의 국적국의 사법 또는 행정당국 외에서는 제기될 수 없다.

정답 ①
해설 국제연합, 국제연합 전문기구 또는 국제원자력기구의 기를 게양하고 그 기구의 공무에 사용되는 선박에 관련된 문제에는 영향을 미치지 아니한다.

0637

해양법협약 중 공해에서의 해적행위에 대한 설명 중 옳지 않은 것은?

① 모든 국가는 자국기 게양이 허가된 선박에 의한 노예수송을 방지하고 처벌하며 자국기가 그러한 목적으로 불법사용되는 것을 방지하기 위하여 실효적인 조치를 취한다.
② 해적 행위는 민간선박 또는 민간항공기의 승무원이나 승객이 사적 목적으로 다음에 대하여 범하는 불법적 폭력행위, 억류 또는 약탈 행위를 말한다.
③ 어느 선박 또는 항공기가 해적선 또는 해적항공기가 되는 활동을 하고 있다는 사실을 알고서도 자발적으로 그러한 활동에 참여하는 모든 행위를 말한다.
④ 해적행위의 규정된 행위에서 행위에 대한 교사죄나 고의적 방조죄는 포함하지 아니한다.

[정답] ④
[해설] 규정된 행위를 교사하거나 고의적으로 방조하는 모든 행위를 말한다.

0638

다음 해양법에 대한 설명 중 옳지 않은 것은?

① 승무원이 반란을 일으켜 그 지배하에 있는 군함·정부선박·정부항공기가 제101조에 정의된 해적행위를 하는 경우, 그러한 행위는 민간선박 또는 민간항공기에 의한 행위로 본다.
② 선박 또는 항공기가 해적선 또는 해적 항공기가 된 경우에는 자동적으로 그 국적을 상실한다.
③ 해적행위를 이유로 한 나포는 군함·군용항공기 또는 정부업무를 수행 중인 것으로 명백히 표시되고 식별이 가능하며 그러한 권한이 부여된 그 밖의 선박이나 항공기만이 행할 수 있다.
④ 무허가방송에 종사하는 자는 선박의 기국, 시설의 등록국, 종사자의 국적국, 송신이 수신될 수 있는 국가, 허가된 무선통신이 방해받는 국가 국가의 법원에 기소될 수 있다.

[정답] ②
[해설] 선박 또는 항공기가 해적선 또는 해적항공기가 된 경우에도 그 국적을 보유할 수 있다. 국적의 보유나 상실은 그 국적을 부여한 국가의 법률에 의하여 결정된다.

0639

다음 해양법에 대한 설명 중 옳지 않은 것은?

① 선박의 해적행위에의 종사, 선박의 노예거래에의 종사, 그 선박의 무허가방송에의 종사 및 군함 기국이 제109조에 따른 관할권 보유, 무국적선, 선박이 외국기를 게양하고 있거나 국기제시를 거절하였음에도 불구하고 실질적으로 군함과 같은 국적 보유 혐의를 가지고 있다는 합리적 근거가 없는 한 그 선박을 임검하는 것은 정당화되지 아니한다.
② 추적은 외국선박이나 그 선박의 보조선이 추적국의 내수·군도수역·영해 또는 배타적 경제수역에 있을 때 시작되고 또한 추적이 중단되지 아니한 경우에 한하여 영해나 배타적 경제수역밖으로 계속될 수 있다.
③ 영해나 접속수역에 있는 외국선박이 정선명령을 받았을 때 정선명령을 한 선박은 반드시 영해나 접속수역에 있어야 할 필요는 없다.
④ 추적권은 군함·군용항공기 또는 정부업무에 사용중인 것으로 명백히 표시되어 식별이 가능하며 그러한 권한이 부여된 그 밖의 선박이나 항공기에 의하여서만 행사될 수 있다.

[정답] ②
[해설] 추적은 외국선박이나 그 선박의 보조선이 **추적국의 내수·군도수역·영해 또는 접속수역**에 있을 때 시작되고 또한 추적이 중단되지 아니한 경우에 한하여 영해나 접속수역 밖으로 계속될 수 있다.

0640

다음 해양법에서 공해에 대한 설명 중 옳지 않은 것은?

① 정선명령을 한 항공기는 선박을 직접 나포할 수 있는 경우와 그 항공기가 요청한 연안국의 선박이나 다른 항공기가 도착하여 추적을 인수할 때까지 그 선박을 스스로 적극적으로 추적한다.
② 모든 국가는 대륙붕 밖의 공해 해저에서 해저전선과 관선을 부설할 수 있다.
③ 인간이 거주할 수 없거나 독자적인 경제활동을 유지할 수 없는 암석은 배타적 경제수역이나 대륙붕을 가지지 아니한다.
④ 내륙국은 공해의 자유와 인류의 공동유산에 관한 권리를 비롯하여 이 협약에 규정된 권리를 행사하기 위한 해양출입권을 가진다.

정답 ①

해설 정선명령을 한 항공기는 선박을 직접 나포할 수 있는 경우를 제외하고는 그 항공기가 요청한 연안국의 선박이나 다른 항공기가 도착하여 추적을 인수할 때까지 그 선박을 스스로 적극적으로 추적한다.

0641

UN해양법중 심해저에 대한 설명 중 옳지 않은 것은?

① 심해저와 그 자원은 인류의 공동유산이다.
② 심해저 자원에 대한 모든 권리는 인류 전체에게 부여된 것이며, 해저기구는 인류 전체를 위하여 활동하는데 이러한 자원은 그 어떤 경우라도 예외없이 양도의 대상이 될 수 없다.
③ 당사국은 당사국이나 국영기업에 의하여 수행되거나, 당사국의 국적을 가지거나 당사국 또는 그 국민에 의하여 실효적으로 지배되는 자연인 또는 법인에 의하여 수행되는 심해저활동이 이 부에 따라 수행되도록 보장할 의무를 진다.
④ 심해저에서 발견된 고고학적·역사적 성격을 가진 모든 물건은 인류전체의 이익을 위하여 보존하거나 처분하며, 특히, 기원국, 문화적 기원국 또는 역사적·고고학적 기원국의 우선적 권리를 특별히 고려한다.

정답 ②

해설 심해저 자원에 대한 모든 권리는 인류 전체에게 부여된 것이며, 해저기구는 인류 전체를 위하여 활동하는데 이러한 자원은 양도의 대상이 될 수 없다. 다만, 심해저로부터 채취된 광물은 이 부와 해저기구의 규칙, 규정 및 절차에 의하여서만 양도할 수 있다.

0642

다음 해양법에 대한 설명 중 옳지 않은 것은?

① 심해저 활동은 제3항의 규정에 따라 심해저공사, 해저기구와 제휴한 당사국 또는 당사국이 보증하는 경우 당사국의 국적을 가지거나 당사국이나 그 국민에 의하여 실효적으로 지배되는 국영기업·자연인·법인 또는 제3부속서와 이 부에 규정된 요건을 충족하는 앞의 주체의 모든 집합체에 의하여 수행된다.
② 심해기구는 협약의 조문에 따라 심해저 활동을 직접 수행하며 심해저로부터 채취된 광물의 수송, 가공 및 판매를 수행하는 해저기구의 기관이다.
③ 해저분쟁 재판부는 이 부 및 이 부와 관련된 부속서에 따라 이 부 및 이 부와 관련된 부속서의 해석 또는 적용에 관한 당사국 사이의 분쟁, 당사국과 해저기구 사이의 이 부 또는 이 부와 관련된 부속서 또는 이에 따라 채택된 해저기구의 규칙, 규정 및 절차를 위반한 것으로 주장되는 해저기구나 당사국의 작위나 부작위나 관할권의 일탈 또는 권한 남용이라고 주장되는 해저기구의 행위속하는 심해저 활동 관련 분쟁에 대한 관할권을 가진다.
④ 당사국, 해저기구 또는 심해저공사, 국영기업 및 제153조 제2항 (b)에 규정된 자연인이나 법인 등 계약당사자 사이의 관련 계약이나 사업계획의 해석 또는 적용, 다른 계약당사자를 대상으로 하거나 또는 그의 적법한 이익에 직접적으로 영향을 미치는 심해저활동에 관한 계약당사자의 작위나 부작위에 관한 분쟁에 대해 관할권을 가진다.

정답 ②

해설 심해저 공사는 제153조 제2항 (a)에 따라 심해저 활동을 직접 수행하며 심해저로부터 채취된 광물의 수송, 가공 및 판매를 수행하는 해저기구의 기관이다.

0643

다음 해양법에 대한 설명 중 옳지 않은 것은?

① 당사국 사이의 분쟁은 국제해양법재판소 특별재판부와 어느 한 분쟁당사자의 요청이 있을 경우 제6부속서 제36조에 따라 구성되는 해저분쟁재판부 임시재판정에 회부될 수 있다.
② 계약의 해석·적용에 관한 분쟁은 당사자가 달리 합의하지 아니하는 한, 어느 한 분쟁당사자의 요청이 있으면 구속력 있는 상사중재에 회부된다.
③ 분쟁이 회부되는 상사중재재판소는 이 협약의 해석문제를 결정할 관할권을 가진다.
④ 분쟁이 심해저활동에 관하여 제11부 및 이와 관련된 부속서의 해석문제를 포함하는 경우, 이러한 문제는 해저분쟁 재판부에 회부하여 재정되도록 한다.

정답 ③

해설 분쟁이 회부되는 상사중재재판소는 이 협약의 해석문제를 결정할 관할권을 가지지 아니한다.

0644

다음 해양법에 대한 설명 중 옳지 않은 것은?

① 중재를 시작할 때 또는 도중에 중재재판소가 분쟁의 어느 한 당사자의 요청에 의하여 또는 재판소의 직권으로 재판소의 결정이 해저분쟁재판부의 재정에 의존한다고 판정한 경우, 중재재판소는 재정을 위하여 이 문제를 해저분쟁재판부에 회부한다.
② 해저분쟁재판부는 이 부에 따른 해저기구의 재량권행사에 관하여는 관할권을 가진다.
③ 각국은 특히 권한있는 국제기구나 외교회의를 통하여 이러한 오염을 방지, 경감 및 통제하기 위한 세계적·지역적 규칙, 기준 및 권고관행과 절차를 수립하기 위하여 노력한다.
④ 영해와 배타적 경제수역에서의 투기 또는 대륙붕상의 투기는 연안국의 명시적인 사전승인 없이는 행할 수 없으며, 연안국은 지리적 여건으로 인하여 불리한 영향을 받을 다른 국가와 함께 그 문제를 적절히 검토한 후 이러한 투기를 허용, 규제 및 통제할 권리를 가진다.

정답 ②

해설 해저분쟁재판부는 이 부에 따른 해저기구의 재량권행사에 관하여는 관할권을 가지지 아니한다. 어떠한 경우에도 해저분쟁재판부는 자신의 재량으로 해저기구의 재량을 대체할 수 없다.

0645

다음 해양법에 대한 설명 중 옳지 않은 것은?

① 해양환경,오염의 방지, 경감 및 통제를 위하여 외국선박의 자국 항구와 내수로의 진입이나 연안정박시설 방문에 대해 특별한 조건을 규정한 국가는 이러한 요건을 적절히 공표하기만 하면 된다.
② 협약의 해석이나 적용에 관한 분쟁당사자인 당사국은 제5부속서 제1절에 규정된 절차나 그 밖의 조정절차에 따라 다른 당사자에게 그 분쟁을 조정에 회부하도록 요청할 수 있다.
③ 당사자가 달리 합의하지 아니하는 한, 분쟁이 조정에 회부된 때에는 조정은 합의된 조정절차에 따라서만 종료될 수 있다.
④ 어떠한 국가도 이 협약의 서명, 비준, 가입시 또는 그 이후 언제라도, 서면 선언에 의하여 이 협약의 해석이나 적용에 관한 분쟁의 해결을 위하여제6부속서에 따라 설립된 국제해양법재판소, 국제사법재판소, 제7부속서에 따라 구성된 중재재판소, 제8부속서에 규정된 하나 또는 그 이상의 종류의 분쟁해결을 위하여 그 부속서에 따라 구성된 특별중재재판소의 어느 하나 또는 그 이상을 자유롭게 선택할 수 있다.

정답 ①

해설 해양환경 오염의 방지, 경감 및 통제를 위하여 외국선박의 자국 항구와 내수로의 진입이나 연안정박시설 방문에 대해 특별한 조건을 규정한 국가는 이러한 요건을 적절히 공표하고 권한있는 국제기구에 통보한다.

0646

다음 해양법에 대한 설명 중 옳지 않은 것은?

① 분쟁당사자가 그 분쟁에 관하여 동일한 분쟁해결절차를 수락하지 아니한 경우, 당사자간 달리 합의하지 아니하는 한, 그 분쟁은 제7부속서에 따른 국제해양재판소에만 회부될 수 있다.
② 새로운 선언, 선언의 취소 또는 종료의 통고는 당사자간 달리 합의하지 아니하는 한, 이 조에 따른 관할권을 가지는 재판소에 계류 중인 소송에 어떠한 영향도 미치지 아니한다.
③ 선언은 취소통고가 국제연합사무총장에게 기탁된 후 3개월까지 효력을 가진다.
④ 재판소는 이 협약의 목적과 관련된 국제협정의 해석이나 적용에 관한 분쟁으로서 그 국제협정에 따라 재판소에 회부된 분쟁에 대하여 관할권을 가진다.

정답 ①

해설 분쟁당사자가 그 분쟁에 관하여 동일한 분쟁해결절차를 수락하지 아니한 경우, 당사자간 달리 합의하지 아니하는 한, 그 분쟁은 제7부속서에 따른 중재에만 회부될 수 있다.

19 | 영공법

0647
다음 중 영공법의 연원에 대한 설명으로 옳지 않은 것은?

① 항공규율을 위한 파리협약(1919년)은 세계 1차대전 이후 항공기가 군사적으로 사용되었고, 기본적 질서가 수립되지 않아 이를 위해 세계적으로 통일된 항공사법을 제정하기 위하여 채택되었는데, 특히, 국가영역 상부 공역에서의 배타적 주권(Complete and exclusive sovereigenty)을 인정하고 최초로 성문화 하였던 점이 가장 큰 의미를 가진다.
② 세계 2차대전까지 「아바나 협약 : 팬 아메리칸 상업 항공에 관하여」 1928년, 「바르샤바 협약」 1929년, 등을 거치면서 그동안 체계적이지 않았던 기초 질서를 형성하는데 큰 역할을 하였다.
③ 국제민간항공에 관한 시카고협약(1944년)의 제1조는 '모든 국가'가 '그 영토 상부 공간'에 대해 '완전하고 배타적인' 주권을 갖고 있다.
④ UN 해양법협약 체제하에서는 영공주권이 개방되고 있다.

[정답] ④

[해설] UN해양법협약 체제 하에서 영공주권이 제한되고 있기도 하는데, UN해양법협약에서는 '통과통항' '군도항로대통항'의 이름으로 연안국의 완전하고도 배타적인 주권을 제한하고 있다.

0648

국제 영공법에 대한 설명으로 옳지 않은 것은?

① 국제민간항공기구(ICAO)는 1944년 시카고협약의 제2부에 의해 설립된 기구이다.
② 민간항공기뿐만 아니라 국가항공기에도 예외적으로 적용된다.
③ 군, 세관 및 경찰업무에 사용되는 항공기는 국가항공기로 간주되는데, 소유주는 누구인지는 판단 기준이 아니다.
④ 공해 상공에서의 비행에도 시카고협약이 적용된다.

[정답] ②

[해설] 민간항공기에만 적용되며 국가항공기에는 적용되지 아니한다.

참고

국제민간항공기구(ICAO)

제2차 세계 대전 중 세계 각국은 국제 민간 항공의 수송 체계 및 질서를 확립하기 위한 국제기구가 필요하다는 데 뜻을 같이 하였다. 이에 1944년 11월 시카고에서 미국의 요청으로 항공 운송 통제에 대한 의견을 일치시키고 동시에 항공 운송을 발전시키기 위해 52개국이 첫 모임을 가졌다. 여기서 '국제 민간 항공 협약(시카고 협약)'을 제정하고 '국제 민간 항공 기구(ICAO)' 설치와 '하늘의 자유'라고 불리는 영공 개방 문제 등을 협의하였다. 그 결과 1947년 4월 4일 국제 민간 항공의 안전하고 정연한 발전을 위해 탄생한 것이 범세계적인 각 정부 간의 협의 기구인 ICAO이다. ICAO는 1947년 10월 국제 연합의 경제·사회 이사회 산하 전문 기구로 편입되었으며, 민간 항공 부문에서 가장 중요한 국제기구로 발전하였다. 최근에는 전 세계에 걸쳐 국제 민간 항공의 안전과 질서를 강조하고 있으며 필요한 각종 국제 표준과 규칙을 제정하고 있다. 캐나다 몬트리올에 본부를 두고 있는 ICAO는 통상 3년마다 총회를 개최하며, 시카고 협약에 가입하면 자동적으로 국제 민간 항공 기구의 회원국이 된다. 우리나라는 1952년에 가입하여 2001년 처음 상임이사국이 되었고, 2013년 5번 연속 상임이사국에 선출되었다. ICAO의 공식 홈페이지(www.icao.int)에 따르면 2014년 현재 ICAO의 가입국은 191개국이다.

0649

항공기의 국적에 대한 설명으로 옳지 않은 것은?

① 항공기는 그것이 등록된 국가의 국적을 갖는데, 오로지 한 국가에서만 유효하게 등록될 수 있다.
② 시카고협약 제17조는 항공기의 소유주와 등록국 사이에 진정한 관련성 여부를 제시하고 있다.
③ 시카고협약에서는 등록국들이 등록국으로서의 자신의 권리와 의무를 사업자가 주영업지를 가지고 있는 국가에게 이전하는 것은 허용하고 있다.
④ 시카고협약에서 등록국은 이전된 기능과 의무에 대해서 책임이 면제된다.

정답 ②

해설 시카고 협약 제17조는 항공기의 소유주와 등록국 사이에 진정한 관련성 여부에 관하여 구체적인 언급이 없다.

0650

ICAO(국제 민간 항공 기구)에서 '정기국제항공업무'에 대한 설명으로 옳지 않은 것은?

① 2개국 이상의 영공을 통과할 것
② 비행이 일반인에게 개방되는 방식으로, 항공기가 보수를 받고 업무를 수행할 것
③ 공표된 시간표에 따라 규칙적인 또는 빈번한 비행할 것
④ ICAO 회원국일 것

정답 ④

해설 ICAO에서 '정기국제항공업무'
a. 2개국 이상의 영공을 통과할 것
b. 비행이 일반인에게 개방되는 방식으로, 항공기가 보수를 받고 업무를 수행할 것
c. 공표된 시간표에 따라 규칙적인 또는 빈번한 비행 등의 세 가지 특징을 갖는 연속적인 비행을 말한다.

0651

영공에 대한 배타적 권한에 대한 설명으로 옳지 않은 것은?

① 조난으로 인한 영공침입을 시카고협약 제25조는 조난항공기에 대한 원조 의무를 규정하고 있는데, 무해통과권을 인정하는 것이 원칙이다.
② 고의·과실에 의한 영공침입에 대해서는 명확한 규정은 없지만 '고의적인' 영공침범(밀수, 첩보 등)의 경우에는 영토국이 경고·착륙요구 등을 한 뒤 최종적으로 무력을 사용할 수 있다는 해석이 가능하다.
③ 1981년 ICAO는 "민간항공기를 유도 통제하는 항공기는 모든 경우에 무기사용을 자제해야 한다."고 회원국들에게 권고하고 있다.
④ 고의 또는 과실로 진입한 국가항공기에 대해서 국가면제가 인정된다.

정답 ④
해설 고의 또는 과실로 진입한 국가항공기에 대해서는 **국가면제 및 불가침이 인정되지 아니한다.**

0652

다음 영공에 대한 설명으로 옳지 않은 것은?

① 영공이란 영토 및 영수를 덮고 있는 상공으로 구성된 국가영역을 말한다.
② 현재 영공의 배타성에 대해서는 국제관습법으로 확립되어 있지 않다.
③ 영공에 대한 국제법적 규율로는 1919년 파리국제항공협약 및 이를 대체한 1944년 시카고민간항공협약이 있다.
④ 영공에 대한 영토국의 국권에 대한 법적 성질로는 '완전주권설'이 통설이다.

정답 ②
해설 현재 영공의 배타성에 대해서는 **국제관습법으로 확립되어 있다.**

0653

다음 영공에 대한 학설과 내용에 대한 설명으로 옳지 않은 것은?

① 모든 국가는 영공에 대해 완전하고 배타적인 주권을 가진다.
② 항공기 도달설은 항공기가 비행할 수 있는 상방한계까지를 영공의 한계로 본다.
③ 형식적 지배설은 상공에 영토국의 실효적 지배와 무관하게 법적으로 영토국의 주권이 미치는 영역을 영공으로 본다.
④ 대기권설은 공기가 존재하는 곳을 영공으로 본다.

[정답] ③
[해설] 실효적 지배설은 상공에 영토국의 실효적 지배가 가능한 한 **영토국의 주권이 미친다**고 본다.

0654

영공에 대한 설명으로 옳지 않은 것은?

① 인공위성에 대한 영공의 학설은 인공위성의 우주활동이 가능한 공간의 하한선을 경계로 하여 지상에서 여기까지의 공역을 영공으로 본다.
② 민간여객기에 대해서는 '어떠한 경우에도' 무력을 사용해서는 안 된다.
③ 조난을 당한 민간항공기에 대한 원조의무는 오늘날 국제관습법으로 성립되었다.
④ 시카고협약은 정기국제항공업무에 종사하지 아니하는 사전의 허가를 받을 필요없이 무착륙 횡단비행 또는 운송 이외의 목적으로 착륙하는 권리를 체약국들이 부여하도록 규정하고 있지만, 부정기항공기라면 전세항공에 종사하는 경우 사전허가가 불필요하다.

[정답] ④
[해설] 시카고협약 제5조는 정기국제항공업무에 종사하지 아니하는 사전의 허가를 받을 필요없이 무착륙 횡단비행 또는 운송 이외의 목적으로 착륙하는 권리를 체약국들이 부여하도록 규정하고 있지만, 단, 부정기항공기라 하더라도 전세항공에 종사하는 경우 사전허가를 얻어야만 체약국에 들어갈 수 있다.

0655

항공범죄에 대한 설명으로 옳지 않은 것은?

① 국제법상 항공범죄를 규율하는 동경협약, 헤이그협약, 몬트리올협약이지만 동경협약을 제외하고 두 협약은 형사재판관할권에 관한 규정을 두고 있다.
② 1963 동경협약은 형법에 위반하는 범죄행위에 대해 적용되는데, 항공기상의 일반형사범죄행위를 규율하는 점이 특징이다.
③ 1970년 몬트리올협약은 항공시설파괴행위도 규율한다.
④ 1971년 헤이그협약은 항공기의 불법탈취행위에 한해 적용된다.

정답 ①
해설 국제법상 항공범죄를 규율하는 동경협약, 헤이그협약, 몬트리올협약은 모두 형사재판관할권에 관한 규정을 두고 있다.

0656

항공기 내에서 범한 범죄 및 기타 행위에 관한 동경협약에 대한 설명으로 옳지 않은 것은?

① 범죄의 구성 여부를 불문하고 항공기와 기내의 인명 및 재산의 안전을 위태롭게 할 수 있거나 하는 행위 또는 기내의 질서 및 규율을 위협하는 행위를 다룬다.
② 체약국에 등록된 항공기가 비행 중이거나 공해 수면상에 있을 때에의 범위로 국한하여 동 항공기에 탑승한 자가 범한 범죄 또는 행위에 관하여 적용된다.
③ 적용상 항공기는 이륙의 목적을 위하여 시동이 된 순간부터 착륙 활주가 끝난 순간까지를 비행중인 것으로 간주한다.
④ 협약의 어떠한 규정도 형사법에 위반하는 정치적 성격의 범죄나 또는 인종 및 종교적 차별에 기인하는 범죄에 관하여 어떠한 조치를 허용하거나 요구하는 것으로 해석되지 아니한다.

정답 ②
해설 체약국에 등록된 항공기가 비행 중이거나 공해 수면상에 있거나 또는 어느 국가의 영토에도 속하지 않는 지역의 표면에 있을 때에 동 항공기에 탑승한 자가 범한 범죄 또는 행위에 관하여 적용된다.

0657

동경협약의 재판관할권에 대한 설명으로 옳지 않은 것은?

① 항공기의 등록국은 동 항공기 내에서 범하여진 범죄나 행위에 대한 재판관할권을 행사할 권한을 가진다.
② 각 체약국은 자국에 등록된 항공기 내에서 범하여진 범죄에 대하여 등록국으로서의 재판관할권을 확립하기 위하여 필요한 조치를 취하여야 한다.
③ 협약은 국내법에 따라 행사하는 형사재판관할권을 배제한다.
④ 적용상 항공기는 이륙의 목적을 위하여 시동이 된 순간부터 착륙 활주가 끝난 순간까지를 비행중인 것으로 간주한다.

[정답] ③
[해설] 협약은 국내법에 따라 행사하는 어떠한 형사재판관할권도 배제하지 아니한다.

0658

항공에 관한 동경협약상 기내에서의 범죄에 관한 형사재판관할권의 행사를 위하여 비행 중의 항공기에 간섭할 수 있는 것이 아닌 것은?

① 범죄가 당사국가의 영역에 영향을 미칠 경우
② 당사국가의 국민에 한하여 또는 이들에 대하여 범죄가 범하여진 경우
③ 범죄가 당사국가의 안전에 반하는 경우
④ 당사국가에서 효력을 발생하고 있는 비행 및 항공기의 조종에 관한 규칙이나 법규를 위반한 범죄가 범하여진 경우

[정답] ②
[해설] 도쿄협약의 형사관할권
상기 국가의 국민이나 또는 영주자에 의하여 또는 이들에 대하여 범죄가 범하여진 경우
상기 국가가 다변적인 국제협정하에 부담하고 있는 의무의 이행을 보장함에 있어서 재판관할권의 행사가 요구되는 경우

0659

동경협약상 기장의 항공기 내에서 역할이 적절하지 않은 것은?

① 항공기와 기내의 인명 및 재산의 안전의 보호
② 기내의 질서와 규율의 유지
③ 본 장의 규정에 따라 상기자를 관계당국에 인도
④ 항공기에서 용의자를 제압을 취할 수 있는 기장의 권한 확보

[정답] ④
[해설] 항공기에서 하기조치(Disembarkation)를 취할 수 있는 기장의 권한 확보

0660

동경협약의 내용과 일치하지 않은 것은?

① 체약국에서 등록된 항공기 내에서 범하여진 범행은 범죄인 인도에 있어서는 범죄가 실제로 발생한 장소에 한하여 발생한 것과 같이 취급되어야 한다.
② 기내에 탑승한 자가 폭행 또는 협박에 의하여 비행 중인 항공기를 방해하거나 점유하는 행위 또는 기타 항공기의 조종을 부당하게 행사하는 행위를 불법적으로 범하였거나 또는 이와 같은 행위가 범하여지려고 하는 경우에는 체약국은 동 항공기가 합법적인 기장의 통제하에 들어가고, 그가 항공기의 통제를 유지할 수 있도록 모든 적절한 조치를 취하여야 한다.
③ 협약에 규정된 사태가 야기되는 경우 항공기가 착륙하는 체약국은 승객과 승무원이 가급적 조속히 여행을 계속하도록 허가하여야 하며, 또한 항공기와 화물을 각각 합법적인 소유자에게 반환하여야 한다.
④ 항공기 기장은 자신의 판단에 따라 항공기의 등록국의 형사법에 규정된 중대한 범죄를 기내에서 범하였다고 믿을만한 상당한 이유가 있는 자에 대하여 누구임을 막론하고 항공기가 착륙하는 영토국인 체약국의 관계 당국에 그 자를 인도할 수 있다.

[정답] ①
[해설] 체약국에서 등록된 항공기내에서 범하여진 범행은 범죄인 인도에 있어서는 범죄가 실제로 발생한 장소에서뿐만 아니라 항공기 등록국의 영토에서 발생한 것과 같이 취급되어야 한다.

0661

다음 중 항공에 관한 헤이그협약의 관할권의 조건과 일치하지 않은 것은?

① 비행 중에 있는 항공기에 탑승한 여하한 자를 관할한다.
② 폭력 또는 그 위협에 의하여 또는 그 밖의 어떠한 다른 형태의 협박에 의하여 불법적으로 항공기를 납치 또는 점거하거나 또는 그와 같은 행위를 하고자 시도하는 경우에 관할권을 행사할 수 있다.
③ 협약상의 범죄행위를 시도하는 자의 공범자와 교사자, 방관자인 경우에는 죄를 범한 것으로 한다.
④ 각 체약국은 범죄를 엄중한 형벌로 처벌할 수 있도록 할 의무를 진다.

정답 ③
해설 협약상의 범죄행위를 시도하는 자의 공범자인 경우에는 죄를 범한 것으로 한다.

0662

항공에 관한 헤이그협약에 대한 설명 중 틀린 것은?

① 본 협약의 목적을 위하여 항공기는 탑승 후 모든 외부의 문이 닫힌 순간으로부터 하기를 위하여 그와 같은 문이 열려지는 순간까지의 어떠한 시간에도 비행 중에 있는 것으로 보는데, 강제착륙의 경우, 비행은 관계 당국이 항공기와 기상의 인원 및 재산에 대한 책임을 인수할 때까지 계속하는 것으로 본다.
② 본 협약은 군사, 세관 또는 경찰업무에 사용되는 항공기에는 적용하지 아니한다.
③ 본 협약은 기상에서 범죄가 행하여지고 있는 항공기의 이륙장소 또는 실제의 착륙장소가 그 항공기의 등록국가의 영토 외에 위치한 경우에만 적용되며, 그 항공기가 국제 혹은 국내 항행에 종사하는지 여부는 가리지 아니한다.
④ 본 협약은 기상에서 범죄가 행하여지고 있는 항공기의 이륙장소 및 실제의 착륙장소가 동조에 언급된 국가 중의 하나에 해당하는 국가의 영토 내에 위치한 경우에도 적용된다.

정답 ④
해설 헤이그협약 제5조에서 언급된 경우에 있어서 본 협약은 기상에서 범죄가 행하여지고 있는 항공기의 **이륙장소 및 실제의 착륙장소**가 동조에 언급된 국가중의 하나에 해당하는 국가의 영토내에 위치한 경우에는 적용하지 아니한다.
본조 제3 및 제4항에 불구하고, 만약 범인 또는 범죄혐의자가 그 항공기의 등록국가 이외의 영토내에서 발견된 경우에는 그 항공기의 이륙장소 또는 실제의 착륙장소 여하를 불문하고 제6, 제7, 제8 및 제10조가 적용된다.

0663

다음 중 헤이그협약의 관할권에 대한 설명으로 틀린 것은?

① 범죄가 당해국에 등록된 항공기 기상에서 행하여진 경우
② 기상에서 범죄가 행하여진 항공기가 아직 기상에 있는 범죄혐의자를 싣고 그 영토내에 착륙한 경우
③ 범죄가 주된 사업장소 또는 그와 같은 사업장소를 가지지 않은 경우에는 주소를 그 국가에 가진 임차인에게 승무원이 탑승한 조건으로 임대된 항공기 기상에서 행하여진 경우
④ 각 체약국은 또한 범죄혐의자가 그 영토내에 존재하고 있으며, 제8조에 따라 본조 제1항에서 언급된 어떠한 국가에도 그를 인도하지 않는 경우

[정답] ③

[해설] 범죄가 주된 사업장소 또는 그와 같은 사업장소를 가지지 않은 경우에는 주소를 그 국가에 가진 임차인에게 **승무원없이** 임대된 항공기 기상에서 행하여진 경우를 의미한다.
본 협약은 국내법에 의거하여 행사되는 어떠한 형사 관할권도 배제하지 아니한다.

0664

항공공법 중 헤이그협약상의 범죄 용의자에 대한 설명으로 틀린 것은?

① 사정이 그와 같이 허용한다고 인정한 경우, 범인 및 범죄혐의자가 그 영토내에 존재하고 있는 체약국은 그를 구치하거나 그의 신병확보를 위한 기타 조치를 취하여야 하는데, 동 구치 및 기타 조치는 기존의 국제법에 규정된 바에 따라야 하나, 형사 또는 인도절차를 취함에 필요한 시간 동안만 계속될 수 있다.
② 당사국가는 사실에 대한 예비조사를 즉시 행하여야 한다.
③ 헤이그협약 제1항에 따라 구치 중에 있는 어떠한 자도 최근 거리에 있는 본국의 적절한 대표와 즉시 연락을 취하는데 도움을 받아야 한다.
④ 본조에 의거하여 체약국이 어떠한 자를 구치하였을 때, 그와 같은 자가 구치되어 있다는 사실과 그의 구치를 정당화하는 사정을 즉시 통고하여야 하는데, 본조 제2항에 규정된 예비조사를 행한 국가는 전기 국가에 대하여 그 조사결과를 즉시 보고하여야 하며 그 관할권을 행사할 의도가 있는지 여부를 명시하여야 한다.

[정답] ①

[해설] 사정이 그와 같이 허용한다고 인정한 경우, 범인 및 범죄혐의자가 그 영토내에 존재하고 있는 체약국은 그를 구치하거나 그의 신병확보를 위한 기타 조치를 취하여야 하는데, 동 구치 및 기타 조치는 그 국가의 **국내법에 규정된** 바에 따라야 하나, 형사 또는 인도절차를 취함에 필요한 시간 동안만 계속될 수 있다.

0665

다음 중 헤이그협약에 대한 설명으로 옳지 않은 것은?

① 그 영토 내에서 범죄혐의자가 발견된 체약국은 만약 동인을 인도하지 않을 경우에는, 예외없이, 또한 그 영토내에서 범죄가 행하여진 것인지 여부를 불문하고 소추를 하기 위하여 권한있는 당국에 동 사건을 회부하여야 한다.
② 범죄는 체약국들간에 현존하는 인도조약상의 인도범죄에 포함되는 것으로 간주되는데, 체약국들은 범죄를 그들 사이에 체결될 모든 인도조약에 인도범죄로서 포함할 의무를 진다.
③ 인도에 관하여 조약의 존재를 조건으로 하는 체약국이 상호 인도조약을 체결하지 않은 타 체약국으로부터 인도 요청을 받은 경우에는, 그 선택에 따라 본 협약을 범죄에 관한 인도를 위한 법적인 근거로서 간주할 수 있는데, 인도는 피요청국의 법률에 규정된 기타 제조건에 따라야 한다.
④ 인도에 관하여 조약의 존재를 조건으로 하지 않는 체약국들은 피요청국의 법률에 규정된 제조건에 따를 것을 조건으로 하되, 그러한 범죄를 동 국가들 간의 인도범죄로 인정할 의무는 없다.

[정답] ④

[해설] 인도에 관하여 조약의 존재를 조건으로 하지 않는 체약국들은 피요청국의 법률에 규정된 제조건에 따를 것을 조건으로 범죄를 동 국가들간의 인도범죄로 인정하여야 한다. 범죄는, 체약국간의 인도목적을 위하여, 그것이 발생한 장소에서뿐만 아니라 제4조 제1항에 따라 관할권을 확립하도록 되어 있는 국가들의 영토내에서 행하여진 것과 같이 다루어진다.

0666

항공에 관한 헤이그협약에 대한 것으로 옳은 것은?

각 체약국은 그 국내법에 의거하여 국제민간항공기구이사회에 그 국가가 소유하고 있는 (　　)관계 정보도 가능한 한 조속히 보고하여야 한다.

| 가. 범죄의 상황 |
| 나. 제9조에 의거하여 취하여진 조치 |
| 다. 범인 또는 범죄혐의자에 대하여 취하여진 조치, 또한 특히 인도절차 또는 기타 법적절차의 결과 |

① 가
② 가, 나
③ 나, 다
④ 가, 나, 다

[정답] ④

0667

다음 중 몬트리올 협약상 범죄의 규정에 대한 설명으로 옳지 않은 것은?

① 여하한 자도 행위의 합법과 고의 여하를 불문하고 비행중인 항공기에 탑승한자에 대하여 폭력 행위를 행하고 그 행위가 그 항공기의 안전에 위해를 가할 가능성이 있는 경우
② 운항중인 항공기를 파괴하는 경우 또는 그러한 비행기를 훼손하여 비행을 불가능하게 하거나 또는 비행의 안전에 위해를 줄 가능성이 있는 경우
③ 여하한 방법에 의하여서라도, 운항 중인 항공기상에 그 항공기를 파괴할 가능성이 있거나 또는 그 항공기를 훼손하여 비행을 불가능하게 할 가능성이 있거나 또는 그 항공기를 훼손하여 비행의 안전에 위해를 줄 가능성이 있는 장치나 물질을 설치하거나 또는 설치되도록 하는 경우
④ 항공시설을 파괴 혹은 손상하거나 또는 그 운용을 방해하고 그러한 행위가 비행중인 항공기의 안전에 위해를 줄 가능성이 있는 경우

정답 ①

해설 여하한 자도 **불법적으로 그리고 고의적으로** 비행중인 항공기에 탑승한자에 대하여 폭력 행위를 행하고 그 행위가 그 항공기의 안전에 위해를 가할 가능성이 있는 경우
그가 허위임을 아는 정보를 교신하여, 그에 의하여 비행중인 항공기의 안전에 위해를 주는 경우에는 범죄를 범한 것으로 한다.

0668

몬트리올협약에 대한 설명으로 틀린 것은?

① 항공기는 탑승 후 모든 외부의 문이 닫힌 순간으로부터 하기를 위하여 그러한 문이 열려지는 순간까지의 어떠한 시간에도 비행 중에 있는 것으로 본다.
② 항공기는 일정 비행을 위하여 기장에 의하여 항공기의 비행전 준비가 시작된 때부터 착륙 후 24시간까지 운항 중에 있는 것으로 본다.
③ 강제착륙의 경우, 비행은 관계당국이 항공기와 기상의 인원 및 재산에 대한 책임을 인수할 때까지 계속하는 것으로 본다.
④ 운항의 기간은, 어떠한 경우에도, 항공기가 본 조항에 규정된 비행 중에 있는 전 기간동안 계속된다.

정답 ②

해설 항공기는 일정 비행을 위하여 **지상원 혹은 승무원에 의하여** 항공기의 비행전 준비가 시작된 때부터 착륙 후 24시간까지 운항 중에 있는 것으로 본다.

0669

다음 중 몬트리올협약에 대한 설명으로 옳지 않은 것은?

① 항공기의 실제 또는 예정된 이륙 또는 착륙장소가 그 항공기의 등록국가의 영토에 위치한 경우 또는 범죄가 그 항공기 등록국가 영토 내에서 범하여진 경우에만 적용된다.
② 본 협약은 범인 및 범죄혐의자가 항공기 등록국가 이외의 국가 영토 내에서 발견된 경우에도 적용된다.
③ 본 협약은 규정된 장소들이 제9조에 규정된 국가의 하나에 해당하는 국가의 영토 내에 위치한 경우에는, 그 국가 이외의 국가 영토 내에서 범죄가 범해지거나 또는 범인이나 범죄혐의자가 발견되지 아니하는 한, 적용되지 아니한다.
④ 본협약 제1조 1항에 언급된 경우에 있어서, 본 협약은 항공시설이 국제 항공에 사용되는 경우에만 적용된다.

[정답] ①

[해설] 항공기의 실제 또는 예정된 이륙 또는 착륙 장소가 그 항공기의 **등록국가의 영토 외**에 위치한 경우 또는 범죄가 그 항공기 등록국가 이외의 국가 영토 내에서 범하여진 경우에만 적용된다.

0670

몬트리올 협약상의 관할권에 대한 설명으로 틀린 것은?

> 각 체약국은 다음과 같은 경우에 있어서 범죄에 대한 관할권을 확립하기 위하여 필요한 제반 조치를 취하여야 한다.

① 범죄가 그 국가의 영토 내에서 범하여진 경우
② 범죄가 그 국가에 등록된 항공기에 대하여 또는 기상에서 범하여진 경우
③ 범죄가 기상에서 범하여지고 있는 항공기가 아직 기상에 있는 범죄혐의자와 함께 그 영토외에 착륙한 경우
④ 범죄가 주된 사업장소 또는 그러한 사업장소를 가지지 않은 경우에는 영구 주소를 그 국가 내에 가진 임차인에게 승무원 없이 임대된 항공기에 대하여 또는 기상에서 범하여진 경우

[정답] ③

[해설] 범죄가 기상에서 범하여지고 있는 항공기가 아직 기상에 있는 범죄혐의자와 함께 **그 영토 내에 착륙한 경우**
2. 각 체약국은 범죄 혐의자가 그 영토 내에 소재하고 있으며, 그를 제8조에 따라 본 조에 언급된 어떠한 국가에도 인도하지 않는 경우에 있어서, 제1조에 언급된 범죄에 관하여 또한 제1조 2항에 언급된 범죄에 관하여, 동조가 그러한 범죄에 효력을 미치는 한, 그 관할권을 확립하기 위하여 필요한 제반조치를 또한 취하여야 한다.
3. 본 협약은 국내법에 따라 행사되는 어떠한 형사 관할권도 배제하지 아니한다.

0671

다음 중 몬트리올협약에 대한 설명으로 옳지 않은 것은?

① 그 영토 내에서 범죄혐의자가 발견된 체약국은 만약 동인을 인도하지 않은 경우, 예외 없이 또한 그 영토 내에서 범죄가 범하여진 것인지를 기준으로, 소추를 하기 위하여 권한 있는 당국에 동 사건을 회부하여야 하며, 그러한 당국은 그 국가의 법률상 중대한 성질의 일반 범죄의 경우에 있어서와 같은 방법으로 그 결정을 내려야 한다.

② 범죄는 체약국간에 현존하는 인도 조약상의 인도 범죄에 포함되는 것으로 간주되는데, 체약국은 범죄를 그들 사이에 체결될 모든 인도 조약에 인도 범죄로 포함할 의무를 진다.

③ 인도에 관하여 조약의 존재를 조건으로 하는 체약국이 상호 인도조약을 체결하지 않은 타 체약국으로부터 인도 요청을 받은 경우에는, 그 선택에 따라 본 협약을 범죄에 관한 인도를 위한 법적인 근거로서 간주할 수 있는데, 인도는 피 요청국의 법률에 규정된 기타 제 조건에 따라야 한다.

④ 인도에 관하여 조약의 존재를 조건으로 하지 않는 체약국들은 피 요청국의 법률에 규정된 제조건에 따를 것을 조건으로 범죄를 동 국가들 간의 인도범죄로 인정하여야 한다.

정답 ①

해설 그 영토 내에서 범죄혐의자가 발견된 체약국은 만약 동인을 인도하지 않은 경우, 예외 없이 또한 **그 영토 내에서 범죄가 범하여진 것인지 여부를 불문하고**, 소추를 하기 위하여 권한 있는 당국에 동 사건을 회부하여야 하며, 그러한 당국은 그 국가의 법률상 중대한 성질의 일반 범죄의 경우에 있어서와 같은 방법으로 그 결정을 내려야 한다.

각 범죄는, 체약국간의 인도 목적을 위하여, 그것이 발생한 장소에서뿐만 아니라 제5조 1항 (나), (다) 및 (라)에 의거하여 그 관할권을 확립하도록 되어 있는 국가의 영토 내에서 범하여진 것처럼 취급된다.

20 | 우주법

0672

달과 기타 천체를 포함한 외기권을 탐사하고 이용하는 국가의 활동에 적용되는 원칙에 관한 조약에 대한 설명으로 타당하지 않은 것은?

① 달과 기타 천체를 포함한 외기권은 주권의 주장에 의하여 또는 이용과 점유에 의하여 또는 기타 모든 수단에 의한 국가 전용의 대상이 되지 아니한다.
② 본 조약의 당사국은 지구 주변의 궤도에 핵무기 또는 기타 모든 종류의 대량파괴 무기를 설치하지 않으며, 천체에 이러한 무기를 장치하거나 기타 어떠한 방법으로든지 이러한 무기를 외기권에 배치하지 아니할 것을 약속한다.
③ 달과 천체는 본 조약의 모든 당사국에 오직 평화적 목적을 위하여서만 이용되어야 하며, 천체에 있어서의 군사기지, 군사시설 및 군사요새의 설치, 모든 형태의 무기의 실험 그리고 군사연습의 실시는 금지되어야 한다.
④ 과학적 조사 또는 기타 모든 평화적 목적을 위하여 군인을 이용하는 것은 금지되며, 다만, 달과 기타 천체의 평화적 탐색에 필요한 어떠한 장비 또는 시설의 사용도 금지되지 아니한다.

[정답] ④
[해설] 과학적 조사 또는 기타 모든 평화적 목적을 위하여 군인을 이용하는 것은 **금지되지 아니하며**, 달과 기타 천체의 평화적 탐색에 필요한 어떠한 장비 또는 시설의 사용도 금지되지 아니한다.

0673

우주조약에 대한 설명으로 옳지 않은 것은?

① 본 조약의 당사국은 우주인을 외기권에 있어서의 인류의 사절로 간주하며 사고나 조난의 경우 또는 다른 당사국의 영역이나 공해상에 비상착륙한 경우에는 그들에게 모든 가능한 원조를 제공하여야 한다.

② 외기권과 천체에서의 활동을 수행함에 있어서 한 당사국의 우주인은 다른 당사국의 우주인에 대하여 모든 가능한 원조를 제공하여야 한다.

③ 본 조약의 당사국은 본 조약의 다른 당사국 또는 국제연합에 대하여 그들이 달과 기타 천체를 포함한 외기권에서 발견한 우주인의 생명과 건강에 위험을 조성할 수 있는 모든 현상에 관하여 즉시 보고하여야 한다.

④ 우주인이 다른 당사국의 영역이나 공해상에 비상착륙한을 한 경우에는, 그들은 그들의 우주선의 등록국에 안전하고도 신속하게 송환되어야 한다.

정답 ③

해설 본 조약의 당사국은 본 조약의 다른 당사국 또는 **국제연합 사무총장에** 대하여 그들이 달과 기타 천체를 포함한 외기권에서 발견한 우주인의 생명과 건강에 위험을 조성할 수 있는 모든 현상에 관하여 즉시 보고하여야 한다.

0674

다음 중 우주조약에 대한 설명으로 틀린 것은?

① 본 조약의 당사국은 달과 기타 천체를 포함한 외기권에 있어서 그 활동을 정부기관이 행한 경우나 비정부 주체가 행한 경우를 막론하고, 국가활동에 관하여 그리고 본 조약에서 규정한 조항에 따라서 국가활동을 수행할 것을 보증함에 관하여 국제적 책임을 져야 한다.

② 달과 기타 천체를 포함한 외기권에 있어서의 비정부 주체의 활동은 본 조약의 관계 당사국에 의한 인증과 계속적인 감독을 요하는데, 달과 기타 천체를 포함한 외기권에 있어서 국제기구가 활동을 행한 경우에는, 본 조약에 의한 책임은 동 국제기구가 단독으로 부담한다.

③ 외기권에 발사된 물체의 등록국인 본 조약의 당사국은 동 물체가 외기권 또는 천체에 있는 동안, 동 물체 및 동 물체의 인원에 대한 관할권 및 통제권을 보유하는데, 천체에 착륙 또는 건설된 물체와 그 물체의 구성부분을 포함한 외기권에 발사된 물체의 소유권은 동 물체가 외기권에 있거나 천체에 있거나 또는 지구에 귀환하였거나에 따라 영향을 받지 아니한다.

④ 물체 또는 구성부분이 그 등록국인 본 조약 당사국의 영역밖에서 발견된 것은 동 당사국에 반환되며 동 당사국은 요청이 있는 경우 그 물체 및 구성부분의 반환에 앞서 동일물체라는 자료를 제공하여야 한다.

정답 ②

해설 달과 기타 천체를 포함한 외기권에 있어서의 비정부 주체의 활동은 본 조약의 관계 당사국에 의한 인증과 계속적인 감독을 요하는데, 달과 기타 천체를 포함한 외기권에 있어서 국제기구가 활동을 행한 경우에는, 본 조약에 의한 책임은 동 국제기구와 이 기구에 가입하고 있는 본 조약의 당사국들이 공동으로 부담한다.

0675

우주조약에 대한 설명이 타당하지 않은 것은?

① 달과 기타 천체를 포함한 외기권의 탐색과 이용에 있어서 본 조약의 당사국은 협조와 상호 원조의 원칙에 따라야 하며, 본 조약의 다른 당사국의 상응한 이익을 충분히 고려하면서 달과 기타 천체를 포함한 외기권에 있어서의 그들의 활동을 수행하여야 한다.

② 본 조약의 당사국은 유해한 오염을 회피하고 또한 지구 대권외적 물질의 도입으로부터 야기되는 지구 주변에 불리한 변화를 가져오는 것을 회피하는 방법으로 달과 천체를 포함한 외기권의 연구를 수행하고, 이들의 탐색을 행하며 필요한 경우에는 이 목적을 위하여 적절한 조치를 채택하여야 한다.

③ 만약, 달과 기타 천체를 포함한 외기권에서 국가 또는 그 국민이 계획한 활동 또는 실험이 달과 기타 천체를 포함한 외기권의 평화적 탐색과 이용에 있어서 다른 당사국의 활동에 잠재적으로 유해한 방해를 가져올 것이라고 믿을 만한 이유를 가지고 있는 본 조약의 당사국은 이러한 활동과 실험을 행하기 전에 적절한 국제적 협의를 가져야 한다.

④ 달과 기타 천체를 포함한 외기권에서 다른 당사국이 계획한 활동 또는 실험이 달과 기타 천체를 포함한 외기권의 평화적 탐색과 이용에 명시적으로 유해한 방해를 가져올 것이라고 믿을만한 이유를 가지고 있는 본 조약의 당사국은 동 활동 또는 실험에 관하여 협의를 요청할 수 있다.

정답 ④

해설 달과 기타 천체를 포함한 외기권에서 다른 당사국이 계획한 활동 또는 실험이 달과 기타 천체를 포함한 외기권의 평화적 탐색과 이용에 **잠재적으로** 유해한 **방해**를 가져올 것이라고 믿을만한 이유를 가지고 있는 본 조약의 당사국은 동 활동 또는 실험에 관하여 협의를 요청할 수 있다.

0676

다음 중 우주조약에 대한 설명이 옳지 않은 것은?

① 달과 기타 천체를 포함한 외기권의 탐색과 이용에 있어서 본 조약의 목적에 합치하는 국제적 협조를 증진하기 위하여 본 조약의 당사국은 이들 국가가 발사한 우주 물체의 비행을 관찰할 기회가 부여되어야 한다는 본 조약의 다른 당사국의 요청을 평등의 원칙하에 고려하여야 한다.
② 외기권의 평화적 탐색과 이용에 있어서의 국제적 협조를 증진하기 위하여 달과 기타 천체를 포함한 외기권에서 활동을 하는 본 조약의 당사국은 동 활동의 성질, 수행, 위치 및 결과를 실행 가능한 최대한도로 일반 대중 및 국제적 과학단체뿐만 아니라 국제연합 사무총장에 대하여 통보하는데 동의한다.
③ 관찰을 위한 기회의 성질과 기회가 부여될 수 있는 조건은 관계국가의 통보에 의하여 결정되어야 한다.
④ 정보를 접수한 국제연합 사무총장은 이를 즉각적으로 그리고 효과적으로 유포하도록 하여야 한다.

[정답] ③
[해설] 관찰을 위한 기회의 성질과 기회가 부여될 수 있는 조건은 **관계국가 간의 합의**에 의하여 결정되어야 한다.

0677

우주조약에 대한 설명이 옳지 않은 것은?

① 달과 기타 천체 상의 모든 배치소, 시설은 본 조약의 다른 당사국 대표에게 개방되어야 할 의무는 없다.
② 본 조약의 규정은 본 조약의 단일 당사국에 의하여 행해진 활동이나 또는 국제적 정부간 기구의 테두리 내에서 행해진 경우를 포함한 기타 국가와 공동으로 행해진 활동을 막론하고, 달과 기타 천체를 포함한 외기권의 탐색과 이용에 있어서의 본 조약 당사국의 활동에 적용된다.
③ 그러한 대표들에 대하여 안전을 보장하기 위하여 그리고 방문할 설비의 정상적인 운영에 대한 방해를 피하기 위한 적절한 협의를 행할 수 있도록 하고 또한 최대한의 예방수단을 취할 수 있도록 하기 위하여 방문 예정에 관하여, 합리적인 사전통고가 부여되어야 한다.
④ 달과 기타 천체를 포함한 외기권의 탐색과 이용에 있어서 국제적 정부간 기구가 행한 활동에 관련하여 야기되는 모든 실제적 문제는 본 조약의 당사국이 적절한 국제기구나 또는 본 조약의 당사국인 동 국제기구의 1 또는 2이상의 회원국가와 함께 해결하여야 한다.

[정답] ①
[해설] 달과 기타 천체상의 모든 배치소, 시설, 장비 및 우주선은 호혜주의 원칙하에 본 조약의 다른 당사국 대표에게 개방되어야 한다.

0678

우주조약의 용어에 대한 설명이 타당하지 않은 것은?

① "손해"라 함은 인명의 손실, 인체의 상해 또는 기타 건강의 손상 또는 국가나 개인의 재산, 자연인이나 법인의 재산 또는 정부 간 국제기구의 재산의 손실 또는 손해를 말한다.
② "발사"라 함은 발사 후 비행을 의미한다.
③ "발사국"이라 함은 우주 물체를 발사하거나 또는 우주 물체의 발사를 야기하는 국가나 우주 물체가 발사되는 지역 또는 시설의 소속국을 의미한다.
④ "우주 물체"라 함은 우주 물체의 구성 부분 및 우주선 발사기, 발사기의 구성부분을 공히 포함한다.

정답 ②
해설 "발사"라 함은 발사 시도를 포함한다.

0679

다음 중 우주물체에 의하여 발생한 손해에 대한 국제책임에 관한 협약에 대한 설명으로 타당하지 않은 것은?

① 발사국은 자국 우주물체가 지구 표면에 또는 비행 중의 항공기에 끼친 손해에 대하여 고의과실을 통해 상대적으로 보상할 책임이 있다.
② 지구 표면 이외의 영역에서 발사국의 우주 물체 또는 동 우주 물체상의 인체 또는 재산이 타 발사국의 우주 물체에 의하여 손해를 입었을 경우, 후자는 손해가 후자의 과실 또는 후자가 책임져야 할 사람의 과실로 인한 경우에만 책임을 진다.
③ 지구 표면 이외의 영역에서 1개 발사국의 우주 물체 또는 동 우주 물체상의 인체 또는 재산이 타 발사국의 우주 물체에 의하여 손해를 입었을 경우, 그리고 그로 인하여 제3국 또는 제3국의 자연인이나 법인이 손해를 입었을 경우, 전기 2개의 국가는 공동으로 그리고 개별적으로 제3국에 대하여 아래의 한도내에서 책임을 진다.
④ 제3국의 지상에 또는 비행중인 항공기에 손해가 발생하였을 경우, 제3국에 대한 전기 양국의 책임은 절대적이며, 지구 표면 이외의 영역에서 제3국의 우주 물체 또는 동 우주 물체상의 인체 또는 재산에 손해가 발생하였을 경우, 제3국에 대한 전기 2국의 책임은 2개국중 어느 하나의 과실, 혹은 2개국중 어느 하나가 책임져야 할 사람의 과실에 기인한다.

정답 ①
해설 발사국은 자국 우주물체가 지구 표면에 또는 비행 중의 항공기에 끼친 손해에 대하여 보상을 지불할 절대적인 책임을 진다.

0680

우주물체에 대한 책임협약에 대한 설명이 옳지 않은 것은?

① 공동 및 개별 책임의 모든 경우, 손해에 대한 보상 부담은 이들의 과실 정도에 따라 2개국 사이에 분할된다.
② 2개 또는 그 이상의 국가가 공동으로 우주 물체를 발사할 때에는 그들은 발생한 손해에 대하여 공동으로 그리고 개별적으로 책임을 진다.
③ 손해에 대하여 보상을 지불한 발사국은 공동 발사의 타 참가국에 대하여 그 권리를 보상받을 구상권은 행사되지 아니한다.
④ 우주 물체가 발사된 지역 또는 시설의 소속국은 공동 발사의 참가국으로 간주된다.

> [정답] ③
>
> [해설] 손해에 대하여 보상을 지불한 바 있는 발사국은 공동 발사의 타참가국에 대하여 **구상권을 보유한다**. 공동 발사참가국들은 그들이 공동으로 그리고 개별적으로 책임져야 할 재정적인 의무의 할당에 관한 협정을 체결할 수 있다. 그러한 협정은 공동으로 그리고 개별적으로 책임져야 할 발사국중의 하나 또는 전부로부터 이 협약에 의거 완전한 보상을 받으려 하는 손해를 입은 국가의 권리를 침해하지 않는다.
> ① 공동 및 개별 책임의 모든 경우, 손해에 대한 보상 부담은 이들의 과실 정도에 따라 전기 2개국 사이에 분할된다. 만일 이들 국가의 과실 한계가 설정될 수 없을 경우, 보상 부담은 이들간에 균등히 분할된다. 이러한 분할은 공동으로 그리고 개별적으로 책임져야 할 발사국들의 하나 또는 전부로부터 이 협약에 의거 당연히 완전한 보상을 받으려 하는 제3국의 권리를 침해하지 않는다.

0681

우주조약에 대한 책임협약에 대한 설명으로 틀린 것은?

① 발사국 측의 절대 책임의 면제는 손해를 입히려는 의도하에 행하여진 청구국 또는 청구국이 대표하는 자연인 및 법인측의 작위나 부작위 또는 중대한 부주의로 인하여 전적으로 혹은 부분적으로 손해가 발생하였다고 발사국이 입증하는 한도까지 인정된다.
② 유엔헌장 및 달과 기타 천체를 포함한 외기권의 탐색과 이용에 있어서의 국가 활동을 규율하는 원칙에 관한 조약을 포함한 국제법과 일치하지 않는 발사국에 의하여 행하여진 활동으로부터 손해가 발생한 경우에는 어떠한 면책도 인정되지 않는다.
③ 발사국의 우주물체에 의하여 발생한 발사국의 국민 손해에 적용된다.
④ 이 협약의 규정은 발사국의 우주물체에 의하여 발생한 발사기 또는 발사시 이후 어느 시기로부터 하강할 때까지의 단계에서 그 우주물체의 작동에 참여하는 동안, 또는 발사국의 초청을 받아 발사 또는 회수 예정 지역의 인접지에 있는 동안의 외국인 대한 손해에는 적용되지 않는다.

> [정답] ③
>
> [해설] 이 협약의 규정은 발사국의 우주물체에 의하여 발생한 **발사국의 국민 손해에는 적용되지 않는다**.

0682

우주조약에 대한 책임협약에 대한 설명으로 옳지 않은 것은?

① 손해를 입은 국가 또는 자국의 자연인 또는 법인이 손해를 입은 국가는 발사국에 대하여 그러한 손해에 대하여 보상을 청구할 수 있다.
② 손해를 입은 국민의 국적국이 보상을 청구한 경우, 타국가는 어느 자연인 또는 법인이 자국의 영역내에서 입은 손해에 대하여 발사국에 보상을 청구할 수 있다.
③ 손해의 국적 또는 손해 발생 지역국이 손해 배상을 청구하지 않거나 또는 청구의사를 통고하지 않을 경우, 제3국은 자국의 영주권자가 입은 손해에 대하여 발사국에 보상을 청구할 수 있다.
④ 손해에 대한 보상청구는 외교 경로를 통하여 발사국에 제시되어야 하는데, 당해 발사국과 외교 관계를 유지하고 있지 않는 국가는 제3국에 대하여 발사국에 청구하도록 요청하거나 또는 기타의 방법으로 이 협약에 따라 자국의 이익을 대표하도록 요구할 수 있으며, 청구국과 발사국이 공히 국제연합의 회원국일 경우, 청구국은 국제연합 사무총장을 통하여 청구할 수 있다.

정답 ②
해설 손해를 입은 국민의 국적국이 보상을 청구하지 않는 경우, 타국가는 어느 자연인 또는 법인이 자국의 영역내에서 입은 손해에 대하여 발사국에 보상을 청구할 수 있다.

0683

우주조약에 대한 책임협약에 대한 설명으로 옳지 않은 것은?

① 손해에 대한 보상청구는 손해의 발생일 또는 책임져야 할 발사국이 확인한 일자 이후 1년이내에 발사국에 제시될 수 있다.
② 만일 손해의 발생을 알지 못하거나 또는 책임져야 할 발사국을 확인할 수 없을 경우, 전기 사실을 알았던 일자 이후 1년이내에 청구를 제시할 수 있으나 이 기간은 태만하지 않았다면 알 수 있을 것으로 합리적으로 기대되는 날로부터 1년을 어느 경우에도 초과할 수 없다.
③ 명시된 시한은 손해의 전체가 밝혀지지 않았다 하더라도 적용되나 이러한 경우, 청구국은 청구를 수정할 수 있는 권리와 그러한 시한의 만료 이후라도 손해의 전체가 밝혀진 이후 1년까지 추가 자료를 제출할 수 있는 권리를 가진다.
④ 이 협약에 의거 발사국에 대한 손해 보상청구의 제시는 청구국 또는 청구국이 대표하고 있는 자연인 및 법인이 이용할 수 있는 사전 국내적 구제를 완료해야 한다.

정답 ④
해설 이 협약에 의거 발사국에 대한 손해 보상 청구의 제시는 청구국 또는 청구국이 대표하고 있는 자연인 및 법인이 이용할 수 있는 사전 어떠한 국내적 구제의 완료를 요구하지 않는다.

0684
우주조약에 대한 책임협약에 대한 설명으로 틀린 것은?

① 이 협약상의 어떠한 규정도 국가 또는 그 국가가 대표하고 있는 자연인이나 법인이 발사국의 법원 또는 행정 재판소 또는 기관에 보상 청구를 제기하는 것을 방해하지 않으나 국가는 청구가 발사국의 법원 또는 행정 재판소 또는 기관에 제기되어 있거나 또는 관련 국가를 기속하고 있는 타 국제협정에 의거 제기되어 있는 동일한 손해에 관하여는 이 협약에 의거 청구를 제시할 권리를 가지지 않는다.
② 발사국이 이 협약에 의거 책임지고 지불하여야 할 손해에 대한 보상은 손해가 발생한 경우에 예상되는 상태대로 자연인, 법인, 국가 또는 국제기구가 입은 손해가 보상될 수 있도록 국제법 및 정의와 형평의 원칙에 따라 결정되어야 한다.
③ 이 협약에 의거 청구국과 보상 지불국이 다른 보상 방식에 합의하지 못할 경우, 보상은 청구국의 통화로 지불되며, 만일 청구국이 요구하면 보상 지불국의 통화로 지불된다.
④ 청구국이 청구 자료를 제출하였다는 사실을 발사국에게 통고한 일자로부터 1년이내에 제9조에 규정된 대로 외교적 교섭을 통하여 보상 청구가 해결되지 않을 경우, 관련 당사국은 어느 1 당사국의 요청에 따라 청구위원회를 설치한다.

[정답] ②
[해설] 발사국이 이 협약에 의거 책임지고 지불하여야 할 손해에 대한 보상은 손해가 **발생하지 않았을 경우**에 예상되는 상태대로 자연인, 법인, 국가 또는 국제기구가 입은 손해가 보상될 수 있도록 국제법 및 정의와 형평의 원칙에 따라 결정되어야 한다.

0685

다음 중 우주책임 조약에 대한 설명이 타당하지 않은 것은?

① 위원회 설치요구 4개월 이내에 의장 선정에 관하여 합의에 이르지 못할 경우, 어느 1당사국은 국제연합 사무총장에게 2개월의 추천 기간내에 의장을 임명하도록 요청할 수 있다.
② 일방 당사국이 규정된 기간내에 위원을 임명하지 않을 경우, 사무총장은 타방 당사국의 요구에 따라 단일 위원 청구위원회를 구성한다.
③ 어떠한 이유로든지 위원회에 발생한 결원은 최초 임명시 채택된 절차에 따라 충원되고, 위원회는 그 자신의 절차를 결정한다.
④ 단일 위원 위원회의 결정과 판정의 경우를 제외하고, 위원회의 모든 결정과 판정은 다수결에 의한다.

정답 ②
해설 일방 당사국이 규정된 기간내에 위원을 임명하지 않을 경우, **의장은** 타방 당사국의 요구에 따라 단일 위원 청구위원회를 구성한다.

0686

다음 중 우주조약에 대한 설명이 타당하지 않은 것은?

① 청구위원회의 위원 수는 위원회에 제기된 소송에 2 혹은 그 이상의 청구국 또는 발사국이 개입되어 있는 이유로 증가된다.
② 청구위원회는 보상 청구의 타당성 여부를 결정하고 타당할 경우, 지불하여야 할 보상액을 확정한다.
③ 청구위원회는 위원회의 결정은 당사국이 동의한 경우 최종적이며 기속력이 있다.
④ 위원회가 결정 기관의 연장이 필요하다고 판단하지 않을 경우, 위원회는 가능한 신속히 그리고 위원회 설치일자로부터 1년이내에 결정 또는 판정을 내려야 하며, 위원회는 그의 결정 또는 판정을 공포한다.

정답 ①
해설 청구위원회의 위원수는 위원회에 제기된 소송에 2 혹은 그 이상의 청구국 또는 발사국이 개입되어 있다는 이유로 **증가되지 않는데**. 그렇게 개입된 청구국들은 단일 청구국의 경우에 있어서와 동일한 방법과 동일한 조건에 따라 위원회의 위원 1명을 공동으로 지명한다. 2개 또는 그 이상의 발사국들이 개입된 경우에도 동일한 방법으로 위원회의 위원 1명을 공동으로 지명한다. 청구국들 또는 발사국들이 규정기간내에 위원을 임명하지 않을 경우, 의장은 단일 위원 위원회를 구성한다.

0687

다음 중 우주조약에 대한 설명이 타당하지 않은 것은?

① 달과 기타 천체, 우주공간 그 어디에도 '핵무기 또는 기타 모든 종류의 대량파괴무기'를 배치해서는 안 된다.
② 달과 천체는 오직 평화적 목적을 위해서만 이용되는데, 우주 공간의 완전한 비군사화를 규정되어 있다.
③ 우주공간의 비군사화는 대량파괴 무기의 배치에 국한된다.
④ 궤도 우주선은 대량파괴 무기의 배치를 포함하지 아니하는 군사적 목적으로 사용될 수 있다.

정답 ②
해설 달과 천체는 오직 평화적 목적을 위해서만 이용되는데, 우주 공간의 완전한 비군사화는 규정되어 있지 아니한다.

0688

다음 중 우주조약에 대한 설명이 타당하지 않은 것은?

① 달과 천체를 포함한 외기권에서의 활동에 대해서는, 그것이 정부기구에 의하여 수행되건 아니면 비정부실체에 의하여 수행되건 관계없이, 소속국가가 국제책임을 진다.
② 국제기구가 우주활동을 수행할 경우에는 '당해 국제기구와 이 기구에 참여하고 있는 우주조약 당사국들이 공동으로' 책임을 진다.
③ 우주조약은 우주활동 중에서도 특히 우주발사물체에 의해 타국 또는 타국민에게 야기된 손해에 대한 배상책임에 관한 규정이다.
④ 비정부실체의 우주활동은 소속국의 허가와 계속적인 감독을 받아야 하지만, 사인의 행위는 국가책임을 야기하지 않는다.

정답 ④
해설 비정부실체의 우주활동은 소속국의 허가와 계속적인 감독을 받아야 하며, 사인의 행위는 국가책임을 야기하지 않는다는 일반국제법의 원칙이 우주활동에 대해서는 수정된 것이다.

0689

다음 중 우주조약에 대한 설명이 타당하지 않은 것은?

① 우주물체가 '지구표면의 사람이나 재산에 또는 비행 중의 항공기에' 끼친 손해에 대해서는 고의 · 과실 여부를 묻지 않고 발사국이 절대책임을 지며, 손해가 UN헌장과 1967년 우주조약을 포함한 국제법과 일치하지 않는 발사국의 활동의 결과로 야기한 경우에는, 설사 피해국의 과실 때문이라 하더라도 발사국은 책임을 면제받을 수 없다.
② 피해를 입은 국가 또는 개인의 중대한 과실로 손해가 발생했다고 입증할 수 있는 범위까지는 절대책임이 면제된다.
③ '지구표면의 영역에서' 한 발사국의 우주물체가 다른 발사국의 우주물체에 대해 손해를 끼친 경우에는, 전자는 자신에게 과실이 있거나 또는 자신이 책임져야 할 사람에게 과실이 있는 경우에만 배상책임을 진다.
④ 발사국의 개념을 넓게 해석하여 우주물체의 발사를 실시 혹은 조직하는 국가와 우주물체가 발사되는 영토 또는 시설의 소속국으로 정의하고 있다.

[정답] ③
[해설] '지구표면 이외의 영역에서' 한 발사국의 우주물체가 다른 발사국의 우주물체에 대해 손해를 끼친 경우에는, 전자는 자신에게 과실이 있거나 또는 자신이 책임져야 할 사람에게 과실이 있는 경우에만 배상책임을 진다.

0690

우주조약에 대한 설명이 타당하지 않은 것은?

① 둘 이상의 국가가 '공동으로' 우주 물체를 발사할 때에는 그들은 발생한 손해에 대하여 '공동으로 그리고 개별적으로', 즉 '연대하여' 책임을 지도록 규정되어 있다.
② 완전 배상을 지불한 국가는 타 공동 발사국에 대해 구상권을 보유한다.
③ 책임협약은 우주활동에 종사하는 정부 간 국제기구들에게도 적용되는데, 즉, 우주활동에 종사하는 국제기구의 회원국이면서 동시에 책임협약의 당사국인 국가들은 당해 국제기구가 그 같은 선언을 하도록 적절한 모든 조치를 취해야 한다.
④ 국제기구가 책임협약에 의거하여 책임을 지게 될 경우, 당해 국제기구와 그 국제기구의 회원국이면서 동시에 책임협약의 당사국인 국가들은 공동의 책임만을 진다.

[정답] ④
[해설] 국제기구가 책임협약에 의거하여 책임을 지게 될 경우, '당해 국제기구'와 '그 국제기구의 회원국이면서 동시에 책임협약의 당사국인 국가들'은 연대하여, 즉 '공동으로 그리고 개별적으로' 책임을 진다.

0691

우주조약에 대한 설명이 타당하지 않은 것은?

① 책임협약은 우주물체가 발사국의 국민과 발사시 또는 발사 이후 어느 시기로부터 하강할 때까지의 단계에서 그 우주물체의 작동에 참여하는 동안의 외국인, 발사국의 초청을 받아 발사 또는 회수예정 지역의 인접지역에 있는 동안의 외국인에게 끼친 손해에 대해서는 적용되지 아니한다.
② 발사국에 대하여 배상을 청구할 수 있는 주체는 '손해를 입은 국가' 또는 '손해를 입은 자연인 또는 법인의 국적국'이다.
③ 간접침해의 경우에, 국적국이 청구를 제기하지 않으면 자연인 또는 법인이 피해를 입은 장소의 영토국가가 배상을 청구할 수 있다.
④ 국적국과 손해발생지국, 또한 타국이 자국의 영주권자가 입은 손해에 대하여 발사국에 배상을 청구할 수 있고, 배상액은 "국제법 및 정의와 형평의 원칙에 따라" 결정되어야 한다.

정답 ④

해설 국적국과 손해발생지국 그 어느 쪽도 배상청구에 나서지 않으면 타국이 자국의 영주권자가 입은 손해에 대하여 발사국에 배상을 청구할 수 있고, 배상액은 "국제법 및 정의와 형평의 원칙에 따라" 결정되어야 한다.

0692

다음 중 우주법의 기본원칙에 대한 설명으로 옳지 않은 것은?

① 우주활동의 자유의 원칙은 달 기타 천체를 포함한 우주공간의 탐사와 이용은 모든 국가의 이익을 위하여 수행되어야 하며 모든 국가는 차별 없이 평등하게 달과 기타 천체를 포함한 우주를 국제법에 의거하여 자유로이 이용할 수 있다는 원칙을 말한다.
② 사전주의 원칙은 달 기타 천체를 포함한 우주공간은 주권의 주장에 의하여 또는 이용과 점유에 의하여 또는 기타 모든 수단에 의하여 국가전용의 대상이 되지 않는다고 사전주의 원칙을 규정하고 있다.
③ 평화적 이용의 원칙은 우주공간을 평화적 목적으로만 이용할 수 있고 군사적 목적으로 이용할 수 없다는 원칙을 말한다.
④ 국제적 협력의 원칙은 우주공간의 탐사와 이용을 국제적 협조와 이해의 증진을 위해 수행해야 하는 원칙을 말한다.

정답 ②

해설 영유금지의 원칙의 설명이다. 즉, 우주공간은 어떤 국가의 배타적 이용의 대상의 되지 아니한다는 원칙을 말한다. 우주협약은 " 달 기타 천체를 포함한 우주공간은 주권의 주장에 의하여 또는 이용과 점유에 의하여 또는 기타 모든 수단에 의하여 국가전용의 대상이 되지 않는다"라고 (제2조)하여 영유금지원칙을 규정하고 있다.

① 우주활동 자유의 원칙
우주활동의 자유의 원칙은 달 기타 천체를 포함한 우주공간의 탐사와 이용은 모든 국가의 이익을 위하여 수행되어야 하며 모든 국가는 차별 없이 평등하게 달과 기타 천체를 포함한 우주를 국제법에 의거하여 자유로이 이용할 수 있다는 원칙을 말한다(제1조).

② 영유금지의 원칙
우주공간은 어떤 국가의 배타적 이용의 대상의 되지 아니한다는 원칙을 말한다. 우주협약은 " 달 기타 천체를 포함한 우주공간은 주권의 주장에 의하여 또는 이용과 점유에 의하여 또는 기타 모든 수단에 의하여 국가전용의 대상이 되지 않는다"라고 (제2조)하여 영유금지원칙을 규정하고 있다.

③ 평화적 이용의 원칙
평화적 이용의 원칙은 우주공간을 평화적 목적으로만 이용할 수 있고 군사적 목적으로 이용할 수 없다는 원칙을 말한다(제4조).

④ 국제적 협력의 원칙
국제적 협력의 원칙은 우주공간의 탐사와 이용을 국제적 협조와 이해의 증진을 위해 수행해야 하는 원칙을 말한다. 우선, 당사국은 다른 당사국의 상응한 이익을 충분히 고려해야 한다. 둘째, 우주물체를 발사한 당사국은 다른 국가의 요청이 있는 경우 발사한 우주물체의 비행을 관찰할 기회를 평등의 원칙하에 고려해야 한다. 셋째, 외기권의 탐사 및 이용에 있어서 우주활동의 성질, 수행, 결과 등을 실행 가능한 최대한도 내에서 일반대중, 과학단체, 국제연합사무총장에게 통보해야 한다.

0693

다음 우주법상 평화적 이용의 원칙으로 적절하지 않은 것은?

① 평화적 이용의 원칙은 우주 공간을 평화적 목적으로만 이용할 수 있고 군사적 목적으로 이용할 수 없다는 원칙을 말한다.
② 지구주변의 궤도에 핵무기 또는 기타 모든 종류의 대량살상무기를 설치하는 것이 금지되며, 천체에 이러한 무기를 장치하거나 기타 어떠한 방법으로든지 이러한 무기를 외기권에 배치하는 것은 금지된다.
③ 우주조약이 금지 대상으로 규정하는 것은 핵무기와 기타 대량 파괴무기에 한정하고 그 밖의 무기, 군사시설 또는 군사요원은 금지의 대상이 아니다.
④ 정찰위성, 통신위성의 설치나 지구주변궤도에 진입하지 않는 대륙간유도탄(ICBM)의 발사도 금지된다.

[정답] ④
[해설] 정찰위성, 통신위성의 설치나 지구주변궤도에 진입하지 않는 대륙간유도탄(ICBM)의 발사는 금지되지 않는다. 천체 상에서 군사기지, 군사시설, 방위시설의 설치 및 모든 형태의 무기실험과 군사연습의 실시도 금지된다. 군사요원이나 군사시설을 사용하더라도 평화적 목적을 위한 것이면 합법하다.

0694

1979년 채택된 '달 기타 천체상에서의 국가활동을 규제하는 협정'(달협정)의 설명으로 옳지 않은 것은?

① 평화적 목적을 위해서만 사용된다.
② 당사국은 국제법상 평등하게 달에 대한 과학적 조사를 자유로이 행할 수 있다.
③ 달과 그 천연자원은 인류의 공공물이다.
④ 천체 상에서 군사기지, 군사시설, 방위시설의 설치 및 모든 형태의 무기실험과 군사연습의 실시도 금지된다.

[정답] ③
[해설] 인류의 공공유산이다.

0695

우주책임협약에 대한 설명이 틀린 것은?

① 무과실책임(절대책임)에서 발사국은 자국의 우주물체에 의하여 "지표 또는 비행중인 항공기"에 발생된 손해에 대하여 절대적으로 배상할 책임이 있다고 규정하고 있다.
② 과실책임에서 지표 이외의 곳에서, 즉 우주에서 우주물체끼리 충돌하거나 전자기적 간섭 등으로 손해가 발생한 경우 발사국 상호간에는 '과실책임주의'를 따른다.
③ 국내구제완료은 협약상 국내적 구제를 다하는 것을 기다리지 않고 바로 청구를 제기할 수 있다.
④ 협약은 개인이 발사국 국내법원에 대한 손해배상 청구의 제기를 막는 것은 아니며, 이 경우에 피해 국가는 발사국에 대한 청구를 제기할 수 있다.

정답 ④

해설 협약은 개인이 발사국 국내법원에 대한 손해배상 청구의 제기를 막는 것은 아니하지만, **이 경우 피해국가는 발사국에 대한 청구를 제기할 수 없다.**
① 무과실책임(절대책임) : 책임협약 제2조는 발사국은 자국의 우주물체에 의하여 "지표 또는 비행중인 항공기"에 발생된 손해에 대하여 절대적으로 배상할 책임이 있다고 규정하고 있다.
② 과실책임: 지표 이외의 곳에서, 즉 우주에서 우주물체끼리 충돌하거나 전자기적 간섭 등으로 손해가 발생한 경우 발사국 상호간에는 '과실책임주의'를 따른다.
③ 국내구제완료의 배제 : 전통적으로 외교적 보호권은 국내구제가 완료될 때 까지 발동이 정지된다. 그러나 협약은 국내적 구제를 다하는 것을 기다리지 않고 바로 청구를 제기할 수 있도록 하여 전통국제법에 중대한 수정을 가하고 있다. 그러나, 개인이 발사국 국내법원에 대한 손해배상 청구의 제기를 막는 것은 아니다. 다만, 이 경우 피해국가는 발사국에 대한 청구를 제기할 수 없다.

0696

우주법에 관한 설명으로 틀린 것은?

① 1979년 채택된 '달 기타 천체상에서의 국가활동을 규제하는 협정(달협정)'은 달과 그 천연자원의 영유권을 제한하였다.
② 우주구조반환 협정은 당사국 내에서 우주물체가 발견되고 발사당국이 원조를 요청하는 경우 회수할 의무가 있다.
③ 우주물체등록협정은 우주물체에 대한 특수한 정보를 자발적으로 등록하도록 하고 있고, 우주물체에 대한 특수한 정보를 수탁국에게 제공할 것을 요구하는 등 자율적 등록제도를 견지하고 있다.
④ 책임협약 제2조는 발사국은 자국의 우주물체에 의하여 지표 또는 비행중인 항공기에 발생된 손해에 절대적으로 배상할 책임이 있다라고 규정하고 있다.

정답 ③
해설 우주물체등록협정은 우주물체에 대한 특수한 정보를 자발적으로 등록하도록 하고 있고, 우주물체에 대한 특수한 정보를 UN사무총장에게 제공할 것을 요구하는 등 종래의 자율적 등록 제도를 강제적 등록제도로 대체하였다.

0697

우주활동의 법적 책임으로 틀린 설명은?

① 우주조약과 우주물체에 의한 손해배상협정이 있다.
② 발사된 물체나 구성 부분이 대기공간이나 우주공간에서 다른 당사국에 손해를 끼치는 경우 국가책임이 발생한다.
③ 우주조약에 의하면 우주공간에 물체를 쏘아올리는 것은 사인의 행위라면, 그로 인한 손해는 국가에 책임을 물 수 없다.
④ 우주물체에 의한 손해배상협정에 따르면, 우주물체가 지표면 또는 비행중인 항공기에 끼친 손해의 경우 우주물체발사국의 절대책임을 규정하고 있다.

정답 ③
해설 우주조약에 의하면 우주공간에 물체를 쏘아올리는 것은 사인의 행위라도, 그로 인한 손해는 국가에 책임을 묻고 있다.

0698

남극조약에 관한 설명으로 옳지 않은 것은?

① 남극에서 활동하는 과학 및 감시요원은 그들의 소속국의 관할권에만 복종한다.
② 남극조약은 현재 12국만의 폐쇄조약이다.
③ 조약이 효력을 발생한 후 30년 동안 재검토를 불허할 뿐이다.
④ 칠레, 아르헨티나 등의 기존 영유권 주장국의 영유권 주장을 동결시켰다.

[정답] ②
[해설] 남극조약은 본래 12국만의 폐쇄조약이었으나, 1986년 이후 제3국에게도 개방되었다.

0699

남극의 법적 체제에 대한 설명으로 옳지 않은 것은?

① 남극조약에 의하면 남극지역에서 행한 임무수행과 관련하여 재판관할권은 그가 소속하는 체약국의 재판권에 의한다.
② 남극에 대한 영유권 주장은 동결되었다.
③ 남극환경보호의정서가 채택되었다.
④ 평화적 목적으로만 이용될 수 있지만, 비적대적인 군사적 목적은 가능하다.

[정답] ④
[해설] 평화적 목적으로만 이용될 수 있다. 군사적 목적은 인정되지 아니한다.

21 | 환경법

0700
국제환경법에 대한 설명으로 옳지 않은 것은?

① 국제환경법이란 자연자원의 보존을 포함한 환경보호와 관련된 국제법규를 말한다.
② 국제환경법은 국제법과 별개의 법체계로서 존재한다.
③ 국제환경법 중 UNEP가 환경문제에 관한 조약을 체결하는 경우 추상적인 골격조약과 구체적인 의정서가 체결되어 이원적 법형식을 이루는 것이 보통이다.
④ 국제환경법에는 사전주의원칙, 오염자비용부담원칙 등이 일반원칙으로 거론된다.

| 정답 | ② |

| 해설 | 국제환경법은 국제법과 별개의 법체계로서 존재하는 것이 아니라, 조약, 국제관습법 등으로 이루어진 국제법 중에서 그 법규의 주요 규율대상과 목적이 환경문제에 관련한 것을 의미한다.

0701

환경법상 영역사용의 관리책임원칙으로 옳지 않은 것은?

① 무과실책임의 원칙은 자국의 관할 또는 통제 하의 활동이 타국 또는 자국 관할권이나 통제 이원의 영역에 위해를 가하지 않도록 주의해야 한다는 원칙을 의미한다.
② ICJ의 UN총회 요청에 대한 권고적 의견(Legality of the Threat or Use of Nuclear Weapon)에서 자국관할권 및 통제 하에 있는 활동이 다른 국가 또는 국가관할권 범위 밖의 환경을 존중하도록 보장할 국가의 의무가 환경에 관한 국제법의 일부가 되었다고 최초로 공식 확인하였다.
③ 1949년 코르푸해협(Corfu Channel) 사건에서 ICJ는 타국의 권리에 반하는 행위를 위해 자국영역이 사용되는 것을 고의로 허용해서는 안된다는 국제의무에 입각하여, 영국 군함이 알바니아 영해에 속하는 코르푸(Corfu)해협 통과시 기뢰에 부딪혀 손상을 입은 것에 대한 알바니아의 국가책임을 인정하였다.
④ 하몬주의(Harmon Doctrine)이란 하천이용의 무제한성을 주장하는 것으로 미국이 자국영토 내에서 주권을 행사하고 있는 이상 국제법상 미국과 멕시코가 리오그란데강의 하천수를 함께 사용해야 할 의무는 없으며, 유로변경으로 인해 멕시코에 피해가 발생하더라도 배상할 필요가 없다고 선언하였다.

[정답] ①
[해설] 사전예방원칙(preventive principle)은 자국의 관할 또는 통제 하의 활동이 타국 또는 자국 관할권이나 통제 이원의 영역에 위해를 가하지 않도록 주의해야 한다는 원칙을 의미한다.

0702

1972년 스톡홀름 '인간환경선언'에 관한 설명으로 틀린 것은?

① 선언의 원칙들은 오늘날 아직 국제관습법적 지위를 갖지 아니한다.
① 1968년 UN총회결의에 따라 UN인간환경 회의가 개최된다.
③ '선언'은 법적 구속력이 없다.
④ 1992년 리우환경개발회의는 인간환경선언에 법적 구속력을 부여하는 다양한 조약들을 채택하였다.

[정답] ①
[해설] 선언의 일부 원칙들은 오늘날 국제관습법적 지위를 갖는다고 간주된다.

0703

'의제 21'에 대한 설명으로 옳지 않은 것은?

① 의제21(agenda 21)은 '21개의 원칙'이라는 의미가 아니라 '21세기를 향한 지구환경보전 종합실천계획'의 뜻이다.
② 스톡홀롬 선언의 시행을 위한 구체적 행동지침을 담은 실천강령이다.
③ 1992년 UN환경개발회의가 UN인간환경회의와 구별되는 가장 큰 특징이 바로 '의제 21'이다.
④ 제3부의 주요그룹의 역할은 환경과 개발문제 담당자의 초점을 정부측에서 여성, 청소년, NGO 등 각 계층그룹으로 다원화시켰다.

정답 ②

해설 리우선언의 시행을 위한 구체적 행동지침을 담은 실천강령이다.

0704

UN기후변화총회와 발리로드맵에 대한 설명으로 적절하지 않은 것은?

① 지구온난화에 대한 국제사회의 관심이 높아진 가운데 교토의정서 만료 이후의 기후변화대응체제를 다루기 위해 2007년 12월 발리에서 개최된 것이 UN기후변화 총회이다.
② 발리로드맵은 감축목표협상을 2009년 말까지 마무리할 것을 규정하고 있으며 감축목표 협상을 미국과 개발도상국을 포함한 모든 나라가 2009년 말까지 마무리 할 것을 규정하고 있다.
③ 협상은 개도국과 선진국이 모두 참여하는 협약트랙으로 진행된다.
④ 회의의 가장 큰 의의는 교토의정서 체제에서 의무를 부담하고 있지 않던 미국과 개도국의 참여를 이끌어 냈다는 점이다.

정답 ③

해설 협상은 개도국과 선진국이 모두 참여하는 협약트랙과 교토의정서에 구속되는 선진국만 참여하는 의정서트랙으로 이원화되어 진행된다.

0705

ILC 결과책임 초안에 대한 설명으로 옳지 않은 것은?

① 동 초안은 국제법에 의해 금지되지 아니한 활동으로서 그것의 물리적 결과를 통하여 중대한 국경간 손해를 야기할 위험을 수반하는 활동에 적용된다.
② 회원국은 국경상 손해를 방지하거나 위험을 최소화하기 위해 모든 적절한 조치를 취해야할 예방 의무가 있다.
③ 회원국은 그것의 위험을 최소화함에 있어 하나 이상의 국가의 도움을 구해야 한다.
④ 기본원칙을 이행하기 위해 적절한 감시 장치를 수립해야 하며 허가에 기초해 관할 내 행위를 규제해야 한다.

정답 ③

해설 회원국은 어떠한 경우에도 그것의 위험을 최소화함에 있어 하나 이상의 권한있는 국제기구의 도움을 구해야 한다.

0706

초국경적 환경오염 피해에 대한 국제책임에 관한 설명으로 틀린 것은?

① 타국 환경에 대한 손상방지 의무는 1972년 인간환경에 관한 '스톡홀름 선언 원칙21'을 통해 국제관습법으로 확립되었다.
② 고의나 과실로 환경오염을 야기하거나, 환경오염을 방지하는 데 상당한 주의의무를 다하지 못한 경우 국가책임이 발생한다.
③ 타국 환경에 대한 손상방지 의무가 위법행위로 인한 경우, 위반행위가 있는 경우에만 국가책임이 발생한다고 보고 현행 국제법상 결과책임에 대한 국가책임의 성립은 형성중인 법리(de lege ferenda)에 해당한다.
④ 타국환경에 대한 손상방지 의무는 가보치코보 나기마로스 사건에서 관습법임이 최초로 확인되었다.

정답 ④

해설 타국환경에 대한 손상방지 의무는 1941년 Trail제련소 사건에서 관습법임이 최초로 확인되었다.
타국 환경에 대한 손상방지 의무가 위법행위로 인한 경우만을 대상으로 하는 것인지 아니면 적법한 행위로 인한 경우까지도 포함하는 것인가에 대해서는 논쟁이 있으며, 절대책임설은 환경손상의 방지의무를 넓게 이해하여 결과에 대한 책임 또한 지는 것이 타당하다고 보는 반면 위법행위책임설은 환경손상방지의무를 오염의 방지를 '보장'할 의무가 아니라, 그러한 위해를 방지하기 위한 '상당한 주의'가 발휘되어야만 한다는 것으로 해석하고 위반행위가 있는 경우에만 국가책임이 발생한다고 보고 현행 국제법상 결과책임에 대한 국가책임의 성립은 형성중인 법리(de lege ferenda)에 해당한다.

0707

'1992년 환경과 개발에 관한 리우선언'에 제시된 국제환경법의 원칙으로 옳지 않은 설명은?

① 공동의 그러나 차별화된 책임원칙(common but differentiated responsibility principle)은 모든 국가가 지되, 의무부담의 정도에 있어서는 재정부담능력, 환경악화에 대한 국가의 기여도 등을 고려하여 선진국과 개도국이 차별적 책임을 진다는 원칙이다.
② 사전주의 원칙(precautionary principle)은 환경오염에 대한 명확한 과학적 증거가 부족하다고 할지라도 예방조치를 취하지 아니하면 미래에 돌이킬 수 없는 중대한 피해가 우려되는 경우 예방조치를 취해야 한다는 원칙이다.
③ 오염자부담 원칙(polluter-pays principle)은 환경오염에 책임이 있는 국가 또는 개인이 피해를 복구하는 비용을 충당해야 한다는 원칙을 의미이다.
④ 무과실책임의 원칙(liabiility principle) 또는 결과책임 원칙이 환경법의 원칙이고, 특히 리우선언에서 동 원칙에 대한 명시적 규정을 제시하고 있다.

정답 ④

해설 무과실책임의 원칙(liabiility principle) 또는 결과책임 원칙이 환경법의 원칙으로 주장되고 있으나, 리우선언에는 동 원칙에 대한 명시적 규정은 없다.

0708

자국 내의 활동으로 인하여 발생한 인접국의 오염피해에 대하여 그 국가가 책임을 부담해야 하는 근거가 될 수 있는 것이 아닌 것은?

① 코르푸해협 사건
② 1972년 스톡홀름선언 원칙 21
③ 핵무기의 위협/사용의 적법성 사건
④ 나우루 인산염 사건

정답 ④

해설 나루후 인산염 사건은 제3자의 재판 참여가 쟁점이 된 사건이다.

0709

국제환경법상 지속가능한 개발원칙에 대한 설명으로 틀린 것은?

① 지속가능한 개발원칙은 구체적으로 세대 간 형평의 원칙, 지속가능 사용의 원칙, 형평한 이용의 원칙, 환경과 개발의 통합원칙을 의미한다.
② 지속가능개발원칙이란 국가가 자연자원을 개발하고 사용함에 있어 지속가능하도록 보장해야한다는 것으로 개발 억제 원칙은 아니며, 1987년 세계환경개발위원회 보고서에 따르면 "미래세대의 그들의 필요에 응할 능력과 타협함이 없어 현세대의 필요에 응한 개발"을 의미한다.
③ 세대 간 형평의 원칙이 법적인 의무로 존재하고 있다.
④ 지속가능 사용의 원칙, 즉 자연자원과 환경의 지속가능한 사용의 원칙은 UN해양법 협약, 기후변화 협약, 생물다양성 협약 등에서도 규정하고 있으며 스톡홀름환경선언과 리우환경선언에서도 직간접적으로 언급되고 있다.

[정답] ③

[해설] 세대 간 형평의 원칙이 법적인 의무로 존재하는가에 대해서는 의문이 있지만 적어도 도덕적 의무로 존재한다는 것에서는 합의가 이루어져 가고 있다.
동 개념은 Sands에 의해 분류된 것으로 크게 4가지로 나눌 수 있는데, 이는 스톡홀름선언 원칙 1·13, 리우선언 3·4, 기후변화협약 제3조 제4항, 생물다양성 협약 제1조 등에 나타나 있다.

0710

환경 관련 국제책임에 대한 설명으로 틀린 것은?

① '초국경적 환경오염피해 방지의무'는 국제관습법상 확립된 국가의 기본적 의무이며, '초국경적 환경오염피해 방지의무'는 1941년 Trail Smelter 중재사건, 1957년 Lanoux호 사건 등의 국제판례에 의해 확인된 국가의 의무이다.
② '초국경적 환경오염피해 방지의무'의 경우 자국 관할 내의 위험할 활동으로 인해 타국의 영역이나 재산 및 사람이 부당한 피해를 입는 것을 방지하는 의무로서 사인에 대한 관할이 있을 경우 국가행위가 아니라도 국가책임이 성립한다.
③ 절대책임은 이미 국제법상으로 확립되고 있으며 이는 1972년 우주책임 협약 등 일부 조약의 형식을 통해 존재하고 있다.
④ 국제환경협약은 이행감독체제를 활용하고 있는바, 몬트리올 의정서는 국가보고제도를 채택하였다.

[정답] ③

[해설] 절대책임은 국제법상 확립되지 못하고 있으며 1972년 우주책임 협약 등 일부 조약의 형식을 통해 존재한다.

0711

사전주의 원칙에 대한 설명으로 옳지 않은 것은?

① 몬트리올 의정서는 사전주의 원칙을 최초로 도입한 국제합의로 인정되고 있다.
② 사전주의 원칙은 과학적 확실성이 없는 경우에는 예방적 조치에 의무가 존재하지 않는다.
③ '가브치코보－나기마로스댐 사건'이나 '핵실험 사건'에서 ICJ는 사전주의원칙의 존재를 확인하였으며, 또한 'EC－호르몬 사건'에서도 패널이 사전주의 원칙을 확인하고 적용기준을 제시하였다.
④ 1992년 리우선언 제15원칙은 과학적 확실성이 없다는 이유로 환경악화를 방지하는 비용대비 효과적 조치를 지연시켜서는 안된다고 밝히고 있다.

[정답] ②

[해설] 사전주의 원칙은 과학적 확실성이 없는 경우에도 **예방적 조치를 취하지 않으면 대재앙적 환경손해를 초래할 수 있는 경우**에 해당하는 원칙이다.
① 몬트리올 의정서는 사전주의 원칙을 최초로 도입한 국제합의로 인정되고 있고, 1985년 오존층 보존을 위한 비엔나협약과 동 조약상의 의무를 구체화한 몬트리올 의정서는 사전주의 원칙을 최초로 도입한 국제합의로 인정되며, 그 이후 리우선언, 기후변화 협약, 생명공학안정의정서 등의 문서에도 규정하고 있다.

0712

국제환경법의 원칙에 대한 설명으로 틀린 것은?

① 지속가능한 개발원칙은 세대간 형평의 원칙, 지속 가능한 사용의 원칙, 세대 내 형평의 원칙, 환경과 개발의 통합원칙을 포함하는 개념이다.
② 사전주의 원칙은 적절한 규제조치를 취하는데 요구되는 필요하고도 충분한 과학적 인과관계의 증명이 기술적으로 매우 어려운 경우 적용되는 원칙이다.
③ 사전예방원칙은 일반국제법상으로는 확립되지 않았고 연성법규성을 강하게 가진다.
④ 오염자부담원칙은 오염방지 책임에 관한 원칙인 측면 보다는 오염통제비용의 배분을 위한 경제정책적인 측면이 강하다.

[정답] ③

[해설] 사전예방원칙은 일반 국제법상 확립된 법규로서 관습법에 해당하나 사전주의 원칙은 연성법규성을 강하게 가진다.

0713

기후변화협약 교토의정서(Kyoto Protocol)에 관한 설명으로 틀린 것은?

① 제1부속서에 포함된 국가들은 재량적으로 온실가스를 2008~2012년 동안 1990년 대비 평균 5% 감축할 의무를 부담한다.
② 배출권 거래, 공동이행, 청정개발체제 등 신축성 제도를 도입하였다.
③ 중국, 인도는 개도국으로 인정받아 감축 의무가 없으며, 미국은 의회의 비준을 통과한 후 협약에 참가하였다.
④ 2011년 12월 개최된 제17차 기후변화협약 당사국총회(COP17)에서 교토의정서를 2017년 말까지 5년간 연장하기로 하였으며, 당사국들은 새로운 기후변화협약을 위한 협상을 2015년까지 완료하고, 2020년부터 개도국에도 적용되는 새로운 체제 출범에 합의해 더반 플랫폼 기반이 구축되었다.

[정답] ③
[해설] 중국, 인도는 개도국으로 인정받아 감축 의무가 없으며, 미국은 의회의 비준거부로 인해 협약에 참가하고 있지 아니한다.

0714

기후변화협약과 관계가 있는 것이 아닌 것은?

① 협약 전문에서 각국은 온실가스 배출에 대한 책임과 경제적 능력, 그리고 사회경제적인 능력에 따라서 공동의 그러나 차별적인 책임을 부담할 것이 요구된다고 선언하고 있다.
② 1992년 6월 UNCED에서 서명되었다.
③ 우리나라는 미가입 상황이다.
④ 2000년까지 1990년 수준으로 이산화탄소를 포함한 온실가스를 감축할 의무는 선진국들에게만 부과되었다.

[정답] ③
[해설] 우리나라는 1994년 가입하였다.

0715

생물다양성협약에 대한 설명으로 틀린 것은?

① UNEP의 후원 아래 4년 간 교섭을 하여 UNCED, 즉 교토회의에서 서명을 위하여 개방되었다.
② 생물다양성보전과 그 구성요소의 지속가능한 이용을 목적으로 하고 있다.
③ 동 협약에서 강제적인 의무가 표현되어 있는 부분은 기술이전과 재정지원에 관한 조항이며, 정작 생물다양성의 보전과 관련해서는 강제적 의무가 없다.
④ 생물의 보존을 위한 기타의 국제협약으로는 람사르(RAMSAR)협약이 있다.

정답 ①

해설 UNEP의 후원 아래 4년 간 교섭을 하여 UNCED, 즉 리우회의에서 서명을 위하여 개방되었다.

0716

바젤협약에 대한 설명으로 옳지 않은 것은?

① 유해 폐기물의 국가 간 이동요건으로서 수입국의 기후 등 조건이 수출국에서의 처리보다 환경상 유리하다고 판단되는 경우를 명시하고 있다.
② 수출국은 수입국에 한하여 통지한 이후 동의를 받아야 한다.
③ 수입국의 동의를 받지 못한 이동일 경우 즉시 수출국에서 이를 재수입하여야 한다.
④ 협약당사국과 비당사국의 유해 폐기물 교역을 금지하고 있다.

정답 ②

해설 수출국은 경유국에도 통지를 하고 동의를 받아야 한다.

0717

환경오염으로 국가책임의 성립요건에 대한 설명으로 틀린 것은?

① 국가가 국제의무위반으로 인해 인접국에게 환경상의 침해를 발생시킨 경우 전통국제법상의 불법행위책임이 성립한다.
② 사인의 행위에 의해서는 인접국에 대한 국제책임이 성립되지 아니한다.
③ 국가책임을 지게 될 사인의 행위는 국가가 스스로의 영토상에서 발생하는 사인들의 행위를 '통제하고 방지할 수 있었음에도 불구하고' 이러한 의무를 이행하지 않았음을 전제로 한다.
④ 트레일 제련소 사건이 초국경적 환경오염피해에 대한 책임을 최초로 인정한 판례에 해당되며, 이 판례는 ICJ가 아니라 미국과 캐나다 간 중재재판 사건이다.

정답 ②

해설 사인의 행위에 의해서도 인접국에 대한 국제책임이 성립할 수 있다.

0718

국제환경기구에 대한 설명으로 틀린 것은?

① WHO는 세계보건기구로 UN의 전문기구로서 인간의 건강증진을 목적으로 자연환경 보호에 깊이 관여한다.
② UNEP(UN인간환경계획)은 1972년 스톡홀름회의에서 설립된 기구로 환경문제를 전담하는 대표적 기구이며, 다만, UN의 전문기구는 아니며 보조기관이다.
③ WMO(국제해사기구)는 UN의 전문기구로 해양환경의 보존과 보호를 위한 활동을 하고 있으며, 세계기상기구는 IMO이다.
④ 농업생산과 식량생산의 개선을 목적으로 토양이나 수자원관리에 관여하는 FAO(식량농업기구), 핵시설 및 핵물질의 안전, 방사능 오염방지 등을 다루는 IAEA(국제원자력기구) 등이 있다.

정답 ③

해설 IMO(국제해사기구)는 UN의 전문기구로 해양환경의 보존과 보호를 위한 활동을 하고 있으며, 세계기상기구는 WMO이다.
④ UNESCO는 UN의 전문기구로서 인간과 환경의 상호작용에 관심을 갖고 이와 관련된 일을 하고 있으며, 이외에도 농업생산과 식량생산의 개선을 목적으로 토양이나 수자원관리에 관여하는 FAO(식량농업기구), 핵시설 및 핵물질의 안전, 방사능 오염방지 등을 다루는 IAEA(국제원자력기구) 등이 있다.

0719

환경법의 일반원칙에서 협력의 원칙에 대한 설명으로 타당하지 않은 것은?

① 해양환경이 오염에 의하여 피해를 입을 급박한 위험에 처하거나 피해를 입은 것을 알게된 국가는 국제공동체에 신속히 통고하지만 의무규정은 아니다.
② 환경에 갑작스런 해로운 효과를 야기할 가능성이 있는 긴급사태를 아는 경우 이를 즉각적으로 다른 국가들에게 통고할 의무이다.
③ Corfu Channel 사건에서 ICJ는 "국가는 자국의 영토가 타국의 권리에 위배되는 행위를 위하여 사용되는 것을 알면서도 이를 허용해서는 안될 의무를 부담한다."의 원칙을 수립하였다.
④ 리우선언 제2원칙에서 국가의 관할권 혹은 통제 내에서의 활동은 국가의 영토 내에서의 활동에 국한되는 것이 아니라는 점에서 그리고 피해 대상에 타국의 환경뿐만 아니라 국가 관할권 범위 밖의 지역의 환경도 언급되고 있다.

[정답] ①

[해설] 해양환경이 오염에 의하여 피해를 입을 급박한 위험에 처하거나 피해를 입은 것을 알게된 국가는 **권한있는 국제기구**뿐만 아니라, 그러한 피해에 의하여 영향을 받을 것으로 생각되는 다른 국가에 신속히 통고해야 한다.

0720

환경영향평가에 대한 설명으로 타당하지 않은 것은?

① 1969년 미국의 국가환경정책법으로 시작되었다.
② 환경에 심각한 악영향을 초래할 가능성이 있고 권한 있는 국가당국의 결정을 필요로 하는 사업계획에 대하여는 환경영향평가제도가 국제적 제도로서 실시되어야 한다.
③ 리우선언 제17칙에서 환경에 심각한 악영향을 초래할 가능성이 있고 권한 있는 국가당국의 결정을 필요로 하는 사업계획에 대하여는 환경영향평가제도가 국가적 제도로서 실시되어야 한다.
④ 월경 차원의 환경영향평가에 관한 협약(1991년)에서 환경영향평가이 명문화되어 있다.

[정답] ②

[해설] 환경에 심각한 악영향을 초래할 가능성이 있고 권한 있는 국가당국의 결정을 필요로 하는 사업계획에 대하여는 환경영향평가제도가 **국가적 제도**로서 실시되어야 한다.

0721

국제환경법의 일반원칙인 예방주의 원칙에 대한 설명이 옳지 않은 것은?

① 환경법의 첫 단계로서, 가능한 한 모든 환경 위험을 사전에 차단하려는 법적 구속력을 제공한다.
② UN해양법협약에서 각국은 개별적으로 또는 적절한 경우 공동으로, 자국이 가지고 있는 실제적인 최선의 수단을 사용하여 또한 자국의 능력에 따라 모든 오염원으로부터 해양환경오염을 방지, 경감 및 통제하는데 필요한 이 협약과 부합하는 모든 조치를 취하고, 또한 이와 관련한 자국의 정책을 조화시키도록 노력한다.
③ 월경 차원의 환경영향평가에 관한 협약에서 각 당사국은 개별적으로 혹은 공동으로, 사업계획으로부터 국경을 넘어선 환경에 대한 심각한 악영향을 압지, 경감 및 통제하기 위하여 모든 적절하고도 실효성있는 조치를 취해야 한다.
④ 리우선언 제15원칙에서 환경을 보호하기 위해 각 기구의 능력에 따라 사전주의 접근법이 널리 실시되어야 한다.

정답 ④

해설 리우선언 제15원칙에서 환경을 보호하기 위해 각 **국가의 능력**에 따라 사전주의 접근법이 널리 실시되어야 한다. 중대하고 돌이킬 수 없는 피해의 위협이 있는 경우, 완전한 과학적 확실성의 결여가 환경악화를 방지하기 위한 비용효과적인 조치를 연기시키는 구실로 사용되어서는 안된다.

0722

대기권의 보호에 대한 설명으로 틀린 것은?

① 대기권은 끊임없이 변동하는 기단으로 이루어져 있기 때문에 하위국가의 영토주권이 미치는 단순히 공간적 차원으로서의 영공과 동일시 할 수 없다.
② 대기권은 영토주권과 중복되기도 하기 때문에 공해처럼 국가관할권 이원의 공공물로 볼 수 없다.
③ UN총회결의에서 '인류의 자원'으로 제시되었다.
④ 근접하여 있는 국경간 대기오염뿐이 아니라 더욱 일반화된 장거리 오염도 포함된다.

정답 ③

해설 UN총회결의에서 '**인류의 공동관심사**'로 제시되었다.

0723

제네바 장거리 월경 대기오염 협약의 설명으로 타당하지 않은 것은?

① 대기오염이란 인간이 물질 또는 에너지를 대기 중에 직접 또는 간접으로 방출함으로써 인간건강을 위태롭게 하고, 생물자원, 생태계 및 물적 자원에 손해를 입히며, 쾌적성 및 기타 환경의 정당한 이용을 손상시키거나 이에 간섭하는 유해한 영향을 초래하는 것을 말한다.
② 장거리 월경 대기오염이란 그 물리적 원인의 전부 또는 일부가 여러 국가의 관할 하에 있는 지역에 위치한 대기오염이다.
③ 협약이 당사국들에게 부과하는 의무는 매우 온건한데, 대기오염의 특정한 감소에 대한 그 어떤 구체적 공약도 조약 자체에는 들어 있지 않기 때문이다.
④ 당사국들이 최선의 정책과 전략을 개발할 의무를 부여하지만, 균형개발 및 경제적으로 실행가능한 최상의 이용가능한 기술과 양립하는 범위에 그친다.

[정답] ②
[해설] 장거리 월경 대기오염이란 그 물리적 원인의 전부 또는 일부가 한 국가의 관할 하에 있는 지역에 위치한 대기오염으로서 개별적 방출원이나 집단적 방출원의 기여를 구별하는 것이 일반적으로 가능하지 않은 거리에 위치하는 타국의 관할지역에 악영향을 초래하는 것을 말한다.

0724

비엔나 오존층보호협약의 설명으로 옳지 않은 것은?

① UN환경계획은 1981년 오존층보호를 위한 조약의 교섭을 개시했다.
② 개도국은 오존파괴물질의 사용억제가 자국의 산업발전을 정해한다고 우려하고 있고, 생산과 소비를 억제해 왔던 선진국들은 국제적인 통제를 기대해 오고 있다.
③ 오존층이란 지구경계층 위에 있는 지상오존층을 지칭한다.
④ 비엔나에서 채택된 오존층보호협약(1985년)에서 오존층은 법적으로나 물리적으로 외기권에 속하지 않으며, 오존층은 대기권의 일부로 남아 있고, 따라서 그것은 부분적으로 공공물 지역에 속하며, 일부분은 국가주권 영역의 일부로 간주된다.

[정답] ③
[해설] 오존층이란 지구경계층 위에 있는 대기오존층을 지칭한다.

0725

기후변화협약에 대한 설명으로 옳지 않은 것은?

① 이산화탄소와 기타 모든 온실가스를 규율대상으로 하는 골격협약으로 이산화탄소와 몬트리올 의정서에 의해 통제되지 아니한 기타 모든 온실가스를 규율대상으로 한다.
② 이 협약은 인류의 한 가지 공동관심사가 기후변화와 그로 인한 부정적 효과임을 천명했다.
③ 지구적 성격은 국가들의 공동의 책임과 각 국가의 능력에 따라 최대의 협력과 실효성 있고 적절한 국제적 반응에의 그들의 참여를 필요로 함을 인식하고 있다.
④ 기후체계의 보호는 현세대뿐만 아니라 미래세대를 위한 것이기도 하다.

[정답] ③

[해설] 지구적 성격은 국가들의 **공동의 그러나 차별화된** 책임과 각 국가의 능력에 따라 최대의 협력과 실효성 있고 적절한 국제적 반응에의 그들의 참여를 필요로 함을 인식하고 있다.

0726

기후변화 협약의 원칙과 구조에 대한 설명으로 타당하지 않은 것은?

① 각국의 공동의 그러나 차별화된 책임 원칙은 당사국들은 사전주의적 조치를 취해야 한다.
② 협약 제1부속서의 국가는 선진국과 기타 개발도상국가는 온실가스의 인위적 배출을 개별적 혹은 공동으로 2000년까지 1990년의 수준으로 복귀시키기 위하여 발효일로부터 6개월 이내에 상세한 정보를 제공해야 한다.
③ 협약 제2부속서의 국가에 포함된 선진당사국은 개도당사국들에게 일반보고의무를 수행함에 있어 비용 충당의 재원을 제공해야 한다.
④ 중대하거나 돌이킬 수 없는 피해의 위험이 있는 경우에 완전한 과학적 확실성의 결여가 그러한 조치를 연기시키는 구실로 사용되어서는 안된다.

[정답] ②

[해설] 협약 제1부속서의 국가는 **선진국과 기타 국가(시장경제로 진행 중인 러시아 및 동유럽국)**는 온실가스의 인위적 배출을 개별적 혹은 공동으로 2000년까지 1990년의 수준으로 복귀시키기 위하여 발효일로부터 6개월 이내에 상세한 정보를 제공해야 한다.

0727

교토의정서의 내용에 대한 설명으로 틀린 것은?

① 배출적립(banking)은 협약 제1부속서에 포함된 국가가 이행기간 동안 실제로 배출한 온실가스의 양이 할당받은 양보다 적은 경우, 그 차이는 당해 국가의 요청이 있으면 그 국가의 차기이행기간의 할당량에 추가된다.
② 배출권거래제(emission trading)는 온실가스배출 쿼터의 국가간 거래를 허용하지 않고 있는데, 이 제도에 의하면 목표연도에서의 배출쿼터와 그에 못 미치는 실제배출량 사이의 차이를 타국에 인도할 수 있다.
③ 공동이행(joint implementation)은 타국에 자본과 기술을 투자하여 온실가스를 줄여준 뒤 그 감축에 상응하는 배출쿼터를 당해 국가로부터 넘겨받는 것을 허용하기 위한 것이다.
④ 협약 제1부속서에 포함된 국가와 포함되지 아니한 국가간의 공동이행은 특별히 청정개발체제(clean development mechanism)로 규율되고 있다.

정답 ②

해설 배출권거래제(emission trading)는 온실가스배출 쿼터의 국가간 거래를 허용하고 있는데, 이 제도에 의하면 목표연도에서의 배출쿼터와 그에 못 미치는 실제배출량 사이의 차이를 타국에 팔 수 있다.
교토의정서는 기후변화협약의 당사자인 국가들에게만 개방된다.

0728

파리협정에 대한 설명으로 타당하지 않은 것은?

① 파리협정은 국제사회 공동의 장기 목표로 "산업화 이전 대비 지구 기온의 상승폭(2100년 기준)을 섭씨 1도보다 훨씬 낮게(well below 1℃) 감소하고, 더 나아가 온도 상승을 1.5℃ 이하로 제한하기 위한 노력(strive)을 추구한다"고 합의했다.
② 금세기 후반기, 즉 2050년 이후에는 인간의 온실가스 배출량과 지구가 이를 흡수하는 능력이 균형을 이루어야 한다고 촉구했다.
③ 국제사회는 1992년 기후변화협약(UNFCC) 채택 이후 장기적 목표로서 산업화 이전 대비 지구 평균기온 상승을 어느 수준으로 억제해야 하는지를 논의해왔다.
④ EU 국가들은 줄곧 2℃ 목표를 강하게 주장해왔으며, 2010년 제16차 당사국총회(COP16)에서 채택한 칸쿤 합의로 2℃ 목표가 공식화됐다.

정답 ①

해설 파리협정은 국제사회 공동의 장기 목표로 "산업화 이전 대비 지구 기온의 상승폭(2100년 기준)을 섭씨 2도보다 훨씬 낮게(well below 2℃) 유지하고, 더 나아가 온도 상승을 1.5℃ 이하로 제한하기 위한 노력(strive)을 추구한다"고 합의했다.

0729

파리협정에 대한 설명이 옳지 않은 것은?

① 문제는 목표를 달성할 이행방안을 실행할 수 있느냐이나 현재로선 비관적인 전망이 많다.
② 파리 협정은 각국이 온실가스 감축목표를 스스로 정하는 상향식 체제이다.
③ 목표의 설정과 이행에 국제법적 구속력이 있다.
④ 세계 각국은 스스로 정한 국가별 기여방안(INDCs)를 제출했는데, 파리협정은 각국이 앞으로 매 5년마다 최고 의욕 수준을 반영해, 이전보다 진전된 목표를 제시해야 한다고 정했다.

정답 ③
해설 목표의 설정과 이행에 국제법적 구속력은 없다.

0730

파리협정의 이행체제에 대한 설명으로 틀린 것은?

① 법적 구속력 문제는 INDCs에 국제법적 구속력을 부과할 것인가의 문제는 협상 과정에서 가장 이견이 큰 쟁점이었는데, 유럽연합(EU)과 몰디브 등은 법적 강제가 필요하다는 입장이었으나, 미국·중국·한국 등이 반대했다.
② 감축목표는 각국에서 자발적으로 수립하고, 이행 여부도 자발적으로 노력할 사항으로 규정해 국제법적 구속력을 부여하지 않고, 대신 각국이 국내법을 마련해 그 이행을 독려하는 수준에서 합의됐다.
③ 파리협정에서는 총회가 제출한 감축 목표를 국제사회가 공동으로 검증하는 '이행 점검(Global Stock-taking)' 시스템을 만들고, 정기적으로 검토를 받는 것은 구속력이 있는 협정 사안으로 정했다.
④ 공동의, 차별화된 책임에서 선진국과 개도국의 의무 차등화 문제는 개도국은 오랫동안 온실가스를 배출해온 선진국의 역사적 책임을 들어 이분법 체계가 계속되어야 한다고 주장한 반면, 선진국은 개도국의 책임이 증가하고 있다며 강력한 이행 및 점검체계를 갖춰야 한다고 주장했다.

정답 ③
해설 파리협정에서는 각국이 제출한 감축 목표를 국제사회가 공동으로 검증하는 '이행 점검(Global Stocktaking)' 시스템을 만들고, 정기적으로 검토를 받는 것은 구속력이 있는 협정 사안으로 정했다. 유엔은 INDC의 이행 정도를 2023년부터 점검하는데, 회원국들은 온실가스 배출현황, 감축 목표 달성 노력 등을 보고하고 유엔기후변화협약 사무국의 심사를 받게 된다. 개도국을 대표하는 중국과 인도는 감축 이행 검토를 반대했지만, 결국 받아들이는 쪽으로 선회했다.

0731

해양투기에 대한 설명으로 타당하지 않은 것은?

① 스톡홀롬 회의(1972년)에서는 해양투기를 규제할 국제적 체제의 수립을 요구하였다.
② 폐기물 및 기타 물질의 투기에 의한 해양오염방지협약(런던 덤핑협약, 1972년)으로 해양투기 문제를 지구적 체제로 인식하기 시작했다.
③ 투기는 하수 배출구 같은 육상오염원으로부터의 방출을 포함하여, 선박 등의 통상적인 운영과정에서 생기는 누출이나 사고에 의한 누출은 투기에 해당하지 않고, 바다에서의 폐기물소각을 투기로 취급되어 왔다.
④ 폐기물 및 기타 물질의 투기에 의한 해양오염방지협약 (1972년)에서 투기라 함은 "선박, 항공기, 플래트홈 또는 인공구조물로부터 폐기물이나 기타 물질을 바다에서 의도적으로 처분하는 것"과 "선박, 항공기, 플래트홈 또는 인공구조물을 바다에서 의도적으로 처분하는 것"을 말한다.

정답 ③

해설 투기는 하수 배출구 같은 육상오염원으로부터의 방출은 투기에 해당하지 않으며, 선박 등의 통상적인 운영과정에서 생기는 누출이나 사고에 의한 누출은 투기에 해당하지 않고, 바다에서의 폐기물소각도 투기로 취급되어 왔다.

0732

폐기물 및 기타 물질의 투기에 의한 해양오염방지협약에 대한 설명으로 틀린 것은?

① 본협약 제1부속서에 기재된 폐기물과 기타 물질의 투기는 절대적으로 금지된다.
② 본협약 제2부속서에 기재된 폐기물과 기타 물질의 투기는 사전특별허가를 필요로 한다.
③ 최종결정권자는 협약의 당사국 총회에게 있다.
④ 본협약 하에서 특별허가나 일반허가를 부여할 일차적 책임은 선박·항공기의 국적이나 투기장소에 관계없이 폐기물이 선적되는 국가에게 있다.

정답 ③

해설
- 최종결정권자는 국내허가당국에게 있다.
- 동의 없이 타국의 내수나 영해에서 투기를 할 수 없다.
- 투기는 무해통항에 해당하지 않기 때문에 통과 중 이러한 행위를 하는 선박에 대해 연안국은 완전한 관할권을 행사할 수 있다.
- 영해, EEZ, 대륙붕 모두에 있어 연안국은 지리적 여건으로 인하여 불리한 영향을 받을 국가와 함께 그 문제를 적절히 검토한 후 이러한 투기를 허용, 규제 및 통제할 권리를 갖는다.
- 협약은 지구적인 위상에도 불구하고, 완전한 법전이 아니므로 이는 가타 조약이나 국제관습법상 연안국이나 기국에게 부여한 관할권과 연계하여야 한다.

0733

1996년 런던덤핑협약을 현대화하기 위한 의정서의 설명으로 타당하지 않은 것은?

① 런던덤핑협약이 해저처리가 규율 대상으로 되는지가 불확실하였는데, 의정서는 투기의 정의에 반영하였다.
② 사전주의적 접근법과 오염자 부담 접근법을 법전화하였다.
③ 역리스트 방식을 채택하여 체약국들에게 제1부속서 열거된 것을 제외하고는 일체의 폐기물이나 기타 물질의 투기를 금지시킬 의무를 지우고 있다.
④ 의정서 제1부속서에 열거된 물질은 조건없이 투기가 허용된다.

정답 ④

해설
- 제1부속서에 열거된 허용 물질이라도 여전히 허락을 요한다.
- 바다에서의 소각을 금지한다.
- 불가항력이나 비상사태의 경우 예외를 인정한다.

0734

유해폐기물의 국제거래에 대한 설명이 잘못된 것은?

① 유해폐기물의 국가간 거래의 허용에 대해서 서구진영은 폐기물 거래는 감소되어야 함을 주장하고 있다.
② OAU의 정책은 1991년 "아프리카 내로의 유해폐기물 수입 금지 및 아프리카 내에서의 월경이동 통제에 관한 바마코협약"에서 비당사국으로부터 아프리카 내로의 수입을 금지하지만, 아프리카 국가간 폐기물 거래는 허용하고 있다.
③ 사전통고와 관리를 요구하지만 폐기물의 월경처리를 제거하려는 노력을 보이지 아니한다.
④ 개도국은 자기 영토내에서 폐기물처리에 관한 선진국들의 무역을 비판하는 입장이다.

정답 ②

해설 OAU의 정책은 1991년 "아프리카 내로의 유해폐기물 수입 금지 및 아프리카 내에서의 월경이동 통제에 관한 바마코협약"에서 비당사국으로부터 아프리카 내로의 수입을 금지하고, **아프리카 국가간 폐기물 거래를 규제**하고 있다.

0735

핵폐기물의 월경이동 및 처리의 통제에 관한 바젤 협약(1989년)에 대한 설명으로 타당하지 않은 것은?

① 각국은 개별적으로 혹은 지역적으로 폐기물수입을 금지할 주권적 권리를 보유한다.
② 월경이동은 바젤협약당사국 사이에서 혹은 아프리카 내에서 허용되지만, 재활용을 위한 것이 아닌 한 수출국이 문제의 폐기물을 '환경적으로 건전하고 효율적인 방법으로' 처리할 능력이나 시설을 가지지 못한 상황에서만 허용된다.
③ 협약은 폐기물 거래는 통과국과 수입국의 사전 동의를 필요로 하며, 불법거래는 방지되어야 하고 불법적으로 수입된 폐기물은 그 수입국으로 처리되어야 하며 화학제품처럼 처리를 위한 것이 아닌 유해물질 거래는 바젤협약에 의하여 규제되지 않는다.
④ 적용범위에서 폐기물이란 국내법규정에 의하여 처리되거나, 처리가 의도되거나 혹은 처리가 요구되는 물질이나 대상을 말하는데, 협약에서는 가정폐기물과 유해폐기물만을 규제하고 있다.

정답 ③

해설
- 협약은 폐기물 거래는 통과국과 수입국의 사전 동의를 필요로 하며, 불법거래는 방지되어야 하고 불법적으로 수입된 폐기물은 그 **수출국으로 회수**되어야 하며 화학제품처럼 처리를 위한 것이 아닌 유해물질 거래는 바젤협약에 의하여 규제되지 않는다.
- 방사능 폐기물은 별도의 국제적 합의에 의해 규제되기 때문에 협약의 범위에서 제외되며, 선박의 통상적인 운용에서 발생하는 폐기물도 마찬가지이다.
- 폐기물은 부속서에 기재되어 있거나 국내법에 정의되어 있고 협약사무국에 통고된 경우에 한한다.
- 처리란 매립, 수로·바다·해저에서의 투기, 소각, 영구저장, 재활용을 포함한다.

0736

환경법상 사전통고와 동의의 원칙에 대한 설명으로 옳지 않은 것은?

① 환경적으로 타국의 사전동의를 얻을 것을 요구하는 국제법규는 드문데 판례 Lac Lanoux 중재재판 (1957년)에서 이러한 사전동의 원칙은 명백히 배척되었다.
② 바젤협약에 의하여 수립된 국제통제 체제의 본질은 수출국이 폐기물수출을 허가하기 앞서 '통과국'의 사전 서면에 동의를 구할 것을 요구하고 있다.
③ 사전동의 요건은 국가는 자국의 영토와 자원에 대해 주권을 갖는다는 사실을 의미한다.
④ 유독한 물질을 운반하는 선박의 무해통항권을 박탈하거나 차별대우할 수 없다.

정답 ②
해설 바젤협약에 의하여 수립된 국제통제 체제의 본질은 수출국이 폐기물수출을 허가하기 앞서 '통과국'과 '수입국'의 사전 서면에 동의를 구할 것을 요구하고 있다.

0737

바젤조약 중 환경적으로 건전한 관리에 대한 설명으로 타당하지 않은 것은?

① 바젤조약의 일차적 의무는 폐기물의 국가간 이동을 '환경적으로 건전한 방법으로' 관리하는 것이다.
② 협약당사국은 문제의 폐기물을 환경적으로 건전한 방법으로 다룰 수 없다고 믿는 경우에는 수출입을 허가해서는 안된다.
③ 환경적으로 건전한 관리라 함은 "유해 폐기물 또는 기타 폐기물이 그로 인해 발생할 수 있는 역효과로부터 인간건강과 환경을 보호하는 방법으로 관리됨을 확보하기 위해 실행가능한 모든 조치를 취하는 것"으로 정의된다.
④ 규정은 그 자체 완전한 법전을 구성한다.

정답 ④
해설 규정은 골격일 따름이고 그 자체 완전한 법전은 아니다.

0738

CITE(멸종위기에 처한 야생동물의 국제거래에 관한 협약)에 대한 설명으로 틀린 것은?

① 멸종위기에 처한 종 중 국제거래로 그 영향을 받거나 받을 수 있는 종으로써 멸종위기종 국제거래협약의 부속서 I 에서 정한 것을 말한다.
② 현재 멸종위기에 처하여 있지는 아니하나 국제거래를 엄격하게 규제하지 아니할 경우 멸종위기에 처할 수 있는 종과 그 멸종위기에 처한 종의 거래를 효과적으로 통제하기 위하여 규제를 하여야 하는 그 밖의 종으로서 멸종위기종 국제거래협약의 부속서 II에서 정한 것을 말한다.
③ 멸종위기종 국제거래협약의 당사국이 이용을 제한할 목적으로 자기 나라의 관할권 안에서 규제를 받아야 하는 것으로 확인하고 국제거래규제를 위하여 다른 당사국의 협력이 필요하다고 판단한 종으로서 멸종위기종 국제거래 협약의 부속서 III에서 정한 것을 말한다.
④ "국제적멸종위기종"이라 함은 멸종위기에 처한 야생 동·식물종의 국제거래에 관한 협약에 의하여 국제거래가 규제되는 다음 각목의 1에 해당하는 동·식물로서 국제사회가 고시하는 종을 말한다.

정답 ④

해설 "국제적멸종위기종"이라 함은 멸종위기에 처한 야생 동·식물종의 국제거래에 관한 협약에 의하여 국제거래가 규제되는 다음 각목의 1에 해당하는 동·식물로서 **환경부 장관이** 고시하는 종을 말하는데, 부속서 I 은 거래로 영향을 받거나 받을 수 있는 멸종위기에 처한 모든 종이며, 부속서 II는 현재 반드시 멸종위기에 처해 있지 아니하나 거래를 엄격하게 규제하지 아니하면 멸종위기에 처할 수 있는 종을 말하는데, 이같은 종의 거래를 실효적으로 통제하기 위하여 규제가 필요한 다른 종들이다.

0739

핵사고 조기 통고 협약 (1986년)에 대한 설명으로 옳지 않은 것은?

① UN 총회에서 채택했다.
② 당사국 또는 그 관할·통제 하에 있는 자연인이나 법인의 핵시설이나 핵활동에 관련된 사고에서 방사능물질이 유출되거나 누출될 우려가 있고, 타국에 대해 방사능안전중대성을 미칠 수 있는 국제적 월경 누출을 초래하거나 그러한 우려가 있는 사고가 발생한 경우를 전제로 하는 협약이다.
③ 강대국의 반대로 군사시설과 관련된 핵사고는 적용되지 않는다.
④ 영향을 받을지도 모르는 타국이나 IAEA에 핵사고 발생과 그 성질, 발생시각 적당한 경우에는 그 정확한 장소를 즉각 통보하고, 정보를 제공할 의무를 체약국들에게 지우고 있다.

정답 ①

해설 IAEA 총회에서 채택했다.

22 | 국제연합

0740
국제기구에 관한 설명으로 옳지 않은 것은?

① 국제기구는 그 직원이 회원국으로부터 신체, 재산상의 손해를 받은 경우 일정한 보호권을 행할 수 있다.
② UN은 국제사법재판소에 원칙적으로 소송을 제기할 수 있는 능력이 없다.
③ 국제기구의 공무원은 국제기구 회원국가의 영토상에서 그 기능수행과 관련하여 어떠한 특권, 면제도 향유할 수 없다.
④ 국제기구 공무원의 법적 지위에 대해서는 1946년의 'UN의 특권면제에 관한 협약'이나 1947년 '전문기관의 특권 및 면제에 관한 협약'에서 자세하게 규정하고 있다.

[정답] ③
[해설] 국제기구의 공무원은 국제기구 회원국가의 영토상에서 그 기능수행과 관련하여 특권, 면제를 향유한다.

0741

국제연합을 설명한 것으로 옳지 않은 것은?

① 현대국제법상 국제법의 주체는 국가에 한정되므로 UN은 국제법인격을 갖지 아니하는데, 현대국제법 하에서 국제법 주체는 국제법상 권리·의무의 수범자로 정의되며 국가 이외에 국제기구 개인에 대해서 주체성을 인정한다.
② UN헌장은 UN의 국제법인격을 인정하는 명시적 규정을 두고 있고, UN의 회원국 국내법인격과 국제법인격에 대해서 규정하고 있으며 명문화도 되어 있다.
③ ICJ는 'UN근무중 입은 손해에 대한 배상문제에'에 대한 권고적 의견에서 목적필요설에 기초하여 UN의 국제법인격을 인정하였다.
④ UN과 회원국 간 국제분쟁이 발생한 경우 UN총회는 회원국과 합의하에 ICJ에 소송을 제기할 수 있는데, UN은 ICJ 쟁송사건의 당사자능력이 인정되지 아니지만 권고적 의견을 요청할 수 있다.

정답 ②

해설 UN헌장은 UN의 국제법인격을 인정하는 명시적 규정을 두고 있는데, UN의 회원국 국내법인격에 대해서는 규정하고 있으나, 국제법인격에 대해서는 명문규정이 없다.

0742

국제사법재판소(ICJ)의 'UN근무 중 입은 손해에 대한 배상문제'에 대한 권고적 의견에 대한 설명으로 옳지 않은 것은?

① UN은 목적 달성을 위해 필요한 한도 내에서 국제법인격을 가진다.
② UN은 UN회원국에 대해 손해배상을 청구할 수 없다.
③ ICJ는 UN의 대세적 법인격을 긍정하여 UN비회원국에 대해서도 직무보호권을 발동하여 손해배상을 청구할 수 있다고 판단하였다.
④ 직무보호권과 외교적 보호권이 경합하는 경우 이를 해결할 수 있는 일반국제법은 존재하지 아니한다.

정답 ②

해설 UN은 UN회원국에 대해 손해배상을 청구할 수 있다.

0743

UN에 대한 설명으로 틀린 것은?

① LN과 동일하게 UN에는 탈퇴에 관한 명문규정이 없다.
② 헌장은 제6조에 "이 헌장에 규정된 원칙을 끈질기게 위반하는 UN회원국은 안보리의 권고에 따라 총회가 제명할 수 있다."는 규정을 두고 있다.
③ UN에는 오로지 국가만이 가입할 수 있다.
④ UN헌장 개정의 효력은 개정에 동의한 국가만이 아닌 전 회원국에 대해 개정의 효력이 미친다.

[정답] ①
[해설] LN과 달리 UN에는 탈퇴에 관한 명문규정이 없다.

0744

다음 중 국제연합에 대한 설명으로 타당하지 않은 것은?

① 회원국으로서의 권리나 특권의 정지, 회복은 안보리와 총회의 공동결정사안이다.
② 국제연합의 행동을 요하는 문제에 대해 총회는 원칙적으로 권고할 수 없으나, 토의는 자유롭게 할 수 있다.
③ UN가입은 UN안보리의 권고에 기초하여 UN총회에서 결정한다.
④ 국제연맹규약과 마찬가지로 UN헌장에는 제명에 대한 명문규정을 두고 있다.

[정답] ①
[해설] 회원국으로서의 권리나 특권의 정지는 안보리와 총회의 공동결정사안이나 그 회복은 안보리의 단독권한이다.

0745

UN헌장 제1조 상의 UN의 목적에 대한 설명으로 옳지 않은 것은?

① 사람들의 평등권 및 자결의 원칙에 대한 존중을 기초로 하여 국가 간 우호관계를 발전시킨다.
② 인종, 성별, 언어, 종교에 따른 차별 없이 모든 사람의 인권 및 기본적 자유에 대한 존중을 촉진한다.
③ 평화의 파괴로 이어질 우려가 있는 국제적 분쟁이나 사태의 조정 및 해결을 위하여 노력한다.
④ 경제적, 사회적, 문화적 또는 정치적 성격의 국제문제를 해결하기 위하여 국제적 협력을 달성한다.

정답 ④

해설 경제적, 사회적, 문화적 또는 **인도적 성격의 국제문제를** 해결하기 위하여 국제적 협력을 달성한다.

0746

UN헌장상의 의무 위반에 대한 제재에 관한 설명으로 틀린 것은?

① 총회는 회원국으로서의 분담금 지불의 불이행이 그 회원국이 제어할 수 없는 사정에 의한 것임이 인정되는 경우 그 회원국의 투표를 허용할 수 있다.
② 회원국이 체결한 조약을 사무국에 등록하지 않은 경우 UN의 어떠한 기관에 대해서도 그 조약을 원용할 수 없다.
③ 안전보장이사회는 필요하다고 인정하는 경우 국제사법재판소(ICJ)의 판결을 집행하기 위하여 권고하거나 취하여야 할 조치를 결정할 수 있다.
④ 기구에 대한 재정적 분담금의 지불을 연체한 국제연합회원국은 그 연체금액이 그때까지의 만 3년간 그 나라가 지불하였어야 할 분담금의 금액과 같거나 또는 초과하는 경우 총회에서 투표권을 가지지 못한다.

정답 ④

해설 기구에 대한 재정적 분담금의 지불을 연체한 국제연합회원국은 그 연체금액이 그때까지의 만 **2년간** 그 나라가 지불하였어야 할 분담금의 금액과 같거나 또는 초과하는 경우 총회에서 투표권을 가지지 못한다.

0747

UN의 주요기관에 관한 설명으로 틀린 것은?

① 총회는 국제평화와 안전을 위태롭게 할 우려가 있는 사태에 대하여 안전보장이사회의 주의를 환기할 수 있다.
② UN에는 총회, 안전보장이사회, 경제사회이사회, 신탁통치이사회, 국제사법재판소, 사무국 등 총 6개의 주요기관이 있다.
③ '국제법의 점진적 발달과 법전화 장려'는 UN 국제사법재판소의 임무로서 그 보조기관인 국제법위원회(ILC)의 보조를 받고 있다.
④ ICJ재판관의 선출은 총회와 안보리가 공동으로 한다.

[정답] ③
[해설] '국제법의 점진적 발달과 법전화 장려'는 UN총회의 임무로서 그 보조기관인 국제법위원회(ILC)의 보조를 받고 있다.

0748

UN 및 UN직원의 특권과 면제에 대한 설명으로 옳지 않은 것은?

① UN과 UN재산은 모든 소송으로부터 면제된다.
② UN의 공관, 재산, 문서는 불가침이다.
③ UN사무총장과 사무차장 및 다른 UN 직원은 국제법에 따라 외교사절에게 주어지는 재판관할권의 면제를 향유한다.
④ UN의 출판물의 경우 관세 및 수출입상의 금지와 제한으로부터 면제된다.

[정답] ③
[해설] UN사무총장과 사무차장들은 국제법에 따라 외교사절에게 주어지는 재판관할권의 면제를 향유하나 다른 UN 직원은 공적 행위에 대해서만 면제를 향유한다.

0749

UN총회의 의결에 관한 설명으로 타당하지 않은 것은?

① 기타 문제에 대한 총회의 의결은 '출석하여 투표하는 회원국의 과반수'로 하는 것이 원칙이다.
② 분담금을 2년분 이상 연체한 회원국은 총회에서 투표권을 가지지 못한다.
③ 총회의 의결에서 원칙적으로 가입승인, 권리와 특권의 정지, 제명 등은 법적 구속력이 없다.
④ 국제평화와 안전의 유지에 관한 권고, 안보리 비상임이사국의 선거 등 중요 문제는 '출석하여 투표하는 회원국 3분의 2 다수결'로 정하는데, '회원국 전체의 3분의 2 다수결'로 정하는 사항은 헌장을 재검토하기 위한 전체회의의 개최(헌장 제109조 제1항), 헌장개정의 채택(헌장 제108조) 등이 있다.

[정답] ③
[해설] 총회의 의결은 원칙적으로 회원국에 대하여 법적 구속력이 없고, 단, 가입승인, 권리와 특권의 정지, 제명 등은 예외적으로 법적 구속력이 있다.

0750

국제연합의 목적에 대한 설명으로 옳지 않은 것은?

① 국제평화와 안전을 유지하고, 국제적 분쟁이나 사태의 조정·해결을 평화적 수단에 의하여 또한 정의와 국제법의 원칙에 따라 실현한다.
② 사람들의 평등권 및 자결의 원칙 존중에 기초하여 국가간의 우호관계를 발전시키며, 세계 평화를 강화하기 위한 기타 적절한 조치를 취한다.
③ 경제적·사회적·문화적 또는 인도적 성격의 국제문제를 해결하고 또한 인종·성별·민족 또는 종교에 따른 차별없이 모든 사람의 인권 및 기본적 자유에 대한 존중을 촉진하고 장려함에 있어 국제적 협력을 달성한다.
④ 국제연합은 공동의 목적을 달성함에 있어서 각국의 활동을 조화시키는 중심이 된다.

[정답] ③
[해설] 경제적·사회적·문화적 또는 인도적 성격의 국제문제를 해결하고 또한 인종·성별·언어 또는 종교에 따른 차별없이 모든 사람의 인권 및 기본적 자유에 대한 존중을 촉진하고 장려함에 있어 국제적 협력을 달성한다.

0751

국제연합(UN)의 원칙에 대한 설명으로 틀린 것은?

① 기구는 모든 국가의 주권평등 원칙에 기초한다.
② 회원국의 지위에서 발생하는 권리와 이익을 그들 모두에 보장하기 위하여, 이 헌장에 따라 부과되는 의무를 성실히 이행한다.
③ 모든 회원국은 그들의 국제분쟁을 국제평화와 안전 그리고 정의를 위태롭게 하지 아니하는 방식으로 평화적 수단에 의하여 해결한다.
④ 모든 회원국은 그 국제관계에 있어서 다른 국가의 영토보전이나 정치적 독립에 대하여 또는 국제연합의 목적과 양립하지 아니하는 어떠한 기타 방식으로도 무력의 위협이나 무력행사를 삼간다.

[정답] ①
[해설] 기구는 모든 회원국의 주권평등 원칙에 기초한다.

0752

다음 국제연합 헌장상의 설명으로 타당한 것은?

> 모든 회원국은 국제연합이 이 헌장에 따라 취하는 어떠한 조치에 있어서도 모든 원조를 다하며, 국제연합이 방지조치 또는 강제조치를 취하는 대상이 되는 어떠한 국가에 대하여도 원조를 삼간다.

① 주권평등의 원칙 ② 민족자결의 원칙
③ 국내문제 불간섭의 원칙 ④ 국제협력의 원칙

[정답] ④
[해설] 모든 회원국은 국제연합이 이 헌장에 따라 취하는 어떠한 조치에 있어서도 모든 원조를 다하며, 국제연합이 방지조치 또는 강제조치를 취하는 대상이 되는 어떠한 국가에 대하여도 원조를 삼간다.

0753

다음 UN 헌장의 조문에 대한 해석으로 옳지 않은 것은?

> 헌장의 어떠한 규정도 본질상 어떤 국가의 국내 관할권안에 있는 사항에 간섭할 권한을 국제연합에 부여하지 아니하며, 또는 그러한 사항을 이 헌장에 의한 해결에 맡기도록 회원국에 요구하지 아니한다.

① 한 국가는 타국에 대하여 간섭(개입, intervention)하면 안된다는 국제관습법이다.
② UN 결의로 1970년의 우호관계선언에 포함된 원칙이다.
③ 정부기관 및 개인, 민간회사, 비정부 시민단체(NGO) 등 모두 내정간섭이 허용되지 아니한다.
④ 국내문제는 유동적이다.

정답 ③
해설 정부기관에만 부여되는 의무이며, 개인, 민간회사, 비정부 시민단체(NGO)는 내정간섭이 허용한다.

0754

국제연합 회원국의 지위에 대한 설명으로 타당하지 않은 것은?

① 국제연합의 회원국 지위는 이 헌장에 규정된 의무를 수락하고, 이러한 의무를 이행할 능력과 의사가 있다고 기구가 판단하는 그 밖의 평화애호국 모두에 개방된다.
② 국제연합회원국으로의 승인은 안전보장이사회의 권고에 따라 총회의 결정에 의하여 이루어진다.
③ 안전보장이사회에 의하여 취하여지는 방지조치 또는 강제조치의 대상이 되는 국제연합회원국에 대하여는 총회가 안전보장이사회의 권고에 따라 회원국으로서의 권리와 특권의 행사를 정지시킬 수 있고 이러한 권리와 특권의 행사는 안전보장이사회의 권고와 총회의 결정에 의하여 회복될 수 있다.
④ 헌장에 규정된 원칙을 끈질기게 위반하는 국제연합회원국은 총회가 안전보장이사회의 권고에 따라 기구로부터 제명할 수 있다.

정답 ③
해설 안전보장이사회에 의하여 취하여지는 방지조치 또는 강제조치의 대상이 되는 국제연합회원국에 대하여는 총회가 안전보장이사회의 권고에 따라 회원국으로서의 권리와 특권의 행사를 정지시킬 수 있다. 이러한 권리와 특권의 행사는 **안전보장이사회에 의하여 회복될 수 있다**.

0755

국제연합의 주요기관인 총회에 대한 설명으로 옳지 않은 것은?

① 총회는 모든 국제연합 회원국으로 구성되며, 각 회원국은 총회에 5인 이하의 대표를 가진다.
② 총회는 이 헌장의 범위 안에 있거나 또는 이 헌장에 규정된 어떠한 기관의 권한 및 임무에 관한 어떠한 문제 또는 어떠한 사항도 토의할 수 있으며, 그리고 그러한 문제 또는 사항에 관하여 국제연합회원국 또는 안전보장이사회 또는 이 양자에 대하여 권고할 수 있다.
③ 총회는 국제평화와 안전의 유지에 있어서의 협력의 일반원칙을, 군비축소 및 군비규제를 규율하는 원칙을 포함하여 심의하고, 그러한 원칙과 관련하여 회원국이나 안전보장이사회 또는 이 양자에 대하여 권고할 수 있다.
④ 총회는 국제연합회원국이나 안전보장이사회 또는 국제연합 회원국이 아닌 국가에 의하여 총회에 회부된 국제평화와 안전의 유지에 관한 어떠한 문제도 권고할 수 있다.

정답 ④
해설 총회는 국제연합회원국이나 안전보장이사회 또는 제35조 제2항에 따라 국제연합회원국이 아닌 국가에 의하여 총회에 회부된 국제평화와 안전의 유지에 관한 **어떠한 문제도 토의할 수 있으며**, 제12조에 규정된 경우를 제외하고는 그러한 문제와 관련하여 1 또는 그 이상의 관계국이나 안전보장이사회 또는 이 양자에 대하여 권고할 수 있다. 그러한 문제로서 조치를 필요로 하는 것은 토의의 전 또는 후에 총회에 의하여 안전보장 이사회에 회부된다.

0756

국제연합의 주요기관인 총회에 대한 설명으로 옳지 않은 것은?

① 총회는 국제평화와 안전을 위태롭게 할 우려가 있는 사태에 대하여 안전보장이사회의 주의를 촉진할 수 있다.
② 안전보장이사회가 어떠한 분쟁 또는 사태와 관련하여 이 헌장에서 부여된 임무를 수행하고 있는 동안에는 총회는 이 분쟁 또는 사태에 관하여 안전보장이사회가 요청하지 아니하는 한 어떠한 권고도 하지 아니한다.
③ 사무총장은 안전보장이사회가 다루고 있는 국제평화와 안전의 유지에 관한 어떠한 사항도 안전보장이사회의 동의를 얻어 매 회기중 총회에 통고한다.
④ 총회는 그 원인에 관계없이 일반적 복지 또는 국가간의 우호관계를 해할 우려가 있다고 인정되는 어떠한 사태도 이의 평화적 조정을 위한 조치를 권고할 수 있다.

정답 ①
해설 총회는 국제평화와 안전을 위태롭게 할 우려가 있는 사태에 대하여 안전보장이사회의 주의를 환기할 수 있다.

0757

국제연합의 주요기관인 총회에 대한 설명으로 옳지 않은 것은?

① 총회는 안전보장이사회로부터 연례보고와 특별보고를 받아 심의한다.
② 총회는 기구의 예산을 심의하고 승인한다.
③ 기구의 경비는 총회에서 배정한 바에 따라 사무국이 부담한다.
④ 총회는 전문기구와의 어떠한 재정약정 및 예산약정도 심의하고 승인하며, 당해 전문기구에 권고할 목적으로 그러한 전문기구의 행정적 예산을 검사한다.

정답 ③

해설 기구의 경비는 총회에서 배정한 바에 따라 **회원국이** 부담한다.

0758

국제연합의 주요기관인 총회의 표결에 대한 설명으로 옳지 않은 것은?

① 총회의 각 구성국은 1개의 투표권을 가진다.
② 중요문제에 관한 총회의 결정은 전체 회원국의 3분의 2의 다수로 한다.
③ 중요문제는 국제평화와 안전의 유지에 관한 권고, 안전보장이사회의 비상임이사국의 선출, 경제사회이사회의 이사국의 선출, 신탁통치이사회의 이사국의 선출, 신회원국의 국제연합 가입의 승인, 회원국으로서의 권리 및 특권의 정지, 회원국의 제명, 신탁통치제도의 운영에 관한 문제 및 예산문제를 포함한다.
④ 기타 문제에 관한 결정은 3분의 2의 다수로 결정될 문제의 추가적 부문의 결정을 포함하여 출석하여 투표하는 구성국의 과반수로 한다.

정답 ②

해설 중요문제에 관한 총회의 결정은 출석하여 투표하는 **구성국의 3분의 2**의 다수로 한다.

0759

국제연합의 주요기관인 총회에 대한 설명으로 옳지 않은 것은?

① 기구에 대한 재정적 분담금의 지불을 연체한 국제연합 회원국은 그 연체금액이 그때까지의 만 2년간 그 나라가 지불하였어야 할 분담금의 금액과 같거나 또는 초과하는 경우 총회에서 투표권을 가지지 못한다.
② 총회는 연례정기회기 및 필요한 경우에는 특별회기로서 모인다.
③ 총회는 지불의 불이행이 그 회원국이 제어할 수 없는 사정에 의한 것임이 인정되는 경우 그 회원국의 투표를 허용할 수 있다.
④ 특별회기는 안전보장이사회의 요청 또는 국제연합 회원국의 2/3의 요청에 따라 사무총장이 소집한다.

정답 ④
해설 특별회기는 안전보장이사회의 요청 또는 국제연합 회원국의 과반수의 요청에 따라 사무총장이 소집한다.

0760

국제연합(UN)의 주요기관인 안전보장 이사회에 대한 설명으로 틀린 것은?

① 총회는 먼저 국제평화와 안전의 유지 및 기구의 기타 목적에 대한 국제연합회원국의 공헌과 또한 공평한 지리적 배분을 특별히 고려하여 그외 10개의 국제연합회원국을 안전보장이사회의 비상임이사국으로 선출한다.
② 안전보장이사회의 비상임이사국은 2년의 임기로 선출된다.
③ 안전보장이사회의 각 이사국은 1인의 대표를 가진다.
④ 안전보장이사회의 이사국이 11개국에서 15개국으로 증가된 후 최초의 비상임이사국 선출에서는, 추가된 4개 이사국 중 2개 이사국은 1년의 임기로 선출되는데, 퇴임 이사국은 연이어 재선될 자격을 갖는다.

정답 ④
해설 안전보장이사회의 이사국이 11개국에서 15개국으로 증가된 후 최초의 비상임이사국 선출에서는, 추가된 4개 이사국 중 2개 이사국은 1년의 임기로 선출되는데, **퇴임이사국은 연이어 재선될 자격을 가지지 아니한다.**

0761

국제연합의 주요기관인 안전보장 이사회에 대한 설명으로 틀린 것은?

① 국제연합의 신속하고 효과적인 조치를 확보하기 위하여, 국제연합 회원국은 국제평화와 안전의 유지를 위한 일차적 책임을 안전보장이사회에 부여한다.
② 국제연합 회원국은 안전보장이사회의 결정을 이 헌장에 따라 수락하고 이행할 것을 동의한다.
③ 안전보장이사회의 각 이사국은 1개의 투표권을 가지는데, 절차사항에 관한 안전보장이사회의 결정은 9개 이사국의 찬성투표로써 한다.
④ 모든 사항에 관한 안전보장이사회의 결정은 상임이사국의 동의 투표를 포함한 9개 이사국의 찬성투표로써 하는데 결정에 있어서는 분쟁 당사국은 투표를 기권하지 아니한다.

정답 ④

해설 그외 모든 사항에 관한 안전보장이사회의 결정은 상임이사국의 동의 투표를 포함한 9개이사국의 찬성투표로써 한다. 다만, 제6장 및 제52조 제3항에 의한 결정에 있어서는 분쟁당사국은 투표를 기권한다.

0762

국제연합의 주요기관인 안전보장 이사회에 대한 설명으로 틀린 것은?

① 안전보장이사회의 이사국이 아닌 어떠한 국제연합회원국도 안전보장 이사회가 그 회원국의 이해에 특히 영향이 있다고 인정하는 때에는 언제든지 안전보장이사회에 회부된 어떠한 문제의 토의에도 투표권 없이 참가할 수 있다.
② 안전보장이사회의 이사국이 아닌 국제연합회원국 또는 국제연합 회원국이 아닌 어떠한 국가도 안전보장이사회에서 심의중인 분쟁의 당사자인 경우에는 이 분쟁에 관한 토의에 투표권없이 참가하도록 초청된다.
③ 총회는 국제연합회원국이 아닌 국가의 참가에 공정하다고 인정되는 조건을 정한다.
④ 안전보장이사회는 그 임무의 수행에 필요하다고 인정되는 보조기관을 설치할 수 있다.

정답 ③

해설 안전보장이사회는 국제연합회원국이 아닌 국가의 참가에 공정하다고 인정되는 조건을 정한다.

0763

국제연합의 분쟁의 평화적 해결에 대한 설명으로 옳지 않은 것은?

① 어떠한 분쟁도 그의 계속이 국제평화와 안전의 유지를 위태롭게 할 우려가 있는 것일 경우, 그 분쟁의 당사자는 우선 교섭, 심사, 중개, 조정, 중재재판, 사법적 해결, 지역적 기관 또는 지역적 약정의 이용에 의한 해결은 열거규정이다.
② 안전보장이사회는 어떠한 분쟁에 관하여도, 또는 국제적 마찰이 되거나 분쟁을 발생하게 할 우려가 있는 어떠한 사태에 관하여도, 그 분쟁 또는 사태의 계속이 국제평화와 안전의 유지를 위태롭게 할 우려가 있는지 여부를 결정하기 위하여 조사할 수 있다.
③ 국제연합회원국은 어떠한 분쟁에 관하여도, 또는 제34조에 규정된 성격의 어떠한 사태에 관하여도, 안전보장이사회 또는 총회의 주의를 환기할 수 있다.
④ 국제연합회원국이 아닌 국가는 자국이 당사자인 어떠한 분쟁에 관하여도, 이 헌장에 규정된 평화적 해결의 의무를 그 분쟁에 관하여 미리 수락하는 경우에는 안전보장이사회 또는 총회의 주의를 환기할 수 있다.

정답 ①

해설 어떠한 분쟁도 그의 계속이 국제평화와 안전의 유지를 위태롭게 할 우려가 있는 것일 경우, 그 분쟁의 당사자는 우선 교섭, 심사, 중개, 조정, 중재재판, 사법적 해결, 지역적 기관 또는 지역적 약정의 이용 또는 당사자가 선택하는 **다른 평화적 수단**에 의한 해결을 구한다.

0764

국제연합의 분쟁의 평화적 해결에 대한 설명으로 틀린 것은?

① 안전보장이사회는 제33조에 규정된 성격의 분쟁 또는 유사한 성격의 사태의 어떠한 단계에, 있어서도 적절한 조정절차 또는 조정방법을 권고할 수 있다.
② 안전보장이사회는 당사자가 이미 채택한 분쟁해결절차를 고려하여야 한다.
③ 제33조에 규정된 성격의 분쟁당사자는, 동조에 규정된 수단에 의하여 분쟁을 해결하지 못하는 경우, 이를 총회에 회부한다.
④ 안전보장이사회는 어떠한 분쟁에 관하여도 직권으로 그 분쟁의 평화적 해결을 위하여 그 당사자에게 권고할 수 있다.

정답 ④
해설 제33조 내지 제37조의 규정을 해하지 아니하고, 안전보장이사회는 어떠한 분쟁에 관하여도 모든 당사자가 요청하는 경우 그 분쟁의 평화적 해결을 위하여 그 당사자에게 권고할 수 있다.

0765

국제연합의 안보리가 갖고 있는 강제적 조치에 대한 설명으로 틀린 것은?

① 안전보장이사회는 평화에 대한 위협, 평화의 파괴 또는 침략행위의 존재를 결정하고, 국제평화와 안전을 유지하거나 이를 회복하기 위하여 권고하거나, 어떠한 조치를 취할 것인지를 결정한다.
② 사태의 악화를 방지하기 위하여 안전보장이사회는 제39조에 규정된 권고를 하거나 조치를 결정하기 전에 필요하거나 바람직하다고 인정되는 잠정조치에 따르도록 관계당사자에게 요청할 수 있다.
③ 안전보장이사회는 그의 결정을 집행하기 위하여 병력의 사용을 수반하지 아니하는 어떠한 조치를 취하여야 할 것인지를 결정할 수 있으며, 또한 총회에 대하여 그러한 조치를 적용하도록 요청할 수 있다.
④ 안전보장이사회는 제41조에 규정된 조치가 불충분할 것으로 인정하거나 또는 불충분한 것으로 판명되었다고 인정하는 경우에는, 국제평화와 안전의 유지 또는 회복에 필요한 공군, 해군 또는 육군에 의한 조치를 취할 수 있다.

정답 ③
해설 안전보장이사회는 그의 결정을 집행하기 위하여 병력의 사용을 수반하지 아니하는 어떠한 조치를 취하여야 할 것인지를 결정할 수 있으며, 또한 **국제연합회원국에 대하여** 그러한 조치를 적용하도록 요청할 수 있다. 이 조치는 경제관계 및 철도, 항해, 항공, 우편, 전신, 무선통신 및 다른 교통통신수단의 전부 또는 일부의 중단과 외교관계의 단절을 포함할 수 있다.

0766

국제연합의 안보리의 강제적 조치에 대한 설명으로 틀린 것은?

① 국제평화와 안전의 유지에 공헌하기 위하여 모든 국제연합 회원국은 안전보장이사회의 요청에 의하여 그리고 특별협정에 따라, 국제평화와 안전의 유지 목적상 필요한 병력, 원조 및 통과권을 포함한 편의를 국제연합 회원국에 이용하게 할 것을 약속한다.
② 특별협정은 병력의 수 및 종류, 그 준비 정도 및 일반적 배치와 제공될 편의 및 원조의 성격을 규율한다.
③ 이 협정은 안전보장이사회와 회원국 간에 또는 안전보장이사회와 회원국집단 간에 체결되며, 서명국 각자의 헌법상의 절차에 따라 동 서명국에 의하여 비준되어야 한다.
④ 안전보장이사회는 무력을 사용하기로 결정한 경우 회원국이 희망한다면 그 회원국 병력 중 파견부대의 사용에 관한 안전보장이사회의 결정에 참여하도록 그 회원국을 초청한다.

[정답] ①
[해설] 국제평화와 안전의 유지에 공헌하기 위하여 모든 국제연합 회원국은 안전보장이사회의 요청에 의하여 그리고 1 또는 그 이상의 특별협정에 따라, 국제평화와 안전의 유지 목적상 필요한 병력, 원조 및 통과권을 포함한 편의를 안전보장이사회에 이용하게 할 것을 약속한다.

0767

국제연합의 안보리의 강제적 조치에 대한 설명으로 옳지 않은 것은?

① 국제연합이 긴급한 군사조치를 취할 수 있도록 하기 위하여, 회원국은 합동의 국제적 강제조치를 위하여 자국의 공군파견부대를 즉시 이용할 수 있도록 유지한다.
② 국제평화와 안전의 유지를 위하여 군사참모위원회를 설치한다.
③ 군사참모위원회는 안보리가 선임한 참모총장으로 구성된다.
④ 군사참모위원회는 안전보장이사회 하에 안전보장이사회의 재량에 맡기어진 병력의 전략적 지도에 대하여 책임을 진다.

[정답] ③
[해설] 군사참모위원회는 안전보장이사회 상임이사국의 참모총장 또는 그의 대표로 구성된다. 이 위원회에 상임위원으로서 대표되지 아니하는 국제연합회원국은 위원회의 책임의 효과적인 수행을 위하여 위원회의 사업에 동 회원국의 참여가 필요한 경우에는 위원회에 의하여 그와 제휴하도록 초청된다.

0768

국제연합 기능 중 자위권에 대한 설명으로 틀린 것은?

① 이 헌장의 어떠한 규정도 국제연합회원국에 대하여 무력공격이 발생한 경우, 안전보장이사회가 국제평화와 안전을 유지하기 위하여 필요한 조치를 취할 때까지 개별적 자위의 고유한 권리를 침해하지 아니한다.
② 이 헌장의 어떠한 규정도 국제연합회원국에 대하여 무력공격이 발생한 경우, 안전보장이사회가 국제평화와 안전을 유지하기 위하여 필요한 조치를 취할 때까지 집단적 자위의 고유한 권리를 침해하지 아니한다.
③ 자위권을 행사함에 있어 회원국이 취한 조치는 즉시 안전보장이사회에 보고된다.
④ 조치는, 헌장에 의한 안전보장 이사회의 권한과 책임에 영향을 미친다.

[정답] ④
[해설] 조치는, 안전보장이사회가 국제평화와 안전의 유지 또는 회복을 위하여 필요하다고 인정하는 조치를 언제든지 취한다는, 이 헌장에 의한 안전보장 이사회의 권한과 책임에 어떠한 영향도 미치지 아니한다.

0769

국제연합 중 경제사회이사회의 기능에 대한 설명으로 옳지 않은 것은?

① 정부간 협정에 의하여 설치되고 경제, 사회, 문화, 교육, 보건분야 및 관련 분야에 있어서 기본적 문서에 정한대로 광범위한 국제적 책임을 지는 각종 전문기구는 국제연합과 제휴관계를 설정한다.
② 기구는 전문기구의 정책과 활동을 조정하기 위하여 권고한다.
③ 기구는 적절한 경우 규정된 목적의 달성에 필요한 새로운 전문기구를 창설하기 위하여 경제사회이사회가 결정한다.
④ 기구의 임무를 수행할 책임은 총회와 총회의 권위하에 경제사회이사회에 부과된다.

[정답] ③
[해설] 기구는 적절한 경우 제55조에 규정된 목적의 달성에 필요한 새로운 전문기구를 창설하기 위하여 관계국 간의 교섭을 발의한다.

0770

국제연합 경제사회 이사회의 기능에 대한 설명으로 옳지 않은 것은?

① 경제사회이사회는 총회에 의하여 선출된 54개 국제연합회원국으로 구성된다.
② 경제사회이사회의 18개 이사국은 3년의 임기로 매년 선출되며, 퇴임이사국은 연이어 재선될 자격이 주어지지 아니한다.
③ 경제사회이사회는 경제, 사회, 문화, 교육, 보건 및 관련국제사항에 관한 연구 및 보고를 하거나 또는 발의할 수 있으며, 아울러 그러한 사항에 관하여 총회, 국제연합회원국 및 관계전문기구에 권고할 수 있다.
④ 경제사회이사회는 전문기구로부터 정기보고를 받기 위한 적절한 조치를 취할 수 있고 이사회는, 국제연합회원국 및 전문기구와 약정을 체결할 수 있다.

정답 ②
해설 경제사회이사회의 18개 이사국은 3년의 임기로 매년 선출된다. **퇴임이사국은 연이어 재선될 자격이 있다.**

0771

국제연합 경제사회 이사회에 대한 설명으로 옳지 않은 것은?

① 경제사회이사회는 안전보장이사회에 정보를 제공할 수 있으며, 안전보장이사회의 요청이 있을 때에는 이를 원조한다.
② 이사회는 국제연합회원국의 요청이 있을 때와 전문기구의 요청이 있을 때에는 총회의 자문을 얻어 용역을 제공할 수 있다.
③ 경제사회이사회의 각 이사국은 1개의 투표권을 가지며, 결정은 출석하여 투표하는 이사국의 과반수에 의한다.
④ 경제사회이사회는 어떠한 국제연합회원국에 대하여도, 그 회원국과 특히 관계가 있는 사항에 관한 심의에 투표권 없이 참가하도록 초청한다.

정답 ②
해설 이사회는 국제연합회원국의 요청이 있을 때와 전문기구의 요청이 있을 때에는 **총회의 승인을 얻어** 용역을 제공할 수 있다.

0772

국제연합 경제사회이사회에 대한 설명으로 옳지 않은 것은?

① 경제사회이사회는 전문기구의 대표가 이사회의 심의 및 이사회가 설치한 위원회의 심의에 투표권 없이 참가하기 위한 약정과 이사회의 대표가 전문기구의 심의에 참가하기 위한 약정을 체결할 수 있다.
② 경제사회이사회는 그 권한 내에 있는 사항과 관련이 있는 비정부간 기구와의 협의를 위하여 적절한 약정을 체결할 수 있다.
③ 약정은 국제기구와 체결할 수 있으며 적절한 경우에는 관련 국제연합회원국과의 협의 후에 국내기구와도 체결할 수 있다.
④ 약정은 관련 국제연합회원국과도 체결할 수 있다.

정답 ④
해설 국가와는 약정을 체결할 수 없다.

0773

국제연합의 국제신탁통치제도에 대한 설명이다. 옳지 않은 것은?

① 국제연합회원국 간의 관계는 국제협의 존중에 기초하므로 신탁통치제도는 국제연합회원국이 된 지역에 대하여 적용한다.
② 신탁통치제도 하에 두게 되는 각 지역에 관한 신탁통치의 조항은, 어떤 변경 또는 개정을 포함하여 직접 관계국에 의하여 합의되며, 승인된다.
③ 신탁통치협정은 각 경우에 있어 신탁통치지역을 시정하는 조건을 포함하며, 신탁통치지역의 시정을 행할 당국을 지정한다.
④ 어떠한 신탁통치협정에 있어서도 제43조에 의하여 체결되는 특별 협정을 해하지 아니하고 협정이 적용되는 신탁통치지역의 일부 또는 전부를 포함하는 1 또는 그 이상의 전략지역을 지정할 수 있다.

정답 ①
해설 국제연합회원국간의 관계는 주권평등원칙의 존중에 기초하므로 신탁통치제도는 국제연합회원국이 된 지역에 대하여는 적용하지 아니한다.

0774

국제연합의 신탁제도의 목적에 대해 설명이 옳지 않은 것은?

① 국제평화와 안전을 증진하는 것
② 신탁통치지역 주민의 정치적, 경제적, 사회적 및 교육적 발전을 촉진하고, 각 지역 및 그 주민의 특수사정과 관계주민이 자유롭게 표명한 소망에 적합하도록, 그리고 각 신탁통치협정의 조항이 규정하는 바에 따라 자치 또는 독립을 향한 주민의 점진적 발달을 촉진하는 것
③ 인종, 성별, 언어 또는 종교에 관한 차별없이 모든 사람을 위한 인권과 기본적 자유에 대한 존중을 장려하고, 전세계 사람들의 상호의존의 인식을 장려하는 것
④ 목적의 달성에 영향을 미치지 아니하고 제80조의 규정에 따를 것을 조건으로, 모든 국제연합회원국 및 그 국민을 위하여 문화적, 경제적 및 민족적 사항에 대한 평등한 대우 그리고 또한 그 국민을 위한 사법상의 평등한 대우를 확보하는 것

정답 ④

해설 위의 목적의 달성에 영향을 미치지 아니하고 제80조의 규정에 따를 것을 조건으로, 모든 국제연합회원국 및 그 국민을 위하여 **사회적, 경제적 및 상업적** 사항에 대한 평등한 대우 그리고 또한 그 국민을 위한 사법상의 평등한 대우를 확보하는 것.

0775

국제연합의 국제신탁통치위원회에 대한 설명이다. 옳지 않은 것은?

① 위원회 국가는 신탁통치지역을 시정하는 회원국이다.
② 위원회 국가는 신탁통치지역을 시정하지 아니하나 제23조에 국명이 언급된 회원국이다.
③ 총회에 의하여 3년의 임기로 선출된 다른 회원국. 그 수는 신탁통치이사회의 이사국의 총수를 신탁통치지역을 시정하는 국제연합회원국과 시정하지 아니하는 회원국 간에 협의하여 자율적으로 필요한 수로 한다.
④ 신탁통치이사회의 각 이사국은 이사회에서 자국을 대표하도록 특별한 자격을 가지는 1인을 지명한다.

정답 ③

해설 총회에 의하여 3년의 임기로 선출된 다른 회원국. 그 수는 신탁통치이사회의 이사국의 총수를 신탁통치지역을 시정하는 국제연합회원국과 시정하지 아니하는 회원국간에 **균분하도록 확보**하는 데 필요한 수로 한다.

0776

국제사법재판소에 대한 설명으로 옳지 않은 것은?

① 모든 국제연합회원국은 국제사법재판소 규정의 당연 당사국이다.
② 국제연합회원국이 아닌 국가는 안전보장이사회의 권고에 의하여 총회가 각 경우에 결정하는 조건으로 국제사법재판소 규정의 당사국이 될 수 있다.
③ 국제연합의 각 회원국은 자국이 당사자가 되는 어떤 사건에 있어서도 국제사법재판소의 결정에 따를 것을 약속한다.
④ 사건의 당사자가 재판소가 내린 판결에 따라 자국이 부담하는 의무를 이행하지 아니하는 경우에는 타방의 당사자는 안전보장이사회에 항의할 수 있다.

정답 ④
해설 사건의 당사자가 재판소가 내린 판결에 따라 자국이 부담하는 의무를 이행하지 아니하는 경우에는 타방의 당사자는 안전보장이사회에 제소할 수 있다. 안전보장이사회는 필요하다고 인정하는 경우 판결을 집행하기 위하여 권고하거나 취하여야 할 조치를 결정할 수 있다.

0777

국제사법재판소에 대한 설명으로 옳지 않은 것은?

① 헌장의 어떠한 규정도 국제연합회원국이 그들간의 분쟁의 해결을 이미 존재하거나 장래에 체결될 협정에 의하여 다른 법원에 의뢰하는 것을 방해하지 아니한다.
② 총회는 어떠한 법적 문제에 관하여도 권고적 의견을 줄 것을 국제사법재판소에 요청할 수 있다.
③ 총회에 의하여 그러한 권한이 부여될 수 있는 국제연합의 다른 기관 및 전문기구도 언제든지 그 활동범위안에서 발생하는 법적 문제에 관하여 재판소의 권고적 의견을 또한 요청할 수 있다.
④ 안전보장이사회는 안보문제에 관하여 제한된 범위에서 권고적 의견을 줄 것을 국제사법재판소에 요청할 수 있다.

정답 ④
해설 안전보장이사회는 어떠한 법적 문제에 관하여도 권고적 의견을 줄 것을 국제사법재판소에 요청할 수 있다.

0778

국제연합 사무총장의 역할에 대한 설명으로 타당하지 않은 것은?

① 사무총장은 총회, 안전보장이사회, 국제사법재판소의 모든 회의에 사무총장의 자격으로 활동하며, 이러한 기관에 의하여 그에게 위임된 다른 임무를 수행한다.
② 사무총장은 국제평화와 안전의 유지를 위협한다고 그 자신이 인정하는 어떠한 사항에도 안전보장이사회의 주의를 환기할 수 있다.
③ 사무총장과 직원은 그들의 임무수행에 있어서 어떠한 정부 또는 기구외의 어떠한 다른 당국으로부터도 지시를 구하거나 받지 아니한다.
④ 각 국제연합회원국은 사무총장 및 직원의 책임의 전적으로 국제적인 성격을 존중할 것과 그들의 책임수행에 있어서 그들에게 영향을 행사하려 하지 아니할 것을 약속한다.

[정답] ①
[해설] 사무총장은 총회, 안전보장이사회, **경제사회이사회 및 신탁통치 이사회**의 모든 회의에 사무총장의 자격으로 활동하며, 이러한 기관에 의하여 그에게 위임된 다른 임무를 수행한다. 사무총장은 기구의 사업에 관하여 총회에 연례보고를 한다.

0779

국제연합에 대한 설명으로 옳지 않은 것은?

① 이 헌장이 발효한 후 국제연합회원국이 체결하는 모든 조약과 모든 국제협정은 반드시 사무국에 등록되고 사무국에 의하여 공표된다.
② 규정에 따라 등록되지 아니한 조약 또는 국제협정의 당사국은 국제연합의 어떠한 기관에 대하여도 그 조약 또는 협정을 원용할 수 없다.
③ 국제연합회원국의 헌장 상의 의무와 다른 국제협정상의 의무가 상충되는 경우에는 이 헌장상의 의무가 우선한다.
④ 기구는 그 임무의 수행과 그 목적의 달성을 위하여 필요한 법적 능력을 각 회원국의 영역안에서 향유한다.

[정답] ①
[해설] 이 헌장이 발효한 후 국제연합회원국이 체결하는 모든 조약과 모든 국제협정은 **가능한 한 신속히 사무국에 등록**되고 사무국에 의하여 공표 된다.

0780

국제연합에 대한 설명으로 옳지 않은 것은?

① 기구는 그 목적의 달성에 필요한 특권 및 면제를 각 회원국의 영역안에서 향유한다.
② 국제연합회원국의 대표 및 기구의 직원은 기구와 관련된 그들의 임무를 독립적으로 수행하기 위하여 필요한 특권과 면제를 마찬가지로 향유한다.
③ 이 헌장의 개정은 총회 구성국의 3분의 2의 투표에 의하여 채택되고, 안전보장이사회의 모든 상임이사국을 포함한 국제연합회원국의 3분의 2에 의하여 각자의 헌법상 절차에 따라 비준되었을 때, 모든 국제연합회원국에 대하여 발효한다.
④ 이 헌장을 재심의하기 위한 국제연합회원국의 3분의 2의 투표와 안전보장이사회의 9개 이사국의 투표에 의하여 결정되는 일자 및 장소에서 개최될 수 있다.

정답 ④

해설 이 헌장을 재심의하기 위한 국제연합회원국 전체회의는 **총회 구성국의 3분의 2의 투표**와 안전보장이사회의 9개 이사국의 투표에 의하여 결정되는 일자 및 장소에서 개최될 수 있다. 각 국제연합회원국은 이 회의에서 1개의 투표권을 가진다.

23 | 국제분쟁의 평화적 해결

0781
국제분쟁의 해결방법에 대한 설명으로 옳지 않은 것은?

① 사실조사(사실심사, 국제심사)는 분쟁의 당사자가 아닌 제3자가 분쟁의 당사자가 아닌 제3자가 분쟁의 원인이 된 기초사실을 심사하여 그 진상을 명백히 함으로써 분쟁을 가능, 용이하게 하는 분쟁의 평화적 해결방법이다.
② 주선은 간접으로 분쟁해결을 기도하며 당사자의 직접교섭을 돕는 방법이다.
③ 중개는 해결안을 제시하는 등 적극적이나 임의적이어서 실효성이 약하다.
④ 조정은 조화와 타협을 모색하는 방법이지만 해결책으로서의 조정안은 강제적이다.

정답   ④
해설   조정은 조화와 타협을 모색하는 방법으로서 **조정안은 권고적일 뿐**이다.

0782

국제심사에 대한 설명으로 옳지 않은 것은?

① 국제심사위원회가 분쟁의 사실관계를 명백히 밝히는 제도이다.
② 국제심사위원회는 사실관계만을 밝힌다.
③ 국제심사위원회는 상설기구이다.
④ 1907년 헤이그협약에 의하면 분쟁당사국은 주선과 중개를 거칠 법적 의무가 있다.

[정답] ③

[해설] 국제심사위원회는 상설기구인 것이 아니라, 분쟁이 발생한 경우에 당사국 간의 사실심사조약이라는 특별합의에 의해 설치되는 임시(ad hoc)기구이다.

0783

국제조정(conciliation)에 관한 설명으로 틀린 것은?

① 국제분쟁의 평화적 해결에는 사법적 해결(중재재판, 국제사법재판)과 비사법적 해결(직접교섭, 주선, 중개, 사실심사, 조정)이 있는데, 사법적 해결만 법적 구속력이 있다.
② 중개(mediation)나 사실심사(fact-finding 또는 inquiry)보다 제3자 개입의 정도가 더 약하다.
③ 조정에 회부할 것을 조약에 의하여 사전에 합의할 수 있다.
④ 제3자가 분쟁의 내용을 심사하고 그 해결방안을 제시하여 분쟁을 비사법적으로 해결하는 방법이다.

[정답] ②

[해설] 중개(mediation)나 사실심사(fact-finding 또는 inquiry)보다 제3자 개입의 정도가 더 크다.

0784

국제분쟁의 비사법적 해결에 관한 설명으로 옳지 않은 것은?

① 주선(good office)과 중개(mediation)는 제3국이 분쟁당사국 간의 교섭에 개입하여 분쟁의 평화적 해결을 촉진하기 위한 원조를 행하는 것이다.
② 심사(inquiry)란 비정치적이고 중립적인 위원회가 분쟁의 사실관계를 조사하여 그 결과를 보고하는 절차를 말한다.
③ 직접교섭이란 일체의 부당한 압력이나 간섭 없이 당사국들 간 해결을 도모하는 과정이다.
④ 조정(conciliation)이란 원칙적으로 정치적이고 중립적인 국제위원회가 분쟁의 사실관계를 심사함과 동시에, 분쟁의 모든 측면을 고려하여 분쟁당사국 주장의 조정과 그 우호적 해결을 도모하고 나아가 강제적으로 해결안을 제시하는 절차이다.

[정답] ④

[해설] 조정(conciliation)이란 원칙적으로 **비정치적**이고 중립적인 국제위원회가 분쟁의 사실관계를 심사함과 동시에, 분쟁의 모든 측면을 고려하여 분쟁당사국 주장의 조정과 그 우호적 해결을 도모하고 나아가 **스스로** 해결안을 제시하는 절차이다.

0785

중재재판에 관한 설명으로 옳지 않은 것은?

① 중재재판은 분쟁발생 전과 이후 모두 합의에 의해 부탁할 수 있는데, 분쟁발생 이후 합의에 의한 제소인 임의적 중재 및 분쟁 발생 전 사전합의에 의한 일방적 제소인 의무적 중재 모두 가능하다.
② 선택조항 수락은 ICJ규정 제36조에 따른 강제적 관할권으로 중재재판과 무관하다.
③ UN해양법협약은 임의적 중재방식이다.
④ 재판관은 각 당사국이 동일수를 선출하고 이들의 합의에 의해 제3의 1인을 선출한다.

[정답] ②

[해설] UN해양법협약은 의무적 중재방식이다.

0786

중재재판과 국제사법재판소의 차이점에 대한 설명으로 옳지 않은 것은?

① 국제사법재판소와 달리 중재재판에서는 분쟁당사국이 재판부의 구성과 재판준칙을 합의에 의해 결정할 수 있다.
② 중재재판의 판결은 ICJ와 달리 법적 구속력이 없다.
③ 대부분의 중재재판조약에서는 법률적 분쟁, 특히 체약국간의 다른 조약의 해석에 관한 분쟁을 중재재판에 부탁하는 것을 약정하고 국가의 정치적 분쟁에 관한 문제는 제외하는 것이 일반적이다.
④ 양 분쟁당사국의 합의에 의해 관습법을 재판준칙으로 삼을 수도 있다.

정답 ②

해설 중재재판의 판결도 ICJ와 마찬가지로 당연히 **법적 구속력이 있다.**

0787

국제중재재판에 대한 설명으로 틀린 것은?

① 중재법정의 구성은 원칙적으로 분쟁당사국들 간의 합의에 의해 결정된다.
② 중재법정의 결정은 분쟁당사국들을 구속한다.
③ 중재법정은 국제사법과 마찬가지로 최종법원으로서 판결의 효력은 최종적이며 상소할 수 없다.
④ UN안전보장이사회는 국제사법재판소와 중재재판소 판결의 강제집행기관으로 예정되어 있다.

정답 ④

해설 UN안전보장이사회는 국제사법재판소 판결의 강제집행기관으로 예정되어 있으나(UN헌장 제94조 제2항) **중재재판의 강제집행기관은 아니다.**

0788

상설국제사법재판소(PCIJ) 및 국제사법재판소(ICJ)에서 판결한 사례 중에서 그 주요 판시 내용이 국제사회의 일반적인 승인을 얻게 된 것이 아닌 것은?

① 1927년 로터스호 사건에서 PCIJ는 가해선박국의 관할권과 함께 인정함으로써 심각한 논란을 일으켰다.
② '노테봄 사건'에서 개인과 청구국 사이에 국적의 진정한 관련 개념을 인정했다.
③ 영국과 노르웨이간의 '어업 사건'에서 영해기준선 중 하나로 직선기선을 인정했다.
④ UN활동 중 입은 손해에 관한 배상사건에서 UN의 법인격을 인정했다.

정답 ①

해설 1927년 로터스호 사건에서 PCIJ는 피해선박의 기국인 터키의 관할권을 가해선박국의 관할권과 함께 인정함으로써 심각한 논란을 일으켰고, 1952년 '선박충돌 및 기타 항행사고에 관한 형사재판관할 규칙의 통일을 위한 협약'에 의해 가해선의 기국이 재판관할권을 행사하도록 규정되었고, 이후 이 원칙이 널리 받아들여지고 있으며, UN해양법협약 역시 이를 명문으로 인정하고 있다.

0789

국제사법재판소(ICJ)와 국제연합(UN)과의 관계에 관한 설명으로 옳지 않은 것은?

① UN의 어떠한 주요기관 또는 전문기구도 국제사법재판소에 국가를 상대로 계쟁사건소송을 제기할 수 없다.
② 국제사법재판소 재판관 선임과정상 총회의 단독적 권한에 의해 주관된다.
③ 모든 UN회원국은 국제사법재판소규정의 당사국이다.
④ 국제사법재판소의 경비는 총회가 정하는 방식에 따라 국제연합이 부담한다.

정답 ②

해설 국제사법재판소 재판관 선임과정에 총회와 안전보장이사회가 관여한다.

0790

국제사법재판소(ICJ)에 대한 설명으로 타당하지 않은 것은?

① 총회와 안전보장이사회는 각각 독자적으로 재판관 선출절차를 진행한다.
② 재판관 선출과정에서 안전보장이사회 상임이사국의 거부권은 인정된다.
③ 국가만이 ICJ에 제기되는 사건의 당사자가 될 수 있다.
④ ICJ규정 제36조 제2항의 선택조항 수락선언은 UN사무총장에게 기탁된다.

정답 ②
해설 재판관 선출과정에서 안전보장이사회 상임이사국의 거부권은 인정되지 아니한다.

0791

국제사법재판소(ICJ)의 재판관에 대한 설명으로 타당하지 않은 것은?

① ICJ재판관은 총회와 안보리에 의해 선출되는데, 공동으로 재판관을 선출한다.
② ICJ재판관은 전문적 성질을 가지는 다른 어떠한 직업에도 종사할 수 없다.
③ ICJ재판관은 재판소업무에 종사하는 동안 외교특권과 면제를 향유한다.
④ ICJ재판관은 그 직무를 독립적으로 수행할 수 있도록 보호받아야 할 필요가 있기 때문에, ICJ규정 제18조에서는 "재판관은 다른 재판관의 전원일치의 의견에 의하여 그가 필요한 조건을 결여한다고 안정될 때를 제외하고는 해임되지 아니한다."라고 규정하고 있다.

정답 ①
해설 ICJ재판관은 총회와 안보리에 의해 선출되며, 각각 독립하여 재판관을 선출한다.

0792

국제사법재판소(ICJ)의 임시재판관(Judge ad hoc)에 관한 설명으로 틀린 것은?

① 동일한 이해관계를 가진 수 개의 분쟁 당사국은 1인 또는 그 이상의 임시재판관을 선임할 수 있다.
② 임시재판관을 선임할 수 있는 것이지, 반드시 선임해야 하는 것이 아니다.
③ 반드시 자국의 국적을 가져야 할 이유는 없으며, 자국에 적절한 인물이 없을 경우 외국인을 자국의 임시재판관으로 선임할 수 있다.
④ 임시재판관 제도는 모든 사건에 적용된다.

정답 ①
해설 동일한 이해관계를 가진 수 개의 분쟁 당사국은 1인의 임시재판관을 선임할 수 있다.

0793

국제사법재판소의 재판(계쟁)관할권에 관한 설명으로 옳지 않은 것은?

① 재판소는 국제기구들에게 사건에 관련된 정보를 요청할 수 있으며, 또한 이들 기구가 자발적으로 제공하는 정보를 받아야 한다.
② 재판소는 국제법을 적용함으로서 해결될 수 있는 법적 분쟁에 대해서만 재판관할권을 가지며, ICJ는 관련분쟁 전체가 법적 성격을 가져야 할 필요는 없는 것으로 보고 있다.
③ ICJ규정 제36조 제2항에 따른 일방적 선언을 함에 있어서는 무조건적으로, 수 개 국가 또는 일정 국가와의 상호주의를 조건으로, 혹은 일정한 기간을 정하여 할 수 있다.
④ ICJ규정 비당사국은 ICJ의 재판적격성이 없다.

정답 ④
해설 ICJ규정 비당사국은 안전보장이사회가 정하는 조건에 따라 재판소에서 당사자능력(원고 또는 피고로서 재판소에 출두할 수 있는 권리)을 가질 수 있으며, 한편 UN비회원국은 안전보장이사회의 권고에 의하여 총회가 결정하는 조건에 따라 ICJ 규정 당사국이 될 수 있다

0794

국제사법재판소(ICJ) 규정상의 선택조항에 관한 설명으로 틀린 것은?

① 선택조항을 수락할 수 있는 주체는 ICJ규정 당사국이다.
② 어떠한 조건, 기한 또는 유보 없이 선택조항을 수락한 ICJ규정 당사국 상호간에 국제법상의 문제에 관한 분쟁발생시 일방 당사국의 제소에 의하여 강제관할권이 성립한다.
③ 선택조항 수락선언서는 UN사무총장에게 기탁된다.
④ 국제사법재판소규정에서 처음으로 도입되었다.

[정답] ④
[해설] 상설사법재판소규정에서 처음으로 도입되었다.

0795

국제사법재판소(ICJ)의 재판관할권 행사와 관련된 설명으로 틀린 것은?

① 특정의 분쟁에 대하여 ICJ가 관할권을 가지는지의 여부에 대해서는 국제연합 총회가 결정한다.
② ICJ는 사정에 의하여 필요하다고 인정하는 때에는 각 당사자의 권리를 보전하기 위하여 잠정조치를 제시할 수 있다.
③ ICJ에 제소할 수 있는 것은 국가뿐이다.
④ 형평과 선은 당사자들이 합의할 때 적용된다.

[정답] ①
[해설] 특정의 분쟁에 대하여 ICJ가 관할권을 가지는지의 여부에 대해서는 ICJ가 스스로 결정한다.

0796

ICJ의 강제관할권의 유보에 대한 내용으로 옳지 않은 것은?

① ICJ규정 제36조의 유보 가능 여부에 대한 명시적 규정이 있다.
② 분쟁 당사국 중 일방이 자동적 유보를 한 경우 타방당사국은 이를 원용할 수 있다.
③ 강제관할권 수락 시 한 유보의 내용, 기한, 조건 등은 상호주의적으로 원용할 수 있다.
④ 1946년 8월 미국은 ICJ규정 제36조 제2항을 수락하는 선언을 하면서 "미국이 결정하는 바에 따라 본질적으로 미국의 국내관할권에 속하는 문제에 관해서는 ICJ의 강제관할권을 인정하지 않는다."는 유보, 즉 이른바 '자동적 유보' 혹은 '코넬리 유보'를 가하였다.

정답 ①
해설 ICJ규정 제36조의 유보가능 여부에 대한 **명시적 규정은 없으나** 실제 관행상으로는 유보가 허용되어 행해지고 있다. 그러나 어떤 사항이 미국의 국내문제에 속하는가를 ICJ가 아닌 미국 자신이 판단한다는 것은, ICJ관할권 존부에 대한 판단은 오로지 ICJ에게 있다고 규정한 ICJ규정 제36조 제6항에 위배되어 무효라는 견해가 유력함. 코넬리 수정이란 국내적 관할 사항을 ICJ의 관할권으로부터 제외하면서 동시에 어떤 문제가 국내적 관할 사항인지의 여부를 선택조항 수락국이 판단한다는 것

0797

국제사법법원의 관할권에 관한 설명으로 옳지 않은 것은?

① 국가만이 당사자능력을 갖고 개인은 당사자능력이 인정되지 아니한다.
② 권고적 의견을 제시할 수 있는 것은 특정한 문제에 국한되지 아니한다.
③ UN비회원국이라도 안전보장이사회와 총회가 제시하는 조건을 지키면 ICJ규약당사자가 될 수 있고, ICJ규약 제35조 제2항에 의하면 규약당사자가 아니라도 안전보장이사회가 정한 조건에 따라 법원에 소송을 제기할 수 있다.
④ 임의조항을 수락한 국가 간에는 그 내용에 따라 일정한 문제에 관하여 강제관할권이 인정될 수 있다.

정답 ②
해설 권고적 의견을 제시할 수 있는 것은 **법률적 문제에** 행한다.

0798

국제사법재판소(ICJ) 규정 제36조 제2항에 규정된 선택조항(optional clause)의 수락과 관련된 설명으로 틀린 것은?

① 선택조항을 수락한 국가 간에는 특별한 합의 없이 ICJ의 강제적 관할권이 성립한다.
② 선택조항을 수락한 국가 상호간에 성립한다.
③ 재판소 규정 당사국만 선택조항을 수락할 수 있다.
④ 조건부 또는 기반부는 할 수 없다.

정답 ④
해설 조건부 또는 기반부로 할 수 있다.

0799

국제사법재판소(ICJ)의 권고적 의견에 대한 설명으로 틀린 것은?

① ICJ에 권고적 의견을 요청할 수 있는 것은 총회와 안보리, 그리고 총회에 의해 그러한 권리를 부여받은 UN의 기관 및 전문기구이다.
② UN총회의 허가를 받은 세계보건기구(WHO)는 그 활동범위 안에서 발생하는 법률문제에 관하여 ICJ에 권고적 의견을 요청할 수 있다.
③ 국가는 권고적 의견을 요청할 수 없지만 권고적 의견 절차에서 서면에 의해서만 참여할 수 있다.
④ 권고적 의견이 요청된 경우에도 ICJ규정 제31조에 규정된 임시재판관 제도가 적용될 수 있다.

정답 ③
해설 국가는 권고적 의견을 요청할 수 없지만 권고적 의견 절차에서 서면 또는 구두진술을 할 수 있다.

0800

국제사법재판소의 권고적 관할권에 관한 설명으로 틀린 것은?

① 요청에 의하여 ICJ가 권고적 의견을 제시하는 것은 의무적인 것이며 재량적인 것은 아니다.
② '전시 또는 기타 무력충돌시 국가에 의한 핵무기 사용의 적법성'에 관하여 WHO(국제보건기구)가 권고적 의견을 요청하자, ICJ는 제기된 문제는 WHO의 활동범위 내에서 발생하는 것이 아니라고 보아 동 요청을 거절하였다.
③ '국가'에게는 권고적 의견을 요청할 수 있는 권한이 부여되지 아니한다.
④ 총회와 안보리는 어떠한 '법적 문제'에 대해서도 권고적 의견을 요청할 수 있다.

정답 ①
해설 요청에 의하여 ICJ가 권고적 의견을 제시하는 것은 재량적인 것이며 의무적인 것은 아니다.

0801

국제사법재판소(ICJ)의 선결적 항변에 대한 설명으로 틀린 것은?

① 선결적 항변이란 대체로 원고 국가가 피고 국가의 동의 없이 일방적으로 제기하는 소송에 피고측이 재판관할권이나 '청구의 허용성'을 다투기 위하여 제기하는 항변을 말한다.
② 선결적 항변이 제기된 경우, 원칙적으로 그 문제의 관할권 여부와 본안심리가 동시에 이루어진다.
③ ICJ는 선결적 항변을 인정하여 당해 사건을 소송명부에서 지울 수 있다.
④ ICJ는 '재판관할권이 있다고 인정되는 경우에만 청구의 허용성 문제를 다루는 것이 재판소의 확립된 판례'라고 언급한 바 있다.

정답 ②
해설 선결적 항변이 제기된 경우, 원칙적으로 그 문제의 관할권 여부를 해결하고 나서 본안심리가 이루어진다.

0802

국제사법재판소(ICJ)의 소송절차에 대한 설명으로 틀린 것은?

① 소송절차는 서면절차와 구두절차로 구분된다.
② 재심청구는 판결의 선고시 분쟁당사자와 재판소가 알지 못하였던 결정적 요소가 되는 사실의 발견에 근거하여야 한다.
③ 판결은 종국적이며, 상소할 수 없다.
④ 판결의 의미, 범위에 대한 해석 역시 종국적이어서 재판소에 부탁할 수 없다.

정답 ④

해설 판결의 의미, 범위에 대한 해석 역시 재판소에 부탁할 수 있다.

0803

ICJ의 재판에 있어서 인정되지 않는 제도는?

① 재심청구
② 판결의 해석 청구
③ 반소
④ 상소

정답 ④

해설 상소는 인정되지 않으나 재심은 인정됨. 단, 새로운 사실을 발견한 때로부터 6개월, 판결일로부터 10년 이내에 해야 한다.

0804

ICJ의 부수적 관할권인 잠정조치에 관한 설명으로 틀린 것은?

① 잠정조치는 쟁송사건이 재판소에 회부된 후 최종적인 판결이 내려지기 전까지 분쟁당사국 간의 권리보전을 위해 재판소가 임시적으로 취하는 일정한 조치이다.
② 잠정조치의 목적은 본안사건에 대한 판결이 내려지기 전에 재판절차를 무의미한 것으로 만들지 못하는 데 있다.
③ 잠정조치는 관할권과 관계없이 취해질 수 있는데, 그 밖에도 회복 불가능한 권리침해의 위험이 있을 것, 급박할 것 등이 요구된다.
④ ICJ규정, 규칙 및 UN헌장은 잠정조치의 구속력에 대해서 명확한 규정을 두고 있지 않았으나, ICJ는 1999년 LaGrand사건을 통해 잠정조치에 법적 구속력이 있음을 명시하였다.

[정답] ③
[해설] 잠정조치는 관할권이 존재해야 취해질 수 있는데, 그 밖에도 회복 불가능한 권리침해의 위험이 있을 것, 급박할 것 등이 요구된다.

0805

판례 〈LaGrand 사건〉에 대한 설명으로 옳지 않은 것은?

① 법원은 잠정조치의 법적 구속력을 정면으로 인정하였으며 재판소는 그 기능을 수행하는데 방해받지 않기 위해서 잠정조치명령은 법적구속력을 가지는 것으로 해석되어야 한다고 보았다.
② LaGrand는 미국에서 사형선고를 받은 독일인 형제이다.
③ ICJ가 재판기관이었으며, LaGrand 형제는 모두 미국에서 처형되었다.
④ 외교관계 협약에 규정된 고지 의무 위반 여부가 쟁점이었다.

[정답] ④
[해설] 영사관계협약 제36조 제1항 (b)호에 규정된 고지 의무 위반여부가 쟁점이었다.

0806

ICJ 소송절차 참가에 관한 설명으로 틀린 것은?

① 사건에 관련된 국가 이외의 다른 국가가 당사국으로 있는 협약의 해석이 문제가 된 경우 재판소서기는 즉시 그러한 모든 국가들에게 통고해야 한다.
② 통고를 받은 모든 국가는 소송절차에 참가할 권리를 가지는 것은 아니다.
③ 사건의 결정에 의해 영향을 받을 수 있는 사실상의 이해관계가 아니라 '법률상의' 이해관계가 있다고 인정할 때에만 소송참가를 요청할 수 있다.
④ 조약에 부여된 해석에는 구속되나, 판결의 다른 부분이나 주문에는 구속되지 아니한다.

정답　②
해설　통고를 받은 모든 국가는 소송절차에 참가할 권리를 가진다.

0807

국제사법재판소(ICJ)의 판결에 대한 설명으로 옳지 않은 것은?

① 소재판부가 선고한 판결은 ICJ가 선고한 것으로 본다.
② 판결에는 판결이 기초하고 있는 이유를 기재할 필요는 없다.
③ ICJ는 어느 한 당사자의 요청이 있으면, 판결의 의미 및 범위에 대해 해석한다.
④ 판결은 일단 내려지면 그것은 종국적이며 상소할 수 없다.

정답　②
해설　판결에는 판결이 기초하고 있는 **이유를 기재**하여야 한다.

0808

국제사법재판소의 판결의 효력 및 집행에 관한 설명으로 타당하지 않은 것은?

① 판결 및 그 이유는 공개가 원칙이나, 판결을 위한 평의는 비공개이며 비밀로 한다.
② 판결에 대해서는 선례구속의 원칙이 인정되지 않으며, 판결은 종국적이고 상소할 수 없다.
③ 패소국이 ICJ판결을 이행하지 않을 경우 승소국은 1차적으로 패소국에 대해 판결의 이행을 요구해보고, 이에 불응할 시 2차적으로 자력구제에 의하여 판결을 직접 집행할 수 있다.
④ 가부동수인 경우 재결정 투표권을 행사된다.

[정답] ④
[해설] 가부동수인 경우 재판소장 또는 그를 대리하는 재판관의 결정투표권을 행사한다.

0809

국제사법재판소(ICJ) 판례와 그 사건의 법적 쟁점의 연결이 옳지 않은 것은?

① 비호권(The Asylum Case) - 공관의 비호권
② 노테봄 사건(The Nottebohm Case) - 국적의 진정한 관련성
③ 영국 - 노르웨이 어업사건(The Fisheries Case(U.K. v. Norway)) - 직선기선제도
④ 인터한델 사건(The Interhandel Case) - 국가책임

[정답] ④
[해설] 인터한델 사건은 '국내구제완료원칙'에 관한 판례이다.

0810

ICJ 판결과 그 효력에 관한 설명으로 옳지 않은 것은?

① 사건의 당사자가 재판소가 내린 판결에 따라 자국이 부담하는 의무를 이행하지 아니하는 경우에는 타방의 당사자는 안전보장이사회에 호소할 수 있다.
② 국제사법재판소의 결정은 당해 사건에 한하여 당사국 간에만 효력을 가진다.
③ 총회는 재판청구가 충분한 근거가 있음을 확인해야만 한다.
④ '필요하다고 인정하는 경우' 판결을 집행하기 위하여 권고하거나 취해야 할 조치를 결정할 수 있다.

정답 ③
해설 ICJ는 재판청구가 충분한 근거가 있음을 확인해야만 한다.

0811

UN의 분쟁해결절차에 관한 설명으로 틀린 것은?

① 안보리는 국제평화와 안전유지의 일차적 책임을 진다.
② 안보리가 분쟁이나 사태에 관하여 임무를 수행중인 동안 총회는 안보리의 요청이 없는 한 해당 분쟁이나 사태에 대하여 어떠한 권고도 행할 수 없다.
③ 안보리에 의한 조사결정은 절차사항이다.
④ UN사무총장은 총회, 안보리 등에 의해 위임된 임무를 독자적으로 수행할 수 있다.

정답 ③
해설 안보리에 의한 조사결정은 실질사항이고 절차사항이 아니므로, 5대국의 거부권 대상이 된다.

24 | 국가의 무력사용

0812
무력사용 및 위협 금지원칙에 관한 설명으로 옳지 않은 것은?

① 강행규범에 해당된다.
② 1928년 부전조약은 국가정책수단으로서의 전쟁, 즉 침략전쟁의 포기를 규정하였다.
③ 국가는 어떤 경우에도 타국의 영토를 무력의 위협 또는 사용을 통하여 취득할 수 없게 됨에 따라 침략국의 영토라 하더라도 전시점령은 불가능하지만 병합은 가능하다.
④ UN헌장에서 제2조 제4항의 예외는 제42조(UN에 의한 군사적 조치), 제51조(자위권), 제53조(지역적 기구에 의한 강제행동), 제107조(구 적국 조항)가 있다.

[정답] ③
[해설] 국가는 어떤 경우에도 타국의 영토를 무력의 위협 또는 사용을 통하여 취득할 수 없게 됨에 따라 침략국의 영토라 하더라도 전시점령은 가능하지만 병합할 수는 없다.

0813
국제법상 무력사용에 관한 설명으로 틀린 것은?

① 재정지원은 간접적인 무력사용에는 해당하지 아니한다.
② 재정지원은 타국의 국내문제에 대한 간섭이지만 국제법에 위배되지는 않는다.
③ 국제연맹규약 제12조는 전쟁을 전면금지한 것이 아니라 일정 절차 종료 후 3개월의 냉각기간의 제약을 받는데 불과하였다.
④ 자위는 자국에 대해 발생하고 있는 타국의 무력공격에 대응하여 취하는 무력조치로서 무력적 복구가 국제법상 요인되지 않는 점과 대조된다.

[정답] ②
[해설] 재정지원은 타국의 국내문제에 대한 간섭으로서 국제법에 위배된다.

0814

국제법상 보복 또는 복구에 대한 설명으로 옳지 않은 것은?

① 보복은 상대국의 부당한 행위에 대한 적법한 행위이지만 복구는 위법행위에 대한 대항조치로서 보통 위법행위이다.
② 복구는 전쟁의사가 있지만, 선전포고가 없는 점에서 전쟁과 동일하다.
③ 복구는 평시복구와 전시복구로 구분되는데, 보통 복구라 하면 평시복구를 말한다.
④ 평시복구는 평시 상태를 파괴하지 않으며, 전시복구는 어느 교전국이 전쟁법규를 위반할 시 다른 당사자도 이를 위반하는 것을 말한다.

[정답] ②
[해설] 복구는 전쟁의사가 없으며 따라서 선전포고도 없는 점에서 전쟁과 구별된다.

0815

무력사용금지원칙의 예외에 대한 설명으로 옳지 않은 것은?

① 정당방위란 무력복구, 긴급피난 또는 필요상황과 구별되는 개념으로서 침략이 발생하는 경우 이에 대한 비례적 무력행사를 의미한다.
② 안보리는 헌장 제41조에 근거하여 평화에 대한 위협시 군사적 강제조치를 취할 수 있다.
③ 무력사용을 수반하는 대항조치는 허용되지 아니한다.
④ 동의에 기초한 무력사용은 강행규범의 도입으로 더 이상 인정되지 아니한다.

[정답] ②
[해설] 안보리는 헌장 제42조에 근거하여 평화에 대한 위협시 군사적 강제조치를 취할 수 있다.

0816

국제연맹규약상 무력행사금지에 대한 설명으로 틀린 것은?

① 연맹은 무력행사 중 전쟁에 대해서만 언급하고 있다.
② 국제연맹규약은 전쟁을 포괄적으로 제한하고 있다.
③ 무력복구에 대해서는 아무런 규정이 없지만, 허용되지 않는다고 본다.
④ 국제정책수단으로서의 전쟁을 최초로 포기한 것은 1928년에 발효한 Kellogg-Briand조약이다.

| 정답 | ③ |
| 해설 | 무력복구에 대해서는 아무런 규정이 없기 때문에 허용된다고 본다. |

0817

전쟁범죄에 대한 설명으로 옳지 않은 것은?

① 국가행위로 범해진 개인책임이 처음으로 문제된 것은 제1차 대전 이후이다.
② 교전자격자와 달리 평화적 인민은 전쟁범죄인이 될 수 없다.
③ 간첩행위가 국제법상 금지된 행위는 아니나 오직 적에게 체포되면 포로대우조차 받지 못하고 처벌될 뿐이다.
④ 간첩행위는 군인뿐만 아니라 민간인도 할 수 있으며, 간첩행위는 허용된 전투수단이지만 간첩은 적에게 체포되면 전쟁범죄인으로 처벌받는다.

| 정답 | ② |
| 해설 | 교전자격자뿐만 아니라 평화적 인민도 전쟁범죄인이 될 수 있다. |

0818

군비축소에 관한 설명으로 타당하지 않은 것은?

① 국제연맹규약 제8조에서 평화유지를 위해 국가의 안전에 지장이 없는 최저한도록 군비를 축소시킬 필요성을 인정하고 군축을 위한 활동을 전개할 것을 규정하였다.
② 1816년 러시아 황제의 군축제안도 있었고, 1899년 헤이그 평화회의에서 군비제한과 군사예산제한이 논의되었는데, 회의에서 실질적인 성과를 보였다.
③ '제1단계 전략무기제한 감축조약(START I) 조약으로 미소는 보유하는 핵탄두의 수를 감축하였다.
④ 1952년 군축위원회, 1962년 제네바군축회의, 1978년 군축에 관한 특별총회 등이 있었으나 서방진영과 비동맹국 및 공산권의 3자 대립으로 결실을 보지 못하였다.

정답 ②

해설 1816년 러시아 황제의 군축제안도 있었고, 1899년 헤이그 평화회의에서 군비제한과 군사예산제한이 논의되었으나 실질적인 성과를 거두지 못하였다.

0819

핵무기확산금지조약(NPT)에 관한 설명으로 틀린 것은?

① 1968년 핵보유국의 증가를 방지할 목적으로 체결된 조약으로 5대 강국 등 다수국가가 가입하고 있다.
② 핵보유국에게는 타국에의 이양금지의무가 있으며 비보유국은 핵무기의 수령, 제조, 취득이 금지되고 있다.
③ 비보유국은 조약에 따라 IAEA와 핵안전조치 협정을 체결하고 핵연료재처리시설을 포함한 모든 시설에 대한 국제적 사찰을 받아야 한다.
④ 핵보유국에 대해 핵무기를 타국에 이양하지 않을 의무를 부과하고 있는데, 즉, 수직적 핵확산이 금지되고 있다.

정답 ④

해설 핵보유국에 대해 핵무기를 타국에 이양하지 않을 의무를 부과하고 있는데, 즉, **수평적 핵확산**이 금지되고 있다.

0820

제노사이드에 대한 설명으로 옳지 않은 것은?

① 살해 등 제노사이드 범죄를 구성하는 행위를 범하려는 '의도'에 더하여 보호집단의 전부 또는 일부를 파괴하려는 "특별한 의도"가 입증되어야 한다.
② 제노사이드는 그 법적 요소로서 폭넓거나 체계적인 관행의 존재를 요구하지 않으며, 이는 인도에 반하는 죄와 구분되는 점으로 단기적 실행만으로는 성립되지 않는다.
③ 제노사이드 방지 및 처벌 협약에서 제노사이드와 연계된 다른 행위(모의, 공모)도 처벌하며, 전시와 평시를 불문하고 개인의 형사책임에 더불어 국가의 책임을 수반하는 국제위법행위로 보고 있다.
④ '특정집단에 속하는 민간인들을 특정지역, 특정 마을로부터 강제로 몰아내는 정책'인 [인종청소 ; ethnic cleansing]는 집단살해죄의 정의에 해당되지 아니한다.

정답 ②
해설 제노사이드는 그 법적 요소로서 폭넓거나 체계적인 관행의 존재를 요구하지 않으며, 이는 인도에 반하는 죄와 구분되는 점으로 1회적 실행만으로도 성립된다.

0821

국제인도법에 대한 설명으로 타당하지 않은 것은?

① 핵무기 사용과 그 위협의 합법성에 관한 사건에서 ICJ는 '전쟁의 법과 관습'인 "헤이그 법"과 '전쟁 희생자보호'를 위한 "제네바 법"을 국제인도법으로 보고 있다.
② 민족해방운동형태의 무력충돌은 종전에 내전으로 취급하지 않았다.
③ 제네바 제1의정서는 민족해방운동형태의 무력충돌을 국제적 무력충돌에 해당한다고 명시하고 있다.
④ 인도법의 뼈대를 구성하는 기본규칙은 전투원과 비전투원의 구분, 무차별 무기의 사용금지, 불필요한 고통 금지, 무기사용시 제한적 선택의 자유 등을 들 수 있다.

정답 ②
해설 민족해방운동형태의 무력충돌은 종전에 내전 취급했다.

0822

국제형사재판소(ICC)에 대한 설명으로 옳지 않은 것은?

① 1998 채택되어, 2002년에 발효되었다.
② 국제조약이 아닌 안보리 결의안으로 설립되었다.
③ 18세 이상의 자연인만 대상으로 국가나 단체는 재판 적격성이 없다.
④ 안보리는 또한 당사국에 의한 상황회부이든 소추관의 독자적인 수사개시이든 12개월 동안 ICC가 '사태'에 대하여 행하는 수사와 기소를 연기시킬 수 있는 권한을 가지고 있다.

[정답] ②
[해설] 안보리 결의가 아닌 국제조약으로 설립되었다.

0823

국제형사재판소의 설명으로 틀린 것은?

① 재판적격성은 보충적 관할권, 일사부재리 불인정, 범죄의 중대성에 따라 판단한다.
② 재판관 선거 후 가능한 한 신속히, 재판소는 제34조 나호에 명시된 담당부를 구성하는데, 상소심부는 재판소장과 4인의 다른 재판관으로, 1심부는 6인 이상의 재판관으로, 그리고 전심부는 6인 이상의 재판관으로 구성된다.
③ 소추관은 당사국총회 회원국의 비밀투표에 의하여 절대다수결로 선출되는데, 9년의 임기동안 재직하며 재선될 수 없다.
④ 재판관, 소추관, 부소추관 및 사무국장은 재판소의 업무나 그와 관련된 업무를 수행하는 경우, 외교사절의 장에게 부여되는 것과 동일한 특권과 면제를 향유한다.

[정답] ①
[해설] 재판적격성은 보충적 관할권, 일사부재리, 범죄의 중대성에 따라 판단한다.

0824

뉴렌베르크 국제군사재판소('45.8 런던협정)에서 다루지 않은 사건은?

① 평화에 반하는 죄
② 인도에 반하는 범죄
③ 전쟁범죄
④ 침략범죄

정답 ④

0825

인도에 반하는 죄에 대한 설명으로 타당하지 않은 것은?

① '인도에 반하는 죄'란 민간인 주민에 대해 직접적으로 향하여 "광범위하거나 체계적인 공격의 일부"로서 그 공격에 대한 "인식"을 갖고 살해, 절멸, 노예화, 주민 추방, 고문 등 다양한 행동을 통하여 신체 또는 정신적·육체적 건강에 대하여 중대한 고통이나 심각한 피해를 고의적으로 야기시키는 각종 비인도적 행위를 가리킨다.
② 비인도적 행위가 국가나 조직의 정책에 따라(정부정책 혹은 정부 혹은 사실상의 당국으로 용인되는 것) "광범위하거나 체계적인 공격의 일부"(part of a widespread or systematic attack)로 저질러진 행위만이 이에 해당된다.
③ 인도에 반하는 죄는 반드시 무력분쟁과 연관되어 있다.
④ 개인의 존엄성에 대한 심각한 공격이나 중대한 모독도 포함된다.

정답 ③
해설 인도에 반하는 죄는 반드시 무력분쟁과 연관되어 저질러지는 것은 아니다.

0826

침략범죄에 대한 설명으로 옳지 않은 것은?

① 재판소는 범죄가 제1차 대전 이전부터 이미 국제사회에 성립되어 있었다고 판단하면서 이를 "최상위 국제범죄"이라고 평가하였다.
② ICC 출범 후 10여년 간의 회의 끝에 2010년 6월 침략범죄에 대한 새로운 정의규정에 합의하였다.
③ '침략범죄'란 한 국가의 정치적 또는 군사적 행동을 실효적으로 통제하거나 지시할 수 있는 지위에 있는 자가 그 성격, 중대함 및 규모에 의하여 UN헌장에 대한 명백한 위반을 구성하는 침략행위를 계획하거나, 준비하거나, 개시하거나 또는 실행하는 것을 의미한다.
④ 소추관이 안보리에 침략행위 존부에 대해 문의한 후 6개월 내에 안보리의 결정이 없을 경우 (독자적으로 혹은 당사국 회부로) 수사를 진행할 수 있다.

정답 ①

해설 재판소는 이 범죄가 **제2차 대전 이전부터** 이미 국제사회에 성립되어 있었다고 판단하면서 이를 "최상위 국제범죄"이라고 평가하였다.

0827

침략범죄의 대상에 들어가지 않은 것은?

① 특성상 국가지도자에 해당될 것이지만, 공조직에는 속하지 않는 산업계의 지도자도 이에 포함될 수 있다.
② '침략행위'에 대한 개념 정의는 UN총회의 침략정의 결의(3314)와 동일하다.
③ 개정조항 자체는 이를 수락한 당사국에 대해서 비준서 기탁 3년 후에 발효한다.
④ ICC는 30개국 이상의 당사국이 개정조항을 비준한 다음 1년 이후나 2017년 1월 1일 이후 당사국 총회가 결정하는 일자 중 더 늦은 일자부터 침략범죄에 대한 관할권을 행사할 수 있다.

정답 ③

해설 이 개정조항 자체는 이를 수락한 당사국에 대해서 비준서 기탁 **1년 후**에 발효한다.

0828

ICC의 범죄인인도에 대한 설명으로 옳지 않은 것은?

① 쌍방 가벌성의 원칙이 적용되고, 정치범 불인도 적용되지 아니한다.
② 국가면제와 외교면제 준수는 규정 제98조 제1항은 ICC는 국가에 대하여 제3국 국민 또는 재산에 대한 국가면제 또는 외교면제 등에 관한 국제법상 의무를 위반하면서 범죄인인도 또는 공조를 하여 줄 것을 요구할 수 없다.
③ 특정성 원칙으로 ICC규정에 따라 ICC로 인도된 사람은 인도되게 된 범죄의 기초를 이루는 행위 또는 행위의 과정이 아닌, 인도 전에 범한 행위에 대하여 절차가 취해지거나 처벌 또는 구금되지 않는다.
④ 인도 요청 불응시 당사국이 규정에 위반하여 협력요청에 불응하고 이로 인하여 재판소가 이 규정에 의한 기능과 권한을 행사할 수 없게 한 경우, 재판소는 같은 취지의 확인 결정을 하고 동 문제를 안보리에 한하여 회부할 수 있다.

정답 ④

해설 인도 요청 불응시 당사국이 규정에 위반하여 협력요청에 불응하고 이로 인하여 재판소가 이 규정에 의한 기능과 권한을 행사할 수 없게 한 경우, 재판소는 같은 취지의 확인 결정을 하고 동 문제를 당사국 총회 또는 안보리에 회부할 수 있다.

0829

국제법상 자위권에 대한 설명으로 타당하지 않은 것은?

① 외부의 무력공격에 대하여 국가 자신의 영토보전이나 정치적 독립을 보존하기 위해 필요한 대응조치를 취할 수 있는 복구 수단이다.
② 헌장 51조상 회원국에 대해 무력공격이 발생한 경우, 안보리가 국제평화와 안전을 유지하기 위해 필요한 조치를 취할 때까지 개별적 또는 집단적 자위의 고유한 권리를 침해하지 않는다.
③ 무력공격을 받은 타국을 지원하여 무력을 사용할 수 있는 집단적 자위권도 관습법상 인정한다.
④ 영토보전이나 정치적 독립 등 국가의 중대한 법익이 침해되거나, 헌장의 목적과 양립하지 않는 무력공격에 대해 발동한다.

정답 ①

해설 외부의 무력공격에 대하여 국가 자신의 영토보전이나 정치적 독립을 보존하기 위해 필요한 대응조치를 취할 수 있는 자력구제 수단이다.

0830

무력공격의 주체에 대한 설명으로 타당하지 않은 것은?

① 헌장 제정시에는 무력공격의 주체로 국가 이외에 민족반란단체, 총회의 결의에서도 국가이외의 단체에 의한 침략을 규정한다.
② 헌장 51조는 '무력공격이 발생한 경우'라고 규정하여 무력공격의 주체를 국가로 명시하고 있지 않으므로, 비국가행위자의 무력공격에 대한 자위권 행사를 제한할 이유는 없다.
③ 2001년 안보리 결의 1368호 및 1373호는 9.11 테러를 무력공격으로 규정하고 이에 대한 개별, 집단적 자위권을 인정한 사례이다.
④ 미국은 안보리 결의안을 통해 테러 조직 Al-Qaeda를 비호하고 테러를 조장한 아프가니스탄 탈리반 정부를 축출했다.

정답 ①
해설 헌장 제정시에는 무력공격의 주체로 국가만을 예상, 총회의 결의에서도 국가에 의한 침략만을 규정한다.

0831

관습 국제법상 자위 조치를 위한 무력사용을 위한 요건이 아닌 것은?

① 필요성 ② 비례성
③ 즉각성 ④ 대처성

정답 ④

25 | 국제사법재판소

0832
국제사법재판소의 설립에 대한 설명으로 잘못된 것은?
① 국제연합의 주요한 사법기관으로서 국제연합헌장에 의하여 설립되었다
② 재판관은 법률가 중에서 국적에 따라 선출되는 독립적 재판관의 일단으로 구성된다.
③ 재판소는 15인의 재판관으로 구성된다.
④ 2인 이상이 동일국의 국민이어서는 아니된다.

[정답] ②
[해설] 재판관은 법률가 중에서 국적에 관계없이 선출되는 독립적 재판관의 일단으로 구성된다.

0833
ICJ의 재판관에 대한 설명으로 타당하지 않은 것은?
① 재판소에서 재판관의 자격을 정할 때 2 이상의 국가의 국민으로 인정될 수 있는 자는 그가 선택하는 국가의 국민으로 본다.
② 재판소의 재판관은 총회 및 안전보장이사회가 선출한다.
③ 재판소규정의 당사국이지만 국제연합의 비회원국인 국가가 재판소의 재판관 선거에 참가할 수 있는 조건은 안전보장 이사회의 권고에 따라 총회가 정한다.
④ 어떠한 국별 재판관단도 4인을 초과하여 후보자를 지명할 수 없으며, 그중 3인 이상이 자국국적의 소유자이어서도 아니된다.

[정답] ①
[해설] 재판소에서 재판관의 자격을 정할 때 2 이상의 국가의 국민으로 인정될 수 있는 자는 그가 **통상적으로 시민적 및 정치적 권리를 행사하는 국가의 국민으로 본다.**

0834

국제사법재판소의 재판관에 대한 설명으로 타당하지 않은 것은?

① 어떠한 경우에도 하나의 국별재판관단이 지명하는 후보자의 수는 충원할 재판관석 수의 2배를 초과하여서는 아니된다.
② 총회 및 안전보장이사회는 각각 독자적으로 재판소의 재판관을 선출한다.
③ 총회 및 안전보장이사회에서 절대 다수표를 얻은 후보자는 당선된 것으로 본다.
④ 안전보장이사회의 투표는 안전보장 이사회의 상임이사국에 의해 이루어진다.

[정답] ④
[해설] 안전보장이사회의 투표는 안전보장 이사회의 상임이사국과 비상임이사국 간에 구별없이 이루어진다.

0835

국제사법재판소의 재판관에 대한 설명으로 타당하지 않은 것은?

① 2인 이상의 동일국가 국민이 총회 및 안전보장이사회의 투표에서 모두 절대다수표를 얻은 경우에는 그 중 최연장자만이 당선된 것으로 본다.
② 재판관간의 투표가 동수인 경우에는 재투표한다.
③ 재판소의 재판관은 9년의 임기로 선출되며 재선될 수 있다.
④ 재판소의 재판관은 정치적 또는 행정적인 어떠한 임무도 수행할 수 없으며, 또는 전문적 성질을 가지는 다른 어떠한 직업에도 종사할 수 없다.

[정답] ②
[해설] 재판관간의 투표가 동수인 경우에는 최연장재판관이 결정투표권을 가진다.

0836

국제사법재판소에 대한 설명으로 옳지 않은 것은?

① 재판소의 재판관은 재판소의 업무에 종사하는 동안 외교특권 및 면제를 향유한다.
② 재판소는 3년 임기로 재판소장 및 재판소부소장을 선출한다.
③ 재판관들은 재선될 수 없다.
④ 재판소를 구성하는데 충분한 재판관의 정족수는 9인으로 한다.

[정답] ③
[해설] 재판관들은 그들은 재선될 수 있다.

0837

국제사법재판소의 규정에 대한 설명이 옳지 않은 것은?

① 재판소장은 재판소의 재판관 중의 한 사람이 특별한 사유로 인하여 특정 사건에 참여하여서는 아니된다고 인정하는 경우에는 그에게 그 점에 관하여 통보한다.
② 재판소의 재판관은 특별한 사유로 인하여 특정사건의 결정에 자신이 참여하여서는 아니된다고 인정하는 경우에는 재판소장에게 그 점에 관하여 통보한다.
③ 재판소규정에 달리 명문의 규정이 있는 경우를 제외하고는 재판소는 전원이 출석하여 개정한다.
④ 재판소를 구성하기 위하여 응할 수 있는 재판관의 수가 15인 미만으로 감소되지 아니할 것을 조건으로 한다.

[정답] ④
[해설] 재판소를 구성하기 위하여 응할 수 있는 재판관의 수가 11인 미만으로 감소되지 아니할 것을 조건으로 한다.

0838

국제사법재판소의 관할권에 대한 설명이 타당하지 않은 것은?

① 재판소는 특정한 부류의 사건, 예컨대 노동사건과 통과 및 운수 통신에 관한 사건을 처리하기 위하여 재판소가 결정하는 바에 따라 3인 또는 그 이상의 재판관으로 구성되는 1 또는 그 이상의 소재판부를 수시로 설치할 수 있다.
② 재판소는 특정사건을 처리하기 위한 소재판부를 언제든지 설치할 수 있다.
③ 소재판부를 구성하는 재판관의 수는 사무총장의 승인을 얻어 재판소가 결정한다.
④ 당사자가 요청하는 경우에는 규정된 소재판부가 사건을 심리하고 결정한다.

정답 ③

해설 소재판부를 구성하는 재판관의 수는 당사자의 승인을 얻어 재판소가 결정한다.

0839

국제사법재판소의 관할권에 대한 설명이 옳지 않은 것은?

① 특정부류나 특정사건 관련 소재판부가 선고한 판결은 재판소가 선고한 것으로 본다.
② 업무의 신속한 처리를 위하여 재판소는, 당사자의 요청이 있는 경우 간이소송절차로 사건을 심리하고 결정할 수 있는, 7인의 재판관으로 구성되는 소재판부를 매년 설치한다.
③ 출석할 수 없는 재판관을 교체하기 위하여 2인의 재판관을 선정한다.
④ 각당사자의 국적재판관은 재판소에 제기된 사건에 출석할 권리를 가진다.

정답 ②

해설 업무의 신속한 처리를 위하여 재판소는, 당사자의 요청이 있는 경우 간이소송절차로 사건을 심리하고 결정할 수 있는, 5인의 재판관으로 구성되는 소재판부를 매년 설치한다.

0840

국제사법재판소의 관할권에 대한 설명이 틀린 것은?

① 재판소가 그 재판관석에 당사자 중 1국의 국적재판관을 포함시키는 경우에는 다른 어느 당사자도 재판관으로서 출석할 1인을 선정할 수 있다.
② 재판소가 그 재판관석에 당사자의 국적재판관을 포함시키지 아니한 경우에는 재판소장은 재판관을 선정할 수 있다.
③ 동일한 이해관계를 가진 수개의 당사자가 있는 경우에, 그 수개의 당사자는 위 규정들의 목적상 단일당사자로 보는데, 이 점에 관하여 의문이 있는 경우에는 재판소의 결정에 의하여 해결한다.
④ 재판소의 경비는 총회가 정하는 방식에 따라 국제연합이 부담한다.

정답 ②
해설 재판소가 그 재판관석에 당사자의 국적재판관을 포함시키지 아니한 경우에는 각 당사자는 재판관을 선정할 수 있다.

0841

국제사법재판소의 관할에 대한 설명이 타당하지 않은 것은?

① 국가만이 재판소에 제기되는 사건의 당사자가 될 수 있다.
② 재판소는 재판소 규칙이 정하는 조건에 따라 개인에게 재판소에 제기된 사건과 관련된 정보를 요청할 수 있으며, 또한 그 개인이 자발적으로 제공하는 정보를 수령한다.
③ 선언서는 국제연합사무총장에게 기탁되며, 사무총장은 그 사본을 재판소규정의 당사국과 국제사법재판소서기에게 송부한다.
④ 재판소가 관할권을 가지는지의 여부에 관하여 분쟁이 있는 경우에는, 그 문제는 재판소의 결정에 의하여 해결된다.

정답 ②
해설 재판소는 재판소 규칙이 정하는 조건에 따라 **공공 국제기구에게** 재판소에 제기된 사건과 관련된 정보를 요청할 수 있으며, 또한 그 국제기구가 자발적으로 제공하는 정보를 수령한다.

0842

국제사법재판소의 관할권에 대한 설명이 잘못된 것은?

① 재판소는 재판소규정의 당사국에 대하여 개방된다.
② 재판소를 다른 국가에 대하여 개방하기 위한 조건은 현행 제조약의 특별한 규정에 따를 것을 조건으로 총회가 정한다.
③ 어떠한 경우에도 그러한 조건은 당사자들을 재판소에 있어서 불평등한 지위에 두게 하는 것이어서는 아니된다.
④ 국제연합의 회원국이 아닌 국가가 사건의 당사자인 경우에는 재판소는 그 당사자가 재판소의 경비에 대하여 부담할 금액을 정한다.

[정답] ②
[해설] 재판소를 다른 국가에 대하여 개방하기 위한 조건은 현행 제조약의 특별한 규정에 따를 것을 조건으로 **안전보장이사회**가 정한다.

0843

국제사법재판소의 관할권에 대한 설명이 틀린 것은?

① 재판소의 관할은 당사자가 재판소에 회부하는 모든 사건과 국제연합헌장을 제외한 현행의 제조약 및 협약에서 특별히 규정된 모든 사항에 미친다.
② 재판소규정의 당사국은 모든 법률적 분쟁에 대하여 재판소의 관할을 강제적인 것으로 인정한다는 것을 언제든지 선언할 수 있다.
③ 동일한 의무를 수락하는 모든 다른 국가와의 관계에 있어서 당연히 또한 특별한 합의 없이도, 강제적인 것으로 인정한다는 것을 언제든지 선언할 수 있다.
④ 현행의 조약 또는 협약이 국제연맹이 설치한 재판소 또는 상설국제사법 재판소에 어떤 사항을 회부하는 것을 규정하고 있는 경우에 그 사항은 재판소 규정의 당사국사이에서는 국제사법재판소에 회부된다.

[정답] ①
[해설] 재판소의 관할은 당사자가 재판소에 회부하는 모든 사건과 **국제연합헌장 또는** 현행의 제조약 및 협약에서 특별히 규정된 모든 사항에 미친다.

0844

국제사법재판소의 강제관할권에 해당하지 않은 것은?

① 조약의 해석
② 국제법상의 문제
③ 확인되는 경우, 국제의무의 위반에 해당하는 사실의 존재
④ 외교보호에 대하여 이루어지는 배상의 성질 또는 범위

정답   ④
해설   국제의무의 위반에 대하여 이루어지는 배상의 성질 또는 범위

0845

국제사법재판소의 권한에 대한 설명에 해당하지 않은 것은?

① 재판소에 대한 사건의 제기는 각 경우에 따라 재판소서기에게 하는 특별한 합의의 통고에 의하여 또는 서면신청에 의하여 이루어진다.
② 재판소서기는 사무총장을 통하여 국제연합회원국에게도 통고하며, 또한 재판소에 출석할 자격이 있는 어떠한 다른 국가에게도 통고한다.
③ 총회는 사정에 의하여 필요하다고 인정하는 때에는 각당사자의 각각의 권리를 보전하기 위하여 취하여져야 할 잠정조치를 제시할 권한을 가진다.
④ 종국판결이 있을 때까지, 제시되는 조치는 즉시 당사자 및 안전보장 이사회에 통지된다.

정답   ③
해설   재판소는 사정에 의하여 필요하다고 인정하는 때에는 각당사자의 각각의 권리를 보전하기 위하여 취하여져야 할 잠정조치를 제시할 권한을 가진다.

0846

다음 중 국제사법재판소의 소송절차에 대한 설명이 옳지 않은 것은?

① 소송 절차는 서명소송절차로 구성된다.
② 서면소송절차는 준비서면·답변서 및 필요한 경우 항변서와 원용할 수 있는 모든 문서 및 서류를 재판소와 당사자에게 송부하는 것으로 이루어진다.
③ 재판소는 대리인·법률고문 및 변호인외의 자에 대한 모든 통지의 송달을, 그 통지가 송달될 지역이 속하는 국가의 정부에게 직접 한다.
④ 심리는 재판소장 또는 재판소장이 주재할 수 없는 경우에는 재판소부소장이 지휘한다.

[정답] ①
[해설] 소송절차는 서면소송절차 및 구두소송절차의 두 부분으로 구성된다.

0847

국제사법재판소의 재판절차에 대한 설명이 틀린 것은?

① 재판소에서의 심리는 비공개된다.
② 매 심리마다 조서를 작성하고 재판소서기 및 재판소장이 서명한다.
③ 재판소는 그 목적을 위하여 정하여진 기간 내에 증거 및 증언을 수령한 후에는, 타방당사자가 동의하지 아니하는 한, 일방당사자가 제출하고자 하는 어떠한 새로운 인증 또는 서증도 그 수리를 거부할 수 있다.
④ 일방당사자가 재판소에 출석하지 아니하거나 또는 그 사건을 방어하지 아니하는 때에는 타방 당사자는 자기의 청구에 유리하게 결정할 것을 재판소에 요청할 수 있다.

[정답] ①
[해설] 재판소에서의 심리는 공개된다.

0848

국제사법재판소의 재판절차에 대한 설명이 옳지 않은 것은?

① 재판소의 지휘에 따라 대리인·법률고문 및 변호인이 사건에 관한 진술을 완료한 때에는 재판소장은 심리가 종결되었음을 선언한다.
② 재판소의 평의는 비공개로 이루어지며 비밀로 한다.
③ 모든 문제는 투표한 재판관의 과반수로 결정된다.
④ 가부동수인 경우에는 재판소장 또는 재판소장을 대리하는 재판관이 결정투표권을 가진다.

정답 ③
해설 모든 문제는 출석한 재판관의 과반수로 결정된다.

0849

국제사법재판소의 재판절차에 대한 설명이 틀린 것은?

① 판결이 전부 또는 부분적으로 재판관 전원일치의 의견을 나타내지 아니한 때에는 어떠한 재판관도 개별의견을 제시할 권리를 가진다.
② 재판소의 결정은 당사자사이와 그 특정사건에 관하여서만 구속력을 가진다.
③ 판결은 종국적이며 상소할 수 없다.
④ 판결의 의미 또는 범위에 관하여 분쟁이 있는 경우에는 재판소는 직권으로 이를 해석한다.

정답 ④
해설 판결의 의미 또는 범위에 관하여 분쟁이 있는 경우에는 재판소는 당사자의 요청에 의하여 이를 해석한다.

0850

국제사법재판소에 대한 설명이 틀린 것은?

① 판결의 재심청구는 재판소 및 재심을 청구하는 당사자가 판결이 선고되었을 당시에는 알지 못하였던 결정적 요소로 될 성질을 가진 어떤 사실의 발견에 근거하는 때에 한하여 할 수 있지만, 그러한 사실을 알지 못한 것이 과실 및 고의에 의한 것이 아니었어야 한다.
② 재심의 소송절차는 새로운 사실이 존재함을 명기하고, 그 새로운 사실이 사건을 재심할 성질의 것임을 인정하고, 또한 재심청구가 이러한 이유로 허용될 수 있음을 선언하고 있는 재판소의 판결에 의하여 개시된다.
③ 재심청구는 새로운 사실을 발견한 때부터 늦어도 6월 이내에 이루어져야 한다.
④ 판결일부터 10년이 지난 후에는 재심청구를 할 수 없다.

정답 ①

해설 판결의 재심청구는 재판소 및 재심을 청구하는 당사자가 판결이 선고되었을 당시에는 알지 못하였던 결정적 요소로 될 성질을 가진 어떤 사실의 발견에 근거하는 때에 한하여 할 수 있지만, 그러한 사실을 알지 못한 것이 **과실에 의한 것**이 아니었어야 한다.

0851

국제사법재판소의 기능에 대한 설명이 틀린 것은?

① 사건의 결정에 의하여 영향을 받을 수 있는 법률적 성질의 이해관계가 있다고 인정하는 국가라도 재판소에 그 소송에 참가하는 것을 허락하여 주도록 요청할 수 없다.
② 사건에 관련된 국가 이외의 다른 국가가 당사국으로 있는 협약의 해석이 문제가 된 경우에는 재판소서기는 즉시 그러한 모든 국가에게 통고한다.
③ 통고를 받은 모든 국가는 그 소송절차에 참가할 권리를 가진다.
④ 권리를 행사한 경우에는 판결에 의하여 부여된 해석은 그 국가에 대하여도 동일한 구속력을 가진다.

정답 ①

해설 사건의 결정에 의하여 영향을 받을 수 있는 법률적 성질의 이해관계가 있다고 인정하는 국가는 재판소에 그 소송에 **참가**하는 것을 허락하여 주도록 요청할 수 있다.

0852

국제사법재판소에 대한 설명이 잘못된 것은?

① 재판소는 국제연합헌장에 의하여 또는 이 헌장에 따라 권고적 의견을 요청하는 것을 허가받은 기관이 그러한 요청을 하는 경우에 어떠한 법률문제에 관하여도 권고적 의견을 부여할 수 있다.
② 재판소 서기는 권고적 의견이 요청된 사실을 재판소에 출석할 자격이 있는 모든 국가에게 즉시 통지한다.
③ 재판소는 사무총장 및 직접 관계가 있는 국제연합회원국·다른 국가 및 국제기구의 대표에게 통지한 후 공개된 법정에서 그 권고적 의견을 발표한다.
④ 권고적 임무를 수행함에 있어서 재판소는 재판소가 적용할 수 있다고 인정하는 범위 안에서 쟁송사건에 적용되는 별도의 규정들에 따른다.

정답 ④

해설 권고적 임무를 수행함에 있어서 재판소는 재판소가 적용할 수 있다고 인정하는 범위 안에서 쟁송사건에 적용되는 재판소 규정의 규정들에 또한 따른다.

0853

국제사법재판소(ICJ) 규정상의 선택조항에 관한 설명으로 옳지 않은 것은?

① 선택조항을 수락할 수 있는 주체는 ICJ규정 당사국이다.
② 어떠한 조건, 기한 또는 유보 없이 선택조항을 수락한 ICJ규정 당사국 상호간에 국제법상의 문제에 관한 분쟁발생시 일방 당사국의 제소에 의하여 강제관할권이 성립한다.
③ 선택조항 수락선언서는 UN사무총장에게 기탁된다.
④ 국제사법재판소 규정에서 처음으로 도입되었다.

정답 ④

해설 상설사법재판소규정에서 처음으로 도입되었다.

0854

국제사법재판소(ICJ)의 재판관할권 행사와 관련된 설명으로 틀린 것은?

① 특정의 분쟁에 대하여 ICJ가 관할권을 가지는지의 여부에 대해서는 ICJ가 결정할 문제가 아니다.
② ICJ는 사정에 의하여 필요하다고 인정하는 때에는 각 당사자의 권리를 보전하기 위하여 잠정조치를 제시할 수 있다.
③ ICJ에 제소할 수 있는 것은 국가뿐이다.
④ 형평과 선은 당사자들이 합의할 때 적용된다.

정답 ①

해설 특정의 분쟁에 대하여 ICJ가 관할권을 가지는지의 여부에 대해서는 ICJ가 **스스로 결정한다**.

0855

국제사법법원의 관할권에 관한 설명으로 옳지 않은 것은?

① 국가만이 당사자능력을 갖고 개인은 당사자능력이 인정되지 아니한다.
② 권고적 의견을 제시할 수 있는 것은 모든 문제에 해당한다.
③ UN비회원국이라도 안전보장이사회와 총회가 제시하는 조건을 지키면 ICJ규약당사자가 될 수 있고, ICJ규약 제35조 제2항에 의하면 규약당사자가 아니라도 안전보장이사회가 정한 조건에 따라 법원에 소송을 제기할 수 있다.
④ 임의조항을 수락한 국가 간에는 그 내용에 따라 일정한 문제에 관하여 강제관할권이 인정될 수 있다.

정답 ②

해설 권고적 의견을 제시할 수 있는 것은 **법률적 문제에 한한다**.

0856

국제사법재판소(ICJ)의 권고적 의견에 대한 설명으로 적절하지 않은 것은?

① ICJ에 권고적 의견을 요청할 수 있는 것은 총회와 안보리, 그리고 총회에 의해 그러한 권리를 부여받은 UN의 기관 및 전문기구임. 현재 UN총회의 승인을 받은 기관은 경제사회이사회, 신탁통치이사회, 총회 중간위원회(소총회), UN행정재판소 재심소청 심사위원회이다.
② UN총회의 허가를 받은 세계보건기구(WHO)는 그 활동범위 안에서 발생하는 법률문제에 관하여 ICJ에 권고적 의견을 요청할 수 있다.
③ 국가는 권고적 의견을 요청할 수 없지만 권고적 의견 절차에서 서면에 한하여 참여할 수 있다.
④ 권고적 의견이 요청된 경우에도 ICJ규정 제31조에 규정된 임시재판관 제도가 적용될 수 있다.

정답   ③
해설   국가는 권고적 의견을 요청할 수 없지만 권고적 의견 절차에서 서면 또는 구두진술을 할 수 있다.

26 | 국제형사재판소

0857
국제형법상의 역사에 대한 설명으로 옳지 않은 것은?

① 전통국제법에서부터 개인의 형사책임은 의무 부과나 처벌대상이 된다.
② 제1차 세계대전의 결과 1919년 6월 '베르사유 조약'은 최초로 독일 황제 빌헬름 2세에 대한 재판소 설치를 규정하였지만, 피신한 네덜란드가 정치범이라는 이유로 인도를 거절, 재판 무산되었다.
③ 1945년 8월 연합국은 독일 뉘른베르크에 독일국제군사재판소를 설치하여 전승국은 독일의 정치, 군사 지도자들 개인에 대해 형사책임을 묻고, 나치 지도부, 나치친위대 등을 범죄 조직으로 규정하였다.
④ 뉘른베르크에서 침략행위는 제2차 세계대전 이전부터 '부전조약'에 의해 금지된 것으로 소급입법이 아니고, 평화에 반하는 죄, 인도에 반하는 죄, 전쟁범죄에 대한 개인의 국제법상 형사책임이 관습법화된 것이다.

정답 ①
해설 전통국제법상 개인의 형사책임은 의무 부과나 처벌대상이 아니다.

0858

국제형법과 개인의 국제형사책임에 대한 설명으로 타당하지 않은 것은?

① 독일국제군사재판소 판결 이후, 침략범죄, 평화에 관한 죄, 인도에 반하는 죄, 전쟁범죄에 대한 개인의 형사책임을 확인하였다.
② 1998년 7월 '국제형사재판소에 관한 로마규정'에서 국제사회 전체가 우려하는 가장 심각한 국제형사범죄를 저지른 자는 개인적으로 책임을 지며 처벌을 받는다고 규정하였다.
③ 아이히만 사건에서 반인도적 범죄행위가 나치독일에 의한 국가행위이지만 피고 자신의 개인적 책임도 면제되는 것은 아니라는 이유로 사형을 판결하였는데, 이와 관련된 로마규정 25조 4항은 개인의 국제형사책임은 국가책임에 영향을 미치지 않는다는 조항을 적용할 수 있다.
④ 개인의 국제범죄 행위가 국가로 귀속될 때에는 개인의 형사책임과 별도로 국가도 책임 부담하는데, 개인은 객관적 의도를 판단 기준으로 하고, 국가는 국제법 위반에 대한 주관적 결과를 판단 기준으로 삼는다.

정답 ④

해설 개인의 국제범죄 행위가 국가로 귀속될 때에는 개인의 형사책임과 별도로 국가도 책임 부담하는데, 개인은 주관적 의도를 판단 기준으로 하고, 국가는 국제법 위반에 대한 객관적 결과를 판단 기준으로 삼는다.

0859

국제형사재판소(ICC)에 관한 로마규정 중 재판소의 구성에 대한 설명으로 옳지 않은 것은?

① ICC는 상설기구로서(1조), 국제 법인격을 보유(4조)한다.
② ICJ와 마찬가지로 UN의 국제기구이지만, UN과의 협력 사항을 규율하기 위해 'UN과의 관계협정' 체결할 수 있는 주체이다.
③ 재판부는 전심재판부, 1심 재판부 및 상소심 재판부로 구성되어 있다.
④ 소추부는 재판소에 회부되는 관할범죄와 범죄 관련 정보를 접수하고, 기소할 권한이 있다.

정답 ②

해설 ICJ와는 달리 UN과 독립된 국제기구이지만, UN과의 협력 사항을 규율하기 위해 'UN과의 관계협정' 체결할 수 있는 주체이다.

0860

국제형사재판소(ICC)에 관한 로마규정에 대한 설명으로 타당하지 않은 것은?

① 국제범죄를 저지른 자를 재판에 회부할 일차적 책임은 국제형사재판소이다.
② 국제형사재판소는 개별국가의 관할권 행사를 보충하는 역할 수행, 보충성의 원칙이 적용된다.
③ 국가가 기소할 의사가 없거나(unwilling) 능력이 없는 경우(unable) ICC가 관할권 행사 가능하다.
④ 1991년 유고 붕괴 이후, 세르비아 민병대가 구 유고에서 자행한 전쟁범죄, Genocide 및 인도에 대한 죄를 처벌하기 위해 안보리가 7장에 따라 한시적인 보조기관으로 설치되었다.

정답 ①
해설 국제범죄를 저지른 자를 재판에 회부할 일차적 책임은 국가이다.

0861

국제형사재판소(ICC)에 관한 로마규정 중 관할권 행사가 불가능한 것으로 타당하지 않은 것은?

① 관할권을 갖는 국가가 수사 중이거나 이미 기소한 경우
② 수사 후 기소하지 않기로 결정한 경우
③ 제소 대상 행위에 대해 이미 재판을 받은 경우
④ 안보리가 추가로 조치할 만한 충분한 중대성이 없는 경우

정답 ④
해설 ICC가 추가로 조치할 만한 충분한 중대성이 없는 경우

0862

국제형사재판소(ICC)에 관한 로마규정 중 관할권에 대한 설명으로 타당하지 않은 것은?

① 시간적 관할권에서 로마규정 발효(2002.7.1) 이후 발생한 범죄에 대해서만 관할권을 가진다.
② 4대 국제범죄는 공소시효가 없다.
③ 인적 관할권에서 자연인 및 법인에 대해서만 관할권을 가진다.
④ 18세 미만자에 대해서는 관할권을 행사할 수 없다.

[정답] ③

[해설] 인적 관할권에서 자연인에 대해서만 관할권을 가진다.

0863

국제형사재판소(ICC)에 관한 로마규정 중 물적 관할권에 대한 설명으로 타당하지 않은 것은?

① 국제사회가 우려하는 가장 심각한 범죄에서 Genocide, 인도에 반한 죄, 전쟁범죄, 침략범죄를 4대 핵심국제범죄라 한다.
② 테러, 해적, 고문, 마약 등의 국제범죄는 ICC 관할 대상에서 제외된다.
③ 동일한 살해행위라도, 어떠한 상황 하에서 개별적 행위가 자행되었느냐에 따라 범죄가 달라진다.
④ 2001년에 미국에서 발생한 9, 11 테러행위는 ICC가 관할 범죄로서 처벌할 수는 없다.

정답 ④

해설 2001년에 미국에서 발생한 9, 11 테러행위는 ICC가 테러범죄로서 처벌할 수는 없지만 인도에 반한 죄의 구성요건을 충족할 수 있을 것으로 보이므로 인도에 반한 죄로 처벌할 수 있는 가능성이 있다.

참고

ICC는 집단살해죄, 인도에반한죄, 전쟁범죄와 침략범죄에 대해 관할권을 행사한다. 이들 네 가지 범죄는 로마에서 개최된 유엔전권외교회의(로마회의)시 소위 '핵심범죄'로 분류되었다. 그러나, '테러범죄', '마약불법거래와 관련된 범죄' 등 소위 '조약상의 범죄'는 ICC는 이러한 범죄에 대해서는 관할권을 행사하지 않는다.

테러범죄와 마약범죄 등 소위 '조약범죄'를 로마규정에서 제외시킨 이유는 테러범죄 등 '조약범죄'의 정의에 대해 합의를 이루기 어려우며, 현행 국제조약과 국내법으로도 처벌이 가능하다고 판단했기 때문이다. 또한, 로마회의에 참가한 대표단들은 '핵심범죄'에 대해서는 국제법상 '보편적 관할권'이 확립되었으나 '조약범죄'는 아직 '보편적 관할권'의 대상범죄로 보기 어렵기 때문에 로마규정 제12조 등 재판소의 관할권 관련규정을 '핵심범죄'와 '조약범죄'에 함께 적용하기 곤란하다는 점도 고려하였다. 그러나 2001년에 미국에서 발새한 9 : 11 테러행위는 ICC가 테러범죄로서 처벌할 수는 없지만 인도에 반한 죄의 구성요건을 충족할 수 있을 것으로 보이므로 인도에 반한 죄로 처벌할 수 있는 가능성이 있다.

한편 핵심범죄 중에서도 침략범죄는 로마회의에서 참가국가들 간의 이견으로 그 정의규정은 채택되지 못하고 ICC의 관할대상범죄로만 규정되게 되었다. 즉, 침략범죄에 대해서는 범죄의 정의와 관할권 행사조건을 정하는 조항이 채택될 때까지는 ICC가 관할권을 행사할 수 없도록 하였다. 그러나 집단살해죄, 인도에 반한 죄와 전쟁범죄는 각각 로마규정 제6조, 제7조, 제8조에서 자세한 범죄의 정의규정을 두고 있다.

0864

국제형사재판소(ICC)에 관한 로마규정 중 물적 관할권 중 인도에 대한 죄에 대한 설명으로 타당하지 않은 것은?

① 민간인 주민에 대한 광범위하거나 체계적인 공격의 일부로서, 공격에 대한 인식을 가지고 범해진 행위를 의미한다.
② 개인의 존엄성에 대한 심각한 공격이나 중대한 모독과 같은 심리적 사항은 포함되지 아니한다.
③ 조건으로 국가나 조직의 정책에 따라 광범위하거나 체계적인 공격의 일부로 저질러진 행위를 뜻한다.
④ '광범위한' 공격은 대규모로 일관되게 반복되어 행해진 공격으로 피해자 수에 의해 판단한다.

[정답] ②
[해설] 개인의 존엄성에 대한 심각한 공격이나 중대한 모독도 포함한다.

0865

국제형사재판소(ICC)에 관한 로마규정 중 물적 관할권 중 제노사이드에 대한 설명으로 타당하지 않은 것은?

① 1915년 오스만 터키의 아르메니아인 학살사건, 나치 독일의 유태인 학살(Holocaust)에서 유래되었다.
② 원래 인도에 반한 죄에 포함되어 있으나, 특정 집단의 존립 자체를 보호하기 위한 인도적 목적에서 분리되었다.
③ 국민적, 인종적 종교적, 집단의 전부 또는 일부를 파괴할 의도하에 자행된 행위이다.
④ 체계적이고 광범위한 공격이어야 한다.

[정답] ④
[해설] 체계적이고 광범위한 공격이 아닌 특정 집단에 대한 파괴를 말한다.

0866

국제형사재판소(ICC)에 관한 로마규정 중 물적 관할권 중 제노사이드의 조건으로 한 설명으로 타당하지 않은 것은?

① 국민적, 민족적, 인종적, 종교적 집단의 전부 또는 일부의 파괴를 목적으로 한다.
② 파괴는 물리적 파괴를 의미, 특정 집단의 언어나 문화를 파괴하는 문화적 말살이나, 특정 집단의 구성원들을 일정 지역으로 강제로 추방하는 인종청소는 Genocide에서 제외되나, 인도에 반한 죄 또는 전쟁범죄는 가능하다.
③ 피해자 집단에 대한 파괴는 실질적인 부문이어야 하며, 지도자 살해와 같은 상징적 행위는 포함되지 아니한다.
④ 집단의 전부 또는 일부를 파괴하려는 구체적 의도가 있어야 한다.

정답 ③
해설 피해자 집단에 대한 파괴는 실질적인 부문이어야 하며, 지도자 살해와 같은 상징적 행위 포함한다.

0867

국제형사재판소(ICC)에 관한 로마규정 중 물적 관할권 중 전쟁범죄에 대한 설명으로 타당하지 않은 것은?

① 무력충돌과 관련한 국제인도법 위반행위들을 대상으로 한다.
② 로마규정상 계획이나 정책의 일부로서 또는 대규모적인 전쟁범죄 실행의 일부로서 저지른 범죄를 의미한다.
③ 해당 범죄와 무력충돌 간의 연관성이 존재해야 하며, 무력충돌 상황에서 적용되며, 범행자는 무력충돌이 존재하는 상황을 인식해야 한다.
④ ICC 규정은 국제적 무력분쟁에 적용되며, 비국제적 무력분쟁은 관할 대상범죄에 포함되지 아니한다.

정답 ④
해설 ICC 규정은 국제적 무력분쟁뿐만 아니라, 비국제적 무력분쟁도 관할 대상범죄로 포함한다.

0868

국제형사재판소(ICC)에 관한 로마규정 중 물적 관할권 중 침략범죄에 대한 설명으로 타당하지 않은 것은?

① 협상과정에서 일부 국가들은 침략범죄가 관할 대상 범죄로 포함되는 것 자체에 반대하였으나, 관할 대상 범죄에 포함하고 그 정의는 협약 채택 이후 계속 협의하기로 타협하였다.
② 2010년 5월 캄팔라 재검토회의에서 침략범죄에 관한 정의에 합의하였고, 개정 조항은 2018년 7월 17일부터 발효되었다.
③ UN헌장을 명백히 위반하는 침략행위를 실행하는 것만을 대상으로 한다.
④ 한 국가가 다른 국가의 주권, 영토보전 또는 정치적 독립에 반하여 무력을 행사하는 것을 의미한다.

[정답] ③

[해설]
- UN헌장을 명백히 위반하는 **침략행위를 계획, 준비, 개시, 실행**하는 것을 대상으로 한다.
- UN헌장에 위배되는 다른 방식으로 무력을 사용하는 것은 지도자 개인의 범죄라고도 함

0869

국제형사재판소(ICC)에 관한 로마규정 중 물적 관할권의 행사에 대한 설명으로 타당하지 않은 것은?

① ICC 당사국은 관할범죄에 대한 재판소의 관할권 수락하는 것을 자동적 관할권이라는 의미를 가지고 있다.
② ICJ는 특별합의나 선택조항 수락 등 합의에 의해서만 재판회부 가능하다.
③ 재판소가 관할권을 행사하기 위해서는 당해 범죄의 발생지국이나 범죄혐의자의 국적국 중 어느 한 국가가 당사국일 필요는 없다.
④ 비당사국이라도 당해 범죄에 대해 관할권 행사를 수락하면 관할권 행사 가능하다.

[정답] ③

[해설] 재판소가 관할권을 행사하기 위해서는 당해 범죄의 발생지국이나 범죄 혐의자의 국적국 중 어느 한 국가가 당사국이어야 한다.

0870

국제형사재판소(ICC)에 관한 로마규정 중 물적 관할권의 행사에 대한 설명으로 타당하지 않은 것은?

① 당사국이 관할범죄가 범해진 것으로 보이는 사태를 소추관에게 회부한 경우에 가능하다.
② 소추관이 직권으로 관할범죄에 관한 수사를 개시한 경우 즉, 소추관은 독자적으로 수사 착수 가능하다.
③ 안보리가 제 7장에 따라 관할범죄가 범해진 것으로 보이는 사태를 소추관에게 회부한 경우에 가능하다.
④ 분쟁 당사국 간의 합의에 의해 소추관에 기소를 의뢰할 수 있다.

[정답] ④
[해설] 분쟁 당사국 간의 합의에 의한 기소를 의뢰할 수 없다.
①, ② 당해 범죄의 발생지국이나 범죄 혐의자의 국적국 중 하나라도 당사국이어야 한다. 비당사국의 경우, 재판소의 관할권을 수락해야 한다.
③ 안보리는 국제평화와 안전에 1차적 책임이 있으므로 비당사국 또한 소추관에게 회부가능하다.

0871

국제형사재판소(ICC)에 관한 로마규정 중 물적 관할권의 행사에 대한 설명으로 타당하지 않은 것은?

① 개정 조항은 침략범죄에 대한 관할권 행사에 예외를 인정하는데, 당사국은 사전에 침략범죄에 대한 관할권을 수락하지 않는다고 선택적 배제(opt out)를 할 수 있다.
② 소추관이 독자적으로 수사에 착수하는 경우, UN사무총장에서 이 사실을 통보하고 6개월 이내 안보리가 침략행위의 존부에 관해 아무런 결정을 내리지 않으면, 직권으로 수사가 가능하다.
③ 북한 인권문제의 ICC 회부에서 북한은 체제에 위협이 되는 민간인 주민에 대한 광범위하고 조직적으로 이루어진 공격으로 인도에 반하는 죄가 성립한다.
④ 안보리가 북한 상황을 ICC에 회부하거나 특별 재판소를 설치하여 처리할 것을 권고하였고, 북한은 ICC 비당사국이므로 로마규정이 적용되지 않았다.

[정답] ②
[해설] 소추관이 독자적으로 수사에 착수하는 경우, UN사무총장에서 이 사실을 통보하고 6개월 이내 안보리가 침략행위의 존부에 관해 아무런 결정을 내리지 않으면 **전심재판부의 허가를 받아** 수사가 가능하다.

0872

ICC에서 사건이 허용될 수 없는 내용을 잘못 설명한 것은?

① 사건이 재판관할권을 가진 한 국가에 의해 수사 중이거나 기소 중인 경우에 국제형사재판소는 재판권을 행사할 수 없는데, 그 국가가 수사나 기소를 진정으로 수행할 의사 또는 능력이 없는 경우에는 그러하지 아니하다.
② 사건이 재판관할권을 가진 한 국가에 의해 수사되었거나, 또한 그 국가가 관련자를 소추하지 않기로 결정한 경우 ICC는 재판권 행사가 불가한데, 다만 그 국가가 수사나 기소를 진정으로 수행할 의사 또는 능력이 없는 경우에는 그러하지 아니하다.
③ 관련자가 제소의 대상이 된 행위에 대해 이미 재판을 받았고, 또한 ICC에 의한 재판이 제20조 3항에 의거하여 허용되지 않는 경우는 국제형사재판소의 재판권이 부인된다.
④ 사건이 ICC에 의해 추가적인 행동을 정당화할 만큼 충분한 증가가 확보되지 않는 경우는 국제형사재판소는 재판권이 제한된다.

[정답] ④
[해설] 사건이 ICC에 의해 추가적인 행동을 정당화할 만큼 충분히 중대하지 않는 경우는 국제형사재판소는 재판권이 제한된다.

0873

ICC의 보충적 관할권에 대한 설명으로 타당하지 않은 것은?

① ICC와 국내재판소 간의 관계는 '보충성의 원칙'이 적용된다.
② 국내적 차원에서 조치를 취함으로써, 이들 범죄에 대한 실효적 소추를 확보하여야 한다.
③ 국제범죄에 대해 책임 있는 자들에 대해 형사관할권을 행사하는 것은 로마규정 당사국의 의무이다.
④ 로마규정에 의거하여 설치되는 ICC는 국내형사관할권을 보충한다.

[정답] ③
[해설] 국제범죄에 대해 책임 있는 자들에 대해 형사관할권을 행사하는 것은 모든 국가의 의무이다.

0874

국제사법재판소(ICC)의 인적 관할권에 대한 설명이 잘못된 것은?

① 국제범죄에 대하여 책임 있는 사람들에게 형사관할권을 행사하는 것은 모든 국가의 의무이다.
② 재판소는 이 규정에서 대상으로 삼는, 국제적 중요성을 갖는 가장 중대한 범죄를 저지른 사람들에 대해 관할권을 행사할 권한을 갖는다.
③ ICC의 재판관할권의 대상은 자연인이다.
④ 법인은 관할 대상이지만 조직, 국가는 ICC의 관할권 대상이 아니다.

정답 ④

해설 법인이나 조직, 국가는 ICC의 관할권 대상이 아니다.

0875

국제형사재판소의 관할 대상인 제노사이드의 설명으로 타당하지 않은 것은?

① 제노사이드는 그 의도(mens rea)가 중요하다.
② 인종청소(ethnic cleansing)는 아직 제노사이드의 정의에 해당하지 않는다.
③ 특정 집단의 언어와 문화를 체계적으로 파괴하는 에스노사이드도 포함된다.
④ 로마규정 제25조에 제3항에 따라 집단살해를 선동한 자 역시 처벌받을 수 있다.

정답 ③

해설 특정 집단의 언어와 문화를 체계적으로 파괴하는 것을 지칭하는 에스노사이드 내지는 문화적 제노사이드는 포함되지 아니한다. 제노사이드의 방지와 처벌에 관한 1948년 협약(집단살해죄의 방지와 처벌에 관한 협약, (Convention on the Prevention and Punishment of the Crime of Genocide) 제2조 규정을 옮겨놓은 형태이다. 단순히 사람을 다수 죽인 것으로는 인도에 반하는 죄가 될뿐 제노사이드는 성립하지 않고, "국민/민족/인종/종교" 등 집단의 일부 혹은 전체를 조직적으로 "파괴"(destroy)할 의도를 가져야 한다. 따라서 집단 지도자들을 살해하는 상징적 행위도 피해자가 소수일지라도 제노사이드로 처벌이 가능하다. 제노사이드는 단순히 민간인 학살만 의미하지 않는다. 고문이나 성폭력, 비인간적 취급 등 대규모의 신체/정신적 피해, 과도한 노동 요구나 식량 공급의 중단, 대규모/조직적 불임 시술도 제노사이드의 범주에 포함된다.

0876

국제형사재판소의 관할 범죄인 인도에 대한 죄에 대한 설명으로 타당하지 않은 것은?

① 전시뿐이 아니라 평시에도 범할 수 있다.
② 인도에 관한 죄의 정의에 있어 로마규정은 민간인들에 대하여 자행되고 있는 20세기의 여러 비인도적 만행에 주민의 강제 이전, 고문, 강간을 포함한 일련의 성폭력, 강요된 실종, 아파르트헤이트를 포함하고 있다.
③ 로마규정 제7조 1항에 의거한 행위가 어떤 민간인 주민에 대해서건 간에 그들에 대한 광범위하거나 조직적인 공격의 일부로서, 공격의 인식을 가지고 행해진 경우를 말한다.
④ 협약상의 제7조 인도에 반한 죄는 이 규정의 목적상 "인도에 반한 죄"라 함은 민간인 주민에 대한 광범위하거나 체계적인 공격의 일부로서 그 공격에 대한 의도를 가지고 범하여진 행위를 말한다.

정답 ④
해설 협약상의 제7조 인도에 반한 죄는 이 규정의 목적상 "인도에 반한 죄"라 함은 민간인 주민에 대한 광범위하거나 체계적인 공격의 일부로서 그 공격에 대한 인식을 가지고 범하여진 행위를 말한다.

0877

전쟁범죄에 대한 설명으로 옳지 않은 것은?

① 국가 간에 전쟁이 없는데도 전쟁범죄가 가능하며 그 사례로 르완다 형사재판소(ICTR)가 있다.
② ICC는 "계획 또는 정책의 일부로서, 또는 그러한 범죄의 대규모적인 수행의 일부로서"행해진 경우에 대하여 재판관할권을 갖는다.
③ 로마규정 상 전쟁범죄의 범주는 1949년 제네바 4가지 협약의 중대한 위반행위, 이미 확립된 국제법의 틀 내에서, 국제적 무력충돌에 적용되는 법과 관습에 대한 중대한 위반행위, 국제적 성격을 갖지 아니하는 무력충돌의 경우에 있어, 1949년 4개의 제네바협약의 공통 제3조의 중대한 위반, 이미 확립된 국제법의 틀 내에서, 국제적 성격을 갖지 아니하는 무력충돌에 적용되는 법과 관습에 대한 기타 중대한 위반행위 등이다.
④ 1949년 4개의 제네바협약의 공통 제3조의 중대한 위반, 이미 확립된 국제법의 틀 내에서, 국제적 성격을 갖지 아니하는 무력충돌에 적용되는 법과 관습에 대한 기타 중대한 위반행위는 "내부적 소요와 긴장 상태, 고립되고 산발적인 폭력행위 또는 기타 이와 유사한 성격의 행위"에는 적용된다.

정답 ④
해설 1949년 4개의 제네바협약의 공통 제3조의 중대한 위반, 이미 확립된 국제법의 틀 내에서, 국제적 성격을 갖지 아니하는 무력충돌에 적용되는 법과 관습에 대한 기타 중대한 위반행위는 "내부적 소요와 긴장 상태, 고립되고 산발적인 폭력행위 또는 기타 이와 유사한 성격의 행위"에는 적용되지 아니한다. 특히, d의 조항은 "정부 당국과 조직화된 무장집단 간에 또는 그러한 무장집단들 간에 장기간의 무력충돌이 존재할 경우에 한 국가의 영역 내에서 벌어지는 무력충돌에 적용된다."

0878

침략범죄에 대한 설명으로 옳지 않은 것은?

① 제1차 세계대전시 독일 황제 빌헬름 2세에게 부과된 "국제도덕과 조약의 신성에 대한 최대의 범죄"로 규정하였다.
② 1945년 런던협정에 부속된 뉘른베르크 국제군사재판소헌장은 침략을 개인의 국제범죄로 간주한 최초의 조약이다.
③ 1946년 UN총회 "뉘른베르크재판소 헌장에 의하여 승인된 국제법의 원칙과 동 재판소의 판결"을 확인하기 위한 결의안을 채택하였다.
④ 1974년 UN총회 침략 정의는 "집단"에 의하여 자행되는 침략을 그 대상으로 하고 있다.

정답 ④

해설 1974년 UN총회 침략 정의는 "**국가**"에 의하여 자행되는 침략을 그 대상으로 하고 있다.
1996년 ILC가 마련한 "인류의 평화와 안전에 대한 범죄법전 초안"
지도자 혹은 조직자로서, 국가에 의해 행해지는 침략의 기획, 준비, 개시 또는 그 수행에 적극적으로 참여하거나 이를 명령하는 개인은 침략범죄의 책임을 진다.

0879

ICC 침략범죄개정규정에 대한 설명으로 타당하지 않은 것은?

① 국제형사재판소(ICC) 제16차 당사국총회가 2017년 미국 뉴욕에서 개최되었다.
② 당사국총회는 ICC의 운영감독, 인사, 예산, 로마규정 및 관련 규칙 제·개정을 논의·결정하는 최고의 사결정 기구로 로마규정 당사국 대표 등이 참여하여 연 1회 개최된다.
③ 2010년 캄팔라 재검토회의에서 마침내 침략범죄의 정의에 관한 합의(침략범죄 개정안)가 이루어졌으나, 재판소의 관할권 행사는 사실상 2017년 이후 당사국이 합의하는 시점으로 연기되었으며 2017년 당사국총회 결의로 침략범죄에 대한 재판소 관할권 행사 시기가 결정된 것이다.
④ 총회 결의는 문구를 명시해서 침략범죄 개정안에서 비수락국의 국민에 의해 저질러진 침략범죄 등에 대해서도 재판소가 관할권을 행사할 수 있음으로서 일견 재판소의 관할권 범위를 넓게 보는 입장이다.

정답 ④

해설 총회 결의는 명시적으로 제121조 제5항의 문구를 명시(침략범죄 개정안 비수락국의 국민에 의해 저질러진 침략범죄 등에 대해서는 재판소가 관할권을 행사할 수 없음)함으로서 일견 재판소의 관할권 범위를 **좁게 보는 입장**(침략국이 침략범죄 개정안을 비준한 경우에만 재판소가 관할권 행사 가능)을 취한 것으로 보이나, ICC가 실제 재판 과정에서 침략범죄에 대한 관할권을 다르게 해석할 가능성도 완전히 배제할 수는 없는 것으로 보인다.

0880

로마협약상의 "침략범죄"에 대한 설명이 잘못된 것은?

> ㄱ. 무력에 의한 타국 영토의 공격, 점령, 병합
> ㄴ. 타국영토에 대한 무력에 의한 폭격, 일체의 무기사용
> ㄷ. 경제적 보복에 의한 타국 항구 또는 연안의 봉쇄
> ㄹ. 타국의 육해공군에 대한 무력공격
> ㅁ. 조약에 의해 타국에 주둔 중인 군대의 사용

① ㄱ, ㄴ
② ㄱ, ㅁ
③ ㄷ, ㅁ
④ ㄹ, ㅁ

정답 ③

해설
ㄱ. 무력에 의한 타국 영토의 공격, 점령, 병합
ㄴ. 타국영토에 대한 무력에 의한 폭격, 일체의 무기사용
ㄷ. **무력에 의한** 타국 항구 또는 연안의 봉쇄
ㄹ. 타국의 육해공군에 대한 무력공격
ㅁ. 조약에 의해 타국에 주둔 중인 **군대를 조약 규정에 위반하여 사용**

그 외 '조약 종료 후에도 그 타국 영토에 계속 주둔시키는 것', '타국이 제3국을 침략하는 데 자국 영토를 이용하도록 허락하는 행위'

이상 열거한 행위 또는 그 실질적 관련에 해당할 정도로 중대한 무력행위를 타국에 대해 수행하는 무장집단, 비정규군 혹은 용병의 '국가에 의한, 국가를 위한' 파견

0881

국제형사재판소 재판권의 전제조건의 설명으로 옳지 않은 것은?

① 당사국이 되는 국가는 이로써 규정의 당사자가 된다는 사실만으로 ICC의 관할권을 수락하게 되는데, 이를 ICC의 자동관할권이라 한다.
② 기존의 전통과는 달리 규정의 당사자가 됨과 동시에 규정의 적용대상인 범죄들에 대해 ICC의 관할권을 수락하고 있다.
③ '전쟁범죄'의 경우, 로마규정의 당사국이 되는 국가는 자국민에 의하여 혹은 자국영토에 행해졌다고 주장되는 동 범죄에 대한 ICC의 재판권을 자국에 대하여 로마규정이 발효한 후 7년의 기간 동안 수락하지 않는다고 선언할 수 있다.
④ 국가가 보편관할권을 갖는다고 해서 국가 간 조약에 의거하여 만들어지는 국제기구(ICC)도 당연히 보편관할권을 갖는다는 결론은 나오지 아니한다.

[정답] ④

[해설] 보편관할권 대신 행위지국이나 행위자의 국적국 중에서 하나 이상의 국가가 ICC 규정의 당사국이거나 당 범죄에 대한 ICC의 재판권을 수락하는 경우, ICC는 여전히 비당사국의 국민을 재판하거나 비당사국영토 내에서의 범죄행위를 재판할 수 있다.

0882

국제형사재판소(ICC) 관할권의 수락에 대한 설명으로 타당하지 않은 것은?

① ICJ와 달리 국제형사재판소의 경우 로마 규정의 당사국이 되는 것만으로 재판소의 관할권을 수락한 것으로 처리된다.

② 당사국에 의한 회부, 소추관의 단독 회부의 경우는 로마규정에 따라 관할 범죄에 해당하는 죄를 저지른 개인의 국적국이나 범죄가 발생한 국가 중 어느 한 국가가 로마규정의 당사국이어야 관할권 행사가 가능하다.

③ 안보리에 의한 회부는 관할 범죄에 해당하는 죄를 저지른 개인의 국적국이나 범죄가 발생한 국가 중 어느 한 국가가 로마규정의 당사국이어야 관할권 행사가 가능 전제조건이 붙는다.

④ ICC는 당해 행위가 발생한 영역국(만약 범죄가 선박이나 항공기에서 발생한 경우에는 그 선박이나 항공기의 등록국), 범죄 혐의자의 국적국 중 1개국 이상의 로마규정 당사국 또는 ICC의 관할권을 수락한 국가가 소추관에게 관련 상황을 회부하거나 소추관이 독자적으로 수사를 개시하는 경우에 관할권 행사가 가능하다.

정답 ③

해설 안보리에 의한 회부는 관할 범죄에 해당하는 죄를 저지른 개인의 국적국이나 범죄가 발생한 국가 중 어느 한 국가가 로마규정의 당사국이어야 관할권 행사가 가능 전제조건이 붙지 않는데 UN 헌장 제7장에 따라 행동하는 안보리의 국제평화와 안전의 유지에 대한 일차적 책임을 감안, 일종의 보편관할권을 창설하려는 의도이다.

① ICJ와 달리 국제형사재판소의 경우 로마 규정의 당사국이 되는 것만으로 재판소의 관할권을 수락한 것으로 처리된다. 재판소가 관할권을 행사하는 경로 내지 근거는 로마규정 제13조에 따라 당사국에 의한 회부, 소추관의 단독 회부, 안보리에 의한 회부로 나뉜다.

② 당사국에 의한 회부, 소추관의 단독 회부의 경우는 로마규정 제12조에 따라 관할 범죄에 해당하는 죄를 저지른 개인의 국적국이나 범죄가 발생한 국가 중 어느 한 국가가 로마규정의 당사국이어야 관할권 행사가 가능하다. 반면 안보리에 의한 회부는 이런 전제조건이 붙지 않는다. 즉, 행위지국이나 행위자의 국적국 중에서 하나 이상의 국가가 ICC 규정의 당사국이거나 당해 범죄에 대한 ICC의 재판권을 수락하는 경우에는, ICC는 여전히 비당사국의 국민을 재판하거나 비당사국 영토 내에서의 범죄행위를 재판할 수 있고, 이로써 사실상 비당사국을 구속하는 결과를 초래할 수 있게 되었다.

③ 이는 UN 헌장 제7장에 따라 행동하는 안보리의 국제평화와 안전의 유지에 대한 일차적 책임을 감안, 일종의 보편관할권을 창설하려는 의도이다.

④ ICC는 당해 행위가 발생한 영역국(만약 범죄가 선박이나 항공기에서 발생한 경우에는 그 선박이나 항공기의 등록국), 범죄 혐의자의 국적국 중 1개국 이상의 로마규정 당사국 또는 ICC의 관할권을 수락한 국가가 소추관에게 관련 상황을 회부하거나 소추관이 독자적으로 수사를 개시하는 경우에 관할권 행사가 가능하다.

0883

국제형사재판소의 재판권 행사에 대한 설명으로 틀린 것은?

① ICC의 절차를 개시할 권한이 있는 자는 그러한 범죄들의 하나 이상이 행해진 것으로 보이는 사태가 제14조에 의하여 어떤 당사국에 의하여 검사에게 회부된 경우와 그러한 범죄들의 하나 이상이 행해진 것으로 보이는 사태가 UN헌장 제7장에 의거하여 행동하는 안보리에 의하여 검사에게 회부된 경우, 검사가 제15조에 따라 그러한 범죄에 대해 수사를 개시한 경우이다.
② ICC의 절차를 개시할 권한의 규정은 방아쇠 장치로 지칭된다.
③ 안보리의 회부는 ICC의 보편관할권을 창설하는 효과를 갖는다.
④ 안보리에 의하여 검사에 회부되는 경우에는 ICC가 재판권을 행사함에 있어 범죄발생국 또는 범인의 국적국이 로마규정의 당사국이거나, 또는 비당사국이 특별히 당해 범죄에 대해 ICC의 재판권을 수락하는 선언을 해야 한다.

[정답] ④
[해설] 안보리에 의하여 검사에 회부되는 경우에는 ICC가 재판권을 행사함에 있어 범죄발생국 또는 범인의 국적국이 로마규정의 당사국이거나, 또는 비당사국이 특별히 당해 범죄에 대해 ICC의 재판권을 수락하는 선언을 했을 필요가 없다.

0884

국제형사재판소의 재판권 행사에 대한 설명으로 옳지 않은 것은?

① 범죄 혹은 범죄관련 사태가 당사국 혹은 안보리는 사태를 검사에게 회부될 수 있는 경우는 '당사국' 혹은 '안보리'는 사태를 검사에게 회부할 수 있으며, 자발적으로 검사는 수사를 개시할 수 있다.
② 검사에게 독자적인 수사권이 부여되긴 하였지만, 검사는 수사를 계속할 합리적 근거가 존재한다고 판단하는 경우, 검사는 공판부에 수사허가신청서를 제출한다.
③ 안보리가 채택한 결의에서 수사나 소추의 연기를 요청한 경우에는, 그로부터 12개월 기간 동안에는 어떤 수사나 소추도 이 규정에 의거하여 개시되거나 진행될 수 없다.
④ 재판소는 어떤 당사국이 범한 침략행위로부터 야기되는 침략범죄에 대해 재판권을 행사할 수 있지만, 그 당사국이 재판소 행정처장에게 제출하는 선언을 통해 재판소의 이같은 재판권을 수락하지 아니한다고 사전에 선언하는 경우에는 그러하지 아니하다.

[정답] ②
[해설] 검사에게 독자적인 수사권이 부여되긴 하였지만, 검사는 수사를 계속할 합리적 근거가 존재한다고 판단하는 경우, 검사는 전심부에 수사허가신청서를 제출한다.

0885

국제형사재판소의 원칙에 대한 설명으로 옳지 않은 것은?

① ICC규정에 규정된 경우를 제외하고는, 누구도 ICC에 의하여 이미 유죄선고를 받았거나 무죄 방면된 행위에 대하여 다시 ICC에서 재판받지 아니한다.
② 누구도 ICC에 의하여 이미 유죄선고를 받거나 무죄 방면된, 제5조에 언급된 범죄를 제외하고 '다른 재판소'에서 재판받지 아니한다.
③ 로마규정 제6조, 제7조, 제8조에 의거하여 역시 금지된 행위에 대하여 '다른 재판소'에서 재판받았던 사람은 그 누구도 동일한 행위에 대하여 ICC의 재판을 받지 아니한다.
④ 준거법으로 ICC는 우선적으로 "로마규정, 범죄구성 요소, ICC 절차증거규칙"을 적용하며 그 다음으로는 적절한 경우 "적용 가능한 조약, 국제무력충돌법의 확립된 원칙을 포함한 국제법의 원칙과 규칙"을 적용한다.

정답 ②

해설 누구도 ICC에 의하여 이미 유죄선고를 받거나 무죄 방면된, 제5조에 언급된 범죄에 대하여 '다른 재판소'에서 재판받지 아니한다.

0886

형법의 일반원칙에 대한 설명으로 옳지 않은 것은?

① 행위 당시 문제의 행위가 ICC의 재판권에 속하는 범죄를 구성하지 않는 한, 로마규정 하의 형사책임은 없다.
② 범죄의 정의는 엄격히 제시되어야 하며, 유추에 의하여 확정되어서는 안 된다.
③ ICC에 의하여 유죄판결을 받은 자는 오직 로마규정에 따라 형사 처벌될 수 있다.
④ 확정판결 전에 준거법이 변경된 경우, 신법과 구법 중 신법을 적용한다.

정답 ④

해설 확정판결 전에 준거법이 변경된 경우, 신법과 구법 중 더욱 유리한 법을 적용한다.

0887

ICC의 일반원칙에 대한 설명으로 잘못된 것은?

① 전쟁범죄와 관련하여 이미 여러 조약과 판례를 통해 수립된 로마규정의 어떠한 규정도 국제법 하의 국가의 책임에 영향을 주지 않는다.
② ICC는 피의범죄 발생의 시점에서 18세 미만인 사람에 대해서는 '재판권'을 가지지 아니한다.
③ 국가원수와 정부수반을 포함하여 개인의 공적 자격은 '어떠한 경우에도' 그 자를 로마규정 하의 형사책임으로부터 면하게 하지 않으며, 그 같은 공적 자격 '그 자체만으로는' 형의 감경을 위한 근거로도 되지 않는다.
④ '위계책임의 법리'는 ICC의 원칙이 아니다.

정답 ④

해설 '위계책임의 법리' 내지는 '지휘책임의 법리'를 채택하고 있다.
군지휘권과 민간인 상관은, ICC의 재판권에 속하는 범죄에 대한 로마규정 하의 형사책임의 다른 근거들에 추가하여, 자신의 실효적 통제 하에 있는 자들의 적절히 통제하지 않음으로 인하여 그들이 범한 범죄에 대해서도 일정 책임을 부담한다.

0888

ICC의 일반원칙에 대한 설명으로 타당하지 않은 것은?

① 사실의 착오는 형사책임을 배제할 수 없다.
② ICC의 재판권에 속하는 범죄는 공소시효가 없다.
③ 사람이 ICC의 재판권에 속하는 범죄에 대하여 형사책임을 지는 것은 오로지 범죄의 주요한 요소들이 의사와 인식을 가지고 실행된 경우에 한하며, 정신병, 비자발적 명정, 정당방위, 강박과 긴급피난의 경우에는 형사책임이 배제된다.
④ ICC의 재판권에 속하는 범죄가 정부나 상관의 명령에 의거하여 실행되었다고 해서 행위자의 형사책임이 면제되지 않는다.

정답 ①

해설
• 사실의 착오는 당 범죄에 의하여 요구되는 주관적 요소가 부인되는 경우에만 형사책임배제사유가 된다.
• 정부의 또는 상관의 명령을 따를 법적 의무가 있었고, 명령이 위법하다는 것을 인식하지 못하였고, 그리고 그 명령이 명백히 위법하지 않았던 경우에는 형사책임이 면제된다.

0889

국제형사재판소의 재판부의 구성에 대한 설명으로 타당하지 않은 것은?

① ICC의 상소부서는 소장과 4인의 다른 재판관으로 구성되며, 공판부서와 전심부서는 각기 6인 이상의 재판관으로 구성된다.
② 전심부서는 검사의 수사를 통제하고 절차적 적법성을 판단한다.
③ 공판부서는 범죄의 사실적·법률적 측면을 판단하고, 상소부는 상소와 재심을 담당한다.
④ 검사실은 ICC의 재판부의 소속된 기관으로서 재판부의 감독하에 활동한다.

정답 ④
해설 검사실은 ICC의 '분리된 기관'으로서 '독립하여' 활동한다.

0890

ICC의 수사에 대한 설명으로 옳지 않은 것은?

① 검사는 획득 가능한 정보를 평가한 뒤 로마규정에 따라 절차를 진행할 아무런 합리적 근거가 없다고 결정하지 않는 한 수사를 개시하여야 한다.
② 검사는 국가의 영역에서 수사를 수행할 수 없다.
③ 로마규정에 따른 수사에 관하여, 개인은 자기부죄나 유죄자백을 강요당하지 아니하며, 그 어떤 형태의 강압, 강박 또는 위협이나 고문, 또는 이 밖에 잔혹하거나 비인간적이거나 사람을 비천하게 만드는 다른 어떤 유형의 대우나 처벌도 당하지 아니한다.
④ 그 자를 체포하는 것이 '일정 목적상' 필요하다고 확신하는 경우에는 검사의 당해 신청에 기초하여 피의자에 대한 체포영장을 발부한다.

정답 ②
해설 검사는 국제협력과 사법공조에 관한 규정 제9부의 규정에 따라, 또는 전심으로부터 권한을 부여받은 바에 따라, 국가의 영역에서 수사를 수행할 수 있다.

0891

국제형사재판소의 수사에 대한 설명이 잘못된 것은?

① 검사는 전심부에 피의자의 출두를 위한 소환장을 발부하도록 요청하는 신청서를 제출할 수 있다.
② 전심부는 피의자가 혐의범죄를 실행했다고 믿을만한 합리적 근거가 있고, 소환장만으로 그 자의 출두를 확보하기에 충분하다고 확신하는 경우, 소환장을 발부하고 이를 피의자에게 송달된다.
③ 임시체포나 체포인도의 요청을 받은 재판소는 법과 규정 제9부의 규정에 따라 당해인을 체포하기 위한 조치를 지체없이 취하여야 한다.
④ 피의자가 인도되거나 재판소에 자발적으로 출두한 후 합리적인 기간 내에, 전심부는 검사가 재판을 구하려고 하는 바의 혐의사실을 확인하기 위한 심리를 진행하여야 한다.

| 정답 | ③ |
| 해설 | 임시체포나 체포인도의 요청을 받은 당사국은 자국의 법과 규정 제9부의 규정에 따라 당해인을 체포하기 위한 조치를 지체없이 취하여야 하며, 구금국에 의하여 인도명령이 내려진 자는 가능하면 신속히 ICC로 인도되어야 한다. |

27 | 국제경제법

0892

GATT에 관한 설명으로 틀린 것은?

① GATT는 관세 및 무역에 관한 조약이며 국제기구이다.
② 비차별을 바탕으로 하는 통상 자유의 원칙이 핵심이다.
③ 개발도상국의 특혜에 대한 대표적인 예는 일반특혜관세제도(GATT 제18조)이다.
④ 케네디 라운드, 도쿄 라운드를 통해 관세가 인하되었다.

[정답] ①
[해설] GATT는 관세 및 무역에 관한 조약이며 국제기구의 성격도 일부 갖고 있지만 **정식국제기구는 아니다**.

0893

WTO에 대한 설명으로 옳지 않은 것은?

① WTO는 1994년 4월 푼타 델 에스타 각료회의에서 채택한 최종의정서에 따라 1995년에 출범하였다.
② WTO의 출범으로 제2차 세계대전의 종료 후 세계경제질서의 근간인 브레튼우즈 체제가 완성되었다고 볼 수 있다.
③ IMF가 국제통화분야의 대표적인 국제기구라면 WTO는 국제무역분야의 대표적인 국제기구이다.
④ WTO는 스위스 제네바에 소재한다.

[정답] ①
[해설] WTO는 1994년 4월 마라케쉬 각료회의에서 채택한 최종의정서에 따라 1995년에 출범하였다.

0894

세계무역기구(WTO)와 관세 및 무역에 관한 일반협정(GATT)에 대한 설명으로 적절하지 않은 것은?

① 1947년 채택되어 그 후 여러 차례 수정·보완된 GATT는 WTO체제하에서도 원칙적으로 유효하다.
② GATT는 법적으로 국제기구라 할 수 없으나, WTO는 법인격을 보유한 국제기구이다.
③ GATT 비체약국은 WTO설립협정을 수락하기 전에 먼저 1947년 GATT에 가입하여야 한다.
④ WTO 설립협정 제12조 상 국가만이 협정에 가입할 수 있다고 규정되어 있다.

정답 ④
해설 WTO 설립협정 제12조 상 국가 또는 완전한 자치권을 보유하는 독자적 관세영역은 협정에 가입할 수 있다고 규정되어 있다.

0895

세계무역기구(WTO)의 기능 및 구조에 관한 설명으로 옳지 않은 것은?

① 최고 의사결정 기구는 각료회의이다.
② 분쟁해결에 관한 문제는 WTO 회원국 대표로 구성된 분쟁해결기구(DSB)에서 담당한다.
③ 사무총장은 일반이사회에 의하여 임명된다.
④ 회원국 3분의 2 다수결에 의해 가입조건에 관한 합의를 승인한다.

정답 ③
해설 사무총장은 각료회의에 의하여 임명된다.

0896

WTO의 가입과 탈퇴에 관한 설명으로 틀린 것은?

① WTO협정으로 부터의 탈퇴는 다자간무역협정에 자동적으로 적용된다.
② 복수국 간 무역협정에의 가입과 탈퇴는 동 협정의 규정에 따른다.
③ '국가'와 '독자적 관세영역'은 WTO에 가입할 수 있다.
④ 각료회의는 WTO회원국 4분의 3 찬성에 의하여 새로운 회원국의 가입조건에 관한 합의를 승인한다.

정답 ④
해설 각료회의는 WTO회원국 3분의 2 찬성에 의하여 새로운 회원국의 가입조건에 관한 합의를 승인한다.

0897

세계무역기구(WTO) 설립협정에 관한 설명으로 옳지 않은 것은?

① 회원국의 탈퇴는 서면으로 탈퇴통고가 WTO 사무총장에게 접수된 날로부터 12개월이 경과된 날로부터 효력이 발생한다.
② WTO 설립협정의 조항과 다자간무역협정의 조항이 상충하는 경우 상충의 범위 내에서 전자가 우선한다.
③ 각료회의는 예외적인 상황에서 회원국 3/4 이상의 다수결에 따라 특정 회원국에 대하여 협정 상의 의무를 면제할 수 있다.
④ 가입은 각료회의에서 WTO 회원국 2/3 이상의 찬성으로 결정한다.

정답 ①
해설 회원국의 탈퇴는 서면으로 탈퇴통고가 WTO 사무총장에게 접수된 날로부터 6개월이 경과된 날로부터 효력이 발생한다.

0898

WTO법 체제에 관한 설명으로 적절하지 않은 것은?

① 각 회원국은 자국의 법률, 규정 및 행정절차가 WTO부속협정의 규정에 합치되도록 해야한다.
② 회원국은 WTO협정상의 의무를 면할 목적으로 국내법을 원용할 수 없다.
③ 직접 무효화 되지는 않지만 분쟁해결절차에 회부되어 결국 폐지될 수는 있다.
④ WTO 설립협정은 유보할 수 있다.

정답 ④

해설 WTO 설립협정인 어느 조항도 유보를 할 수 없다.

0899

WTO의 조직에 관한 설명으로 틀린 것은?

① 회원국의 대표들로 구성되는 각료회의는 WTO의 기능을 수행하며, 이를 위하여 필요한 조치를 취할 수 있다.
② 각료회의는 2년에 최소한 1회 개최되어야 한다.
③ 각료회의 비회기 중에 각료회의의 기능을 수행하기 위하여 일반이사회를 설치하고 있다.
④ WTO체제에서는 (무역정책검토기구)TPRB와 (분쟁해결기구)DSB는 별도로 설치된 기구이다.

정답 ④

해설 TPRB와 DSB는 별도로 설치된 기구가 아니고, 일반이사회가 그 기능을 담당할 따름이다.

0900

WTO의 법적 지위에 관한 설명으로 옳지 않은 것은?

① WTO는 법인격을 가지며 WTO 회원국은 WTO의 임무 수행에 관한 법적 능력을 인정한다.
② WTO는 UN의 전문기구가 될 수 있으나, 현재 전문기구로서 UN과 관련을 맺고 있는 것은 아니다.
③ WTO는 설립협정에 근거하여 만들어진 국제기구이며 본부협정을 체결할 수 있다.
④ 국제연합은 WTO에 대하여 이 기구가 자신의 기능을 수행하는 데 필요한 법적 능력을 부여한다.

정답 ④
해설 회원국은 WTO에 대하여 이 기구가 자신의 기능을 수행하는 데 필요한 법적 능력을 부여한다.

0901

WTO 각료회의에 대한 설명으로 틀린 것은?

① 모든 회원국 대표로 구성된다.
② 최소한 2년에 한 번 개최된다.
③ WTO 설립협정과 동 부속된 다자간무역협정에 관한 결정을 내릴 권한을 가진다.
④ WTO 설립협정과 부속된 다자간무역협정의 해석에 관하여 분쟁해결기구(DSB)와 더불어 권한을 행사한다.

정답 ④
해설 WTO 설립협정과 부속된 다자간무역협정의 해석에 관한 **배타적 권한**을 행사한다.

0902

WTO의 의사결정에 관한 설명이 잘못된 것은?

① WTO는 1947 GATT에서 지켜졌던 총의에 의한 결정의 관행을 계속 유지한다.
② 일반이사회가 투표에 의해 의무면제에 관하여 결정을 내릴 때 회원국 전체 2/3 찬성을 요한다.
③ 의사결정에 참여한 어느 한 회원국의 공시적인 반대에 의하여 총의가 형성되지 않는 점에서 총의는 모든 회원국들의 적극적인 찬성을 요구하는 만장일치와 구별된다.
④ EU는 표결시 WTO의 회원국인 EU의 개별 회원국 수에 해당하는 표결수는 행사한다.

정답 ②
해설 일반이사회가 투표에 의해 의무면제에 관하여 결정을 내릴 때 회원국 전체 3/4 찬성을 요한다.

0903

WTO의 의사결정에 관한 설명이 옳지 않은 것은?

① 각료회의와 일반이사회의 의사결정은 원칙적으로 투표 과반수에 의하여 이루어진다.
② 총의에 의해 의사결정이 이루어지지 않을 경우 표결에 의한다.
③ 각료회의와 일반이사회 의사결정은 가중다수결이다.
④ 모든 회원국이 수락하여야만 효력이 발생하는 경우는 의사결정에 관한 9조, 개정에 관한 10조, 최혜국대우규정에 대한 개정이다.

정답 ③
해설 각료회의와 일반이사회 의사결정은 단순다수결이다.

0904

다음의 내용에 대한 설명으로 옳지 않은 것은?

> WTO설립협정 제9조 제3항과 제4항은 예외적인 상황이 발생하는 경우에 회원국이 의무면제를 받을 수 있도록 규정하였다.

① 상기의 조항에 의한 면제의 대상이 될 수 있는 의무는 GATT 및 WTO협정이 규정하고 있는 모든 의무이다.
② 면제부여의 기간은 최대 1년이며 각료회의의 검토에 따라 연장될 수 있다.
③ 각료회의에서의 면제부여는 총의없이 3/4 다수결로 결정한다.
④ 연장회수에 대한 제한은 없으며, 각료회의는 연례검토를 기초로 면제를 연장, 수정 또는 종료할 수 있다.

정답 ③
해설 면제부여는 각료회의에서 컨센서스에 의해 결정되지 않으면 3/4 다수결로 결정한다.

0905

WTO의 의사결정 방법에 관한 설명으로 틀린 것은?

① 의사결정에 관한 일반원칙은 총의에 의한다.
② EU가 투표권을 행사할 때는, WTO의 회원국이 구주공동체 회원국 수와 동일한 수의 투표권을 가진다.
③ 총의에 의할 수 없을 때 표결에 의하며, 예외없이 각료회의와 일반이사회의 결정은 투표과반수에 의한다.
④ 분쟁해결양해에서 역총의제를 도입하였는데, 패널설치, 패널보고서 채택, 상소기구보고서 채택, 양허 또는 의무 정지의 승인 등에서 적용된다.

정답 ③
해설 총의에 의할 수 없을 때 표결에 의하며, 설립협정 또는 다자간무역협정에 달리 규정되어 있는 경우를 제외하고는, 각료회의와 일반이사회의 결정은 투표과반수에 의한다.

0906

WTO 협정의 개정에 대한 설명으로 옳지 않은 것은?

① WTO 회원국은 각료회의에 개정안을 제출함으로써 설립협정 또는 부속서 1의 다자간무역협정에 대한 개정을 발의할 수 있다.
② 다자간무역협정을 관장하는 부분별 이사회도 자신이 그 운영을 감독하는 부속서 1의 다자간 무역협정의 규정에 대한 개정안을 각료회의에 제출할 수 있다.
③ 각료회의는 WTO 설립협정과 동 부속서 1의 다자간무역협정의 개정안을 회원국의 수락을 위하여 회원국에게 제출할 것인지 여부에 관하여 역컨센서스에 의하여 결정한다.
④ WTO설립협정 및 부속서 1의 경우와는 달리 부속서 2와 3의 경우에는 각료회의가 그 개정안을 회원국의 수락을 위하여 회원국에게 제출할 것인지 여부를 결정하는 절차가 규정되어 있지 아니한다.

[정답] ③
[해설] 각료회의는 WTO 설립협정과 동 부속서 1의 다자간무역협정의 개정안을 회원국의 수락을 위하여 회원국에게 제출할 것인지 여부에 관하여 **컨센서스에 의하여** 결정한다.

0907

WTO의 의사결정에 관한 설명으로 옳지 않은 것은?

① WTO는 GATT 체제에서 관행적으로 수행된 총의에 따라 의사결정을 한다.
② 표결에 의해 의사결정이 이루어질 경우 각 회원국은 각 한 표를 행사한다.
③ 각료회의와 일반이사회의, 해석의 채택에 대한 결정은 회원국 4분의 3 다수결에 의한다.
④ 각료회의는 3분의 2의 다수결로 WTO협정과 다자무역협정 상의 의무를 면제할 수 있다.

[정답] ④
[해설] 각료회의는 **4분의 3의 다수결로** WTO협정과 다자무역협정 상의 의무를 면제할 수 있다.

0908

WTO협정의 부속서 중 하나인 다자간상품무역협정을 구성하는 제반 협정에 관한 설명이다. 옳지 않은 것은?

① 다자간상품무역협정은 모두 13개의 협정으로 구성되어 있다.
② 다자간상품무역협정 가운데 1994년 GATT는 상품무역 전반에 관해 규율하는 포괄적인 협정이라는 특징을 가진다.
③ 1994년 GATT 외의 다자간상품무역협정들은 특정한 부문, 일정한 조치 또는 1994년 GATT의 특정 조문의 시행을 위한 구체적 내용이 담긴 협정이다.
④ 1994년 GATT와 부속서 1A에 포함된 그 외의 다자간무역협정이 상호 충돌하는 경우에는 1994년 GATT가 우선적으로 적용된다.

정답 ④

해설 1994년 GATT와 부속서 1A에 포함된 그 외의 다자간무역협정이 상호 충돌하는 경우에는 다자간무역협정상의 규정이 우선적으로 적용된다.

0909

WTO에 대한 설명으로 틀린 것은?

① WTO설립협정의 정본으로 인정되는 언어의 수는 ICJ의 공용어보다 더 많다.
② 세계무역기구는 1947년도 GATT 체약국단 및 1947년도 GATT의 틀 내에서 설립된 기구의 결정, 절차 및 통상적인 관행에 따른다.
③ WTO 설립협정의 규정과 다자간무역협정의 규정이 상충하는 경우 상충의 범위 내에서 이 다자간무역협정의 규정이 우선한다.
④ 각 회원국은 자국의 법률, 규정 및 행정절차가 부속 협정에 규정된 자국의 의무에 합치될 것을 보장한다.

정답 ③

해설 이 협정의 규정과 다자간무역협정의 규정이 상충하는 경우 상충의 범위 내에서 **이 협정의 규정이 우선**하는데, 이는 WTO 설립협정이 우선함을 의미한다.

0910

WTO 사무국과 사무총장에 대한 설명으로 틀린 것은?

① 사무국은 의사결정 기관이 아니다.
② WTO 주요기관들의 행정업무보조기관으로서 중요한 기능을 수행한다.
③ 각료회의는 사무총장을 임명하고 사무총장의 권한, 의무, 근무조건 및 임기를 명시하는 규정을 채택한다.
④ 사무총장은 각료회의의 승인 아래 주선, 조정 또는 중개를 제공할 수 있다.

정답 ④

해설 사무총장은 직권으로 주선, 조정 또는 중개를 제공할 수 있다.

0911

1994 GATT의 최혜국대우에 관한 설명으로 옳지 않은 것은?

① A국이 B국에 대해 최혜국대우를 부여하고 있는 상태에서 C국으로부터 A국으로 수입되는 C국 상품에 대해 낮은 관세를 부과하였다면, A국은 B국과 그 국민에 대하여 그와 동일한 낮은 관세를 부여해야 한다.
② D국이 특정한 상품의 E국에 대한 수출에만 특혜를 부여하였다면 이는 최혜국대우원칙 위반이다.
③ 부속서 중 상품협정에 대해서만 최혜국대우가 적용된다.
④ 역사적 예외, 지역무역협정, 국경무역, 의무면제 등 10가지의 예외가 인정되고 있다.

정답 ③

해설 상품, 서비스무역, 무역관련 지적재산권에 대해서도 최혜국대우가 적용된다.

0912

세계무역기구(WTO) 기본원칙에 관한 설명으로 옳지 않은 것은?

① 최혜국대우원칙과 내국민대우원칙은 모두 비차별 원칙에 속한다.
② 공정무역원칙을 저해하는 예로는 덤핑행위를 들 수 있다.
③ 수량제한금지 원칙에는 예외가 인정되지 아니한다.
④ 다자주의를 원칙으로 하나 일정한 요건 하에서 지역주의를 허용하고 있다.

정답 ③
해설 수량제한금지원칙에는 세이프가드조치 등 다양한 예외가 인정된다.

0913

1994 GATT에 규정된 동종상품(Like product)에 대한 설명으로 틀린 것은?

① 일반적으로 최혜국대우는 동종상품에 대해 적용된다.
② 1981년의 볶지 않은 커피(Unroasted Coffee)사건에서 GATT패널은 브라질산 볶지 않은 커피에 대하여 순한 커피(Mild coffee)보다 고율관세를 부과한 스페인의 조치가 동종상품에 대한 최혜국대우 위반이라 하였다.
③ 협정상 명문규정이 제시되고 있다.
④ 동종상품은 '직접경쟁 또는 대체가능 상품'과 그 의미가 다르다는 것이 GATT패널의 입장이다.

정답 ③
해설 협정상 명문규정이 없으므로 패널이나 항소기구의 해석 관행에 의존하고 있다.

0914

GATT상의 원칙인 최혜국대우에 관한 설명으로 틀린 것은?

① 최혜국대우원칙이 철저히 적용될 경우 원산지를 따질 이유가 없고 통관절차도 간소화되어 상품거래의 비용이 최소화되는 효과가 있다.
② 최혜국대우원칙은 역사적으로 미국의 경우 무조건부 최혜국대우원칙에서 조건부 최혜국대우원칙으로 발전해 왔다.
③ 최혜국대우란 국가가 자국 영역 내에 있는 외국 또는 외국인 및 외국제품을 제3의 국가 또는 국민 및 제품보다 불리하지 않게 대우하는 것이다.
④ 최혜국대우는 WTO체제의 기본원칙이지만 일정한 예외가 허용된다.

[정답] ②
[해설] 최혜국대우원칙은 역사적으로 미국의 경우 조건부 최혜국대우원칙에서 무조건부 최혜국대우원칙으로 발전해 왔다.

0915

GATT의 최혜국대우 및 내국민대우에 대한 설명으로 옳지 않은 것은?

① 차별적인 내국세부과를 금지하는 의무는 양허품목뿐만 아니라 모든 상품에도 적용된다.
② 자국상품구매시 특별한 금융편의를 제공하는 것은 허용되지 않는 특혜이나 생산자에 대한 생산보조금은 허용된다.
③ GATT의 최혜국대우원칙은 사기업이 행하는 무역에 대해서만이 정부의 조치를 규율한다.
④ 국경세조정을 목적으로 수입상품에 대하여 관세 또는 기타의 과징금에 추가하여 내국세를 부과하는 것은 무방하다.

[정답] ③
[해설] GATT의 최혜국대우원칙은 원칙적으로 사기업이 행하는 무역에 대한 정부의 조치를 규율하는 것이지만 **국영무역에 대해서도 GATT체약국은 비차별대우에 관한 일반원칙에 합치하는 방법으로 수행할 의무가 있는데**, 이는 즉 최혜국대우원칙과 내국민대우원칙을 모두 준수해야 한다.

0916

관세와 무역에 관한 일반협정(GATT 1994) 제24조에 규정된 자유무역협정(FTA)에 관한 설명으로 틀린 것은?

① 관세동맹과 자유무역지대의 차이점은 체약국들이 공동역외관세를 도입하느냐 여부에 있다.
② 자유무역지대에 참여하지 않는 WTO 회원국에 대하여 무역장벽을 높이는 방법으로 FTA를 체결하는 것은 금지되어 있다.
③ 관세동맹이나 FTA의 경우 실질적으로 모든 무역에 관해 관세 및 제한적인 상거래 규정을 철폐할 것을 규정하고 있지만, 즉시 철폐해야 하는 것은 아니다.
④ WTO 회원국은 FTA를 체결할 경우라도 WTO에 통보할 의무는 부여되지 아니한다.

정답 ④
해설 WTO회원국은 FTA를 체결하면 WTO에 통보하여야 한다.

0917

GATT/WTO의 지역무역협정에 대한 설명으로 틀린 것은?

① WTO에 의하여 설립된 지역협정위원회는 GATT 제24조 위원회라고도 한다.
② 일정한 요건을 갖춘 국경무역, 관세동맹, 자유무역지대에 대하여는 MFN 의무로부터의 면제가 허용된다.
③ 서비스무역에 관한 일반협정(GATS) 제5조는 지역협정을 인정하는 규정은 없다.
④ 역내국 상품에 대해 '실질적으로 모든 교역'에서 관세 및 기타 제한적 무역조치들이 제거되어야 한다.

정답 ③
해설 서비스무역에 관한 일반협정(GATS) 제5조는 지역협정을 인정하는 규정을 두고 있다.

0918
GATT 원칙의 일반적 예외에 대한 설명으로 옳지 않은 것은?

① GATT 판례는 GATT 제20조의 예외를 매우 엄격하게 해석하여 왔다.
② 재소자의 노동상품에 관한 조치도 허용되는데, 이는 Blue Round와 관계가 있다.
③ GATT 제20조의 예외가 허용되기 위해서는 개별적인 예외조건의 충족 이외에도 해당조치가 제20조의 전문 규정인 자의적이거나 불합리한 차별 등에 해당하지 않아야 한다.
④ GATT 제20조의 전문과 본문을 모두 충족시킨 판례는 'EC석면사건'이 있는데, EC가 캐나다산 석면 수입을 전면금지한 조치는 GATT 제20조 (g)호에 의해 정당화된다고 하였다.

[정답] ④
[해설] GATT 제20조의 전문과 본문을 모두 충족시킨 판례는 'EC석면사건'이 있는데, EC가 캐나다산 석면 수입을 전면금지한 조치는 GATT 제20조 (b)호에 의해 정당화된다고 하였다.

0919
1994년 GATT의 내국민대우원칙에 관한 설명으로 틀린 것은?

① 수입상품에 대하여 동종의 국산상품보다 불리한 대우를 하면 내국민대우원칙 위반이다.
② 내국민대우원칙은 최혜국대우원칙과 함께 1994 GATT의 양대 비차별원칙으로 여겨진다.
③ 정부조달은 1994 GATT 제3조에서 내국민대우원칙의 예외로 인정되고 있다.
④ 내국민대우조항의 개정은 모든 회원국의 수락을 요한다.

[정답] ④
[해설] 내국민대우조항의 개정은 모든 회원국의 수락을 요하지 아니한다.

0920

내국민대우원칙에 관한 설명으로 틀린 것은?

① 정부 기관이 정부용으로 구매하는 상품의 조달을 규제하는 법률, 규칙 또는 요건에도 적용된다.
② 수입품과 국내제품 간의 조세부과 문제에 있어서 동종상품뿐만 아니라 직접경쟁 또는 대체상품(directly competitive or substitutable product)에까지 내국민대우원칙이 적용된다.
③ 내국민대우원칙은 스크린 쿼터제도는 GATT 제3조 제10항에 의해 정당화된다.
④ 국내생산업자에 한하여 보조금을 지급한다면 내국민대우원칙 위반이 아닌데, 단, 현금지원과 같은 적극적 방식으로만 가능하다.

정답 ①

해설 정부기관이 정부용으로 구매하는 상품의 조달을 규제하는 **법률, 규칙 또는 요건에는 적용되지 아니한다**.

0921

수량제한금지원칙에 대한 설명으로 틀린 것은?

① 수량제한의 금지는 수출 및 수입에 있어 모두 적용된다.
② 상품교역에 있어서 인정되는 수량제한금지의 원칙은 서비스무역과 비교할 때 무제한적인 시장접근을 허용한다는 의미로 해석될 수 있다.
③ 수량제한금지의 원칙의 예외로는 식량부족 상태의 해소를 위한 수출제한이 인정된다.
④ 국제수지 옹호를 위한 제한, 개발도상국이 행하는 수입제한 등은 예외로 인정되지만, 긴급수입제한조치 등은 예외가 아니다.

정답 ④

해설 국제수지옹호를 위한 제한, 개발도상국이 행하는 수입제한, 긴급수입제한조치 등이 **예외로 인정된다**.

0922

WTO 체제에 대한 설명으로 옳지 않은 것은?

① 세계무역기구 설립을 위한 마라케쉬 협정은 그 자체로서 WTO라는 국제기구를 창설하면서, 국제무역에 관한 실체적 다자규범을 WTO협정의 부속서에 포함하고 있는데, WTO협정의 부속서는 WTO협정의 불가분의 일부로서 모든 WTO회원국을 구속한다.
② 회원국들이 WTO협정을 수락하는 것은 WTO설립 협정은 물론 WTO협정에 부속되어 있는 다자간무역협정의 수락을 의미한다.
③ WTO협정과 다자간무역협정이 상충되는 경우는 그 상충된 범위에서 WTO협정이 우선한다.
④ GATT(1994)와 상품무역에 관한 다른 다자간협정이 상충하는 경우에는 GATT(1994)가 우선한다.

정답 ④

해설 GATT(1994)와 상품무역에 관한 다른 다자간협정이 상충하는 경우에는 GATT(1994)보다 상품무역협정이 우선한다.

0923

다음 중 WTO 협정에 대한 설명으로 옳지 않은 것은?

① WTO체제는 회원국들의 권리·의무관계에서 보다 단일화된 법적 체제를 구성하는데, 회원국들이 WTO협정을 수락하는 것은 WTO협정은 물론 WTO협정에 부속된 모든 다자무역협정의 수락을 의미한다.
② GATT(1947)체제에서 개발도상국들은 GATT의 가장 기본적인 사항인 관세인하에 관한 의무를 충실하게 부담하지 않았고, 다른 체약국들은 개발도상국의 이러한 무임승차를 용인하였다.
③ GATT(1947) 체약국들은 형식면에서 GATT를 직접적으로 수락하였다.
④ 대부분의 무역관련 의무가 규정된 GATT 제2부는 잠정적용 의정서의 조부조항을 통하여 체약국 들은 그 적용을 회피할 수 있었으나 WTO 체제에서는 이러한 일반적인 조부조항은 원칙적으로 인정되지 않는다.

정답 ③

해설 GATT(1947)체약국들은 GATT를 직접적으로 그 자체로 수락한 것이 아니고, 잠정적용의정서(PPA:Protocol of Provisional Application)를 통하여 간접적으로 수락하였다.

0924

WTO 회원국에 대한 설명으로 옳지 않은 것은?

① WTO 회원국은 다른 국제기구와는 달리 국가만이 회원국이 되는 것은 아니라, 독자적인 관세영역도 WTO의 회원국 이 될 수 있다
② WTO 회원국은 WTO협정의 발효와 함께 회원국 지위를 보유한 원회원국과 각료회의의 승인으로 가입하는 가입회원국이 있다.
③ 원회원국은 WTO 협정의 발효 당시에 GATT 체약국와 유럽공동체(EC)이며, WTO 협정과 다자간 무역협정을 수락하고, GATT에 양허표를 그리고 무역에 관한 지적재산권 협정(TRIPs)에 구체적 약속표를 부속하여야 한다.
④ WTO 원회원국이 아닌 국가나 자신의 대외무역관계 및 WTO 협정과 다자간무역협정의 이행에 완전한 자율권을 보유하는 독자적인 관세영역은 자신과 WTO와의 합의에 따른 조건으로 WTO에 가입할 수 있다.

정답 ③

해설 원회원국은 WTO 협정의 발효당시에 GATT 체약국와 유럽공동체(EC)이며, WTO협정과 다자간 무역협정을 수락하고, GATT에 양허표를 그리고 **GATS에 구체적 약속표를 부속하여야** 한다. 각료회의는 회원국들 2/3다수결에 의하여 새로운 회원국의 가입조건에 관한 합의를 승인한다(제12조제2항).

0925

WTO 회원국의 지위에 대한 설명으로 옳지 않은 것은?

① 특정 회원국이 WTO에 가입하는 경우에 다른 특정 회원국에 대한 WTO 협정과 다른 상품무역에 관한 다자협정, GATS, TRIPs 및 분쟁해결 양해의 적용을 거부할 수 있다
② WTO 협정 및 부속협정은 회원국의 지방정부나 비정부기관에 대한 일반적인 책임을 규정하고 있지 않고 명시적인 규정을 두고 있지 않다.
③ GATT 제24조의 해석에 관한 양해에서는 각 회원국은 GATT의 모든 규정의 준수에 대하여 완전한 책임을 진다.
④ 자신의 영토내의 지역 및 지방의 정부와 당국이 GATT를 준수하도록 보장하기 위하여 가능한 합리적 조치를 취하여야 한다고 규정하고 있다.

정답 ②

해설 WTO협정은 회원국의 지방정부나 비정부기관에 대한 일반적인 책임을 규정하고 있지는 않으나 GATT 제24조제 12항, GATT 제24조의 해석에 관한 양해, TBT 제3조부터 제4조까지, 제7조부터 제9조까지, SPS제13조, GATS제1조 제3항에서는 명시적인 규정을 가지고 있다.

0926

WTO 조직에 대한 설명으로 타당하지 않은 것은?

① WTO 최고 의사결정기관은 2년에 1회 이상 개최되는 각료회의(Ministerial Conference)이다.
② 각료회의와 일반이사회는 WTO 협정과 부속된 다자간무역협정의 해석에 관한 배타적 권한을 행사한다.
③ 각료회의는 회원국의 요청으로 WTO 협정과 관련 다자간 무역협정의 의사결정 요건에 따라 다자간무역협정의 모든 사안에 관한 결정을 내릴 권한을 갖는다
④ 일반이사회(General Council)는 WTO 협정에서 규정된 임무와 각료회의가 개최되지 않는 기간 중에 각료회의의 임무를 대신 수행하고, 분쟁해결기관과 무역정책검토기관은 별개의 독립된 기관을 통해 그 기능을 수행한다.

정답 ④

해설 일반이사회(GeneralCouncil)는 WTO협정에서 규정된 임무와 각료회의가 개최되지 않는 기간 중에 각료회의의 임무를 대신 수행하고, 일반이사회는 분쟁해결기관과 무역정책검토기관으로서 별개의 독립된 기능을 수행한다.

0927

WTO 조직에 대한 설명으로 타당하지 않은 것은?

① 일반이사회가 분쟁해결기능을 수행할 때는 분쟁해결기관이 되고, 무역정책검토기능을 수행할 때에는 무역정책검토기관이 된다.
② 일반이사회의 일반적 지침에 따라 운영되는 상품무역이사회, 서비스무역이사회, TRIPs이사회는 각각 상품무역에 관한 다자간협정, GATS 및 TRIP협정의 운영을 감독한다.
③ 일반이사회는 무역개발위원회, 국제수지제한위원회 및 예산·재정·행정위원회를 설치하며, 이들 위원회는 적절한 산하 위원회를 설치할 수 있다.
④ 각료회의는 WTO사무국의 책임자인 사무총장을 임명하고, 사무총장의 권한과 임기 등을 결정한다.

정답 ③

해설 각료회의는 무역개발위원회, 국제수지제한위원회 및 예산·재정·행정위원회를 설치하며, 이들 위원회는 적절한 산하 위원회를 설치할 수 있다.

0928

WTO의 의사결정에 대한 설명으로 타당하지 않은 것은?

① WTO는 GATT 체제에서 관행화된 합의제(consensus)에 의한 의사결정을 하는데, 즉 의사결정에 참석한 회원국이 공식적으로 반대하지 않는다면 합의에 의하여 그 안건은 결정된 것으로 간주된다.
② 일반이사회도 의무면제나 가입에 관하여 규정된 투표절차에 불구하고 원칙적으로 합의제에 의하여 결정을 내리는데 이런 합의제에 대해 예외 없이 적용된다.
③ 특정 국가의 의무면제와 WTO 다자간 무역협정의 해석은 회원국 3/4 다수결, 회원국 가입 승인과 WTO 다자간 협정의 수정 등은 회원국 2/3의 찬성을 요하고, 그 외 각료회의와 일반이사회의 결정은 투표 과반수에 의한다.
④ 각료회의와 일반이사회에서 각 회원국은 각 한 표를 행사하며, EC는 EC 회원국 수에 해당하는 표결권을 갖는다.

정답 ②
해설 일반이사회도 의무면제나 가입에 관하여 규정된 투표절차에 불구하고 원칙적으로 합의제에 의하여 결정을 내린다. 물론 회원국은 합의제 대신에 규정된 투표절차를 요구할 수 있다.

0929

WTO의 의사결정에 대한 설명으로 타당하지 않은 것은?

① GATT(1947)는 의사결정에 있어서 표결에 대해서만 규정하였는데, 합의제(consensus)는 단지 관행으로 확립되었다.
② DSU에 기초한 분쟁해결 절차에서는 역합의제(reverse consensus)가 적용되는데, 즉 패널이나 상소기구의 결정에 반대하는 합의가 이루어지지 않는 한 동 결정은 채택된 것으로 본다.
③ IMF와 IBRD 등 다른 국제경제기구에서는 출자지분에 따른 투표수를 인정하고 있는데, 반하여 GATT와 WTO에서는 한 회원국 한 표의 투표권으로 국제정치 관계에서 주권평등에 바탕을 둠으로써 국제무역에서의 실세를 반영하지 못하고 있다.
④ WTO에서는 GATT의 합의제는 명문화하였지만, 합의제에 의해 의사결정을 할 수 없는 경우에는 표결한다는 것은 비명문화된 관행으로 적용되고 있다.

정답 ④
해설 WTO에서는 GATT의 합의제를 명문화하였고, 합의제에 의해 의사결정을 할 수 없는 경우에는 표결한다는 것이 **명문화되었다**.

0930

의무면제의 허가에 대한 설명으로 타당하지 않은 것은?

① WTO협정 또는 다자간 무역협정상 회원국의 의무는 예외적인 상황에서 면제될 수 있는데 이 경우 각료회의는 궁극적으로 회원국들 4분의 3의 다수결로 WTO협정과 다자간 무역협정상의 특정 회원국의 의무를 면제할 수 있다.
② TRIPs협정은 강제실시에 따라 생산된 제품이 주로 해외시장공급에 사용할 수 있다고 규정하고 있다.
③ 강제실시가 허용된 국가들은 그렇게 생산된 의약품을 아프리카 등 빈민국가에 수출할 수 없다는 것이다.
④ 일반이사회는 2003년 8월 TRIPs협정에 대한 의무면제를 허가하는 결정을 채택하였다.

> **정답** ②
> **해설** TRIPs협정 제 31조 (f)항은 강제실시에 따라 생산된 제품이 주로 **국내시장공급에 사용되어 야 한다고 규정**하고 있다. 이로써 회원국들은 TRIPs협정 제31조 (f)항에도 불구하고, 강제실시에 따라 생산한 의약품을 그렇게 생산할 능력이 없는 국가들에게 수출할 수 있게 되었다. 동 의무면제는 해당 규정의 TRIPs협정이 개정될 때까지 유효하도록 결정되었다.

0931

상품무역에 관한 협정에 대한 설명으로 옳지 않은 것은?

① 부속협정 1A의 상품무역에 관한 협정은 기존의 GATT(1947)의 내용을 보완하고 명확화시킨 GATT(1994)를 비롯한 상품교역과 관련된 13개의 협정으로 구성되어 있다.
② GATT(1994)의 구성으로 UR협정 타결로 1947년에 체결되고 7차에 걸친 라운드를 통해 수정 추가되어 온 GATT규범 전체가 WTO 체계에 편입되게 되었다.
③ 새롭게 GATT 체제에 포함되게 된 협정으로는 농업협정, 위생 및 식물위생조치협정, 섬유 및 의류협정, 무역 관련 투자조치협정, 선적전검사협정 등 5개가 있다.
④ UR협상에서는 GATT에 관련된 기존협약들 중 기술적 무역장벽에 관한 협정, 관세평가협정, 수입허가절차협정, 반덤핑협정, 보조금 및 상계관세협정 등의 내용을 대폭 강화하였을 뿐만 아니라, GATT(1994)로 편입함으로써 종전에 개별협정에 가입한 국가에 대해서만 선별적으로 적용해 오던 것을 WTO가입국 전체에 대하여 적용되게 하였다.

> **정답** ③
> **해설** 새롭게 GATT체제에 포함되게 된 협정으로는 농업협정, 위생 및 식물위생조치협정, 섬유 및 의류협정, 무역관련 투자조치협정, 선적전검사협정, 긴급수입제한조치협정, 원산지규정에 관한협정 등이 있다.

0932

1994년도 관세 및 무역에 관한 일반협정의 구성으로 적합하지 않은 것은?

① WTO 발효 이전까지 개정된 GATT(1947)(잠정의정서 포함)규정
② GATT(1947)와 관련된 관세양허의정서와 증명서, 가입의정서, 의무면제에 관한 결정 및 체약국단의 기타 결정
③ UR협상에 의한 GATT조문에 관한 6개 양해)
④ GATT(1994)에 관한 마라케시의정 서(관세양허)

정답 ①

해설 WTO 발효 이전까지 개정된 GATT(1947)(잠정의정서는 제외)규정

0933

GATT(1994)에 관한 마라케쉬의정서에 대한 설명으로 타당하지 않은 것은?

① 총 9개 조문과 각국가의 양허표로 구성되어 있다.
② 관세인하 이행기간을 5년으로 단축하여 무역자유화를 조기에 실현하고자 하였는데, 즉 회원국 간에 합의된 1986년 9월기준 33% 관세인하율은 본 협정의발효일로부터 1999년까지 5년간 매년동률로 인하되어야한다.
③ 회원국의 요청이 없을지라도 관세양허계획의 이행은 WTO의 다자간심사를 받도록 함으로써, 관세양허의 이행여부를 WTO가 감시할 수 있도록 하였다.
④ 사전에 서면으로 통보한 경우에는 관세양허계획을 보류하거나 철회할 수 있고(제4항), 양허표에 기재된 비관세조치를 수정하거나 철회할 경우에는 GATT(1994) 제28조(양허표 수정)및 이에 관한 협상절차들이 적용된다.

정답 ③

해설 요청이 있을 경우 관세양허계획의 이행은 WTO의 다자간심사를 받도록 함으로써, 관세양허의 이행여부를 WTO가 감시할 수 있도록 하였다.

0934

농업에 관한 협정에 대한 설명으로 타당하지 않은 것은?

① 총 21개 조문과 5개 부속서로 구성된 "농업에 관한 협정"(Agreemention Agriculture)은 농업이 아니라 농산물(agricultural products)에 대하여 적용되며, 시장접근, 수출보조, 수출금지 및 제한, 개발도상국우대조치, 위생 및 검역조치, 회원국의 약속이행에 대한 농업위원회의 검토 등을 주요내용으로 하고 있다.
② 국내보조금과 관련하여서는, 먼저 허용대상을 설정하고 나머지는 모두 감축 대상으로 하는 Positive List 방식이 채택되었다.
③ 무역왜곡효과나 생산에 미치는 효과가 없거나 미미한 국내보조는 감축대상에서 제외하였는데, 이를 Amber box라 부른다.
④ 일정한 허용기준에 합치되는 경우를 제외한 모든 국내보조금은 전체 총량보조 측정치(Total AMS)에 따라 선진국은 6년간에 20%를, 개발도상국은 10년간에 13.3%를 감축하여야 한다.

> **정답** ③
> **해설** 무역왜곡효과나 생산에 미치는 효과가 없거나 미미한 국내보조는 감축대상에서 제외하였는데, 이를 Green Box라 부른다.

0935

위생 및 식물위생 조치의 적용에 관한 협정에 대한 설명으로 틀린 것은?

① 인간이나 동·식물의 생명 또는 건강을 보호하기 위하여 필요한 위생 및 검역조치를 취할 수 있는 회원국의 기본적인 권리를 인정함과 동시에 "필요성 요건", "비차별성 원칙", "위장된 무역제한 금지원칙", "과학적 근거 원칙" 등에 입각하여 위생 및 검역조치를 취할 수 있는 의무를 부과하였다.
② 위생 및 검역기준을 채택할 경우 관련 국제기구의 기준, 지침, 권고에 입각하도록 함으로써 국제기준과의 조화를 의무화하였지만, 과학적 정당성이 있거나, 객관적 지표로서 위험평가제도 활용하는 경우에는 국제표준보다 완화된 규제가 가능하다.
③ 기술무역장벽협정(TBT협정)은 건강보호를 목적으로 하는 조치를 포함한 기술규정과 표준에 광범위하게 적용되기 때문에, 건강보호 목적의 조치를 규율하는 SPS협정과 겹칠 수 있어 그 관계가 문제된다.
④ EC-Hormones 사건에서의 패널은 소송경제(judicial economy)를 고려하여 SPS에 근거한 청구를 먼저 심사해야 한다고 판단하였다.

> **정답** ②
> **해설** 위생 및 검역기준을 채택할 경우 관련 국제기구의 기준, 지침, 권고에 입각하도록 함으로써 국제기준과의 조화를 의무화하였다. 다만, 과학적 정당성이 있거나, 객관적 지표로서 위험평가제도 활용하는 경우에는 국제표준보다 엄격한 규제 유지 가능하다.

0936

무역에 대한 기술장벽에 관한 협정의 설명으로 틀린 것은?

① 대부분 복잡한 기술과 연관되어 있기때문에 무역장벽 여부의 판단이 모호할 뿐만 아니라(불명확성), 상대국에게도 잘 노출되지 않아서(불가시성), 각국에 의해 효과적인 수입규제수단으로 남용되어 왔다.

② 케네디라운드 이후 1980년대에 와서 기술장벽 관련 국제무역분쟁은 급격히 증가하였는데, UR 기술무역장벽협상은 기존의 기술무역장벽 제거를 위한 개별국가의 의무를 강화하기 위하여 진행되었다.

③ TBT 협정은 적용 및 관할범위를 명확히 한바, 공정 및 생산방법 개념을 도입, 최종제품 뿐만 아니라 생산과정도 적용대상으로 포함시켰고, 지방정부 및 비정부기관의 협정이행 의무규정 대상으로 하였지만, 생산물의 특성을 고려, 농산물 관련 표준 및 기술규정은 위생 및 식물위생 조치에 관한 협정이 관할토록 하였다.

④ 각국은 국제무역에 불필요한 장애를 초래할 목적으로 기술규정을 제정 · 운용하지 못하나, 국가안보상 요건, 기만적 관행의 방지, 인간의 건강이나 안전, 동 · 식물의 생명이나 건강 또는 환경의 보호 등과 같은 정당한 목적을 달성하는데 필요한 경우에는 통상규제가 예외적으로 인정된다.

정답 ②

해설 동경라운드 이후 1980년대에 와서 기술장벽 관련 국제무역분쟁은 급격히 증가하였는데, UR 기술무역장벽협상은 기존의 기술무역장벽 제거를 위한 개별국가의 의무를 강화하기 위하여 진행되었다.

0937

WTO협정의 무역에 관한 상품협정 중 반덤핑협정에 대한 설명으로 타당하지 않은 것은?

① GATT 규정은 덤핑방지관세의 발동요건 등에 관한 기본원칙만을 규정하고 있을 뿐, 그 구체적인 해석 및 절차규범이 없다.

② GATT 규정상의 문제점을 해결하기 위하여 케네디라운드에서 GATT 제6조를 보완하기 위한 반덤핑관세협정이 채택되고, 이어 동경라운드 에서 개정되고 보완되었다.

③ 덤핑의 판정과 관련 정상가격의 인정기준을 구체화하였는데, 수출국내 동종상품의 판매가 이루어지지 않거나, 특수시장 여건 혹은 소량판매로 말미암아 수출가격과 정상가격간의 적절한 비교가 불가능할 경우, 덤핑마진은 수출가격을 제3국내의 비교가능 가격 또는 수출국내의 제조원가에 합리적인 관리, 판매 및 일반 비용과 이윤을 가산한 가격과 비교하여 결정한다.

④ 반덤핑관세가 부과되기 위해서는 덤핑의 존재와 함께 덤핑수입이 동종제품 및 경쟁상품을 생산하는 국내산업에 실질적 피해를 미치거나 또는 실질적 피해의 위협(threat)을 초래하거나, 국내산업의 확립에 실질적 지연을 초래하여야 한다.

[정답] ④

[해설] 반덤핑관세가 부과되기 위해서는 덤핑의 존재와 함께 덤핑수입이 **동종제품(like products)에 한하여 이를 생산**하는 국내산업에 실질적 피해(materia linjury)를 미치거나 또는 실질적 피해의 위협(threat)을 초래하거나, 국내산업의 확립에 실질적 지연(material retardation)을 초래하여야 한다(GATT제6조 제1항).

0938

반덤핑협정에 대한 설명으로 타당하지 않은 것은?

① 피해의 판정은 덤핑 수입량 및 덤핑이 국내 동종상품의 가격 및 생산자에게 미치는 영향에 대한 명확한 증거와 객관적인 조사에 근거하며, 이 경우 덤핑 수입품의 영향으로 수입국내 동종상품의 가격이 상당한 정도로 하락하였거나 가격상승을 상당한 정도로 방지하였는지 여부를 고려하여야 한다.

② 다수 국가로부터의 수입이 동시에 반덤핑 조사의 대상이 되는 경우는 개별 국가의 덤핑마진이 최소허용수준(deminimis)이상이고, 덤핑수입량이 무시할 만한 수준이 아닌 경우, 수입상품이 상호 경쟁적이고, 또한 국내 동종상품과 경쟁하는 경우는 조사당국은 동 수입으로부터의 피해를 누적적으로 평가할 수 있다.

③ 반덤핑관세가 부과되기 위해서는 덤핑수입이 덤핑의 결과로서 국내 산업에 중대한 피해를 야기시켜야 하는데, 덤핑수입과 국내산업에 대한 피해 간의 인과관계에 대한 입증은 수출국에 의해 이루어져야 한다.

④ 덤핑조사신청은 국내 동종상품 생산의 50%이상을 생산하는 국내생산자의 지지가 있는 경우 가능하나, 어느 경우에도 제소를 명시적으로 지지하는 국내 생산자의 생산량이 총생산의 25%이상이 되어야 조사 개시가 가능하게 하였다.

정답 ③

해설 반덤핑관세가 부과되기 위해서는 덤핑수입이 덤핑의 결과로서 국내 산업에 중대한 피해를 야기시켜야 하는데, 덤핑수입과 국내산업에 대한 피해 간의 인과관계에 대한 입증은 모든 관련증거에 입각하여야 하며, 조사당국은 산업에 피해를 초래하는 덤핑수입 이외의 여타 요소를 고려하여, 동 요소에 의한 국내산업 피해를 덤핑 수입품의 탓으로 전가할 수 있다.

0939

GATT의 원산지 규정에 관한 협정에 대한 설명으로 타당하지 않은 것은?

① 총 9개 조문과 2개 부속서로 구성된 "원산지규정에 관한 협정"은 앞으로 통일원산지 규정이 제정될 때까지 회원국들이 준수해야 할 기본원칙과 통일원산지규정의 제정을 위한 향후 일정과 방법을 규정하고 있다.
② GATT(1994)상의 최혜국대우, 반덤핑 및 상계관세(제6조), 세이프가드조치(제19조), 원산지표시(제9조) 및 다른 모든 차별적인 수량규제나 관세쿼타 등의 적용과 같이 비특혜적인 무역정책 수단의 경우에 적용되지만, 정부조달 및 무역통계의 작성 등은 제외된다.
③ 각국은 세계무역기구협정 발효 시 유효한 자기나라의 원산지 규정, 사법적 결정 및 행정판정을 동 협정이 발효한 날로부터 90일 이내에 세계무역기구 사무국에 통보해야 하고, 기존규정을 개정하거나 새로운 규정 제정 시 효력발생 60일 이전에 공표해야 한다.
④ 향후 원산지 규정의 통일을 위하여 원산지규정위원회와 기술위원회가 협력 하여 3년 이내에 통일된 원산지 규정 수립하여야 한다.

정답 ②

해설 원산지규정의 적용범위를 구체화하였다. 즉 GATT(1994)상의 최혜국 대우(GATT제1조부터 제3조,제11조,제13조),반덤핑 및 상계관세(제6조), 세이프가드 조치(제19조), 원산지표시(제9조)및 다른 모든 차별적인 수량규제 나 관세쿼타 등의 적용과 같이 비특혜적인 무역정책 수단의 경우 그리고 **정부조달 및 무역통계의 작성 등에도 적용**된다(제1조제2항).

0940

수입허가절차에 관한 협정에 대한 설명으로 옳지 않은 것은?

① 먼저 수입허가절차는 무역왜곡을 방지하기 위하여 GATT(1994)규정에 부합되도록 운영하고, 중립적이며 공평하게 적용되어야 하며, 수입허가 (갱신)신청양식을 최대한 단순화하고 서류 및 정보의 요구는 수입허가제의 기능에 필요한 한도 내에서 요구해야 한다.
② 자동 수입허가와 관련하여서는 수입제한적인 효과가 없도록 규정하여야 하고, 법적요건을 충족하는 모든 개인 및 기관에 대해 동등한 자격부여, 통관 이전 언제라도 수입허가를 신청토록 허용, 늦어도 접수 10일 이내에 수입허 가를 승인 등을 준수하지 않는 경우에는 자동 수입허가를 수입제한적인 것으로 간주하고 있다.
③ 비자동 수입허가와 관련 요건부과에 의한 부담 이외에 무역제한 또는 왜곡효과 초래금지, 수입허가의 근거에 관한 충분한 정보공표 등 비자동 수입허가와 관련된 정보의 제공 및 공표의무 규정, 법적 요건을 충족하는 모든 개인, 기업, 기관에 대해 동등한 자격을 부여해야 한다.
④ 허가 거부 시 허가신청자가 그 사유를 알 권리와 이의제기 및 재검토를 요청할 권리를 인정하고 있지 않다.

[정답] ④
[해설] 허가 거부 시 허가신청자가 그 사유를 알 권리와 이의제기 및 재검토를 요청할 권리를 인정하고 있다.

0941

보조금 및 상계조치에 관한 협정에 대한 설명으로 타당하지 않은 것은?

① 보조금은 수출장려나 수입억제 등과 같은 무역왜곡 효과를 초래한다.
② 정부 또는 공공기관에 의한 재정지원 즉, 무상지원, 대출 등 직접적 자금이 전·세입의 포기, 정부에 의한 재화 또는 서비스 제공 또는 구매 등으로 혜택이 부여되는 경우에 보조금이라 정의하였으나 보조금에 해당하는 경우라도 그 성격상 일반성(generality)이 있는 경우에 한해 금지보조금, 조치가능 보조금 및 상계조치에 관한 규정을 적용할 수 있다.
③ 협정은 보조금을 금지보조금, 조치가능보조금, 허용보조금 등 3개 범주로 분류하고 각 보조금별로 해당 요건을 엄격히 규정하였는데, 금지보조금은 수출 입에 대해 직접적인 왜곡효과를 갖는 보조금으로 그 지급이 허용되지 않는 보조금이다.
④ 조치가능 보조금은 상품가액의 5%를 초과하는 보조금, 영업 손실보전을 위한 보조금, 직접 채무감면 등의 보조금으로서 기업의 경쟁력을 강화시켜 타국의 이익에 부정적인 효과를 초래하는 보조금으로 관련 회원국의 국내산업에 중대한 손해를 야기하거나 손해를 줄 우려가 있거나 또는 국내산업의 확립을 실질적으로 지연시키는 경우에는 상계관세를 부과할 수 있다.

정답 ②

해설 정부 또는 공공기관에 의한 재정지원 즉, 무상지원, 대출 등 직접적 자금이 전,세입의 포기,정부에 의한 재화 또는 서비스 제공 또는 구매 등으로 혜택이 부여되는 경우에 보조금이라 정의하였다(제1조). 그러나 보조금에 해당하는 경우라도 그 성격상 특정성(specificity)이 있는 경우에 한해 금지보조금,조 치가능 보조금 및 상계조치에 관한 규정을 적용할 수 있다(제2조).

0942

GATT상 긴급수입제한조치에 관한 협정에 대한 설명으로 틀린 것은?

① 긴급수입제한조치(Safeguards)는 특정 상품의 수입이 급증하여 수입국의 경쟁산업에 심각한 피해를 주거나, 줄 우려가 있을 때에 의하여 당해 상품에 대하여 일시적으로 수입을 제한하는 관세 또는 비관세 조치를 의미하는데, 긴급수입제한조치는 수출국의 공정한 무역에 대한 수입제한조치이므로 발동요건이 매우 까다로워야 한다.

② 1980년대 이후 선진국들이 긴급수입제한조치를 회피하기 위하여 수출자율규제(VER)와 시장질서유지협정(OMA) 등을 통해 수입제한조치를 억제해 왔다.

③ UR의 긴급수입제한조치 협상은 GATT의 기본원칙에 입각하여 긴급수입 제한조치를 모든 회원국에 적용되도록 명확히 하고 강화함으로써 GATT체제의 기능을 강화하고 다자간 무역체제의 발전을 도모하는 것을 목표로 하였다.

④ 긴급수입제한조치가 발동되기 위해서는 당해물품이 국내생산에 비해 절대적으로 또는 상대적으로 증가된 물량이 수입되고, 이로 인해 동종제품이나 직접경쟁제품을 생산하는 국내산업에 심각한 피해(seriousinjury)를 초래하거나 초래할 위험이 있어야 하고, 당해물품의 수입증가와 심각한 피해 또는 피해의 위협 간에 인과관계가 성립하여야 한다.

정답 ②

해설 GATT(1947)제19조 상의 긴급수입제한조치는 발동요건, 절차,보상 및 보복조치 등에 있어 모호한 부분이 많아,그 정당성 여부에 대한 논란이 많았고, 1980년대 이후 선진국들이 긴급수입제한조치를 회피하기 위하여 **수출자율규제(VER:Voluntary Export Restriction)와 시장질서유지협정(OMA: Orderly Marketing Agreement)등을 통해 수입제한조치를 선별적으로 취해** 왔다.

0943

긴급수입제한조치에 관한 협정에 대한 설명으로 틀린 것은?

① 긴급수입제한조치의 적용과 관련하여서는 모든 수출국에 대해 동등하게 적용하는 것을 원칙으로 하되, 예외적으로 특정 수출국으로부터의 수입량이 총수입량에 비해 크게 증가하는 경우 긴급수입제한조치위원회에서 수출국과의 협의를 거쳐 당해 국가에 대해 선별적으로 쿼터를 설정하는 것을 허용하고 있다.

② 지연되면 회복하기 어려운 손상이 초래될 수 있는 중대한 상황 하에서는 수입국은 수입증가가 심각한 피해(seriousinjury)를 초래하거나 또는 그러한 피해를 초래할 위협이 있다는 명백한 증거가 있다는 예비판정에 근거하여 잠정조치를 취할 수 있으며, 이는 200일이내의 기간동안 허용하되 관세인상만이 가능(수량제한 불가)하다.

③ 긴급수입제한조치 발동국은 주요 이해관계국과 동 조치에 따른 부정적 효과를 보상할 수 있는 방안을 협의해야 하며, 합의가 이루어지지 않을 경우 동 주요 이해관계국이 보복할 수 있도록 규정하고 있는데, 수입품의 절대적인 증가의 결과로서 긴급수입제한조치가 취해진 경우에는 동 조치발동 후 3년간은 대응조치를 못하도록 규정하고 있다.

④ 회원국은 수출자율규제(VER)와 시장질서유지협정(OMA)과 같은 회색지대 조치나 기타 유사한 조치들을 취할 수 없으며, 동 조치는 협정 발효일로부터 180일 이내에 긴급수입제한조치위원회에 철폐 계획을 제출하고, 발효일로부터 5년 이내에 철폐하거나 본 협정에 합치되도록 하여야 한다.

정답 ④

해설 회원국은 수출자율규제(VER)와 시장질서유지협정(OMA)과 같은 회색지대 조치나 기타 유사한 조치들을 취할 수 없으며,동 조치는 협정 발효일로부터 180일 이내에 긴급수입제한조치위원회에 철폐 계획을 제출하고,발효일로부터 **4년 이내에** 철폐하거나 본 협정에 합치되도록 하여야 한다(제11조).

0944

서비스무역에 관한 일반협정(GATS)으로 잘못된 것은?

① 상품분야만 규율 하였던 GATT와는 달리 WTO에서는 서비스무역에 관한 일반협정을 포함하고 있다.
② 서비스교역에 관한 일반협정은 정부가 구매하거나 제공하는 서비스를 제외한 모든 서비스교역을 규율하고 있는데, UR서비스 업종 분류표는 서비스를 12개 분야로 대별하고 있다.
③ GATS는 시장접근약속, 내국민대우 약속, 추가약속 및 부속서에 일시적인 최혜국대우의 예외를 특별히 규정하고 있는데 상품무역보다 더 복잡한 서비스무역의 특성을 반영한 결과이다.
④ GATS는 다른 자유화 관련 협약들과 달리 국별양허표가 협정의 본문에 포함되어 있고, 이 국별양허표는 각국의 개방 약속을 담은 표로 시장접근과 내국민대우의 적용분야 및 적용조건을 명시하고 있다.

정답 ④

해설 GATS는 다른 자유화 관련 협약들과 마찬가지로 국별양허표가 **협정의 부속서로 첨부**되어 있고, 이 국별양허표는 각국의 개방 약속을 담은 표로 시장접근과 내국민대우의 적용분야 및 적용조건을 명시하고 있다.

0945

서비스무역에 관한 일반협정(GATS)에 대한 공급 방식에 대한 설명으로 타당하지 않은 것은?

① 국경간 공급(Mode 1)은 일국의 영역에서 타국의 영역으로의 서비스를 공급하는 것이다.
② 해외소비(Mode 2)은 소비자나 소비자의 재산이 서비스를 받기 위하여 다른 회원국의 영역으로 이동함을 말한다.
③ 상업적 주재(Mode 3)은 일국의 서비스공급자가 서비스공급을 위하여 자회사나 지사의 설립 등을 통해 타국의 영토에 주재하는 것을 의미하는 것이다.
④ 자연인의 주재(Mode 4)은 서비스의 공급을 위하여 수요자가 일국에서 타국으로 이동하여 서비스를 공급받는 것을 의미한다.

정답 ④

해설 자연인의 주재(Mode 4:presence of natural persons):서비스의 공급을 위하여 **자연인이** 일국에서 타국으로 이동하여 서비스를 공급함을 의미함 (자회사 임원,회계사 등).

0946

무역 관련 지적재산권에 관한 협정(TRIPs)에 대한 설명으로 타당하지 않은 것은?

① 협정은 국제협약 플러스접근 방식을 채택하였다.
② TRIPs협정은 세계 각국의 지적재산권 보호방법에 관한 격차를 좁히고, 공통된 규범 하에 편입시키려는 시도이다.
③ 파리협정 등 기존 국제협약을 최고 보호수준으로 하고 전반적으로 보호수준을 대폭 강화하였다.
④ TRIPs협정은 각국이 여타 회원국의 지적재산권에 부여하는 최소한의 보호수준을 설정하고 있다.

[정답] ③
[해설] 파리협정 등 기존 국제협약을 **최저 보호수준**으로 하고 전반적으로 보호수준을 대폭 강화하였다.

0947

복수국간 협정에 대한 설명으로 옳지 않은 것은?

① 일부 WTO 회원국만 참여한 협정이 "민간항공기 무역협정", "정부조달협정", "국제낙농협정" 및 "국제우육협정"등 4개가 있다.
② "국제낙농협정"과 "국제우육협정"은 1997년에 종료되었다.
③ "민간항공기무역협정"은 1979년 도쿄라운드 협상의 결과 체결되어 1980년 1월에 발효되었으며 30개국이 가입되어 있다.
④ 정부조달협정은 1979년 도쿄라운드에서 체결되어 1981년 1월부터 발효되었는데, 이 협정의 목표는 정부조달 분야를 국제경제에 최대한 보호하기 위한 것으로 정부조달에 관련된 법령, 규제, 절차와 관행을 존중하고 다만, 수입품에 대한 차별을 방지할 목적으로 탄생하였다.

[정답] ④
[해설] 정부조달협정은 1979년 도쿄라운드에서 체결되어 1981년 1월부터 발효되었다. 이 협정의 목표는 정부조달 분야를 국제경제에 최대한 개방하기 위한 것으로 정부조달에 관련된 법령, 규제, 절차와 관행을 **투명화**시키고 수입품에 대한 차별을 방지할 목적으로 탄생하였다.

0948

GATT에서는 상품무역규율의 일반원칙 중 무역장벽에 관련된 원칙이 아닌 것은?

① 관세의 인하(관세양허)
② 수량제한의 철폐
③ 비관세장벽의 철폐를 규정
④ 최혜국대우

[정답] ④
[해설] ① 관세의 인하(관세양허)
② 수량제한의 철폐
③ 비관세장벽의 철폐를 규정하였고,
차별적대우와 관련하여서는
④ 최혜국대우
⑤ 내국민대우 등 비차별원칙을 규정하고 있다.
이러한 5가지 상품무역규율의 일반원칙은 회원국의 기본 의무(principalobligations)에 해당한다.

0949

GATT에서의 덤핑 및 상계관세 협정에서 정상가격의 결정순서로 잘못 설명된 것은?

① 수출국에서 소비되는 동종상품에 대한 정상적인 거래에 있어서의 비교 가능한 가격을 말한다.
② 수출국의 국내시장에서 통상의 상거래로 이루어지는 국내판매가 없거나 수출국 국내시장의 판매가격으로는 수출가격과의 적정비교가 불가능할 경우에는 수출국에서 제3국으로 수출되는 동종상품의 비교가능한 대표적인 가격인 제3국 수출가격과 원산지국에서의 생산비용에 합리적인 관리비, 판매비와 기타 비용 및 이윤을 합산한 가격인 구성가격(constructedvalue)의 비교에 의한 결정이다.
③ 수출가격과 대비되는 정상가격의 결정기준은 동종상품과 정상적인 거래의 요건을 충족하여야하는데 동종상품(like product)이란 모든 면에서 동일한 상품 또는 만일 그러한 상품이 없는 경우에는 동종상품으로 간주되지 아니한다.
④ 수출국 국내시장에서 동종물품의 판매가 수입국에 대한 당해 물품판매의 5% 이상인 경우 그와 같은 판매는 정상가격을 결정하기에 충분한 규모가 되는 것으로 규정하고 있다.

[정답] ③
[해설] 수출가격과 대비되는 정상가격의 결정기준은 "동종상품"과 "정상적인 거래"의 요건을 충족하여야한다" 동종상품 likeproduct)"이란 모든 면에서 동일한 상품 또는 만일 그러한 상품이 없는 경우에는 비록 모든 면에서 같지는 않으나, 당해 상품과 아주 유사한 특성을 가지고 있는 상품을 말한다.

0950

덤핑조사 상 국내산업피해에서 검토해야 할 요소가 아닌 것은?

① 판매량, 이윤 생산량, 시장점유율, 생산성, 투자수익률, 설비가동률 등의 실질적 혹은 잠재적 저하
② 국내가격에 영향을 미치는 제 요인, 덤핑마진율의 크기
③ 성장, 자본, 투자조달 능력 등에 대한 실질적 혹은 잠재적인 부정적 영향
④ 무역산업에 전반적인 영향을 미치는 모든 경제적 요소 및 지표들에 대한 평가

정답 ④

해설 판매량, 이윤 생산량, 시장점유율, 생산성, 투자수익률, 설비가동률 등의 실질적 혹은 잠재적 저하, 국내가격에 영향을 미치는 제 요인, 덤핑마진율의 크기, 자금순환재고, 고용임금, 성장, 자본, 투자조달 능력 등에 대한 실질적 혹은 잠재적인 부정적 영향 등 **국내산업에 전반적인 영향을 미치는 모든 경제적 요소 및 지표들에 대한 평가**가 포함된다(제3조 제3.4항). WTO반덤핑협정에서는 다수의 국가가 일국에 덤핑수출을 한 경우 수입국이 각국의 덤핑에 의한 피해를 독립적으로 평가하는 것이 아니라, 각국에 의한 피해를 누적하여 평가할 수 있다(제3조 제3.3항).

0951

반덤핑조사의 절차의 설명으로 잘못 된 것은?

① 국내산업의 정의에서 국내산업(domesticindustry)이란 동종상품을 생산하는 국내생산자 전체 또는 이들 중 당해 상품의 생산량의 합계가 국내총생산량의 상당 부분을 점하는 국내생산자를 의미한다.
② 제소적격이라 함은 반덤핑제소가 개별기업의 보호 차원이 아닌 거시적 관점에서 국내산업피해를 구제하기 위한 것이므로 제소신청이 국내산업 전체를 대표할 수 있어야 함을 의미하는데, 국내산업의 대표성을 판단함에는 생산량 규모로 25% 이상의 기업수와 동종물품의 국내총생산량 50% 이상이어야 한다.
③ 조사절차상 국내산업계 또는 그 대리인의 서면 요청에 의해 수입국의 조사당국이 그 정확성 및 타당성을 검토하여 조사를 개시하고, 그 조사개시 결정 사실은 수출국 정부에 통보할 수 있다.
④ 번덤핑 조사절차는 그 목적이 반덤핑관세를 부과하는 것 이외에 통관절차를 방해하는 등 별개의 무역장벽으로 이용될 수 없으며, 조사절차의 시한도 특별한 경우를 제외하고는 조사개시 후 1년 이내에 종결되어야 하며, 특별한 경우에라도 18개월을 초과해서는 안 된다.

정답 ②

해설
- 제소 적격이라 함은 반덤핑제소가 개별기업의 보호 차원이 아닌 거시적 관점에서 국내산업피해를 구제하기 위한 것이므로 제소신청이 국내산업 전체를 대표할 수 있어야함을 의미한다.
- 국내산업의 대표성을 판단함에는 생산량 규모로 50% 이상의 기업수와 동종물품의 **국내총생산량 25%이상**이어야 한다.

0952

WTO 보조금협정의 규율 및 종류의 설명으로 틀린 것은?

① 보조금(subsidies)이란 회원국의 영역 내에서 정부 또는 공공기관의 재정적인 기여가 있거나, 또는 GATT 제6조(반덤핑 및 상계관세)에서 정의하고 있는 소득지지 또는 가격지지가 어떤 형태로든 존재하고 또한 이로 인하여 혜택이 부여된 경우는 보조금이 존재하는 것으로 간주한다.

② WTO 보조금협정에서는 위의 보조금이 회원국 영역 내에 존재하는 특정기업 또는 기업군에 이익이 부여된 경우만 규제하고 있는데, 보조금이 특정적(specific)인 경우에 한하여 금지되거나, 조치가능하거나, 상계조치가 취해질 수 있다.

③ 보조금이 특정성이 있는지 여부는 특정성의 원칙, 즉 보조금에 대한 접근을 특정 기업으로 명백히 한정하는 경우는 특정성이 있다.

④ 보조금의 수혜요건과 금액을 규율하는 객관적인 기준 또는 조건을 설정하고 수혜요건이 자동적이며 이러한 기준과 조건이 엄격히 준수되는 경우에는 특정성이 있다고 해석한다.

정답 ④

해설 보조금의 수혜요건과 금액을 규율하는 객관적인 기준 또는 조건을 설정하고 수혜요건이 자동적이며 이러한 기준과 조건이 엄격히 준수되는 경우에는 **특정성이 없다**고 해석한다.

0953

보조금의 종류에 대한 설명으로 틀린 것은?

① 금지보조금은 수출실적에 따라 지급되거나 수입품 대신 국내상품의 사용을 조건으로 지급되는 보조금을 의미한다.
② 조치가능보조금은 보조금 지급을 통하여 다른 회원국의 이익에 부정적 효과, 즉 다른 회원국의 국내산업에 대한 피해, GATT에 따른 이익의 무효화 또는 침해, 다른 회원국의 이익에 대한 '심각한 손상'(serious prejudice)을 초래하는 경우에는 무역상대국에 협의를 요청할 수 있다.
③ 협정에서 허용보조금으로는 보조금이 특정적이지 않거나, 특정적이더라도 연구기관의 연구활동에 대한 지원(연구개발보조금), 회원국 영토 내 낙후지역에 대한 지원(지역개발 보조금), 새로운 환경요건에 적응을 촉진하기 위한 지원(환경보조금) 등이 있다.
④ 허용보조금이 자국의 국내산업에 심각한 부정적 효과를 초래한다고 생각하는 회원국은 이에 대한 구제를 보조금 지급회원국과 협의할 수 있으며, 협의 요청일로부터 60일 이내에 상호 수용가능한 해결책에 도달하지 못하면, DSB에 제소할 수 있다.

정답 ④

해설 허용보조금이 자국의 국내산업에 심각한 부정적 효과를 초래한다고 생각하는 회원국은 이에 대한 구제를 보조금 지급회원국과 협의할 수 있으며, 협의 요청일로부터 60일 이내에 상호 수용가능한 해결책에 도달하지 못하면, '보조금 및 상계조치위원회'에 제소할 수 있다.

0954

긴급수입제한조치의 발동요건 중 수입증가의 의미의 설명으로 타당하지 않은 것은?

① 협정에서 수입증가를 절대적 수입의 증가라고 규정하고 있다.
② 협정에서는 특정 상품이 동종 또는 직접경쟁적인 상품을 생산하는 국내산업에 심각한 피해(serious injury)를 초래하거나 초래할 우려가 있을 정도로 국내생산에 비해 절대적 또는 상대적으로 증가된 물량과 조건 하에 자기 영토내로 수입되고 있다고 판정한 경우만, 그 상품에 대하여 긴급수입제한조치를 취할 수 있다.
③ 협정에서는 수입증가와 심각한 피해 또는 피해 우려 간에 인과관계(causal link)가 존재하여야 한다고 규정하고 있다.
④ 직접적 경쟁상품은 동종상품(like product)의 확장개념으로 볼 수 있다.

[정답] ①

[해설] 협정 제2조 및 제4조제2항에서 **수입증가를 절대적 또는 상대적 수입의 증가**라고 규정하고 있다. 그리고 GATT 제19조제1항에서는 수입증가가 예측하지 못한 사태의 발전(unforeseen developments)의하여 초래되어야 한다고 규정하고 있는데, 예측의 기준시점은 가장 최근의 무역교섭 시로 해석된다. 수입의 급격한 증가는 수입에 있어서 실질적인 증가(절대적 증가)일 수도 있고, 수입물량이 증가하지 않은 시장점유율의 증가(상대적 증가)일 수도 있다.(협정 제4조 제2항) 그런데 수입수량이 증가하지 않았는데도 불구하고 수입국의 생산량이 감소하여 수입의 상대적 증가현상이 발생한 경우에도 세이프가드조치를 발동함은 보호무역수단으로 남용의 가능성이 있다.

0955

GATS의 주요 특징으로 틀린 것은?

① GATS는 서비스무역을 규율하는 최초의 다자간 무역협정이다.
② GATS의 경우에는 최혜국대우에서 GATT와 달리 광범위한 예외가 인정된다.
③ 상품교역과는 달리 서비스교역에서는 관세라는 개념은 의미가 없다.
④ GATS는 국내서비스 능력과 효율성 및 경쟁력 강화에 관하여 GATT와 달리 개발도상국의 서비스교역 참여를 증진하기 위한 우대조항이 없다.

정답 ④

해설 개발도상국의 참여증진을 위한 우대조치에서 GATS는 국내서비스 능력과 효율성 및 경쟁력 강화에 관하여 개발도상국의 서비스교역 참여를 증진하기 위하여 우대조항을 도입하고 있다. 특히 점진적 자유화원칙과 자국산업의 발전정도에 따라 점진적으로 시장접근을 확대할 수 있도록 융통성이 부여되며, 시장접근에도 접근조건에 대한 적절한 융통성이 허용된다.(제9조제2항)

0956

WTO상 분쟁해결 제도의 주요 특징의 설명으로 타당하지 않은 것은?

① WTO 분쟁해결제도는 GATT(1947)보다 훨씬 넓은 사물관할권과 영토관할권을 포함한다.
② WTO 체제의 주요 업적은 이것이 약 200개의 기존의 GATT 협정과 30개의 UR 협정을 단 하나의 법적 틀 속으로 통합하고 있다.
③ WTO 분쟁해결 절차에는 각 단계마다 시한이 명시되어 있고, 또 전체적인 시한이 명시되어 있는데, WTO DSU 제20조에 일반적으로 분쟁해결기구가 패널을 설치한 날로부터 패널 또는 상소보고서의 채택을 심의하는 날까지의 기간은, 패널보고서에 대하여 상소를 제기하지 아니하는 경우에는 12개월을, 상소를 제기한 경우에는 18개월을 초과하지 아니한다고 규정하고 있다.
④ WTO 분쟁해결절차에 의한 최종 판결을 담은 패널보고서나 상소기구 보고서는 전체 WTO 회원국이 참가하는 분쟁해결기구에 의해 공식적으로 채택된다.

정답 ③

해설 GATT(1947)의 분쟁해결절차의 문제 중의 하나는 절차가 각 단계에서 지체가 발생하여 비효율적인 결과를 초래한다는 것이었다. 그러나 WTO 분쟁해결 절차에는 각 단계마다 시한이 명시되어 있고, 또 전체적인 시한이 명시 되어 있다. WTO DSU 제20조에 일반적으로 분쟁해결기구가 패널을 설치한 날로부터 패널 또는 상소보고서의 채택을 심의하는 날까지의 기간은, 패널보고서에 대하여 상소를 제기하지 아니하는 경우에는 9개월을, 상소를 제기한 경우에는 12개월을 초과하지 아니한다고 규정하고 있다.

0957

GATT상으로 분쟁해결제도의 주요 특징이 아닌 것은?

① DSU에서 사용하는 양해(understanding)라는 용어는 일반적으로 조약(treaty)에 미치지 못하는 지위를 갖는 문서에 사용되기 때문에 법적 구속력이 없다.
② 분쟁당사국에 대한 구속력은 패널보고서와 상소기구 보고서는 만장합의로 이것을 채택하기로 결의하지 않는 한 분쟁당사국에 대하여 구속력을 갖는다.
③ DSU는 선례의 구속력을 강제하지 않으며 이것을 강제하는 국제법의 일반원칙도 없다.
④ WTO 분쟁해결절차, 즉 DSU를 통해 내려진 결정은 분쟁당사국에게 대해서만 구속력이 있으나 법적 구속력이 있는 선례를 구성하지는 못한다.

정답 ①

해설 DSU에서 사용하는 양해(understanding)라는 용어는 일반적으로 조약(treaty)만 못한 지위를 갖는 문서에 사용되기 때문에 법적구속력이 있는가 하는 문제가 있다. 그러나 GATT와는 달리 DSU는 WTO협정의 불가분의 일부를 구성하는 조약의 지위를 향유하므로 모든 회원국에 구속력이 있다.

0958

WTO 분쟁해결 절차의 설명으로 타당하지 않은 것은?

① 어떠한 조치를 취하기 전에 분쟁당사국들은 당사국간의 협의를 시도해야 하는데, 이 경우 협의요청을 접수한 회원국이 10일 이내에 답변하지 않거나, 30일 또는 상호 합의한 기간 내에 협의에 응하지 않는 경우, 협의 개최를 요청한 회원국은 직접 패널의 설치를 요구할 수 있다.
② 협의 요청은 분쟁해결기구 및 관련 이사회와 위원회에 통보되고, 모든 협의 요청은 서면으로 제출되며, 협의요청서에는 문제가 된 조치의 명시 및 제소에 대한 법적근거를 포함한 협의요청 사유를 제시하여야 한다.
③ 양 당사자의 합의하에 주선(good offices), 중개(mediation) 또는 조정(conciliation)을 요청할 수 있으며, WTO 사무총장은 분쟁을 해결을 위한 직접적인 개입은 할 수 없다.
④ 협의 요청일로부터 60일 이내에 협의를 통한 분쟁해결에 실패하는 경우, 제소국은 패널의 설치를 요청할 수 있는데, 또한 당사국이 협의를 통한 분쟁해결에 실패했다고 공동으로 간주하는 경우에는 60일 이내에도 설치를 요청할 수 있다

정답 ③

해설 양 당사자의 합의하에 주선(good offices), 중개(mediation) 또는 조정(conciliation)을 요청할 수 있으며, WTO 사무총장은 분쟁을 해결하는 것을 돕기 위하여 직권으로 주선, 조정, 중개를 제공할 수 있다.

0959

GATT의 분쟁해결 절차에서 패널의 설치와 심의의 설명으로 타당하지 않은 것은?

① 만약 협의를 통한 분쟁해결이 실패한다면 제소국은 지정된 패널의 설치를 요구할 수 있는데, 제소국이 요청하는 경우 최소한 10일간의 사전공고 후 15일 이내에 분쟁해결기구 회의가 개최되는데, 첫 번째 회의에서 패널을 설치하지 않기로 만장일치(consensus)로 결정하지 않는 한 늦어도 두 번째 회의에서는 패널이 설치되어야 한다.
② 패널은 분쟁당사자가 패널설치로부터 10일 이내에 5인의 패널위원으로 패널을 구성하는데 합의하지 않는 한 3인의 패널위원으로 구성된다.
③ 패널은 분쟁의 사실부분에 대한 객관적인 평가, 관련 협정의 적용가능성 및 그 협정과의 합치성 등 객관적인 평가를 내려야 하며, 분쟁해결기구가 권고나 판정을 내리는데 도움이 되는 그 밖의 조사결과를 작성한다.
④ 패널의 심의는 공개로 진행한다.

정답 ④

해설 패널의 심의는 비공개로 진행한다. (제14조제1항) 패널은 서면입장과 구두주장을 심리한 후 자신의 보고서 초안 중 서술적인 부분(사실 및 주장)을 분쟁 당사자에게 제시하며, 패널이 설정한 기간 내에 분쟁당사자는 서면으로 입장을 제출할 수 있다(제15조제1항). 정해진 기간이 경과한 후 패널은 서술부분과 패널의 조사결과 및 결론을 모두 포함하는 잠정보고서를 분쟁당사국에게 제시한다. 이 경우 분쟁당사국은 잠정보고서의 특정부분을 최종보고서가 회원국에 배포되기 전에 검토하여 줄 것을 서면으로 요청할 수 있다. 추가적인 회의 후 잠정보고서는 최종보고서로 간주되어 회원국에 신속히 배포된다(제15조제2항).

0960

WTO상 분쟁해결 기능에 대한 설명으로 타당하지 않은 것은?

① 패널보고서를 검토할 충분한 시간을 부여하기 위하여 회원국에 배포된 날로부터 20일이 경과할 때까지는 패널보고서 채택을 논의할 수 없다.
② 패널보고서는 일방 분쟁당사자가 상소를 하지 않거나, 또는 분쟁해결기구(DSB)회의에서 만장일치로 패널보고서를 채택하지 않기로 하지 않는 한 회원국에 배포된 날로부터 60일 이내에 채택되나 일방 당사국이 상소를 하면, 상소절차 종료 후까지는 분쟁해결기구(DSB)에서 논의의 대상이 되지 않는다.
③ 분쟁해결기구는 상소를 심의할 상설상소기구(Standing AppellateBody)를 설치하는데, 상설상소기구는 7인의 위원으로 구성되며 이 중 3인이 하나의 사건을 담당한다.
④ 상소기구는 패상소기구 보고서가 회원국에 배포된 후 30일 이내에 분쟁해결기구에서 만장일치로 동 보고서 채택을 거부하지 않는 한 분쟁해결기구는 이를 채택하지만, 분쟁 당사국은 동 보고서를 거절할 수 있다.

정답 ④

해설 상소기구는 패널의 법률적인 조사결과와 결론을 확정(uphold), 변경(modify)또는 파기(reverse)할 수 있다(제17조제13항). 상소기구 보고서가 회원국에 배포된 후 30일 이내에 분쟁해결기구에서 만장일치로 동 보고서 채택을 거부하지 않는 한 분쟁해결기구는 이를 채택하며, 분쟁당사국은 동 보고서를 무조건 수락하여야 한다(제17조제14항).

0961

빈 칸에 들어갈 말로 옳지 않은 것은?

(㉠), (㉡) 및 (㉢)을/를 제외하고는 덤핑에 대해 어떠한 부정적 관계의 조치도 취할 수 없다.

① 가격약속　　　　　　　② 잠정조치
③ 보복조치　　　　　　　④ 반덤핑관세

정답 ③

해설 잠정조치, 가격약속 및 반덤핑관세를 제외하고는 덤핑에 대해 어떠한 부정적 관계의 조치도 취할 수 없다.

0962

GATT 1947년 체제의 특징으로 적절하지 않은 것은?

① 협정의 가입은 국가의 선택으로 결과적으로 소수국가만 가입했다.
② 상품무역, 특히 공산품 무역 분야에 한정되어 있었다.
③ 법인격이 부여되었다.
④ 패널보고서의 채택이 Positive consensus 방식이라 비효율적이다.

[정답] ③
[해설] 법인격이 아니다.

0963

WTO(법적 기구)가 GATT(잠정적 기구)와의 비교로 적절하지 않은 것은?

① 단일화된 법적 체제 면에서 WTO는 설립협정에 근거하여 만들어진 기구이다.
② 시장접근에 있어서 법적 구조의 단일화되어 있다.
③ 협정의 직접적용이 허용되어 있다.
④ 분쟁해결 상설기구가 설립되지 않았다.

[정답] ④
[해설] 1995년 1월 세계무역기구(WTO) 출범과 함께 설치된 분쟁해결 상설기구. GATT 체제 하에서 미국의 슈퍼 301조 등 강대국의 일방적 보복수단 때문에 불공정 무역행위를 당했던 국가들에게 분쟁의 원활한 해결을 돕도록 설치됐다. 3~5인으로 구성된 패널을 설치, 회원국의 제소시 DSB는 분쟁 당사자들에게 우선 화해 중지를 요청할 수 있다. 또 분쟁의 해결절차가 지연되는 것을 막기 위해 단계별 종료시한을 명확히 규정하고 패널 보고서를 자동 채택토록 했다. 특히 DSB는 기구내에 상소제도를 도입, 패소국에 항변기회를 제공한 것이 특징이다. 이와 함께 분쟁 발생분야가 아닌 다른 부문에서의 보복도 가능토록 했다.
① 분쟁해결기구를 통해 준사법적 기능을 갖는다는 점, ② 단순한 협정이 아닌 정식 국제기구로 많은 하위기구를 두어 지속적으로 국제규범을 관장한다는 점, ③ 의사결정방식으로 GATT의 만장일치방식이 아닌 다수결 원칙이 도입되어 신속한 합의도출이 가능하게 된 점이다.

0964

WTO의 성과로 옳지 않은 것은?

① 분쟁해결제도가 정착되어 있어 WTO체제는 더욱 발전된 세계무역규범을 구성한다.
② 공업상품의 관세인하, IT 상품에 대해 주요국간 관세인하, 세계적인 자유화의 촉진에 기여했다.
③ 매년 개최되는 각료회의를 통해 미결사항과 새로운 과제에 대응해 오고 있다.
④ 도하각료회의인 2001년 11월에 중국의 가입을 승인하였고 러시아는 2011년에 가입하게 되었다.

> 정답   ③
> 해설   격년으로 개최된 각료회의를 통해 미결사항과 새로운 과제에 대응해 오고 있다.

0965

WTO의 법적 지위로 옳지 않은 설명은?

① 설립 초기, 1991년 1월 제시된 둔켈 초안에서 다자간 무역기구(MTO)의 설립안이 포함되었다.
② WTO의 기능수행에 필요한 범위에서 특권과 면제 인정받는다.
③ 전문기구의 특권과 면제에 관한 협약보다 그 기능이 강화되어 있다.
④ WTO는 UN의 전문기구가 아니다.

> 정답   ③
> 해설   전문기구의 특권과 면제에 관한 협약과 유사해야 한다. GATT 체제는 당초 잠정적으로 채택된 데다, 많은 예외규정을 두고 있어 국제협정으로서의 법적 구속력이 제한됨에 따라, 경제강대국의 불공정한 무역행위를 효율적으로 규제하는 데에는 한계를 보였다. 따라서 1986년에 시작된 우루과이라운드(UR) 협상은 GATT 체제의 제반 문제점을 해결하고, 이 체제를 다자간 무역기구로 발전시키는 작업을 UR의 교섭과제로 채택한 이후, 수년간의 토의를 거쳐 1991년 1월 제시된 둔켈 초안에서 다자간 무역기구(MTO)의 설립안이 포함되었다. 당초 미국은 자국의 통상분야에서의 주권침해 가능성을 우려하여 MTO 설립을 반대했으나, 유럽연합(EU)과의 최종협의 과정에서 이 기구의 설립에 합의했으며, 같은해 12월 15일 최종 무역협상위원회(TNC)에서 미국이 이 기구의 명칭을 세계무역기구로 변경할 것을 수정 제안하여 채택된 이후, 1995년 1월에 공식 출범했다.

0966

WTO의 기능으로 타당하지 않은 것은?

① WTO협정과 MTA(다자간무역협정)의 이행, 관리, 운영을 촉진하고 틀을 제공한다.
② 세계 통화질서 안정의 기초가 된 IMF 체제와 아울러 자유무역의 뼈대가 되었으며 자유·무차별무역의 원칙을 실현하기 위해 2개국 간 내지 다국 간 관세문제를 교섭해왔다.
③ 분쟁해결양해(DSB)와 무역정책검토제도(TPRM)을 시행한다.
④ IMF, IBRD 및 그의 제휴기구들과 적절히 협력한다.

정답 ②
해설 WTO가 아닌 GATT체제의 특징

0967

WTO 주요기관인 각료회의의 기능이 아닌 것은?

① WTO 기능 수행을 위한 조치로 WTO 설립협정과 MTA의 모든 사항에 대한 결정권
② 사무총장 임명
③ 의무면제 결정
④ 산하에는 부문별 이사회와 위원회

정답 ④
해설 가입결정

0968

WTO 의사결정에 대한 설명으로 틀린 것은?

① 일반원칙의 의사결정은 단순다수결 방식이다.
② 각료회의와 일반이사회의 의사결정은 일국일표의 과반수로 채택한다.
③ EC가 투표권을 행사하는 경우에는 WTO에 가입한 EC회원국의 수와 동일한 투표권을 갖는다.
④ WTO의 설립협정과 MTA의 해석은 각료회의와 일반이사회가 배타적 행사하는데, 회원국 3/4 다수결에 의한다.

정답 ①

해설 일반원칙의 의사결정은 컨센서스 방식이다.

0969

WTO 의사결정 중 의무면제에 대한 설명으로 틀린 것은?

① 의무면제는 예외적인 상황에서만 면제될 수 있다.
② WTO 협정상의 의무면제는 각료회의에 요청에 의하여 90일 내의 검토하고 총의 도출 안되면 회원국 3/4 다수결로 결정한다.
③ GATT 1947년 체제에서는 컨센서스의 단일방식으로만 처리했다.
④ 다자간 무역협정의 의무면제는 관련 이사회에 제출하고 90일 내 검토한 후 각료회의 보고 총의 도출이 안되면 회원국 3/4 다수결로 결정한다.

정답 ③

해설 GATT 1947년 체제에서는 과반수 투표, 투표수 2/3의 찬성으로 처리했다.

0970

WTO 의사결정에 대한 설명으로 틀린 것은?

① DSB의 의사결정은 역총의제로 패널설치, 패널보고서 채택, 상소보고서 채택, 보복조치 승인의 과정을 거친다.
② 신규회원국의 가입승인 후 회원국 2/3 찬성에 의한다.
③ 협정의 개정은 회원국 2/3의 찬성에 의한다.
④ 회원국의 제명은 모든 회원국 수락 후 회원국 2/3 찬성에 의한다.

> 정답 ④
> 해설 회원국의 제명은 규정에 없다.

0971

WTO의 각 협정의 개정에 대한 설명으로 틀린 것은?

① DSU의 개정은 총의와 각료회의의 승인한 후 효력이 발생한다.
② TPRM의 개정은 각료회의의 승인 후 효력이 발생한다.
③ PTA의 개정은 해당 협정의 절차를 따른다
④ WTO 협정의 개정은 각료이사회의 승인에 의한다.

> 정답 ④
> 해설 WTO 협정의 개정은 회원국 2/3의 찬성에 의한다.

0972

WTO협정 상호관계에 대한 설명으로 타당하지 않은 것은?

① 다자간무역협정(MTA)은 모든 회원국에게 구속력이 있다.
② 복수국간 무역협정(PTA)은 WTO 협정의 일부를 구성하므로 수락한 국가만 구속력이 있다.
③ GATT 1947년 체제와 GATT 1994년 체제는 법적으로 동일하다.
④ WTO 설립협정과 부속서의 상호관계 상 WTO 설립협정은 다자간무역협정과 GATT 1994보다 효력이 앞선다.

[정답] ③
[해설] GATT 1947년 체제와 GATT 1994년 체제는 법적으로 별개이다.

0973

WTO 설립협정의 설명으로 옳지 않은 것은?

① WTO 설립협정 유보는 허용되지 않는다.
② 상품 규정된 범위 내에서 유보는 허용된다.
③ PTA 유보는 협정의 규정에 따른다.
④ GATS의 유보는 허용되지 아니한다.

[정답] ④
[해설] GATS의 유보는 제한된 범위에서 허용된다.

0974

WTO 설립협정에 대한 설명으로 타당하지 않은 것은?

① 비적용 규정상 특정 회원국이 WTO회원국이 되는 때에 다른 특정 회원국에 대한 적용에 동의하지 아니하는 경우는 WTO협정 및 부속서 1과 2의 MTA 적용되지 아니한다.
② 특정 회원국이 WTO회원국이 되는 때에 다른 특정 회원국에 대한 적용에 동의하지 아니하는 경우는 가입전 의사를 통보해야 한다.
③ 예산 및 분담금 운영상 정기적 분담금으로 운영되는데, 사무총장이 연간 예산안과 재정보고서를 예산재정 행정위원회에 제출하고 이 위원회는 검토하여 각료이사회에 권고한 후 회원국 1/2을 넘는 2/3 다수결로 재정규정 및 연간 예산안을 채택한다.
④ 무역정책검토제도는 다자간무역체제의 기능을 원활히 하는데 기여한다.

정답 ③

해설 예산 및 분담금 운영상 정기적 분담금으로 운영되는데, 사무총장이 연간 예산안과 재정보고서를 예산재정 행정위원회에 제출하고 이 위원회는 검토하여 **일반이사회에 권고**한 후 회원국 1/2을 넘는 2/3 다수결로 재정규정 및 연간 예산안을 채택한다.

0975

WTO 설립협정에 대한 설명으로 타당하지 않은 것은?

① WTO 설립협정은 UN헌장 제102조에 따라 UN에 등록된다.
② 회원국은 자국의 법률, 규정 및 행정절차가 부속협정에 규정된 자국의 의무에 합치될 것을 보장한다.
③ WTO협정이나 분쟁해결기구의 판정에 위배되는 회원국의 국내법은 WTO에 의해 직접 무효화된다.
④ 「세계무역기구 설립을 위한 마라케쉬 협정」 부속서 1가의 「긴급수입제한조치에 관한 협정」 다음에 「무역원활화에 관한 협정」을 추가했다.

정답 ③

해설 WTO협정이나 분쟁해결기구의 판정에 위배되는 회원국의 국내법은 WTO에 의해 **직접 무효화 시킬 수 없다.**

0976

GATT상의 최혜국대우 원칙에 대한 설명으로 옳지 않은 것은?

① 수입 또는 수출에 대하여 그리고 수입 또는 수출과 관련하여 부과되거나 또는 수입 또는 수출에 대한 지불의 국제적 이전에 대하여 부과되는 관세 및 모든 종류의 과징금에 관하여, 그리고 이러한 관세 및 과징금의 부과방법에 관하여, 그리고 수입과 수출에 관련한 모든 규칙 및 절차에 관하여, 그리고 제3조 제2항과 제4항에 기재된 모든 사항에 관하여 부과된다.
② 의무사항 상 MFN은 협정상 정의 규정이다.
③ 수입품간 동종성을 판단하기 위해 상품의 물리적 특성, 최종용도, 소비자 인식 등이 고려되었다.
④ 체약국이 타국의 원산품 또는 타국에 적송되는 산품에 대하여 허여하는 이익, 특전, 특권 또는 면제는 모든 다른 체약국 영역의 동종 원산품 또는 이러한 영역에 적송되는 동종 상품에 대하여 즉시 그리고 무조건 부여되어야 한다.

정답 ②
해설 의무사항 상 MFN은 협정상 정의 규정은 아니고 관행이다.

0977

GATT 1994년 체제에 대한 최혜국대우에 대한 예외의 설명으로 옳지 않은 것은?

① 역사적 예외
② 지역무역협정
③ 국경무역
④ 금융위기

정답 ④
해설 예외 (최혜국은 WTO 회원국이 아닐 수 있음 그러나 당해 최혜국대우는 모든 국가에게 부여되어야 한다.)
① 역사적 예외
② 지역무역협정 (예 자유무역지대, 관세동맹)
③ 국경무역
④ 의무면제 (회원국 3/4 이상의 동의)
⑤ 반덤핑 및 상계관세제도 : 덤핑생산 및 수출업자에 대한 반덤핑관세 부과 및 보조금을 지급받은 수입품에 대한 상계관세 부과조치 역시 최혜국대우의무에 대한 예외로 본다.
⑥ 국제수지예외 : 국제수지의 어려움을 겪고 있는 상태에서 IMF와의 협의하에 수량제한을 가하는 경우
⑦ 보복조치
⑧ 개도국 우대조치 – GSP제도(일반특혜관세제도)
⑨ GATT 제20조(일반적 예외)
⑩ 국가안보예외

0978

GATT 1994년 체제에 대한 관세양허에 대한 설명으로 옳지 않은 것은?

① 관세율의 상한선을 정하고, WTO 회원국은 수입품에 대해 자국의 양허세율보다 높은 관세를 부과할 수 없다.
② 의무면제, 일반적 예외, 국가안보 예외가 적용, 이러한 예외의 경우를 제외하고 관세 재협상을 거쳐 새로이 관세양허를 해야 한다.
③ 양허표의 수정은 관세 재협상을 거쳐서 양허표를 수정할 수 있다.
④ 일방적 변경은 보복조치 대상이 될 수 없다.

정답 ④
해설 일방적 변경은 보복조치 대상이 될 수 있다.

0979

GATT 1994년 체제에 대한 내국민대우에 대한 설명으로 옳지 않은 것은?

① 국가는 외국상품에 대해 자국상품에 부여하는 대우보다 불리하지 아니한 대우를 부여한다.
② BTA Approach는 제품의 물리적 특성이나 성질, 제품의 최종용도 및 소비자의 기호나 습관 등을 고려하여 같은 상품 여부를 판단할 것을 제시하고 있다.
③ 동종상품에 대한 재정적 차별을 금지할 의무가 있다.
④ 내국민대우는 동종상품과 직접경쟁상품에 대해서만이 적용되어야 한다.

정답 ④
해설 ④ 직접경쟁 및 대체가능식품(대체가능상품)에 대한 차별과세 금지의무
　　내국민대우는 동종상품뿐 아니라 직접경쟁 또는 대체가능상품에 대해서도 적용되어야 한다.
* BTA Approach
  - 제품의 물리적 특성이나 성질, 제품의 최종용도 및 소비자의 기호나 습관 등을 고려하여 같은 상품 여부를 판단할 것을 제시하고 있다.
  - GATT/WTO 패널은 제품의 물리적 특성 및 용도 등 객관적 요소에 그 심사를 한정해 오고 있다.
* 관련 판례
  일본-주세사건 / 한국-주세사건

0980

GATT 1994년 체제에 대한 내국민대우원칙에 대한 예외의 설명으로 옳지 않은 것은?

① 스크린쿼터
② 정부조달
③ 수출보조금
④ 일반적 예외 및 안전보장을 위한 예외

[정답] ③
[해설] 국내보조금

0981

GATT 1944년 국가안보의 예외에 대한 설명으로 옳지 않은 것은?

① 체약국에 대하여, 발표하면, 자국의 안전보장상 중대한 이익에 반한다고 인정하는 정보의 제공을 요구하는 것이다.
② 체약국이 자국의 안전보장상 중대한 이익을 보호하기 위하여 필요하다고 인정되는 조치를 취하는 것을 방해하는 것이다.
③ 체약국이 국제평화와 안전유지를 위하여 협약에 의한 의무에 따라 조치를 취하는 것을 방해하는 것을 의미한다.
④ 조치의 종류로 핵분열성물질 또는 이로부터 유출된 물질에 관한 조치와 무기, 탄약 및 전쟁기재의 거래 및 군사시설에 공급하기 위하여 직접 또는 간접으로 행하여지는 기타의 물품 및 원료의 거래에 관한 조치, 전시 또는 기타 국제관계에 있어서의 긴급시에 취하는 조치 등을 의미한다.

[정답] ③
[해설] 체약국이 국제평화와 안전유지를 위하여 **국제연합 헌장**에 의한 의무에 따라 조치를 취하는 것을 방해하는 것을 의미한다.

0982

WTO협정상 상품협정의 내용에 대한 설명으로 옳지 않은 것은?

① 농업협정 상 UR 협상의 목표는 시장개방, 수출보조금, 국내보조금 감축으로 농업협정의 목적은 공정하고 시장지향적인 농업무역체계의 확립이다.
② 시장접근은 예외없는 관세화로 1986~1988년까지 국내외 가격차를 관세상당치로 평가하여 감축한다.
③ 국내보조는 보조총액측정치(AMS)개념을 도입하고 있다.
④ 수출보조의 감축에서 부속서에 열거된 보조금이외의 보조금을 의미한다.

정답 ④

해설 수출보조의 감축에서 **부속서에 열거된 보조금**을 의미한다.
② 시장접근은 예외없는 관세화로 1986~1988년까지 국내외 가격차를 관세상당치로 평가하여 감축한다.
  - 현행시장접근(CMA)
  - 최소시장접근(MMA)
   * 예외
     - 비교역적 관심사항의 경우(NTC)
     - 전통적인 주식품목의 경우
     - 한국 : 쌀 2005년부터 10년간 유예, (2014년 정부는 쌀 개방을 허용하겠다는 방침)
     - 특별세이프가드 (수입물량＋수입가격)
③ 국내보조
  - 보조총액측정치(AMS)개념을 도입하고 있다.
    - AMS은 한 국가의 연간 전체적인 보조규모
    - AMS에 포함되는 보조금 → 감축대상보조금, 포함되지 않는 보조금 → 허용보조금 (positive 방식)
  - 국내보조의 감축 → 품목별 AMS＋품목 불특정 AMS＋보조상당측정치(EMS)＝Total AMS
④ 수출보조의 감축 → 부속서에 열거된 보조금

0983

WTO 협정상 위생 및 검역 조치에 관한 협정(SPS협정)에 대한 설명으로 옳지 않은 것은?

① 회원국이 위생 및 식물위생기준을 채택할 경우 관련 국제기구의 '기준, 지침, 권고'에 입각하도록 함으로써 국제기준과의 조화를 의무화하고 있다.
② 적용범위는 어떤 정부의 조치가 SPS조치이고 그 조치가 국제무역에 직접 또는 간접적으로 영향을 미칠 때 SPS협정이 적용된다고 규정하고 있다.
③ SPS조치의 도입절차는 위험평가, 적정보호수준결정, SPS조치의 채택이라는 세단계를 거치게 되는데, 국제기준 존재시 국제기준에 기초와 국제기준 없거나 더 높은 수준의 조치를 취하고자 할 때 제5조에 정한 절차 준수를 따른다.
④ WTO협정 상호간 관계는 TBT와의 관계에서 TBT보다 SPS협정을 적용하고 GATT와의 관계에서 SPS협정보다 GATT를 적용한다.

[정답] ④
[해설] WTO협정 상호간 관계는 TBT와의 관계에서 TBT보다 SPS협정을 적용하고 GATT와의 관계에서 GATT보다 SPS협정을 적용한다.

0984

WTO협정 상 위생 및 검역 조치에 관한 협정(SPS협정)에 대한 설명으로 옳지 않은 것은?

① 권리의 주장은 제소국이 하며, 입증책임이 존재한다.
② 필요성에는 대체수단과 비례성, 연관성이 전제한다.
③ 비차별에 관련된 판례는 호주 연어 사건으로 위반요건으로 조치 실행국 이외의 회원국 영토간 또는 조치 실행국과 다른 회원국의 영토간에 차별적인 조치가 있고, 그 차별이 자의적이거나 정당화될 수 없고, 비교되는 회원국 영토가 동일한 또는 유사한 조건에 있는 경우이다.
④ 국제무역에 대한 위장된 제한 금지된다.

[정답] ②
[해설] 필요성에는 대체수단 없고, 비례성과 연관성은 있다.

0985

SPS 협정상 회원국의 기본적 권리, 의무에 대한 설명으로 타당하지 않은 것은?

① 회원국은 인간, 동물 또는 식물의 생명 또는 건강을 보호하기 위하여 필요한 위생 및 식물위생조치를 취할 수 있는 권리를 갖는데, 단, 동 조치는 이 협정의 규정에 합치하여야 한다.

② 회원국은 위생 및 식물위생 조치가 인간, 동물 또는 식물의 생명 또는 건강을 보호하는데 필요한 범위 내에서만 적용되고, 과학적 원리에 근거하지만 충분한 과학적 증거 없이도 가능하다.

③ 회원국은 자기 나라 영토와 다른 회원국 영토간에 차별 적용하지 않는 것을 포함하여 자기 나라의 위생 및 식물위생 조치가 동일하거나 유사한 조건하에 있는 회원국들을 자의적이고 부당하게 차별하지 아니하도록 보장하는데, 위생 및 식물위생 조치는 국제무역에 대한 위장된 제한을 구성하는 방법으로 적용되지 아니한다.

④ 이 협정의 관련규정에 따르는 위생 또는 식물위생 조치는 동 조치의 이용과 관련된 1994년도 GATT 규정, 특히 제20조 제(b)항의 규정에 따른 회원국의 의무에 합치하는 것으로 간주된다.

정답 ②

해설 회원국은 위생 및 식물위생 조치가 인간, 동물 또는 식물의 생명 또는 건강을 보호하는데 필요한 범위 내에서만 적용되고, 과학적 원리에 근거하며 또한 **충분한 과학적 증거 없이 유지되지 않도록 보장**한다.

0986

TBT(무역에 대한 기술장벽)에 대한 설명으로 옳지 않은 것은?

① 상품의 기술표준의 차이 때문에 발생할 수 있는 국가간의 상품이동에 대한 장애를 총칭하는 것으로 표준화제도와 적합판정절차로 구분한다.
② 적용 범위로는 '위생 및 검역조치협정' 이 적용되는 농산물에 있어 SPS에 따르고 정부조달관련 기술규정은 정부조달협정에 따른다.
③ 기술규정, 표준 및 적합판정절차에서 기술규정은 제품의 특성 또는 관련 공정 및 생산방법에 관한 행정규정을 포함한 문서로 준수가 강제적인 것이다.
④ 표준은 규칙, 지침 또는 제품의 특성, 관련 공정 및 생산방법에 관한 공통의 반복적 사용을 위하여 인정기관에 의해 승인된 문서로 준수가 강제적인 성격을 의미한다.

정답 ④

해설 ④ 표준(비강제적) : 규칙, 지침 또는 제품의 특성, 관련 공정 및 생산방법에 관한 공통의 반복적 사용을 위하여 인정기관에 의해 승인된 문서로 준수가 강제적이 아닌 것
① 상품의 기술표준의 차이 때문에 발생할 수 있는 국가간의 상품이동에 대한 장애를 총칭하는 것으로 표준화제도(KS표시제)와 적합판정절차(KS표시를 획득하기위한 신청과 검사, 합격판정들의 절차)로 구분한다.
② 적용범위로는 '위생 및 검역조치협정'이 적용되는 농산물에 있어 SPS에 따르고 정부조달관련 기술규정은 정부조달협정에 따른다.
③ 기술규정, 표준 및 적합판정절차에서 기술규정(강제적) : 제품의 특성 또는 관련 공정 및 생산방법에 관한 행정규정을 포함한 문서로 준수가 강제적인 것
  * 관련 판례
    EC–석면 사건 → 패널 TBT협정 적용 X → 상소기구 TBT협정 적용 O (상품의 특성을 통해 구분가능 → TBT협정 적용 가능)

0987

TBT(무역에 대한 기술장벽)에 대한 설명으로 옳지 않은 것은?

① 적합성 판정절차는 요건이 충족되었는지 여부를 결정하기 위한 모든 절차를 말한다.
② 내국민 대우와 최혜국 대우원칙을 준수하지만 불필요한 무역상의 장애를 초래할 것을 의도는 배제한다.
③ 의도하는 중간과정을 기준으로 평가한다.
④ 상대적으로 덜한 무역 제한적인 방법으로 그 목적을 달성할 수 있을 경우 기존의 기술 규정은 폐지 또는 변경되어야 한다.

정답 ③
해설 의도하는 최종용도를 기준으로 평가한다.

0988

TRIMs (무역관련투자조치에 관한 협정)에 대한 설명으로 옳지 않은 것은?

① 투자조치의 무역왜곡 및 무역제한 효과를 방치함에 있어 법적 구속력을 지닌 최초의 다자간 규범이다.
② 적용범위는 상품무역에 관련된 투자조치만으로 서비스 관련 투자와 간접투자는 제외된다.
③ 기본원칙은 TRIMs협정에서 금지하는 투자조치의 일반사례는 GATT 1944 제3조 제4항에 위배되는 사례로 현지부품조달의무, 수입연계제도이며, GATT 1944 제11조 제1항에 위배되는 사례로 외환구입제한, 수출제한 등이다.
④ 조항의 예외는 TRIMs 제3조로 GATT 1944에 따른 예외와 동 협정의 규정은 구별한다.

정답 ④
해설 예외로 TRIMs 제3조로 GATT 1944에 따른 모든 예외는 동 협정의 규정에 적절히 적용된다.

0989

원산지규정에 관한 협정에 대한 설명으로 옳지 않은 것은?

① 특혜 원산지규정은 일반 국가군을 대상으로 관세상의 특혜를 부여하는 경우이다.
② 비특혜 원산지규정 상품의 원산지를 식별할 필요가 있는 경우이다.
③ 실질적 변형기준 2개국 이상에 걸쳐 제조, 생산된 제품에 대하여 '실질적 변형'이 발생한 국가에 원산지를 부여하는 방법으로 판단기준은 세번변형기준, 부가가치기준, 제조, 가공공정기준 등이다.
④ 수혜국을 정확히 식별하여 비수혜국이 부당하게 혜택을 입는 것을 방지함으로써 특혜 프로그램의 실효를 거두기 위한 것이다.

정답 ①

해설 특혜 원산지규정은 **특정 국가군**을 대상으로 관세상의 특혜를 부여하는 경우이다.

0990

GATT의 설립과 역할에 대한 설명으로 잘못된 것은?

① 1944년 브레튼우즈협정에 의하여 IMF(국제통화기금)와 IBRD(국제부흥개발은행)가 설립되었다.
② 1948년 23개국이 모인 쿠바의 하바나회의에서 "국제무역기구설립에 관한 협정"(ITO)이 채택되고 발효되었다.
③ 1947년 제네바회의에서 미국, 영국, 프랑스 등 23개국이 참가한 관세교섭이 진행되었고, 그 결과 1948년 1월 무역의 자유화를 표방하는 "관세 및 무역에 관한 일반협정"을 출범시켰다.
④ GATT는 ITO에서 관세부분을 취급하는 보조기관으로서의 역할이 예정되어 있었으나 ITO 설립이 통상문제에 대한 미국 의회의 고유권한을 제약시킨다는 의회의 부정적인 분위기로 비준이 무산되고, 각국의 비준도 늦어지면서 ITO 설립은 무산되었다.

정답 ②

해설 1948년 23개국이 모인 쿠바의 하바나회의에서 "국제무역기구설립에 관한 협정"(ITO)이 채택되었지만 발효에는 실패했다.

0991

GATT에 대한 설명으로 타당하지 않은 것은?

① IMF와 IBRD는 1944년 7월 브레튼우즈협정(44개국 참여)에 따라 설립된 것으로, IMF는 국제수지가 일시적인 불균형에 처한 나라에 자금을 제공하여 국제통화제도의 안정을 도모할 목적으로 설립되었고, 반면에 IBRD는 제2차 세계대전으로 파괴된 가맹국 경제의 부흥과 개발도상국의 경제발전을 위한 장기융자를 위하여 설립되었다.

② 제네바회의에서 ITO에 대한 각국의 비준이 늦어지자 23개 참가국 중 미국 등 8개국은 GATT 협정이라도 성립시키기 위하여 1947년 10월에 잠정의정서(protocol of provisional application)를 채택하였고, 이는 1948년 1월부터 발효되었으며, 이렇게 GATT는 당초의 의도대로 ITO의 부속협정으로 출범하지 못하고 잠정협정으로 출범되었었다.

③ GATT는 국제무역규범과 함께 사실상의 국제기구로서의 역할을 수행하며 국제무역에 지대한 영향을 미쳤고, GATT 규범은 국제무역의 총체적인 기본질서를 규율하였으며, 8차에 걸친 다자간 무역협상을 통하여 세계무역의 확대에 크게 공헌하였다

④ 1947년 제네바회의에서 미국, 영국, 프랑스 등 23개국이 참가한 비관세교섭이 진행되었고, 그 결과 1948년 1월 무역의 자유와 규제의 이념을 절충하는 "관세 및 무역에 관한 일반협정"(GATT)을 출범시켰다.

정답 ④

해설 1947년 제네바회의에서 미국, 영국, 프랑스 등 23개국이 참가한 **관세교섭이 진행**되었고, 그 결과 1948년 1월 무역의 자유화 이념을 표방하는 "관세 및 무역에 관한 일반협정"(GATT)을 출범시켰다.

0992

GATT의 기본원칙에 대한 설명으로 타당하지 않은 것은?

① 무차별원칙(Non-discrimination)을 기본원칙으로 하고 있고 무역장벽 완화를 위하여 보호무역 정책의 수단으로 관세장벽(Tariff Barrier)만의 철폐를 규정하고 있다.
② 최혜국대우의 기본원칙에 대한 예외조항으로 관세동맹과 자유무역 지역의 형성을 인정하고 있으며, 무역제한의 수단으로서 수량할당의 철폐와 관련하여서는 국제수지의 악화, 식량의 자급자족, 저개발국의 경제발전, 덤핑방지 등을 위해서는 예외조항으로 허용하고 있다.
③ 체약국의 일방이 무역협정 등에 기하여 다른 제3국의 상품에 관하여 부여하고 있거나 장래 부여할 가장 유리한 대우를 상대 제약국의 동종 상품에 대하여도 부여하여야 한다는 것이다.
④ 내국민대우(National Treatment)원칙은 GATT 제3조에 근거한 것으로 수입물품에 대하여 국내조세 및 국내규범에 의하여 같은 종류의 국내상품에 주어지는 대우보다 불리한 대우를 부여 하여서는 안 된다는 원칙을 말한다.

정답 ①

해설 무차별원칙(Non-discrimination)을 기본원칙으로 하고 있고 무역장벽 완화를 위하여 보호무역 정책의 수단으로 관세 이외의 기타 수량할당을 포함한 비관세장벽(Non-TariffBarrier)을 철폐할 것을 규정하고 있다.

0993

GATT의 기본원칙에 대한 설명으로 타당하지 않은 것은?

① 최혜국대우는 체약국 사이의 경쟁조건의 균등, 즉 국경통관시의 무차별적 대우를 의미하며, 내국민대우 원칙은 수입국내의 국내상품과 수입상품 사이의 경쟁조건의 균등을 의미한다.
② GATT는 정식기구로 협정에 가입한 국가, 즉 계약을 체결한 국가(Contracting party)라 하며, WTO도 역시 정식기구이지만 구성국을 회원국(Member)으로 부른다.
③ GATT는 최혜국대우를 기본원칙으로 하고 있지만, 역사적인 특혜조치, 지역무역협정의 인정, 개발도상국의 의무면제에 의한 특혜조치 등 적지 않은 예외를 인정하고 있다.
④ GATT 제3조에서는 수입물품에 대하여 국내조세 및 국내규범에 의하여 같은 종류의 국내상품에 대하여 주어지는 대우보다 불리하지 않은 대우를 부여하여야 한다는 원칙을 규정하고 있다.

정답 ②

해설 GATT는 정식기구가 아니라 협정의 성격이므로 협정에 가입한 국가, 즉 계약을 체결한 국가(Contracting party)라 하며, WTO는 정식기구이므로 회원국(Member)이라 한다. 설립 당시의 체약국은 23개국이다.

0994
GATT의 기본원리에 대한 설명으로 타당하지 않은 것은?

① GATT 제4조에서는 영화산업에 대하여 GATT 제3조(내국민대우) 및 제11조(수량제한의 일반적 철폐)의 예외를 인정하면서, 이 경우 스크린쿼터(Screen quota)의 형식을 취하도록 하고 있다.

② GATT 제6조에서는 수출물품의 가격이 자국의 국내에서의 판매가격 보다 낮게 덤핑으로 수출되거나, 정부로부터 보조금을 받아서 생산 수출하는 경우에는 불공정무역(unfairtrade)으로 간주하고 수입국은 반덤핑관세 및 상계관세를 부과할 수 있으며, 그 부과요건 등에 대하여 규정하고 있다.

③ 수출국 정부는 GATT 제16조에 의거 수입국의 생산자가 보조금을 지급 받았다는 증거를 확보하여, 자국내의 동종 산업이 실질적인 피해를 입었다고 판단한다면 국내산업을 보호하기 위하여 이에 상당하는 상계관세를 부과할 수 있다.

④ 국내산업이 특정물품의 수입으로 심각한 피해를 받을 경우에는 일정한 조건하에서 일시적으로 GATT의 의무로부터 벗어나, 수입수량을 제한하거나 관세양허의 철회 또는 수정을 통하여 관세인상을 할 수 있다는 것으로 세이프가드(safeguard), 즉 긴급수입제한조치이다.

정답 ③

해설 수입국 정부는 GATT 제16조에 의거 수출국의 생산자가 보조금을 지급 받았다는 증거를 확보하여, 자국내의 동종 산업이 실질적인 피해를 입었다고 판단한다면 국내산업을 보호하기 위하여 이에 상당하는 상계관세를 부과할 수 있다.

0995

GATT의 기본원리에 대한 설명으로 타당하지 않은 것은?

① GATT 제24조에서는 체약국 간에 관세동맹이나 자유무역체결과 같은 경제적 통합으로 무역자유화를 확대하는 것을 인정하고 있다.

② GATT 가입은 체약국의 컨센서스로 가입할 수 있는데 GATT 제35조에서는 GATT 협정 또는 GATT 제2조(양허표)의 적용에 있어 양 체약국이 상호간에 관세 교섭을 개시하지 아니하였거나, 양 체약국 중 어느 일방 체약국이 다른 체약국에 협정의 적용을 승인하지 아니한 경우에는 체약국 간에는 적용되지 않는다는 특정 체약국 간의 협정 비적용 규정을 두고 있다.

③ 케네디라운드는 비관세장벽에 대한 적절한 조치가 없었으며, 협상 자체가 선진국을 위주로 한 공산품의 자유화를 추진하여 선진국과 개발도상국 간의 무역불균형을 더욱 심화시켰는데, 이후 개발도상국들은 선진국 중심의 GATT 협상에 반발하게 되었고, 이러한 움직임이 유엔개발회의(UNCTAD)설립과 이를 중심으로 한 활발한 활동의 계기가 되었다.

④ 1973년에 시작하여 1979년에 타결된 동경라운드는 선진국과 개발도상국 그리고 동구의 6개국이 참가한 대규모의 협상이었으며, 협상대상도 관세뿐만 아니라 비관세장벽도 포함하는 종합적이고 광범위한 협상이었다.

정답 ②

해설 GATT 가입은 체약국의 2/3 이상의 찬성으로 가입할 수 있는데 GATT 제35조에서는 GATT 협정 또는 GATT 제2조(양허표)의 적용에 있어 양 체약국이 상호간에 관세교섭을 개시하지 아니하였거나, 양 체약국 중 어느 일방 체약국이 다른 체약국에 협정의 적용을 승인하지 아니한 경우에는 체약국 간에는 적용되지 않는다는 특정 체약국간의 협정비적용 규정을 두고 있다.

0996

우루과이라운드(Uruguay Round)에 대한 설명으로 타당하지 않은 것은?

① 우루과이라운드는 GATT의 제8차 다자간무역협상으로 1986년 9월 남미의 우루과이 푼타델에스테에서 시작되어 1994년 4월 모로코 마라케시 각료회의에서 일괄 타결되었다.
② 협상은 117개 회원국이 참가하여 GATT의 한계를 극복하고 앞으로의 국제 무역질서를 규율할 세계무역기구(WTO:World Trade Organization)의 신설에 합의함으로써, 1948년 이래의 GATT체재가 막을 내리고 1995년 1월부터 WTO 체제가 출범하였다.
③ 시장개방과 관하여서는 농산물이 유일하게 새로운 의제에 포함되었다.
④ 무역규범 분야에서는 개발도상국의 관심대상이었던 반덤핑조치와 세이프가드가 등장하였고, 그 외 지적재산권, 투자, 서비스교역이 새롭게 출현하였다.

정답 ③

해설 시장개방과 관하여서는 농산물과 섬유류가 새롭게 의제에 포함되었다.

0997

도하개발아젠더(DDA)협상에 대한 설명으로 옳지 않은 것은?

① 2001년 11월 카타르 도하(Doha)에서 열린 제4차 WTO 각료회의에서 새로운 다자간협상에 관한 각료선언을 채택하였는데, WTO 출범 이후 최초의 다자간 협상의 공식명칭은 "도하개발아젠다"(DDA; Doha Development Agenda)협상으로 부르기로 하였다.

② 개발이라는 이름이 붙인 것은 앞선 협상들과 달리 개발도상국의 개발에 중점을 두어야 한다는 개발도상국들의 주장을 반영했기 때문으로, 2001년 협상을 출범시켰을 때의 계획은 2004년 말까지 협상을 일괄타결방식(singleundertaking)으로 종료하는 것이다.

③ 농산물, 비농산물(NAMA; Non-agricultural market access), 서비스, 규범(반덤핑 및 보조금), 환경, 지적재산권, 분쟁해결, 무역원활화, 개발분야에 대해 협상그룹이 설치되어 2002년부터 본격적인 협상이 진행되었다.

④ 2005년 12월 홍콩에서 제6차 WTO 각료회의가 개최되어 자유화 세부 원칙 타결에 이르렀다.

정답 ④

해설 과거의 다자무역 협상에는 개도국들이 적극적으로 협상에 참여하지 않았고, 선진국, 특히 미국과 EU간에 의견이 수렴되면 대부분 이를 수용하는 양상이었으나, DDA에서는 상황이 그렇지가 않은데, 브라질, 인도, 중국, 남아공을 중심으로 한 개도국 그룹은 미국, EU와 동등한 세력으로 부상해 많은 분야에서 선진국과 대립하고 있고 개도국들은 그동안의 무역협상이 개도국들의 빈곤퇴치와 경제성장을 지원하는데 별 도움이 되지 않았다면서 DDA협상은 명실공히 개발 라운드가 되어야 한다고 주장하고 있다. 2001년 협상이 출범될 당시에는 2005년 이전에 일괄타결 방식으로 협상을 종료한다는 계획이었으나 농산물에 대한 수입국과 수출국의 대립, 공산품 시장개방에 대한 선진국과 개도국 간의 대립 등으로 인해 협상이 지리멸렬해졌다. 2003년에 개최된 칸쿤 제5차 WTO 각료회의가 성과 없이 끝나 한동안 협상이 공전되었으나 2004년 8월 자유화 세부 원칙의 윤곽을 결정하는 기본골격합의(Framework Agreement)가 타결되면서 본격적으로 협상이 진행되었다. 이때 이른바 '싱가폴 이슈'라고 불리던 투자와 경쟁 정책, 정부 조달 투명성, 무역 원활화 등의 4개 이슈에 대한 개도국들의 반발을 수용하여 무역 원활화를 제외한 나머지 이슈에 대해서는 논의를 중단하기로 결정했고, 무역 원활화는 정식 협상 의제로 다루기로 합의했다. 그리하여 2005년 12월 홍콩에서 제6차 WTO 각료회의가 개최되었지만 자유화 세부 원칙 타결에는 이르지 못했다. 2008년 7월에 개최된 소규모 각료회의에서는 농업과 비농산물 시장접근(NAMA), 관세 감축 수준과 농업보조금 감축 수준을 포함한 타협안이 수렴되는 듯한 모습을 보여 타결이 기대되기도 했으나, 개도국에서 농산물 수입이 급증할 경우 긴급 관세를 부과하는 메커니즘을 포함한 몇몇 쟁점에 대한 이견을 해소하지 못해 합의를 도출하지 못했다. 2009년 12월 제네바에서 개최된 제7차 WTO 각료회의에서는 2010년 협상 타결을 목표로 1/4분기 중 DDA 협상 현황을 점검키로 합의했다. 그리고 2010년 3월 말 DDA 협상 중간 점검을 위한 통상장관 회의를 열기로 합의했지만, 내부적인 진전이 없어 결국 통상장관 회의를 취소하고 고위급 회의로 대체했다. WTO는 이후 한국을 포함한 주요 23개 국 회의와 대사급 소규모 그룹회의를 통해 농업과 비농산물 시장접근(NAMA), 서비스, 어업 보조금 등 무역 관련 규정, 지적재산권 등의 문제를 논의하며 남은 쟁점을 정리하고 신뢰를 구축하는 작업을 하면서 다각적으로 협상을 진행했다.

0998

다자간 무역규범에 관한 협정이 아닌 것은?

① 상품무역에 관한 협정(13개 협정)　　② 서비스무역에 관한 일반협정(GATS)
③ 무역관련 지적재산권에 관한 협정(TRIPs)　　④ 무역정책검토제도(TPRM)

정답 ④

해설 제도에 관한 협정
- 무역분쟁해결규칙 및 절차에 관한 양해(DSU) : Annex 2
- 무역정책검토제도(TPRM) : Annex 3
- 복수국간 무역협정(PTA) : Annex 4
  ① 민간항공기무역협정
  ② 정부조달협정
  ③ 국제낙농협정
  ④ 국제우육협정

0999

TRIPS(무역에 관한 지적 재산권협약)의 내용으로 틀린 것은?

① TRIPs협정은 '지적 재산'이란 용어를 적극적으로 정의하지 않고 있지만, 동 협정이 적용되는 지적 재산권은 제2부 제1절에서 제7절까지의 저작권 및 저작인접권, 상표권, 지리적 표시, 의장권, 특허권, 집적회로 배치설계, 미공개정보(영업비밀) 등 8가지를 지칭한다.
② 최소보호수준(minimum standard) 보장 원칙. 동 협정에서 정하고 있는 의무는 선진국과 개도국 불문하고 모든 회원국이 반드시 준수할 것이 요구되는 최저기준이며, 국가별 사정에 따른 예외는 인정되지 않는다.
③ 각 회원국이 동 협정에서 정한 보호수준보다 "높은" 수준의 보호를 각종 지재권에 대하여 국내법에서 부여하는 것은 무방하다.
④ 기존 4개의 지적 재산권 협약과 'TRIPs협정'상의 관련 규정과 분리하여 배타적 법적 효력을 갖는다.

정답 ④

해설 ④ 기존 4개 협약은 'TRIPs협정'상의 관련 규정에 따라 법적 효력을 갖는다. 즉, TRIPs협정 그 자체는 73개의 조항에 불과하지만, 실제로는 지적재산권에 관한 광범위한 내용을 다루고 있다고 할 수 있다. 더욱이 WIPO의 지적재산권 조약이 다루고 있지 않던 지리적 표시, 영업비밀, 반경쟁관행의 통제 등의 분야를 포함하여 그 관할범위를 확대하고 있다.

1000

다음 WTO의 분쟁해결절차를 설명한 내용으로 옳지 않은 것은?

① 상소기구위원은 직접 또는 간접적인 이해의 충돌을 야기할 수 있는 분쟁의 심의에 참여하지 아니한다.
② 만일 제3자가 이미 패널과정의 대상이 되는 조치로 인하여 대상협정에 따라 자기나라에 발생하는 이익이 무효화 또는 침해됐다고 간주하는 경우, 그 회원국은 이 양해에 따른 정상적인 분쟁해결절차에 호소할 수 있지만 이를 당사자의 전환으로 보지 않는다.
③ 패널설치로부터 회원국에게 보고서를 배포할 때까지의 기간이 "9월"을 초과하여서는 아니된다.
④ 패널 또는 상소보고서가 채택된 날로부터 30일 이내에 개최되는 분쟁해결기구 회의에서 관련 회원국은 분쟁해결기구의 권고 및 판정의 이행에 대한 자기나라의 입장을 분쟁해결기구에 통보한다.

정답 ②

해설 만일 제3자가 이미 패널과정의 대상이 되는 조치로 인하여 대상협정에 따라 자기나라에 발생하는 이익이 무효화 또는 침해됐다고 간주하는 경우, 그 회원국은 이 양해에 따른 정상적인 분쟁해결절차에 호소할 수 있는데 이는 당사자로 전환으로 본다.

김중일 국제법 객관식 1000제

발 행 일	2025년 03월 10일
발 행 처	마이패스북스
주　　소	서울시 관악구 대학6길 51 3층
문　　의	mypass@mypassjob.com
홈페이지	www.dokgong.com
정　　가	25,000원

이 도서의 판권은 마이패스북스에 있으며, 수록된 모든 내용에 대해서는 발행처의 허가 없이 무단으로 사용하거나, 복제 및 변형할 수 없습니다.

Copyright © MYPASSBOOKS Co. All right reserved.